XENIA ORCHIDACEA.

BEITRÄGE

ZUR

KENNTNISS DER ORCHIDEEN

VON

HEINRICH GUSTAV REICHENBACH FIL.

FORTGESETZT DURCH

F. KRÄNZLIN.

DRITTER BAND.

MIT EINEM GENERALREGISTER ZU BAND I—III.

LEIPZIG:

F. A. BROCKHAUS.

1900.

Vorrede zum dritten Bande.

Mit dieser Lieferung schliesst der dritte und letzte Band dieses Werkes. Es ist immer eine eigenthümliche Aufgabe, ein Nachwort zum Werke eines längst dahingeschiedenen Mannes zu schreiben, dessen Schüler man ist, dessen Mitarbeiter man wurde, ohne dass er darum befragt werden konnte, ob dieser Mitarbeiter ihm genehm sein würde.

Ich kann versichern, dass ich versucht habe, das Werk in dem Sinne fortzusetzen, wie Reichenbach es begonnen hatte.

Nahezu 50 Jahre sind vergangen seit dem Erscheinen der ersten Lieferung. Reichenbach versuchte — damals auf der vollen Höhe seines Könnens — dem Gärtner zu geben, was des Gärtners war, und dem Botaniker, was der Wissenschaft war. denn schon damals war die Unterscheidung zwischen Garden-Orchids und Botanical Orchids vorhanden, wenn auch noch nicht so ausgesprochen wie seit ungefähr 20 Jahren. Von Wissenschaft kann bei Garten-Orchideen heutzutage längst nicht mehr die Rede sein; die Illustrationswerke sinken immer tiefer in die ödeste Wiederholung von Formen, oft nur von individuellen Abweichungen, welche zu Ehren von Mrs. Brown, Smith und Robinson genannt sind und genau so viel oder so wenig botanischen Werth haben wie neue Rosensorten. Der Wunsch, diese Wiederholungen zu vermeiden und für ein Werk wie das vorliegende einigermassen abbildbare Pflanzen zu gewinnen, hat in den letzten 20 Jahren Reichenbach viel Noth gemacht und mir desgleichen und ist einer der Gründe für das langsame Vorrücken des Werkes. — Die 5 Tafeln jeder Lieferung, auf welchen nur botanisch interessante Orchideen abgebildet wurden, sind es hauptsächlich, welche das Werk zu einem nie veraltenden Nachschlagewerk gemacht haben, und hierin wird das Aufhören der Xenia allerdings eine fühlbare Lücke in der botanischen Literatur bedeuten. Hunderte von Arten finden sich nur hier, und es ist Reichenbach's Verdienst und nicht weniger das der Verlagsbuchhandlung, welcher grosse Opfer zugemuthet wurden, dem Werke diesen Charakter gegeben und erhalten zu haben. Seither ist nur in Hooker's Icones Plantarum gelegentlich Platz für diese anspruchsloseren und botanisch so interessanten Pflanzen gewesen.

Auf Reichenbach's Verdienste hier einzugehen ist kaum mehr nöthig. Er hat die Orchideographie ausgebaut wie niemand vor ihm, und Lindley's ausserordentliche Verdienste sind durch ihn nicht nur nicht verdunkelt, sondern er ist es gewesen, welcher die von Lindley, seinem grossen Lehrer, gewiesenen Wege weiter wandelte, das von jenem Erstrebte auszuführen suchte, dessen Fehler verbesserte und welcher in fast vierzigjähriger Arbeit eine Basis schuf, auf welcher es, nun sie gelegt ist, möglich sein wird, eine zusammenhängende Bearbeitung der ganzen Abtheilung der Orchidaceen aufzubauen. In einer Hinsicht ist er weit über Lindley hinausgegangen. Schärfer als jener hat er in seinen Diagnosen die so schwer auffindbaren und so eminent wichtigen Merkmale des Gynostemiums in den Vordergrund gerückt, und mit dieser einen That hat er gründlicher und nachhaltiger Schule gemacht als selbst Lindley vor ihm, welcher die Blüten sehr genau analysirte und zeichnete, aber sehr selten mit der durchdringenden Gründlichkeit beschrieb, wie Reichenbach es gethan hat. Dies sind die guten alten Traditionen von Olof Swartz und L. Cl. Richard, welche beide, wenn auch nur in kleinem Massstabe und gewissermassen nur tastend, auf den Weg hingedeutet hatten, den er trotz aller Mühen, welche er fand, gewandelt ist bis ans Ende und welchen jeder weiter wandeln muss, der diese Wissenschaft zu fördern bestrebt ist.

Wie unsere Vorzüge und Fehler oft dicht nebeneinander liegen, so auch hier. Die Wichtigkeit, welche er den Einzelheiten des Gynostemiums beimass, liess ihn alle andern Merkmale als minderwerthig ansehen. Die Folgerungen setzten ihn nothwendigerweise in Conflict mit den meisten der Orchideenkenner seiner Zeit, aber lehrreich waren selbst diese Missgriffe, denn sie wurden durch ein überlegenes Wissen vertheidigt. So sind auch Reichenbach's Irrthümer fruchtbar geworden; sie haben gezeigt, wie weit man mit der einseitigen Bevorzugung eines Organs nicht gehen darf. Gerade die Xenien waren es, in welchen Reichenbach seine eigensten Ansichten zum Ausdruck brachte und eingehend begründete, so die Einziehung der Gattung Cattleya zu Epidendrum, und die Vereinigung verschiedener mit Bletia verwandter Gattungen Laelia, Brassavola etc. mit Bletia.

Es sind die Xenien ferner ein Beweis, mit wie dankbarer Anerkennung Reichenbach allen denen ein Denkmal zu setzen bemüht war, welche ihn bei seiner gewaltigen Arbeit unterstützten. Leider, muss man hinzufügen; sie sind damit auch eine Art Campo Santo der Orchideenfreunde und Orchideensammlungen geworden. Reichenbach vergass keinen derer, die ihm halfen, weder Herrn noch Gärtner, weder Importeur noch Sammler. Welch eine Fülle von Namen, die einst in der Orchideenkunde ihren guten Klang hatten, zieht an uns vorüber und wie so manche Sammlung, zu der die Generation unserer Eltern wallfahrtete, zu einer Zeit, in welcher man mit aufrichtigem Staunen diese fremdartigen Schönheiten bewunderte, ohne sie nach Quadratcentimetern zu messen, wie dies heutzutage Mode ist. Es hätte geheissen, die schuldige Pietät verletzen, wenn ich nicht diesem Beispiele gefolgt wäre. Von allen den Männern sei hier nur einer noch einmal genannt, welcher einst Reichenbach's treuer Helfer und einer seiner ältesten Freunde war und dem ich hier für alle mit Rath und That geleistete Hilfe danke: Herr Hermann Wendland, Königl. Gartendirektor zu Herrenhausen bei Hannover.

Als Reichenbach die erste Tafel des Werkes zeichnete, gab er der Pflanze den Namen seines Herrn und Königs und nannte sie Epistephium Friderici Augusti; der fertige erste Band und das ganze Werk wurden Sr. Majestät König Johann hochseligen Angedenkens gewidmet. Mit einer interessanten Art dieser merkwürdigen Gattung möge das Werk schliessen, mit Epistephium Regis Alberti, als Widmung im Sinne Reichenbach's an die Herrscher seiner Heimat, von meiner Seite als Widmung seitens eines alten Soldaten an den Heerführer, unter welchem er gefochten hat.

Gross-Lichterfelde, November 1899.

F. Kränzlin.

Tafel 201.

* Cypripedium Dayanum *Rchb. fil.*

(Coriifolia tessellata) affine Cypripedio superbienti Rchb. f. (tab. nostr. 103) tepalis laevibus, sc. non verrucosis, labelli lobis lateralibus bene productis acutiusculis, staminodio rhombeo.

„Cypripedium spectabile Rchb. in Allg. Gartenzeitung, Oct. 11. 56. var. Dayanum" Lindl. Gardeners' Chronicle 1860. 28. Juli, N. 30. p. 693ª. „spectabile Rchb." ist calami lapsus für „superbiens Rchb. f." Vgl. Xenia Orchidacea II. p. 10.

Cypripedium Dayanum Rchb. fil. v. Mohl et v. Schlechtendal Botanische Zeitung 1862. p. 214. Rchb. f. in Van Houtte, Flore des Serres XV. (1862—1865) ad pag. 55 Nr. 1527.

Folia coriacea cuneato oblonga subacuta pallidissime vel pallide viridia obscure tessellata, apice minutissime tridentata, limbo microscopice cartilagineo denticulata. Pedunculus densissime pilosus. Bractea dorso carinata ligulata apice praemorsa, dorso ac lateribus ciliata ovario pedicellato bene brevior. Sepalum impar ab elliptica basi acuminato triangulum, limbo ac dorso pilosum. Sepala paria in unum corpus multo angustius sublongius apice bidentatum connata. Tepala ligulata acuta hinc undulata, non verrucosa, limbo ciliata ciliis validis setosis, oblique descendentia. Labelli saccus multo gracilior, quam in Cypripedio superbienti, ab amplo ostio constrictus, dein reampliatus et apice subconicus. Bases unguis dense verrucosae. Staminodium rhombeum usque pentagonum, dense velutinum, postice excisum. — Sepala alba nervis viridibus. Tepala alba nervis sordide lilacinis. Labellum brunneo lilacinum. Unguis et lobi laterales pallidiores. Tubercula in ungue brunneopurpurpurea. Staminodium albidovirens signis viridibus. Pedunculus brunneus. Ovarium pedicellatum brunneum.

Als ich 1862 in London war, hörte ich zuerst von Herrn Day's Sammlung, wo ein neues Cypripedium blühe. Ich war dann in Tottenham, High Cross, bewunderte und skizzirte die Pflanze. Aus der Correspondenz wegen einer Blüthe, die ich mit dem Besitzer, den ich nicht getroffen, angeknüpft, bildete sich der lohnendste, genussreichste und lehrreichste Verkehr. Ich verdanke Herrn Day eine grosse Menge interessanter Neuigkeiten, mannigfache Belehrung, und es ist ein schwacher Ausdruck meiner Ergebenheit, wenn ich diesen Band mit der ersten Neuheit beginne, die ich in Herrn Day's herrlicher, von mir oftmals besuchter Sammlung getroffen, der ersten Art, die ich Herrn Day gewidmet. Die Pflanze stammt aus Borneo, von wo sie Herr Hugh Low an Herrn Stuart Low einsendete. Herr Day kaufte den ganzen Vorrath und unterschied nach dem Grundton des Blatts eine sehr helle und eine dunkle Abart. Die Art ist noch heutigen Tags selten und wird hoch bezahlt. Bei uns, im Hamburger Botanischen Garten, wächst sie rasch und blüht sehr reichlich.

Blätter ziemlich lederartig keillänglich, ziemlich spitz, sehr blass oder blass grün mit dunkeln Damenbretzeichnungen; an der Spitze klein dreizähnig, am Saume mikroskopisch knorpelzähnig — mindestens oft so gegen die Spitze hin. Blüthenstiel sehr dicht behaart. Deckblatt auf Rücken gekielt, zungig, an Spitze abgefressen, auf Rücken und an den Rändern gewimpert, bedeutend kürzer als der gestielte Fruchtknoten. Unpaares Sepalum von elliptischem Grunde zugespitzt dreieckig, am

Saum und auf Rücken behaart. Paare Sepalen in einen viel schwächern, wenig längern, an der Spitze zweizähnigen Körper verwachsen. Tepalen zungig spitz, bisweilen hier und da welligrandig, nicht warzig, am Saum hin borstig bewimpert, schief herabsteigend. Lippensack viel schlanker, als bei Cypripedium superbiens, von weitem Mundtheile etwas verengert, dann erweitert und fast kegelförmig ausgehend. Nagelgrund der Lippe mit vielen kleinen Warzen. Staminodium rautenförmig bis fünfeckig, dicht sammtig, hinten ausgeschnitten. — Sepalen weiss mit grünen Nerven. Tepalen weiss mit braunpurpurnen Nerven. Lippe braun lilafarbig, innen und auf Nagel hellbraun und mit tief braunpurpurnen Warzen. Staminodium weisslichgrün mit dunkelgrünen Signaturen. Blüthenstiel braun. Gestielter Fruchtknoten braun.

Tafel 201. I. Blüthenstiel von vorn +. II. Derselbe seitlich +. III. Blatt. 1. Säule von oben +. 2. Dieselbe seitlich +. 3. Dieselbe von hinten +. 4. Fünfeckiges Staminodium +. Alles nach dem Leben.

Tafel 209. III. Pflanze. Verkleinert, nach dem Leben.

Tafel 202.

* **Dendrobium suavissimum** *Rchb. fil.*

Affine Dendrobio chrysotoxo Lindl. pseudobulbis stipitatis cuneato fusiformibus, foliis bene acutis, labello transverso breviori densissime aspero barbato, limbis lateralibus supra columnam pressis.

Dendrobium suavissimum Rchb. f. in Gardeners' Chronicle 1874. 406. Rchb. f. l. c. 1876. I. 756.

Planta humilior et validior majori numero speciminum Dendrobii chrysotoxi Lindl. Pseudobulbi aggregati fusiformes bene stipitati costis ad novem obtusangulis, vulgo triphylli. Folia cuneato oblonga acuta more illorum Dendrobii palpebrae Lindl. et D. Griffithiani Lindl., laud magna, telae validae. Pedunculus racemosus, laxiflorus. Bracteae minutae. Flores longe pedicellati, substantiae valde firmae. Sepala ligulata obtusa, mento brevi conico oblique retusiusculo. Tepala cuneato oblonga obtuse acutiuscula. Labellum ab ungue brevi hastato dilatatum oblongo transversum retusiusculum, limbo ac disco lamellis bipectinato ciliatis microscopicis tectum; lateribus energetice supra columnam volutis. Columna trigona, apice tridentata, dentibus lateralibus obtuse brevissimeque semifalcatis. Basis columnae foveata. Anthera acuto conica. — Flores pulchre aurei. Labellum disco macula reniformi, in medio sinu postice obtusangulo prominula, ac striis quibusdam subparallelis angustis. Omnes hae signaturae obscurissime atropurpureae. Callus transversus lineari subsemilunaris ante unguem.

Diese Art lernte ich 1874 durch Herrn St. Low kennen. Eine einzige Blüthe, die ich natürlich noch besitze, hatte Herr Boxall eingesendet „aus Burmah“ (wahrscheinlich von Bhamo nach der chinesischen Gränze zu), und nach dieser Blüthe beschrieb ich die Pflanze. 1876 und 1877 erhielt ich frische Blüthenstände und frische Pflanzen. Die ersten in England aufblühenden „Dendrobium suavissimum“ erwiesen sich als das alte, wohlbekannte Dendrobium chrysotoxum, was mit äusserster Entrüstung notificirt wurde. Jetzt freilich, wo diese schöne Pflanze bekannter wird, klingt das Urtheil anders. Herr Day schrieb mir neulich, es wäre als ob eine lange Traube Blüthen des Dendrobium ochreatum Lindl. (Cambridgeanum Paxt.) auf ein D. Griffithianum Lindl. aufgesetzt worden wäre. Dies ist ein ungemein passender Vergleich. In der Nummer vom 2. Juni 1877 sagt pag. 697 der Cultivateur des Lord Rendlesham: „We have just now in flower, amongst many other Orchids, a plant of the beautiful Dendrobium suavissimum lately introduced by Messrs. Low & Co., and it proves to be the gem se eagerly sought after by ardent collectors. I think, when this variety gets thoroughly established it will prove a great acquisition. It will also be highly prized on account of the fragrance of its flowers, which are very sweet."

In der Regel niedriger und kräftiger, gedrungener als die meisten Exemplare des Dendrobium chrysotoxum Lindl. Stammknollen gedrängt, spindelförmig, deutlich gestielt, mit etwa neun stumpfkantigen Rippen, meist dreiblättrig. Blätter derb, keilänglich spitz, nach Art jener der Dendrobium palpebrae Lindl. und D. Griffithianum Lindl. nicht gross. Blüthenstiel traubig, schlaffblüthig. Deckblätter klein. Blüthen lang gestielt, von sehr derber Masse. Sepalen zungig stumpf mit kurz kegelförmigem, schief gestutztem Kinn. Tepalen keillänglich stumpf spitzlich. Lippe von kurzem Nagel spiessig ausgebreitet länglich quer vorn etwas gestutzt, an Saum und auf Scheibe mit zahllosen kleinen doppelkammzähnigen Lamellen, mit den Seiten auf die Säule aufgelegt. Säule dreikantig, an der Spitzig dreizähnig, seitliche Zähne ganz kurz halbsichelförmig. Grund der Säule mit Höhlung. Staubbeutel spitz kegelförmig. — Blüthen schön goldgelb. Lippe auf Scheibe mit quer nierenförmigem Flecken, der hinten in der Mitte der Bucht stumpfeckig verläuft, also, wenn man will, nach hinten mit drei Kerbzähnen versehen, die breit sind und eng aneinander liegen. Am Grunde jederseits eine Anzahl übereinander liegender paralleler Streifen. Diese Abzeichen alle tief schwarzpurpurn. Eine lineale quere fast halbmondförmige Schwiele am Grunde vor dem Nagel.

Tafel 202. Frisch eingeführte Pflanze. Blüthenstand. 1. Ausgebreitete Lippe +. 2. Zwei beschriebene Lamellen vom Blattrand ++. 3. Säule von vorn +. 4. Dieselbe seitlich +.

Tafel 203.

* Masdevallia Davisii *Rchb. fil.*

Affinis Masdevalliae igneae Rchb. f. foliis crassis a petiolari basi lineari lanceolatis angustis, sepalo dorsali brevius caudato, cauda erecta seu reflexa.

Masdevallia Davisii Rchb. f. in Gardeners' Chronicle 1874. 710. l. c. 1876. I. 366 (March 18). — Hook. f. Bot. Mag. 6190.

Dense caespitosa radicibus validiusculis. Folia a petiolari basi linearilanceolata subacuta angusta bene crassa. Pedunculus infra medium vaginatus, uniflorus, ovario pedicellato nunc valde longo. Bractea arcte vaginaeformis minute acuta pedicellum haud aequans. Tubus perigonii amplus brevis subcurvus. Sepali imparis pars libera triangula in caudam haud ita tenuem subaequilongam extensa. Sepala lateralia libera multoties latiora, ampliora, altius connata, apice bifida, in caudas lineares brevissimas extensa. Tepala ligulata obtuse acuta, latere longitudinali antico emarginata, supra basin antice semisagittata, bicarinata. Labellum panduratum obtuse acutum, antice tricarinatum. Columna clavata androclinio serrulato marginato. — Flores extus sulphurei, macula violacea utrinque in tubi basi. Sepala intus vitellina. Tepala, labellum, columna alba.

Diese Art entdeckte der Sammler der Firma Veitch in Peru, als er ausgesendet war, daselbst die schöne Masdevallia Veitchiana wieder aufzusuchen, welche eine der besten Entdeckungen des verstorbenen Pearce. Wie diese Art wird sie sich nur allmählig in die Cultur schicken und mit der Zeit erst so grosse Blüthen bringen. Die erste bessre Blüthe erhielt ich von dem verstorbenen Herrn Burnley Hume. Es liegen mir im Herbar drei wilde und eine Anzahl cultivirter Exemplare vor.

Dicht rasig. Wurzeln ziemlich stark. Blätter vom stieligen Grunde lineallanzettlich, ziemlich spitz, schmal, recht dick. Blüthenstiel unter Mitte bescheidet, einblüthig. Gestielte Fruchtknoten bisweilen recht lang, besonders das Stielchen. Deckblatt eng scheidenförmig, klein gespitzt, nicht so lang, als das Stielchen. Rohr der Sepalen weit, kurz, etwas gekrümmt. Freier Theil des unpaaren Sepalum dreieckig, in etwas starken gleichlangen Schwanzfortsatz ausgezogen. Seitliche Sepalen, soweit sie vom Rohre frei, viel breiter, weit verwachsen, an Spitze zweispaltig, mit ganz kurzen Schwänzchen, welche viel kürzer, als das des obern Sepalum. Tepalen zungig, stumpf gespitzt, am vordern Aussenrande in der Mitte ausgebuchtet, über vorderm Grunde vorn halbpfeilig, zweikielig. Lippe geigenförmig, stumpf gespitzt, vorn dreikielig. Säule keulig mit häutigem sägerandigen Rande des Androclinium. — Blüthe aussen schwefelgelb mit einem violetten Flecken am Rande des Rohrs jederseits; innen dottergelb bis orangegelb. Tepalen, Säule, Lippe weiss.

Tafel 203. Drei Blüthenstiele in verschiedenen Stellungen nach dem Leben. Eine frisch eingeführte Pflanze. 1. Tepalum +. 2. Lippe +. 3. Säule seitlich +.

Tafel 204.

* **Aërides Houlletianum** *Rchb. fil.*

aff. Aëridi falcato Lindl. (Larpentae Hort. Angl.) labelli carina in lacinia media statim in basi coalita, callo in calcaris ostio tumido; sepalis tepalisque ochroleucobrunneis, apice violaceopurpureo uniguttatis.

Aërides Houlletianum Rchb. f. in Gardeners' Chronicle 1872 p. 1194. 7. Sept. — 1876, I. 756. 19. Jun.

„Habitus, folia, radices exacte Aëridis virentis Lindl." (Sir Trevor Lawrence in litt. Maj. 18. 76). Racemus multiflorus, densiflorus, grandiflorus, carnosiflorus rhachi pallide viridi. Ovaria pedicellata alba roseolo aspersa. Mentum porrectum magnum. Sepalum impar oblongum obtusum apice vulgo ciliatum. Sepala lateralia multo latiora transverse triangula obtusa hinc apice paulo membranacea denticulata. Tepala cuneato oblonga obtuse acutiuscula hinc denticulata. Labellum trifidum: laciniae laterales late sigmoideo semifalcatae, apicem versus nunc denticulatae; lacinia media subrhombea usque rotundato trullaeformis antice subbiloba seu subbifida, limbo lacero fimbriato; carina de calcaris ostio duplex statim in unam coadunata; calcari conico labello suppresso, laminam dimidiam subaequante. — Sepala et tepala ochroleucobrunnea („buff colour", „brun Bismarck") macula apicali violaceopurpurea punctis hinc quibusdam ejusdem coloris. Labelli lamina candida, antice pulchre purpureoviolacea striis quibusdam ejusdem coloris additis brevibus. Calcar aquose brunneum maculis purpureis. Columna flaveola.

1868 sendete mir Herr Lüddemann aus seinem Garten diese schöne Orchidee. Sie kam mir nicht gut zu. Erst 1872 blühte sie wieder. Ich erhielt sie in solchem Zustande, um sie nunmehr auch wissenschaftlich (ohne Hülfe der ganz verschiednen Farbe) von Aërides falcatum Lindl. unterscheiden zu können. Nach meines altbewährten Correspondenten Wunsche nannte ich sie Houlletianum, da Herr Houllet ihm die Pflanze aus Cochinchina verschafft hatte. Seitdem hörte ich nichts von ihr, bis sie mir jetzt, am 18. Mai 1876, von Sir Trevor Lawrence eingesendet wurde, welcher so glücklich war, mehre Exemplare zu erlangen, die bei einer Höhe eines Fusses frisch geblüht haben Am 17. Mai erschien die Pflanze vor der Horticultural Society, wo sie ein 1 Class Certificat erhielt, als Aërides Mendelii. Diese Bestimmung wurde dem Orchid-Growers Manual von B. S. Williams, F. R. H. S., fourth edition, 1871. p. 67 entnommen. Herr Williams sagt indessen von seiner Pflanze (wohl Abart des A. falcatum?): „The flowers are produced upon drooping spikes, and resemble those of A. Larpentae in size and shape, but are entirely distinct in colour, being pure white tipped with rose." Da nun die Farbenangabe in diesem Buch die eigentliche Diagnostik vertritt, so dürfte wohl anzunehmen sein, dass diese Pflanze nicht die unsere ist. Auch Sir Trevor's Exemplare stammen aus Cochinchina.

Tracht, Blätter, Nebenwurzeln genau wie bei Aërides virens. Traube vielblüthig, dichtblüthig, Spindel blassgrün. Blüthen verhältnissmässig gross, fleischig. Fruchtknoten gestielt, weiss, rosa angehaucht. Kinn vorgestreckt, gross, stumpfeckig. Unpaares Sepalum länglich, stumpf, an Spitze meist ein wenig gewimpert. Seitliche Sepalen viel breiter, quer dreieckig, stumpf, an der Spitze etwas dünner, auch wohl gezähnelt. Tepalen keilig länglich stumpf gespitzt, hier und da etwas gezähnelt. Lippe dreispaltig: Seitenzipfel breit halbsichelförmig, gegen Spitze wohl auch gezähnelt, Mittelzipfel ziemlich rautenförmig bis rundlich schaufelförmig, vorn zweilappig, oder zweispaltig, am Saume geschlitzt gefranst. Kiel vor Oeffnung des Sporns doppelt und sofort in Einen Kielkörper sich vereinigend. Sporn kegelförmig, unter Lippe gedrückt, halb so lang, wie Lippenplatte. — Sepalen und Tepalen bräunlich ochergelb („buff colour", „brun Bismarck") mit violettpurpurnem Endfleck und einigen Punkten derselben Farbe. Lippenplatte weiss, vorn purpurnviolett mit einigen kurzen Strichen derselben Farbe. Sporn hellbraun mit einigen Purpurflecken. Säule gelblich.

Tafel 204. Blüthenstand und Lippe, nach Sir Trevor Lawrence's frischem Exemplar. 1. 2. Lippen +. 3. Durchschnitt durch Lippe +. 4. Säule seitlich +. 5. Androclinium von oben +. 6. Staubbeutel von der Rückseite +. 7. Dgl. von unten +. 8. Pollinarium von oben +. 9. Dasselbe von unten +.

Tafel 205.

* **Stanhopea pulla** *Rchb. fil.*

labello calceiformi antice pulvinato pulvinari superiori pulvinari inferiori insidente, corpore calloso solido inferne libero utrinque angulato bicarinato insiliente semioblongo, columna exalutata prope aptera.

Stanhopea pulla Rchb. f. in Gardn. Chron. 1877.

Pseudobulbi conici costati. Folia evoluta solitaria petiolata cuneata oblonga acuta. Pedunculi penduli brevissimi validi triflori vaginis scariosis nervosis punctulatis maculatis increscentibus. Bracteae oblongonaviculares acutae, ventricosae ovaria punctulata prope aequantes. Sepala oblongotriangula acuta, lateralia multo majora, reflexa, margine externo involuta, omnia pallide armeniaca. Tepala ligulata acuta, breviora, angustiora, reflexa, bene flava. Labellum bene immobile, nitidissimum, ventricosum, crassum, calceiforme, apice tuberiforme, tubere (pulvinari) altero alteri insidente, utrinque angulato argutum, tumore in fovea retrorso, inferne libero, utrinque divergenti bicarinato, incisura transversa inter tuber pulvinare atque hunc tumorem. Tuber album. Reliquum labellum pallide armeniacum, atropurpureo marginatum lineisque geminis convergentibus, utroque latere tumoris introrsi (sellae turcicae) atropurpureis.

Diese niedliche Art ist bis jetzt mit der wenig bekannten Stanhopea Calceolus Rchb. f. die kleinblüthigste. Sie beweist einmal mehr, dass in der Gruppe der sogenannten wachslippigen Vandeae alle Bande einer vernünftigen Gattungsdiagnostik zu reissen scheinen. Man vergleiche die nächstverwandte, genau bekannte Art, Stanhopea ecornuta Lam. auf Tafel 43 Xenia I. Der Lippendurchschnitt, die Säule, das Pollinarium, die Anthere sind ungemein verschieden. Die Entdeckung gebührt Herrn Endres, der in Costa Rica diese Art sammelte. Sie liegt mir wild vor. Im Hamburger Botanischen Garten sind wir so glücklich, sie lebend von Herrn Endres zu besitzen. Sie blüht im

Spätherbst und Winter und so viel es scheint sehr gern, bis jetzt allemal zweiblüthig. Auch die wilde Infloreseenz ist zweiblüthig. Ich finde auch hier meine oft gemachte Beobachtung bestätigt, dass die Bracteen und überhaupt die Blätter der sogenannten Hochblattformation unter der Cultur am meisten leiden, und einen viel grössern Abstand in der Entwicklung zeigen, als die Blüthen selbst, welche, um den Gegensatz noch recht zu steigern, offenbar bei guter Cultur ganz bedeutend die Dimensionen derer der wildgewachsenen Pflanzen überholen.

Stammknollen kegelförmig, gerippt, von dreieckig gespitzten dürrhäutigen nervigen Scheiden eingehüllt, dunkelgefärbt, einblättrig. Blatt mit längerm Stieltheil, Blattplatte keillänglich spitz, dunkelgefärbt, von ziemlich starkem Gewebe. Blüthenstiel sehr stark, sehr kurz, herabhängend, mit an Grösse zunehmenden dürrhäutigen, nervigen, punktirten bauchigen, dreieckigen bis länglich spitzen Scheiden bekleidet. Deckblätter gleichartig, allein viel grösser, die punktirten Fruchtknoten der zwei auseinander gespreizten, einander ansehenden Blüthen erreichend oder ein wenig überragend. Blüthe um mehr als die Hälfte kleiner, als die der Stanhopea ecornuta Lemaire. Sepalen länglich dreieckig spitz, die seitlichen viel grösser, zurückgeschlagen, am Aussenrande nach Innen gerollt, alle blass aprikosengelb. Tepalen zungig spitz, kürzer, schmaler, zurückgeschlagen, schön sattgelb und dadurch von der übrigen Blüthe stark abstechend. Lippe unbedingt unbeweglich, sehr glänzend, bauchig, dick, schuhförmig, an der Spitze mit einem geschwollenen Kissen über einem zweiten ähnlichen Gebilde, mit dem es zusammenhängt; beiderseits ist sie scharfberandet. Von dem Vorderkissen aus geht ein dicker länglicher unten freier, beiderseits mit zwei zusammen convergirenden, schliesslich zusammenstossenden Kielen bezeichneter Fortsatz, vorn durch einen Querspalt von dem besprochenen Vorderkissen abgetrennt. Dieses ist weiss, die übrige Lippe dagegen aprikosenfarbig, mit einem tief purpurbraunen Saume und dieser Färbung auf den zwei Vförmigen Kielen. Säule dicklich, beiderseits der Mittelpartie etwas ausgebreitet. Die Narbendecke mit Mittelzahn, auch jederseits mit einem kleinen Zähnchen. Staubbeutel gedrückt, kappig, vorn gestutzt, verschieden dreizähnig. Die seitlichen Zähne allemal sehr klein, der Mittelzahn entweder gestutzt, oder stumpf gespitzt und alsdann viel kleiner. Pollinarium von dem der Stanhopea ecornuta Lam. ungemein verschieden. Die Glandula dreieckig mit abgerundeten Seiten und ausspringenden Seitenspitzen. Caudicula lineal nach den Pollinien zu breiter, beiderseits gerundet, oben mit zwei übereinander liegenden Klappen die Anklebungsstelle der länglichen am hintern Aussenrande gespaltenen Pollinien deckend. Die Säule ist weisslich und leicht grün auf Rücken und Mitte.

Tafel 205. I. Zweiblüthige Traube. Bisweilen sind die Fruchtknoten nicht derart bogig, dann stehen die Blüthen viel näher, einander fast deckend. II. Blüthenstand seitlich, die andere Blüthe abgeschnitten. III. Ganze Pflanze, verkleinert. 1. Lippe von oben +. 2. Dieselbe durchschnitten +. a) die Spitze. b) der Grund. 3. Säule von der Rückseite +. 4. Säule von innen +. 5. Oberes Stück der Säule von innen. Staubbeutel und Pollinarium entfernt. Man sieht die Narbendecke (Rostellum). 6. Staubbeutel mit drei Zähnen von Aussen +. 7. Ein anderer von Innen, dessen Mittelzahn abgestutzt +. 8. Pollinarium von der obern Seite +. 9. Ein solches von der Unterseite +. Alle diese Zeichnungen nach der lebenden Pflanze und alsdann fünfmal bestätigt gefunden.

Tafel 206. I. 1—4.

* **Dendrobium Stricklandianum** *Rchb. fil.*

pone Dendrobium ramosissimum Wight et herbaceum Lindl., caule validiori (simplici?), foliis oblongoligulatis, racemis porrectis, bracteis minutis, mente obtuso didymo, labello ligulato obtuse acuto, medio utrinque obtusangulo.

Dendrobium Stricklandianum Rchb. fil. in litt. et Gard. Chron. 1877. I. 749!

Caulis validiusculus calamum corvinum crassus obscure viridis nitens vaginis emaciatis nervosis. Folia oblongoligulata acuta, usque $^3/_4$ pollices lata, unum et dimidium longa. Racemi tenues ex vaginis caulis superioribus, basi vaginis brevibus quibusdam, dein floridi, tri- et quadriflori. Bracteae triangulae minutae. Mentum obtusum didymo retusum breve. Sepala triangula acuminata. Tepala lineariligulata bene acuta. Labellum ligulatum acutum medio utrinque obtusangulum disco antice punctulatum. Columna trigona, apice circa antheram tridentata. Anthera rostrato extensa. Flores pallide flavoalbidi. Dentes antici columnae violacei. Maculae purpureae sub fovea. — Labellum anno 1876 maculis tribus purpureis in labello disco, quae maculae 1875 non adfuere.

Das hohe Interesse, welches diese Art verdient, begründet sich auf ihre Heimath, Japan. Von da wurde dieselbe mit Cymbidium virescens Lindl., Luisia teres Bl. eingeführt von Sir C. W. Strickland, Hildenley, Malton, dem sie ergebenst gewidmet wurde. Dieser Herr ist einer der wissenschaftlichen Orchideensammler Englands, die den Werth einer Orchidee nicht nach dem Durchmesser der Blüthe, der schreienden Farbe, der Modeströmung, der Neuheit, Seltenheit und dem Preise bemessen.

Der Stamm ist etwa so dick wie ein Rabenkiel, rundlich, tiefgrün, glänzend, mit grauen Scheiden bekleidet. Die Blätter länglich mit Spitzchen, nicht zwei Zoll erreichend, bis $^3/_4$ Zoll breit, von dicklichem Gefüge. Die zarten Trauben haben dünne Spindeln, welche am Grunde mit mehren schuppigen Hochblättern bekleidet, voneinander abstehend drei bis vier Blüthen tragen. Kinn stumpf, kurz abgerundet, beinahe gestutzt und in der Mitte ausgerandet. Sepalen dreieckig zugespitzt. Tepalen lineal zungig zugespitzt. Lippe zungig spitz, in der Mitte beiderseits stumpfeckig, vorn in der Mitte fein punctirt. Säule dreikantig, an der Spitze um den Staubbeutel dreizähnig, Staubbeutel mit Schnabel. Blüthe blass weissgelb. Vorderzähne der Säule violett. Purpurbraune zahlreiche Flecken unter der Narbengrube. — 1876 hatte die Lippe je drei violette Flecken, welche 1875 nicht vorhanden waren.

Tafel 206. I. Stängelstück mit zwei Blüthenständen. Die Höhe des Stängels ist mir unbekannt. 1. Ausgebreitete Lippe +. 2. Säule von vorn +. 3. Dieselbe von der Seite mit Staubbeutel +. 4. Dieselbe ohne denselben +.

Tafel 206. II. 5—10.

* **Restrepia Reichenbachiana** *Endr.*

(Pleurothallidiformes Disepalae): caulibus brevibus, foliis ellipticis marginatis, pedunculo longe exserto unifloro, sepalo inferiori connato bidentato, tepalis falcatis brevibus, labello brevissimo oblongo basi utrinque breviter unifalcato.

Restrepia Reichenbachiana Endr. Gardn. Chron. 1875. II. p. 356. (Descr. Rchb. fil.)

Dense caespitosa. Caules humilllimi paucivaginati. Vaginae maculatae, supra nervos ciliatae. Folia cuneato elliptica, apice minute tridentata, vix duos pollices alta, saepe multo breviora, bene marginata. Pedunculi filiformes, bene exserti, apice uniflori. Bractea ovario pedicellato non aequalis. Sepalum impar oblongotriangulum quinquenerve. Sepalum inferius ligulatum, apice bidentatum, quadrinerve. Tepala ligulata falcata seu ligulata acuta divaricata, sepali superioris dimidium vix aequantia. Labellum oblongum acutum, basi utrinque auricula falcata, callo triangulo humili utrinque ante basin. Columna gracilis trigona labello subaequalis, tepalis bene brevior. — Flos citrinus. Sepala lateralia apice atropurpurea. Stria atropurpurea in basi tepali cujusvis, striae duae ejusdem coloris in sepalo summo.

In Costa Rica von Endres entdeckt. Blühte, von diesem Herrn gesendet, öfter im Botanischen Garten zu Hamburg.

Dicht rasig. Stängel ganz niedrig, mit wenigen, gefleckten, auf Nerven bewimperten Scheiden. Blätter keilig elliptisch, an Spitze klein dreizähnig, kaum zwei Zoll hoch, oft viel kürzer, mit deutlich entwickeltem Rande. Blüthenstiel fadig, stark vorragend, viel länger als Blätter, an Spitze einblüthig. Deckblatt kaum gleichlang dem gestielten Fruchtknoten. Unpaares Sepalum länglich dreieckig gespitzt, fünfnervig. Unteres Sepalum zungig, an Spitze zweizähnig, viernervig. Tepalen zungig sichelförmig, oder zungig spitz, gespreizt, kaum halb so lang als unpaares Sepalum. Lippe länglich spitz, beiderseits am Grunde mit sichelförmigen Oehrchen, beiderseits vor Grund mit kleiner dreieckiger Schwiele. Säule schlank, dreikantig, ziemlich gleichlang der Lippe, deutlich kürzer als Tepalen. — Blüthe citronengelb. Seitliche Sepalen an Spitze schwarzpurpurn. Ein solcher Streif am Grunde jedes Tepalums. Zwei dergleichen auf oberm Sepalum. Ein solcher Fleck auf Spitze der Lippe.

Tafel II. Ein Rasen in Blüthe. 5. Blüthe von hinten +. 6. Lippe +. 7. Säule seitlich +. 8. Säule von vorn +. 9. Anthere von unten +. 10. Pollinarium +.

Tafel 206. III. IV. 11—17.

*Restrepia prorepens *Rchb. fil.*

(Prorepentes; rhizomate repente, caulibus approximatis densis vagina membranacea acuminata vestitis brevissimis, foliis lineariligulatis apiculatis carnosis, pedunculo tenui longe prosiliente, unifloro.) Species adhuc unica.

Restrepia prorepens Rchb. fil. Mss.

Rhizoma descriptum. Caules distichi minuti brevissimi, monophylli, unipedunculares. Folium crassum lineariligulatum apice emarginatum cum apiculo. Pedunculus pro planta minuta validus vaginis duabus hyalinis in basi ac infra medium, apice uniflorus. Bractea hyalina cucullata obtuse acuta ovario pedicellato subaequalis. Flos ringens telae sat firmae. Sepalum summum ligulatum obtuse acutum. Sepala lateralia in unum corpus naviculariligulatum connata apice bidentatum (seu raro bifidum) quadrinervium nervis lateralibus brevissimis. Tepala linearia sepalo impari breviora, angustiora, porrecta. Labellum panduratum, obtuse acutum, utrinque ante basin bene auriculatum, carina insiliente utrinque juxta marginem medianum columna brevi bene brevius. Columna trigono semiteres, angulo externo utrinque bis emarginata. Color floris flavus. — Nunc bractea rudimentaria altera adest.

Diese zierliche kleine Art ist eine der zahlreichen Entdeckungen des verstorbenen Endres, dem wir sie im Hamburger Botanischen Garten lebend verdanken. Wie alle Orchideen aus Costa Rica bedarf sie einer viel aufmerksamern Pflege, als mexikanische, oder brasilianische Arten. Interessant ist sie besonders, weil sie eine Analogie zu bieten scheint, zu der leidlich wenig bekannten Pinelia hypolepta Lindl., welche ein sehr ähnliches Aussehen haben mag.

Wurzelstock kriechend, mit feinen fadigen Nebenwurzeln. Die ganz kurzen Stämmchen mit dünnhäutiger silberweisser spitzer Scheide bekleidet, einblättrig. Blatt lineal, oben an Spitze ausgerandet, mit starkem aufgesetzten Spitzchen. Blüthenstiel im Verhältniss zur zarten Pflanze sehr stark, viel länger als das Blatt, mit zwei nach unten und am Grunde stehenden ebenso weissen kleinen Scheiden. Deckblatt kappig, spitz, ebenso gefärbt, gleichlang dem gestielten Fruchtknoten. Oberes Sepalum lineal, stumpf gespitzt. Unteres Sepalum aus beiden verwachsen, am Grunde etwas bauchig, nach der Spitze hin viel schmäler, zweizähnig, sehr selten zweispaltig mit zwei ganz auslaufenden Nerven und zwei sehr kleinen kurzen, je einem nach aussen am Grunde. Tepalen lineal, viel schmäler und kürzer als das obere Sepalum, nach vorn gestreckt. Lippe etwas kürzer als Säule, geigenförmig, sehr stumpf gespitzt, beiderseits vor dem Grunde mit kleiner ausspringender Ecke und jederseits in der Mitte mit einem randläufigen Kiele. Säule dick, stumpf dreikantig, an jeder Vorderkante je zweimal ausgerandet. Ein steriles kleines Deckblatt in manchen Fällen ausserdem. Farbe der Blüthe gelb.

Tafel 206. III. IV. Pflanzen. 11. Blattspitze +. 12. Blüthe +. 13. Unteres Sepalum, normal +. 14. Unteres Sepalum, zweispaltig +. 15. Lippe +. 16. Säule seitlich +. 17. Pollinia +.

Tafel 207. I. 1—3.

*Polystachya pachyglossa *Rchb. fil.*

aff. P. Ottonianae Rchb. fil. racemo plurifloro, sepalis extus puberulis, labelli trifidi callo humili triangulo in disco.

Polystachya pachyglossa Rchb. fil. in Garcke Linnaea XLI. Heft 1. p. 73. 1876.

Pusilla. Multa Polystachyae Ottonianae Rchb. fil. Pseudobulbus pyriformis monophyllus seu diphyllus. Folia oblongoligulata obtusa seu acuta. Racemus folia nunc bene excedens pauciflorus (ad 6 florus). Rhachis, ovaria, sepala extus puberulofurfuracea. Bracteae minutae triangulae ovariis pedicellatis multo breviores. Sepala triangula, lateralia in mentum conico bigibbum extensa, per medium carinata. Tepala lineariligulata, obtuse acuta, angustiora, breviora. Labellum trifidum, basi subcordato rotundatum. Laciniae laterales subquadratae seu potius rhombeae. Lacinia media subrhombea acuta valde carnosa, crassa, callo parvo gibbo in basi. Pubes quaedam ante unguem. Columna trigona. — Sepala olivacea, intus brunneo lavata. Tepala albido flava. Labellum albidum purpureo pictum striolis transversis in laciniis lateralibus.

Professor Oliver stellte mir diese Pflanze in zwei verschiedenen Jahren in Kew lebend zu. Nach Angabe der Gärtner soll sie aus Westafrika stammen und zwar wahrscheinlich aus der Sierra Leone, von Bockstedt eingesendet.

Klein, von der Tracht der Polystachya Ottoniana Rchb. fil., allein mehrblüthig, Stammknollen birnförmig, ein- oder zweiblättrig. Blätter länglichzungig stumpf oder spitz. Traube gern länger als Blätter, wenigblüthig (bis sechsblüthig beoachtet). Spindel, Fruchtknoten und Sepalen aussen feinschilfrig behaart. Deckblätter klein, dreieckig, viel kürzer als gestielte Fruchtknoten. Sepalen dreieckig, seitliche in kegelförmig zweibuckliges Kinn ausgezogen und auf Mittellinie gekielt. Tepalen linealzungig, stumpf gespitzt, schmäler, kürzer. Lippe dreispaltig, am Grunde gerundet oder fast herzförmig. Seitliche Zipfel ziemlich viereckig oder rautenförmig. Mittelzipfel ziemlich rautenförmig, spitz, sehr fleischig, mit kleinem Buckel am Grunde. Etwas feine Behaarung vor dem Nagel der Lippe. Säule dreikantig. — Sepalen olivengrün, innen braun gewaschen. Tepalen weissgelb. Lippe weisslich mit schiefen Purpurstreifchen auf Seitenzipfeln.

Tafel 207. I. Pflanze nach dem lebenden Original zu Kew aufgenommen. Links ein besonders entwickeltes Blatt. 1. Tepalum +. 2. Ausgebreitete Lippe +. 3. Säule +.

Tafel 207. II. 4—9.

* **Ornithidium strumatum** *Endr. Rchb. fil.*

(Acaulia disepala); pseudobulbis ligulatis monophyllis, foliis lineariligulatis emarginatis, mento obtusangulo retrorso, sepalis lateralibus alte connatis bifidis, labello pandurato acuto, callo depresso tridentato in disco antico.

Ornithidium strumatum Endr. Rchb. fil. — Rchb. fil. in Gardeners' Chronicle 1874. II. 772.

Dense caespitosum. Pseudobulbi ligulati densissime aggregati, basi plurivaginati, monophylli. Folia petiolato lineariligulata apice obtuse biloba cum apiculo. Pedunculi uniflori, solitarii seu plures ex una vagina, vagina parva in medio. Bractea cucullata acuta ovarium pedicellatum omnino tegens. Sepalum impar ligulatum acutum. Sepala lateralia apicem usque coalita, basi in mentum retrorsum conicum obtusum extensa cum columnae pede laciniis anticis liberis breve triangulis. Tepala linearia acuta. Labellum unguiculatum, ungue curvo, non mobili, saltem nullibi transverse attenuato, panduratum portione antica brevi acuta. Callus depressus apice tridentatus in disco ante apicem. Columna trigona, utrinque sub fovea angulata, anthera apice bidentata. Flos albus. Apex labelli flavus. Anthera violaceopurpurea.

Diese zierliche Art wurde in Costa Rica von Herrn Endres entdeckt und erst getrocknet, später lebend eingesendet. Sie blüht reichlich und die vielen, entfernt durch ihr schönes Michweiss an Maiblumen erinnernden Blüthen sind sehr zierlich.

Dicht rasig. Niedrig. Stammknollen zungiglineal, sehr dicht beieinander, am Grunde mehrscheidig, einblättrig. Blatt von keilig stieligem Grunde linealzungig, an Spitze stumpf zweilappig mit Spitzchen. Blüthenstiele einblüthig, einzeln oder mehre aus Einer Scheide. Ein kleines Scheidchen in der Mitte. Kappiges spitzes Deckblatt über den Fruchtknoten hervorragend. Unpaares Sepalum zungig spitz. Seitliche Sepalen bis vor die Spitze verwachsen, am Grunde mit dem Säulenfusse in einen stumpf gerundeten nach hinten gerichteten Kinnfortsatz verlängert; freie Vorderzipfel kurz dreieckig. Tepalen lineal spitz. Lippe genagelt, Nagel krumm, nicht beweglich, wenigstens nirgends quer dünnhäutig. Platte geigenförmig, Vordertheil kurz, spitz. Eine gedrückte vorn dreizähnige Schwiele vorn auf Scheibe der Platte. Säule dreikantig, beiderseits unter Narbengrube mit Ecke. Anthere an Spitze zweizähnig. Blüthe weiss. Lippenspitze gelb. Anthere purpurviolett. Zwei solche grosse Flecken auf dem Androclinium.

Tafel 207. II. Pflanze nach dem lebenden Original. 4. Blüthe von unten +. 5. Blüthe seitlich. Die Sepalen und Tepalen abgeschnitten +. 6. Lippe ausgebreitet +. 7. Androclinium +. 8. Pollinarium +. 9. Dasselbe von unten +.

Tafel 207. III. 10.

Bulbophyllum Seychellarum *Rchb. fil.*

Aff. Bulbophyllo minuto P. Th. pseudobulbis monophyllis, labello pectinato ciliato.

Bulbophyllum Seychellarum Rchb. fil. in Garcke Linnaea XLI. Heft 1. p. 93. 1876 (et Mss. in Herb. Kewensi).

Pseudobulbi haud distantes, turbinati, sicci favoso impressi, monophylli. Folia cuneato oblongo-lanceolata acuta. Pedunculus tenuis apice distanter racemosus. Bracteae lanceae acutae uninerviae flores medios attingentes. Mentum obtusangulum. Sepala triangula acuminata trinervia. Tepala dimidio breviora cuneato oblonga obtusa uninervia. Labellum triangulo cordatum acutum medio unicarinatum, utrinque pectinato ciliatum. Columna brevior biseta. — Flores sicci pallidi sepalorum apicibus purpureis.

Common on exposed parts of the forests on rocks and trees in Mahe etc. Seychelles. Horne 1874 (Herb. Kew.).

Wurzelstock kurz mit nahe stehenden Stammknollen. Diese kreiselförmig, trocken mit grubigen Eindrücken, einblättrig. Blätter keilig länglich lanzettlich spitz. Blüthenstiel zart, an Spitze locker traubig. Deckblätter lanzettlich spitz einnervig, so lang wie halbe Blüthen. Kinn stumpfeckig. Sepalen dreieckig gespitzt dreinervig. Tepalen halb kürzer, keillänglich, stumpf, einnervig. Lippe dreieckig herzförmig spitz, in Mitte mit Einem Kiel, beiderseits kammig wimprig. Säule kurz zweiborstig. — Getrocknete Blüthen blass. Spitzen der Sepalen purpurn.

Tafel 207. III. Pflanze (Originalexemplar des Kew Herbariums). 10. Blüthe von vorn +.

Tafel 208. I. 1—5.

* **Epidendrum phyllocharis** *Rchb. fil.*

(Euepidendra Spathacea racemosa) labello pentagono subcirculari, callis cochleatis geminis in basi, carinis radiantibus quinis antepositis.

Epidendrum phyllocharis Rchb. fil. Mss. in Hort. Hamb.

Usque pedale. Caulis anceps. Folia oblongoligulata apice minute emarginata cum apiculo, telae validissimae, quasi ex metallo sculpta, brunneo purpureosuffusa, superne nitida. Racemus pauciflorus, bracteis ancipitibus rotundatis distichis (bractea infima spatha?). Ovarium pedicellatum exsertum, cuniculatum cuniculo nullibi prominulo. Sepala ligulata acuta. Tepala linearia acuta. Labellum cordato pentagonum supra descriptum antice retusum cum apiculo. Columna apice labellifera androclinio tridentato. — Flos albus.

Diese in ihrer Art durch die prächtigen starren tief gefärbten Blätter ungemein stattliche, steife Pflanze führten wir im Hamburger Botanischen Garten aus Costa Rica von Herrn Endres ein. Sie gehört unter die lästigen Arten, die sich nicht vermehren, mindestens hat sie, so lange wir sie haben, immer nur auf Einem Auge gestanden. Sie macht ihren einzigen neuen Trieb und dabei bleibt sie. Wir haben keine Aussicht auf Vermehrung und irgend ein unglücklicher Zufall kann sie zerstören, so schön sie jetzt steht. Um ein Document zu besitzen schnitt ich voriges Jahr den Blüthenstand und das oberste Blatt ab, indem ich voraussetzte, durch diese beschneidende Behandlung der Pflanze nicht zu schaden und die Majorität der Blätter ihrer nützlichen Arbeit zu erhalten.

Meine Erwartung ist weit überflügelt worden. Der neue Schoss hat sich kräftig entwickelt, der alte dagegen, anstatt seine Blätter fallen zu lassen, hat sie noch alle und trägt oben zwei neugebildete seitliche Blüthenstände. Ich will übrigens ganz offen bekennen, dass diese Art mir wegen ihrer systematischen Stellung Sorge macht: ein Grund mehr, sie abzubilden. Sie hat an der untersten Scheide eine Blüthe gebracht, nach der Narbe, die ich da sehe, zu schliessen. (Ich war allemal bisher abwesend, wenn sie zu blühen anfing.) Ich kann mich aber doch täuschen mit dieser Narbe, und in diesem Falle wäre die Art ein Spathium. Ich hoffe diesen Punkt nun bald aufklären zu können.

Bis einen Fuss hoch. Stängel zweischneidig. Blätter länglich zungig an der Spitze klein ausgerandet mit Spitzchen, von höchst starkem Gewebe, braunpurpurn angeflogen, wie aus Metall gegossen aussehend. Traube wenigblüthig. Deckblätter zweischneidig, gerundet, zweizeilig. (Das unterste möglicherweise, wie eben angedeutet, eine Scheide.) Gestielte Fruchtknoten mit angewachsenem Sporn, der nirgends sich loshebt, über Deckblatt weit vorragend. Sepalen zungig spitz. Tepalen lineal spitz. Lippe herzförmig fünfeckig, vorn gestutzt mit Spitzchen in Bucht. Säule an Spitze dreizähnig. Blüthe weiss.

Tafel 208. I. Pflanze. II. Blüthenstandsaxe mit Deckblättern, welche viel stärker entwickelt. 1. Blattspitze +. 2. Blüthe seitlich +. 3. Lippe seitlich mit Säule +. 4. Ausgebreitete Lippe +. 5. Pollinarium +.

Tafel 208. II. 6—8.

* Epidendrum microcharis *Rchb. fil.*

Aulizeum aff. Epidendro pulchello A. Rich. Gal. foliis lineari ligulatis, labello altissime cordato sagittato trifido, lacinia antica trifidula, lacinulis lateralibus linearibus obtusis, lacinula media triangula minuta.

Epidendrum microcharis Rchb. fil. Gardeners' Chronicle 1870. p. 1246. (17. Sept.).

Planta lepida, minuta, vix tres pollices alta. Radices velatae filiformes hinc sulcato striatae Vaginae infra pseudobulbum triangulae, increscentes. Pseudobulbus oblongopyriformis anceps purpureoviolaceus, hinc impressus. Folia gemina. Laminae cum pseudobulbo optime articulatae linea transversa callosa albida; lineariligulatae acutae chartaceo pergameneae, infra purpureoviolaceae, supra violaceo marginatae. Racemus pauciflorus congestus. Bracteae triangulo subulatae ovariis pedicellatis bene breviores. Ovaria pedicellata curvula. Sepala ligulata obtuse acuta. Tepala linearia apiculata. Labellum columnae adnatum, supra descriptum. Laciniae laterales dolabriformes, extus hinc sinuato crenulatae. Calli sive carinae in basi omnino nullae. Columna omnino adnata, trigona, utrinque apice brevissime unifalcis. — Flos albidoochroleucus guttulis plurimis violaceo purpureis in sepalis, tepalis labelloque intus nec non in columna.

Diese ungemein zierliche Art, eine der kleinsten ihrer Gattung, führte Herr Wilson Saunders aus Guatemala ein. Sie blühte 1870 zu Reigate unter Herrn Green's Cultur, lebte aber nicht lange. Ich fürchte, dass das abgebildete Exemplar, das ich erst lebend zeichnete und alsdann trocknete, das einzige gegenwärtig in Europa existirende Document ist.

Eine ungemein zierliche, kleine, kaum drei Zoll hohe Pflanze. Wurzeln fadig, hier und da furchig gestreift. Scheiden unter den Stammknollen dreieckig, grösser werdend. Stammknolle länglich birnförmig, zweischneidig, purpurviolett, hier und da eingedrückt. Blätter paarig. Platte mit Stammknolle in schwieliger Querlinie eingelenkt; linealzungig spitz, papierartig bis pergamentig, unterseits purpurviolett, obenhin violett gerandet. Traube wenigblüthig, gedrängt. Deckblätter dreieckig pfriemlich, deutlich kürzer, als gestielte Fruchtknoten. Gestielte Fruchtknoten krumm. Sepalen zungig stumpf gespitzt, die seitlichen mehr dreieckig. Lippe am Grunde pfeiligherzförmig, d. h. mit nach hinten gehenden, stumflichen Spitzen, dreispaltig. Seitliche Zipfel ziemlich beilförmig bis nierenförmig, aussen buchtig ausgerandet oder auch ganz unversehrt (Beides abgebildet). Mittelzipfel zweischenklig mit dazwischen stehendem kleinen Spitzchen. Die Schenkel schmal lineal, stumflich, kurz, auseinandergehend. Säule dreikantig, dicklich, unter der Narbe der Lippe ausgewachsen, mit kurz halbsichelförmigen Seitenspitzen. — Die Farbe der Blüthe ist weisslich-orangegelb mit zahlreichen violett-purpurnen Fleckchen, über deren Vertheilung die Figuren Aufschluss geben.

Tafel 208. II. Pflanze nach dem lebenden, vorliegenden Original. 6. Ausgebreitete Blüthe +. 7. Lippe +. 8. Säule seitlich +.

Tafel 209. I. II. 1—9.

* Meiracyllium gemma *Rchb. fil.*

folio oblongo elliptico seu elliptico carnosissimo, margine arguto, racemo paucifloro seu unifloro terminali, mento inconspicuo obtusato, sepalis ligulatis acutis, tepalis cuneato oblongis acutis, labello basi subsaccato trilobo, lobis lateralibus obtusis, lobo antico triangulo, rostello ligulato triangulo recto.

Meiracyllium gemma Rchb. fil. in Gardeners' Chronicle 1869. 988.

Rhizoma validum, prorepens, articulis validiusculis vaginis membranaceis semiovatis apiculatis dorso carinatis margine pallidis, ceterum fuscis. Folia quaedam conservata, carnosa, ultra pollicaria, oblonga, seu obovata, fere $^2/_3$ pollicis usque lata, subacuta. Folia in frigidariis nostris enata hucusque omnia longiora, angustiora. Racemus terminalis, basi vagina una acuta, spontaneus usque quadriflorus. (Racemos cultos ad manus habeo duos bifloros, tres unifloros.) Bracteae triangulae minutae ovariis pedicellatis multo breviores. Flores longiusculi mento basi obtuso parvo. Sepala consistentiae satis firmae ligulata acuta, viva medio lubenter replicata, pulcherrime laete violaceopurpurea. Tepala cuneato oblonga acuta, subaequilonga, ejusdem coloris, omnia dimidium pollicem longa seu excedentia. Labellum basi saccatum et circa columnae basin volutum obscure trilobum, area flava triangula nitida in basi, ceterum laete purpureum, striis quibusdam obscure atropurpureis inter lacinias laterales. Columna teretiuscula labelli dimidio subaequalis, rostello ligulato extenso infra viscido, apice exciso pro glandula fuscobrunnea recipienda Color pallide roseus, guttis purpureis quibusdam sub fovea et basis viridis. Anthera pyriformis postice emarginata, fusca, bene bilocularis. Locelli tamen in utroque loculo minime facile investigandi. Tres facilius reperis, quarti indicationem non reperi. Pollinia clavata longipedicellata bene cerea flava octona, per paria quaterna incumbentia, externa breviora, interna longiora, omnia ima basi in partem rufam attenuata glandulae insidentem.

Es ist mir unmöglich, über die Einführung dieser Art in Europa Sicheres zu bieten. 1856 sah ich zu Laeken bei Brüssel unter Herrn Forckel's Cultur eine mexikanische Pflanze, die ich für ein Meiracyllium ansah, und welche vielleicht dieses war. Später führte Herr Linden eine von den beiden damals bekannten Arten verschiedene neue Species ein, die 1863 im Herbste blühte und mir während meines Umzugs nach Hamburg zukam. In Folge dieses schlimmen Zusammentreffens sind mir Notizen und Exemplar nie wieder zu Gesicht gekommen und muthmasslich verloren. 1869 erschien das Meiracyllium gemma bei Herrn Wilson Saunders zu Reigate im Spätherbste. Es ging aber sehr bald ein. Herr Boucard hatte es aus Mexico gesendet. Etwa 1873 sammelte es Herr B. Rözl in der Sierra Madre in Mexico. Ich habe wilde dort getrocknete Exemplare zur Hand.

Lebende Pflanzen Herrn Rözl's sendete Herr Ortgies. Soeben, December 1876, schreibe ich dieses vor lebenden, blühenden Exemplaren und habe gleichzeitig ein von Herrn Hinks, Breckenbrough, Thirsk gesendetes Exemplar zur Hand, das erste, welches mir von auswärts zukommt. Es scheint demnach, als habe der Neuling mehre Jahre gebraucht, ehe er zum Blühen sich fertig machte. Die Pflanze bleibt bei kalter Cultur sehr gesund und wird wohl aushalten. Wir halten sie am Block. Einen unangenehmen Eindruck freilich empfängt man leider bei Betrachtung wilder und cultivirter Exemplare. Wer dieselben ohne sie in der Entwicklung nach der Einführung (wo sie noch die kurzen Blätter hatten und dickstämmig waren) beobachtet zu haben, vor Augen hält, möchte an zwei verschiedene Arten denken! Meine Hoffnung, die Pflanze länger zu behalten, begründet sich auf den Umstand, dass dieselbe allmählig sich einrichtete in unsere Culturverhältnisse. Solche Orchideen, die das erste Jahr sofort noch einmal blühen, nehmen oft alsdann Abschied.

Wurzelstock stark, kriechend, mit weiten halbeiförmigen gespitzten Scheiden besetzt, die am Rücken gekielt, am Rande hell, übrigens dunkelbraun. Die ursprünglichen Blätter sehr dick, elliptisch, über einen Zoll lang, auch verkehrt eiförmig, mit Spitzchen, bis $^2/_3$ Zoll breit. Bei uns im kalten Orchideenhaus kamen die Blätter alle viel schmäler, auch länger. Traube endständig, bis vierblüthig. (Cultivirte Trauben bisher nur bis zweiblüthig beobachtet.) Deckblätter dreieckig, klein, viel kürzer als gestielte Fruchtknoten. Blüthen ziemlich lang mit kleinem stumpfen Kinn. Sepalen von ziemlich derbem Gefüge, zungig, spitz, im Leben gern um die Mitte herum umgeschlagen, von schönstem Purpurviolett. Tepalen keillänglich, spitz, ziemlich gleichlang, von derselben Farbe. Alle diese Organe etwa einen halben Zoll lang. Die längere Lippe am Grunde sackig und den Grund der Säule umwachsend, dreilappig, allein sehr undeutlich. Seitliche Lappen stumpf, Vorderlappen dreieckig ausgezogen spitz. Die Farbe ist ebenso schön purpurviolett. Ein glänzender gelber Hof am Grunde, der dunkelpurpurn eingefasst ist und vor dem einige strahlige purpurne Linien. Säule stielrundlich, so lang, wie halbe Lippe. Narbendecke schnabelförmig ausgezogen, an der Spitze ausgeschnitten zur Aufnahme der Drüse des Pollinariums. Farbe blass rosa, mit Purpurflecken unter der Narbengrube und am Grunde grün. Anthere gedrückt birnenförmig, hinten ausgerandet, braun, gut zweifächerig. Die Fächerchen sind aber an der Culturpflanze schwer nachzuweisen, mindestens ist das je vierte nicht gut aufzuspüren. Pollinien keulig, langstielig, gut wachsig, acht, paarig aufeinanderliegend, die innern länger, alle am Grunde mit einem rothen Caudiculartheil aufsitzend.

Tafel 209. I. Culturpflanze, lebend gezeichnet. II. Wildes Exemplar. 1. Blatt +. 2. Blüthenstand +. 3. Blüthe seitlich nach Entfernung der Sepalen und Tepalen +. 4. Lippe +. 5. Säule seitlich, Anthere abgenommen +. 6. Säule von Rückenseite +. 7. Säule von der Narbenseite +. 8. Staubbeutel +. 9. Pollinarium +.

Tafel 210. I. 1—9.

* **Pleurothallis Leucopyramis** *Rchb. fil.*

(Lindl. Fol. Elongatae 2. Alatae) juxta P. tricarinatam Pöpp. Endl. caule secundario gracili, folio cuneato oblongo acuto, racemo plurifloro inter flores fractiflexo, sepalo utroque ligulato triangulo fornicato, superiori alte carinato, inferiore bicarinato, bidentato, labello rhombeo ligulato obtusato carinula una utrinque basin versus.

Pleurothallis Leucopyramis Rchb. fil. in Garcke Linnaea XLI. p. 47 (1876).

Usque spithamam alta racemo incluso. Dense caespitosa. Caules secundarii tenues. Vaginae in basi atratae arctae. Folium cuneato oblongum seu oblongoligulatum acutum ad tres pollices longum, vix duas pollicis tertias medio latum, firmum, sed non crassum. Racemos ex caulis apice ejusdem duobus annis insequentibus emersisse observavi. Pedunculi tenues, stricti, dimidio inferiori vagina una alterave arcta, superne racemosi fractiflexi. Bracteae arctissimae apiculatae atratae sub ortu pedicellorum. Pedicelli ovaria pluries superantes, tenues, a bracteis suis omnino nudi. Flores subnutantes, albissimi. Sepalum dorsale fornicatum ligulato triangulum carina bene elevata integerrima per medium uninervia. Sepala inferiora ad apicem bidentatum usque connata, bicarinata, carinis grosse crenatis, binervia. Tepala rhombeoligulata uninervia, columnam superantia. Labellum brevius ligulatum seu obtusato rhombeoligulatum carina utrinque juxta marginem basilarem. Columna apice tridentata, dente medio retuso. Androclinii fundus membranam supra foveam fornicatam sistens. Anthera apiculata, utrinque antrorsum basi unidentata. Pollinia gemina a lateribus compressa materie viscida cohaerentia.

Ich erstand diese Pflanze bei der Auction der herrlichen Sammlung des Herrn Wilson Saunders von Reigate. Es ist sehr wahrscheinlich, dass sie aus Costa Rica stammt. Ein dichter Rasen mit zahlreichen schneeweissblüthigen Trauben bietet einen zierlichen Anblick, der bei unsern kleinen Ausstellungen im Botanischen Garten Hamburgs selbst wenig empfängliche Besucher interessirte, etwa wie die Dendrochilen.

Einschliesslich des Blüthenstands bis spannenhoch. Dicht rasig. Stängel zweiten Rangs sehr dünn. Am Grunde derselben mehre gedrängte, sehr dunkle, schwärzliche Scheiden. Blatt keillänglich oder länglich zungig spitz, bis drei Zoll lang, kaum zwei Dritttheile eines Zolls in der Mitte breit, kräftig, allein nicht dick. Es kommen bestimmt aus demselben Stängel in zwei einander folgenden Jahren Blüthenstände heraus. Blüthenstiel dünn, steif, auf untrer Hälfte mit einer oder der andern Scheide, oben zickzackig traubig. Deckblätter sehr eng, mit Spitzchen, unter der Entstehungsstelle der Blüthenstielchen. Blüthenstielchen mehrmals länger als Fruchtknoten, zart, ganz frei von den darunter stehenden Deckblättern. Blüthen vorgestreckt oder hängend, ganz milchweiss. Unpaares Sepalum gewölbt, zungig dreieckig, über Mittellinie mit ganzrandigem Kiele, einnervig. Untere Sepalen an Spitze zweizähnig, sonst verwachsen, zweikielig, Kiele grob kerbzähnig (also spitze Buchten und stumpfe Zähne!), zweinervig. Tepalen rautig zungig, einnervig, länger als die Säule. Lippe kurz zungig, oder stumpflich rautig zungig, beiderseits mit einem Kiele gegen den Grund. Säule halbstielrund, an Spitze dreizähnig, Mittelzahn gestutzt. Narbendecke häutig vom Androclinium ausgehend. Anthere mit Spitzchen, beiderseits nach vorn und aussen einzähnig. Pollinien paarig, von der Seite gedrückt, mit Klebmasse.

Tafel 210. I. Pflanze, nach lebendem Original. 1. Blüthe +. 2. Unteres Sepalum +. 3 Tepalum und Säule seitlich +. 4. 5. Lippen +. 6. Querdurchschnitt durch Säule, um die Kiele auffällig erscheinen zu lassen +. 7. Säule von vorn ohne Staubbeutel +. 8. Staubbeutel von vorn +. 9. Ein solcher seitlich +.

Tafel 210. II. 10—17.

*Pleurothallis luctuosa *Rchb. fil.*

Affinis Pleurothallidibus longirostri Focke et ephemerae Lindl. pedunculo plurifloro, tepalis minutissime serratis, labello unguiculato subcordato triangulo apiculato cum callo sellaeformi.

Pleurothallis luctuosa Rchb. fil. in Garcke Linnaea XLI. p. 49. 1871.

Radices velatae tenuissime filiformes. Caules secundarii arcte vaginati gracilenti. Folium cuneato oblongolanceum seu linearilanceum acutum apice more generis minute et obscure tridentatum.

Racemus pauciflorus, distantiflorus, porrectus, folio subbrevior seu aequalis. Pedicelli supra bracteas acutas emergentes, illas multoties superantes, ovariis multo longiores. Sepalum superius lanceoacuminatum trinerve. Sepalum inferius subaequale, quadrinerve, nunc angustius, apice raro profundius fissum. Tepala trianguloacuminata, margine minutissime ciliato serrato, linea minutissime serrata intus nunc opposita. Labellum unguiculatum subito dilatatum replicatum, hinc subcordatum, oblongum apiculatum seu triangulum apiculatum, callo sellaeformi in disco. Columna clavata labello paulo longior. Anthera depressa antice retusa. Pollinia pyriformi in materie viscinosa sessilia. — Flores atropurpurei.

Ich besitze diese Art wildwachsend von Endres gesammelt. Wir haben sie auch lebend im Hamburger Botanischen Gerten von ihrem Entdecker. Als ich die ersten aufgegangenen, dunkelschwarzpurpurnen Blüthen eben untersuchte, überraschte mich die Todesnachricht meines Freundes. Daher der Name.

Nebenwurzeln sehr dünn fadig. Stängel schlank, dicht und lang bescheidet. Blatt keillänglichlanzettlich oder lineallanzettlich spitz, an der Spitze nach Art der Gattung mit drei kleinen Zähnchen. Traube mehrblüthig, bis sechsblüthig, vorgestreckt, dem Blatte gleichlang oder etwas kürzer. Blüthenstiele über den spitzen Deckblättern stehend, viel länger als dieselben, auch länger als die Fruchtknoten. Unpaares Sepalum von breitem Grund lanzettlich zugespitzt ausgezogen, dreinervig. Paare Sepalen in einer Masse verwachsen, viernervig, spitz ausgezogen, am Ende zweizähnig, selten zweispaltig. Tepalen dreieckig zugespitzt, am Rande ganz fein und klein gesägt, auch mit ähnlicher immer parallel laufender Sägezahnleiste. Lippe genagelt, plötzlich ausgebreitet, umgeschlagen, demnach ziemlich herzförmig, länglich mit Spitzchen, oder dreieckig mit Spitzchen. Eine sattelförmige Schwiele auf der Lippenscheibe. Säule keulig, wenig länger als Lippe. Staubbeutel niedergedrückt, vorn gestutzt. Pollinia birnförmig mit etwas Klebmasse. — Blüthen schwarzpurpurn.

Tafel 210. II. Pflanze. 10. Oberes Sepalum +. 11. Unteres Sepalum +. 12. Tepalum +. 13. Lippe seitlich +. 14. Lippe von innen +. 15. Lippe von unten +. 16. Staubbeutel von unten +. 17. Pollinarium +.

Zu Tafel 210.

Pleurothallis endotrachys *Rchb. fil.*

Sicariae: labello trilobo; caule secundario brevi, folio cuneato ligulato obtuso, pedunculo plus duplo longiori ancipiti, lato, vaginis ancipitibus apice obtusatis acutiusculis brevibus duabus, racemo paucifloro (usque quadrifloro), bracteis compressis ancipitibus, introrsum curvatis, ovario pedicellato longe exserto, sepalis ligulatis acutis, intus asperis, omnibus liberis, tepalis linearibus retusiusculis, labello lineariligulato subtriangulo apice paulo acuto, ante medium utrinque angulato, sigmoideo, columnae semiteretitrigonae alis triangulis, androclinii cucullo postice denticulato.

„Sepala et tepala cinnabarina. Labellum viridiflavum. Columna alboviridis. Folium subcarnosum, dorso longitudinaliter unicarinatum.“ „Flos intus viscidus a parva musca quadam diligentissime visitatus.“

Diese höchst auffällige Art wurde 1867 in Costa Rica von Herrn Endres entdeckt. Die ganze vorliegende Pflanze ist eine mässige Spanne hoch. Das Blatt 3—4 Zoll lang. Die Blüthe für die Gattung gross, jedes Sepalum etwa über einen halben Zoll lang.

Stängel zweiten Ranges kurz. Blatt keilig zungig stumpf. Blüthenstiel doppelt so lang und länger, zweischneidig, breit. Zwei zweischneidige kurze stumpfgespitzte Scheiden. Traube wenigblüthig, bis vierblüthig. Deckblätter gedrückt zweischneidig, nach innen gekrümmt. Gestielter Fruchtknoten lang herausragend. Sepalen zungig spitz, innen klebrig, rauh, alle frei. Tepalen lineal, stumpflich. Lippe linealzungig, ziemlich dreieckig, an der Spitze wenig spitz, vor Mitte beiderseits eckig, Sförmig. Säule halbstielrundlich dreieckig. Flügel dreieckig. Kappe des Androclinium gezähnelt. — „Sepalen und Tepalen zinnoberroth. Lippe gelbgrün. Säule weisslichgrün. Blatt ziemlich fleischig, auf Rücken in Längslinie gekielt." „Die Blüthe innen klebrig und von einer kleinen Fliege sehr fleissig besucht." Endres brieflich.

Orchideae Mandonianae.

Die vollständigste Sammlung der Orchideen Mandon's wurde mein Eigenthum. Dazu kam eine zweite Serie aus dem Gesammtherbar bolivianischer Pflanzen, welches ich von dem Reisenden bezog. Mein Material ist demnach so reichlich wie es selten dem Monographen zu Theil wird, und solche Zweifel, wie sie beim Studium magerer Proben aufsteigen, sind mir gänzlich fern geblieben. Die Pflanzen entstammen meist den höchsten Regionen Bolivias und enthalten eine solche Menge neuer Arten wie sie amerikanische Sammlungen fast nie bieten. Der verstorbene Mandon bat mich, ein paar Arten nach Herrn Castello de Paiva zu nennen, dem er zu besonderm Danke verpflichtet. Der eben verstorbene Weddell, der Verfasser der wohl nun leider nie zu vollendenden Chloris Andina, hat die ganze Sammlung veranlasst und meine Bekanntschaft mit Mandon vermittelt, wofür ich ihm immer eine dankbare Erinnerung bewahren werde.

1) Habenaria microstylina: simillima Habenariae pratensi Rchb. fil. (Bonateae Lindl.) ultra spithamaea, foliis lanceis acutis seu oblongolanceis acutis 5—6, in bracteas abeuntibus, racemo plurifloro, densifloro, bracteis lanceis ovaria haud attingentibus, ovariis curvis tripteris alis inaequilatis, nunc denticulatis, sepalis triangulis, tepalis lato falcatis trinerviis, labello tripartito laciniis lateralibus falcatis semilunatis parvis, lacinia mediana longa lineari acuminata longe porrecta, calcari cylindraceofiliformi ovario subaequali, antherae cruribus elongatis. stigmatis brachiis minutissimis curvulis inclusis. — Ueberraschend ähnlich den Exemplaren der Habenaria pratensis, besonders jenen Salzmann's. Bis über spannenhoch.

Provinz Larecaja. Viciniis Soratae; Tica circa in graminosis, dumosis. Reg. temp. 2600—2800 Met. Febr. — Aprili 1860. Nr. 1154.

2) Habenaria maxillaris Lindl. Unter Nr. 1156.

3) Habenaria Paivaeana: bipedalis usque, foliis oblongoligulatis acutis nervis tribus validis, ad inflorescentiam usque 5—6 minoribus, racemo elongato plurifloro, bracteis oblongoligulatis acutis ovaria subaequantibus, sepalo impari ovali acuto, sepalis lateralibus triangulis acutis, reflexis, tepalis bipartitis partitione utraque lineari acuminata, interna partitione subbreviori, labelli tripartiti partitionibus linearibus aristatis aequalibus, calcari filiformi apice clavato incrassato ovario subaequali; antherae loculis valde abbreviatis, stigmatis cruribus rotundatis brevissimis. — Eine Pflanze von der Tracht der Orchis latifolia L. Bis zwei Fuss hoch. Blätter breit länglich, bis einen Zoll breit und drei bis vier Zoll lang, oft auch nur zwei Drittelzoll breit. Das oberste Blatt oder die zwei obersten Blätter deckblattartig. Die drei Nerven der Blätter treten auf der Unterseite sehr stark vor. Deckblätter länglich, spitz, fünfnervig mit vielen Anastomosen, so lang wie die schlanken, krummen Fruchtknoten.

Provinz Larecaja. Viciniis Soratae: Condurpata, Loma de Tica, circa et inter Eryngia. Regio temperata 2650—3200 Met. Jan. — Mart. 1858. Nr. 1156.

4) Habenaria simillima; spithamaea, foliis evolutis duobus seu tribus ovalibus apiculatis, racemo laxifloro, bracteis ligulatis acutis ovaria excedentibus, sepalo impari ovali obtusissime acuto, sepalis lateralibus triangulis latere externo involutis, tepalis ligulato semilunatis acutis limbo externo uninerviis, denticulo uncinato in basi, labello tripartito, partitionibus linearibus acutiusculis subaequalibus, lateralibus divaricatis, calcari filiformi ovario subaequali, antherae loculis in canales brevissimos uncinatos exeuntibus, stigmatis cruribus brevibus. Simillima Habenariae tridactyliti Lindl., quae tepalis satis recedit.

Provicia Larecaja. Viciniis Soratae: alto de Coroure, prope Munaypata in dumosis. Reg. temp. 2650 Met. Januario — Martio. 1858. Nr. 1155.

5) Cranichis ciliata H. B. Kth.: Provincia Larecaja. Viciniis Soratae, Qualigaya, Catargrate, Chiliero in sylvosis. Regio temperata 2700—3000′. Martio — Majo 1861. Nr. 1167.

6) Ponthieva Mandonii: affinis Ponthievae parvilabri Rchb. fil. (Cranichidi Lindl.) foliis rosulatis cuneato oblongis acutis, pedunculo paucivaginato inferne calvo, superne glandipili, racemo plurifloro, bracteis oblongis acutis glandipilibus ovaria pedicellata subdimidio aequantibus, sepalis glandipilibus, sepalo impari ligulato acuto, sepalis lateralibus oblongis acutis, tepalis unguiculatis obtuse triangulis non ciliatis, binerviis, nervo externo nervilloso, labello unguiculato oblongo apice sensim attenuato cochleato, callo in ungue basi triangulo dein in crura duo lamelliformia abrupta diviso.

Provincia Larecaja. Viciniis Soratae. Cerro de Iminapi et in colle Ultoutiji in graminosis. Regio temperata 2650 Met. Martio — Augusto 1860. Nr. 1164.

Pterichis mandonii

7) Acraea Mandonii: foliis a basi longilineari lanceolatis acutis, pedunculo basi laevi, superne glandipili, basi parce et distiche, superne approximate vaginato, vaginis summis sessilibus, omnibus acutis, racemo plurifloro cylindraceo, bracteis ovatis acutis trinerviis glandipilibus ovario glandipili subaequalibus, sepalis triangulis, lateralibus bene latioribus, extus glandipilibus, tepalis rhombeolinearibus binerviis superne hinc ciliatis, labello a basi late cuneato dilatato laciniis lateralibus angulatis extrorsum incurvis, lacinia intermedia triangula producta parva, labelli disco mediano ante laciniam intermediam gibboso, papulis plurimis juxta limbum ac in lacinia intermedia, verrucis quibusdam superadditis.

Non est Acraea triloba Lindl. ob bracteas multo breviores, magis latas, ob labellum tantum septemnervium, ob tepala angustiora. Habitus multa gracilior, quam in illa et labelli circumscriptio bene diversa. Acraea multiflora Lindl. et parviflora Lindl. labello satis superque diversae.

Provincia Larecaja. Viciniis Soratae; Cerro de Iminapi, Laucho de Cochyata in scopulosis petrosis graminosis. Regio temperata et subalpina. 2650—3700 Met. Febr. — Majo 1860. Nr. 1160.

8) Altensteinia gymnandra: sexpollicaris, recta, mediocris, vaginis hyalinis amplissimis ostio libero obtusangulis, racemo cylindraceo conico multifloro, bracteis amplis flores subaequantibus iisque saepe latioribus, sepalo impari ovali subacuto uninervi, sepalis paribus ligulatis obtuse acutis multo longioribus, sepalis linearibus superne paulo dilatatis, obtuse acutis, labello transverso oblongo cum apiculo ligulato obtuso brevissimo dimidio antico fimbriato, lateribus involutis, rostello angusto emarginato, androclinio nudo.

Persimilis Altensteiniae (Myrosmodi) nubigenae, a qua androclinio non membranacco marginato longe recedit.

Provincia Larecaja (sine indicatione loci unicum specimen obtinui).

(Altensteinia rostrata: vultu Altensteiniae nubigenae radicis fibris valde inaequalibus, caule ad quatuor pollices alto, nunc flexo, vaginis hyalinis amplis ostio obtuse triangulis numerosis, racemo densissimo plurimifloro subconico, bracteis latis oblongis hinc denticulatis flores prope tegentibus, ovariis longe rostratis, sepalis oblongis uninerviis nervo ante apicem evanido, tepalis lato ligulatis obtusis uninerviis nervo ante apicem evanido, labello cuneato elliptico obtuse acuto calceolari involuto margine fimbriato, rostello trilobo, lobis obtusatis, medio lobo valde producto, androclinio omnino nudo, scilicet non membranaceo marginato.

Quito. Jameson.)

9) Altensteinia paludosa: humilis, radicibus fasciculatis inaequalibus, aliis bene crassis, pedunculo valido humillimo, vaginis amplissimis hyalinis, superioribus retusiusculis, racemo cylindraceo, initio cylindraceo conico, densissimo, multifloro, parvifloro, bracteis transversis apice denticulatis, sepalo summo lanceo obtuse acuto, tepalis linearibus obtusis subaequalibus, sepalis lateralibus bene longioribus, labelli angulis obtusis involutis, parte antica obtuse triangula fimbriata, fasciculo foliorum isochronico, foliis petiolatis oblongis acutis.

Provincia Larecaja. Viciniis Soratae; Gualata, Cabazas de Chilcani in paludosis. Reg. alpina 3600—4400 Met. Octobri 1857 — Aprili 1858. Nr. 1169.

Alia scheda: Gualata apachatas de Lacatia, de Chuchu in paludosis. Règio alpina 3700—4500 Met. Octobri 1857 — Aprili 1858. Nr. 1169.

10. Altensteinia Mandonii: humilis caule ad septem pollices alto, radicibus fasciculatis, vaginis numerosis acuminatis hyalinis, spica cylindracea brevi densiflora, bracteis hyalinis transversis quam flores bene brevioribus, floribus posticis, mento conspicuo, sepalis ligulatis uninerviis, tepalis subtriangulis aequilongis binerviis, labello calceolari limbo fimbriato, columna brevi lata, brachiis rostelli protrusis curvis apice obtusatis seu erosulis, rosula foliorum cum floribus isochronica nulla.

Viciniis Sorata ad radicem monticolae Panquasi et in graminosis regionis subalpinae 3300—4400 Met. Majo — Julio 1858. Nr. 1168 ex parte.

11) Altensteinia calceata: humilis, gracilis, radicibus fasciculatis aequalibus, pedunculo gracili ad sex pollices alto, vaginis acutiusculis acutis hyalinis numerosis, racemo cylindraceo densissimo arcto vulgo brevi (juxta novem specimina) plurifloro, parvifloro, bracteis lato triangulis flores subaequantibus, sepalis ligulatis obtuse acutis uninerviis nervo ante apicem evanido, tepalis linearibus obtusis uninerviis brevioribus, labello calceiformi ostio minute fimbriato, rostello retuso seu semilunato exciso, fasciculo foliorum anthesi nullo.

Viciniis Soratae. Llachisani prope Vancuire, Cabezerae de Chilcani in graminosis paludosis. Regio subalpina et alpina 3400—4400 Met. Majo — Novembri 1858. Nr. 1168 ex p.

Obs. In usum possessorum herbarii Mandoniani haec. Utraque species facillime et primo visu distingui potest: Altensteinia Mandonii vaginas albo argyreas, bracteas latissimas argyreas, inflorescentiam amplam gerit. Altensteinia calceata contra vaginis siccas flavido albidas, bracteas non conspicuas, inflorescentiam arctam longiorem, pluriflora ostendit.

(Altensteinia inaequalis: humillima, radicibus fasciculatis amplis, caule gracillimo, vaginis paucis infundibulari ampliatis retusiusculis, racemo cylindraceo densissimo multifloro, parvifloro, bracteis ovatis acutis transversis, summis angustioribus, denticulatis, flores non aequantibus, sepalo impari oblongo obtuse acuto, sepalis lateralibus longioribus, oblongoligulatis supra nervos medios carinulatis, tepalis cuneato lineariligulatis obtusis uninerviis, labello calceolari ostio amplo, limbo replicato fimbriolato, rostello retuse triangulo. Macasari in Puna brava. Junio. Lechler 1950).

(Altensteinia Matthewsii: radicibus —, caule subgracili elatiori spithamaeo validiusculo, vaginis numerosis acutis, sub inflorescentia numero adauctis valde approximatis, racemo cylindraceo acuto densifloro, bracteis triangulis acutis flores subaequantibus, sepalis lineariligulatis uninerviis, tepalis multo angustioribus, omnibus prope aequilongis, labello oblongo calceolari lateribus erectiusculis fimbriatis, columnae rostello transverso retuso. (Foliorum fasciculo —?)

Periahuanca. Matthews 677).

12) Altensteinia Weddelliana: radicibus subaequalibus, caule gracili usque subbipedali, vaginis membranaceis acutis anthesi exeunte jam valde obliteratis fissolaceris, summis retusis, racemo

cylindraceo densifloro, bracteis triangulis quam flores brevioribus, sepalis triangulis uninerviis obtusis, tepalis subaequilongis ligulato falcatis uninerviis, labello calceolari ostio trilobo, scilicet lobulo parvo antice insiliente, lobis lateralibus multo majoribus semiovatis, omnibus fimbriatis, rostello quinquelobo exciso, rosula foliorum synantha in floribus jam adultioribus, foliis cuneato ligulatis...... (apice casu quodam infortunato decisis).

Viciniis Soratae. Paracollo in schistosis. Regio subalpina 3400 Met. Decembri 1856 — Januario 1857. Nr. 1167.

13) Altensteinia marginata: juxta Altensteiniam fimbriatum H. B. Kth. radicis fibris numerosissimis inaequalibus densissime intertextis, foliis herbaceis amplis oblongis acutis paucis, vaginis foliaceis herbaceis, racemo cylindraceo acuminato, bracteis triangulis acutis subherbaceis trinerviis flores aequantibus, sepalis oblongis acutis trinerviis, tepalis linearibus obtuse acutis uninerviis, antennatis, labello subrhombeo obtuso antice utrinque paulo sinuato, crassiusculo, tenuimarginato, rostello retuso emarginato, rosula foliorum synantha, foliis oblongis seu oblongoligulatis acutis.

Provincia Larecaja. Viciniis Soratae Poguerani in gypsosis; Loma di Uairo Saui. Regio temperata. 3650—3200 Met. Januario, Februario 1859. Nr. 1165. In altera collectione Mandoniana: Viciniis Soratae, Poguerani in gypsosis vici Chuchulaya in scopulosis. Regio temperata. 2650—3600'. Januario, Februario 1860.

14) Gomphichis valida: caule ultra tripedali, valido, foliis inferioribus cuneato ligulatis acutis, foliis medianis longe ligulatis acutis, superioribus vaginaeformibus cucullatis ostio oblongis acutis, racemo cylindraceo elongato multifloro, rhachi villosa, bracteis oblongis acutis plurinerviis, ante anthesin flores bene superantibus, inflorescentiam lupulinam sistentibus, anthesi flores aequantibus, ovariis villosis, sepalis ligulatis obtuse acutis, paribus binerviis, sepalo impari trinervi, tepalis cuneato rhombeis trinerviis, marginibus hinc ciliatis, labello brevissime unguiculato a basi subrotunda ligulato apice contracto, disco anteriori carnosissimo, medio hinc puberulo, columna incurva calva seu subcalva.

Viciniis Soratae. Laucha de Cochipata in scopulosis. Regio temperata 3100—3300 Met. Octobri 1859 — Aprili 1860. Nr. 1166.

15) Stenoptera acuta Lindl.

Viciniis Soratae. Laucha de Cochipata, in scopulosis. Quirambaya. Regio temperata 3100—3300 Met. Februario, Martio 1860. Nr. 1157. — Viciniis Quiabaya in nemoribus. Regio temperata 3050 Met. Majo 1861. Nr. 1158 (Unique). — Viciniis Soratae: Coocoo prope Ancouma in scopulosis. Regio temperata. November 1860. Nr. 1166 bis. (Unique).

16) Spiranthes plantaginea Lindl.

Viciniis Soratae. Laucha de Cochipata in scopulosis. Regio temperata ad 2700—3300 Met. Februario 1860.

17) Spiranthes chlorops: vultu Spiranthidis elatae Rich. pedunculo elato adpresse puberulo, vaginato, vaginis inferioribus approximatis, superioribus distantibus, ampliusculis ostio oblongis acutis, racemo plurifloro (subspirali) usque multifloro (tum quaquaverso?), rhachi puberula, bracteis lanceosubulatis parce pilosis, jam flores medianos superantibus, ovariis pilosulis, sepalis lineariligulatis acutis parce pilosulis, tepalis linearibus labello a basi anguste semiovata bicorniculata subito dilatato oblongo, antice in ligulam crenulatam apice rotundato apiculatam constricto.

Aliud specimen rosulam omnino evolutam foliorum juxta inflorescentiam gerit, alia specimina rosulas omnino juvenes ostendunt. Folia cuneato oblonga acuminata usque tripollicaria.

Viciniis Soratae. Cerro del Iminapi, Terreria. In petrosis. Regio temperata ad 2650 Met. Novembri, Decembri 1858. Nr. 1168. Alia scheda: 9. Dec. 1859.

18) Spiranthes Mandonii; anthesi aphylla, caule validiusculo spithamaeo multivaginato, vaginis arctiusculis apice acutis imbricantibus (ad decem) caulem omnino vestientibus, racemo plurifloro floribus extrorsum porrectis, rhachi puberula, bracteis lanceis acuminatis ovaria puberula longe superantibus parce puberulis, sepalis linearibus acutis, lateralibus basi coalitis ovario adnatis medium usque gibber obscurum efformantibus, tepalis linearibus angustioribus, labello ab ungue brevissime subsagittato hastato corniculis in angulis, elongato, bis constricto, hinc quasi biarticulato, basi obcuneato sc. a latiori basi sensim angustato, dein elliptico, apice cordato, in parte mediana puberulo.

Viciniis Soratae: Cerro del Iminapi et Loma de Catarguata in scopulosis. Regio temperata ad 2650—2800 Met. Decembri 1857 — Januario 1858. Nr. 1159.

19) Sobralia Mandonii Rchb. fil. Cf. Xenia II. pag. 175. Tab. 175. I. 1. Addo, eandem speciem ante Mandonium in Bolivia a Bridgesio lectam. Exstat in herbario Lindleyano. Locus Bridgesii in ill. Lindleyi monographia ex descriptione Sobraliae dichotomae R. Pav. amandandus.

20) Sobralia scopulorum Rchb. fil. Cf. Xenia II. p. 176. Tab. 175. II. 2. 3.

21) Odontoglossum rigidum Lindl.

Viciniis Soratae. Monte Chilieca et Laucha de Cochipitu in scopulosis. Regio temperata 3150—3300 Met. Octobri 1857 — Majo 1860. Nr. 1153.

22) Oncidium Weddellii Lindl.

Viciniis Soratae: colle Catargueta Corapote, Iminapi et supra arbores et in scopulosis. Regio temperata 2700—3000 Met. Novembri 1858 — Majo 1859. Nr. 1151 ex parte.

23) Oncidium Mandonii: affine Oncidio Blanchetii Rchb. fil. pseudobulbis pyriformibus ancipitibus rugosis diphyllis, foliis cuneato oblongis acutis brevibus, vaginis stipantibus scariosis, pedunculo longe exserto, panicula dense brachyclada, sepalo summo cuneato oblongo obtuso fornicato, sepalo inferiori bifido, laciniis obtuse acutis divergentibus, labelli auriculis lateralibus subquadratis retrorsis, in isthmum sensim coarctatis, lamina antica reniformi emarginata, labelli basi velutina, callis antepositis 5—7 lamellatis, ternis rhombeis crenatis ante illos varicibus utrinque, columnae alis subquadratis, tabula prona basi constricta.

Mixtum cum praecedenti. Nr. 1151.

24) Trichoceros parviflorus H. B. Kth.

Viciniis Soratae. Loma de Tecoroconia, in scopulosis inter frutices. Regio temperata. 2700′. Martio 1861. Nr. 1149.

25) Neodryas Mandonii n. sp.

En novam generis diagnosin (cf. Xenia I. p. 38). Perigonium Mesospinidii sanguinei Rchb. fil. Labellum in alabastro sigmoideum, flexum, disco tuberculatum. Columna ascendens. Alae membranaceae sub fovea connatae pyxidem membranaceam circa foveam efficientes. Rostellum pronum, obliquum, quadrilobum. Pollinia pyriformia solida. Caudicula ligulata. Glandula triangula.

Neodryas Mandonii: labello late cuneato lamina lobulosa (3—5), callo in disco ex lamellis quinis. — Rhizoma scandens, laxe grandique vaginatum vaginis summis laminiferis. Pseudobulbus depresso pyriformis monophyllus. Folium ligulatum obtuse acutum. Radices elongatae ex rhizomate. Sub pseudobulbo ex una duabusve axillis prodeunt caules novelli, ex una axilla folii summi fultientis pedunculus distanter brevivaginatus, superne paniculatus, ramulis parvis fractiflexis paucifloris, bracteis triangulis minutis. Sepalum dorsale cuneato oblongum obtusum. Sepalum alterum bifidum. Tepala sepalo impari latiora. Omnia purpurata. Labellum flavidum. Anthera depressa, antice triangula.

Viciniis Soratae. Monte Chilieca, inter Laripata et Cani, prope Quen-Chainillira, supra arbores. Regio temperata. 3000—3200 Met. Octobri 1859 — Majo 1860. Nr. 1146.

26) Amblostoma densum: caule crasso laxe vaginato, foliis oblongoligulatis obtuse acutis, inflorescentia paniculata erecta densiflora, sepalis (atropurpureis) oblongis obtuse acutis, tepalis spatulatis acutis, labello trifido laciniis lateralibus divaricatisineariligulatis obtusis, lacinia media porrecta triangula vulgo brevi, callo trifido in basi disci, lacinulis lateralibus obtusangulis, lacinula media acuminata, androclinii limbo rotundato.

Viciniis Soratae. Cerro del Iminapi supra scopulos. Regio temperata 2650 Met. Januario — Junio 1860. Nr. 1140.

27) Maxillaria miliacea: pseudobulbo pyriformi diphyllo, foliis longe cuneato oblongis acutis plicatis, racemo folia subaequante basi paucivaginato, superne racemoso, bracteis scariosis lanceis ovaria pedicellata semiaequantibus, mento acutangulo, sepalis ligulatis acutis carinatis, tepalis oblongis acutis, labello medio trilobo, lobis lateralibus obtusangulis, lobo medio late ligulato obtuso, callo trilobo ante basin, punctis miliaceis elevatis plurimis in lobo antico superne (nullis inferne), columna brevi.

Viciniis Soratae. Cerro de Iminapi, in scopulis fontis del Cacique. Regio temperata 2650 Met. Decembri 1859 — Februario 1860. Nr. 1140.

28) Pachyphyllum pectinatum: caulibus validis raro ramosis, radicibus adventitiis validis basilaribus, vaginis nervosis laevibus (sc. non transverse rugosis), juxta laminas auriculatis, laminis oblongis apiculatis antice denticulatis, infra carinatis, crassis, racemis paucifloris, folia aequantibus, bracteis triangulis ovaria pedicellata longe non aequantibus, sepalis ligulatis acutis carinatis, tepalis cuneato rhombeis acutis, labello ligulato obovato apiculato lamellis triangulis obtusis geminis ante medium discum, ala androclinii subquadrata descendente.

Viciniis Soratae. Monte Chilieca supra arbores. 3100′. Octobri 1858. Sub Nr. 1152. Mixtum cum Pachyphyllo sequenti.

29. Pachyphyllum Pseudo-Dichaea: caulibus laxis parte nudata polyrrhizis, radicibus elongatis tenuibus, vaginis nervosis laevibus (sc. non transverse rugosis), foliis falcatis ligulatis acutis dorso carinatis tenuibus apicem versus denticulatis, racemis folia non attingentibus paucifloris, bracteis triangulis carinatis, ovaria pedicellata non aequantibus, sepalis ligulatis acutis carinatis, tepalis lanceis acutis uninerviis, labello cuneato apice ovato apiculato, laminis rhombeis geminis extrorsis mediis labello ipsi latioribus, androclinii membrana alari lata ovata seu triloba obtusa.

Viciniis Soratae. Laucha de Cochipata in scopulosis. Regio temperata 3200′. Majo 1860. Sub 1152 acceptum.

Obs. Utrumque caulis descriptione facillime distinguendum. Schedae varios locos indicant et a me illi speciei tributae, quae majori copia aderat. Sed forsan in errorem incidi. Inde uterque locus dubius.

30) Epidendrum Syringothyrsus Rchb. fil. Mss. in horto Veitchiano et in Hook. f. Bot. Mag.: Spathium caule valido elato, foliis lato oblongis apiculatis, spatha ancipiti oblonga acuta, racemo elongato porrecto densifloro, bracteis triangulis carinatis, ovariis pedicellatis longissimis, sepalis oblongoligulatis acutis, tepalis subaequalibus, labello trifido laciniis lateralibus subrhombeis obtusangulis, lacinia mediana ligulata emarginata seu obtuse acuta producta, callis planis lamelliformibus ternis in basi, carina e callo medio per discum excurrente, columna curva utrinque juxta foveam biloba. Flores illis Epidendri Frederici Guilielmi similes, sed duplo minores, pulchre purpurei.

Viciniis Soratae. Valle Challasuya in scopulosis inter frutices et filices. Regio temperata 2650 Met. Novembri 1858. Januario 1859. Nr. 1145. — Viciniis Soratae. Collis Catarguato ad rivum, in umbrosis. Regio temperata. 2700 Met. Julio 1860. Nr. 1145.

31) Epidendrum oreonastes: affine Epidendro cnemidophoro Lindl. caule valido bipedali, foliis ligulatis acutis pollicem latis, sex ad octo pollices longis, pergameneis, spathis triangulis acu-

minatis, rugulosis, plurimis, scariosis, racemo porrecto cylindraceo, floribus illis Epidendri cnemidophori aequimagnis, sepalis cuneato oblongis acutis, tepalis lineariligulatis acutis, labello tripartito, partitionibus lateralibus semilunato semioblongis latis, partitione media lineari antice dilatata retusa, callis triangulis geminis in basi, carina per discum exeunte longa mediana.

Viciniis Soratae. Cerro del Iminapi in scopulosis. Regio temperata. 2650 Met. Januario 1856. Nr. 1142. Etiam in valle Challasuya. Nr. 1143.

32) **Epidendrum odontospathum**: caule bipedali, vaginis amplis, foliis oblongis emarginatis, spathis pluribus ancipitibus triangulis acutis, dorso carinatis denticulatis, bracteis triangulis acuminatis magnis, floribus cernuis magnis carnosis, sepalis oblongoligulatis obtuse acutis, tepalis linearibus obtuse acutis, labello utrinque basi rotundato, hinc cordato medio abrupte attenuato antice retuso, hinc obscurissime crenulato (si mavis trilobo, lobis basilaribus semirotundis, lobo medio ligulato porrecto retuso), callis rotundatis planis lamellatis geminis in basi, carinis antepositis in disco lobi antici ternis, columna crassa curva, utrinque antice emarginata.

Valde simile Epidendro refracto Lindl., quod constanter monophyllum.

Viciniis Arraneae: in monte Chilieca supra arbores. Regio temperata. 2700 Met. Majo — Decembri 1860.

32b) **Epidendrum Peperomia** Rchb. fil.?

Specimina floribus carent.

„En montant du Rio de Ucumarini à Quiabaya sur un tronc mort. 2750 Met. 21 Mai 1860." Nr. 1435.

33. **Epidendrum Evelynae**: affine Epidendro arbusculae caule ultra pedali, basi rhizophoro, caules novellos ex foliorum axillis distantes efferente, vaginis nervosis demum rufo maculatis, foliis cuneato oblongoligulatis acutis pergameneis, pedunculi cernui internodio infimo lato, internodiis reliquis angustis ancipitibus, bractea fatua nunc in basi, bracteis triangulis reliquis ovaria pedicellata longe non attingentibus, sepalo summo cuneato ligulato acuto, sepalis lateralibus latioribus curvis, tepalis linearibus obtuse acutis uninerviis cum nervillis quibusdam, labello transverso obtuse trilobo, lobo medio bilobulo, callis geminis parvis rotundatis lamellatis in basi, carinulis ternis antepositis columna assurgente.

Usque duos pedes altum. Radices terrae vestigiis conspurcatae. — Flores videntur flavi illis Epidendri difformis Jacq. aequimagni.

Viciniis Soratae. Ad ripas rivi Challasuyo in scopulosis montis Chiliecae. Regio temperata. 2700—2900 Met. Augusto — Octobri 1858. Nr. 1139.

34) **Epidendrum elongatum** Jacq.

Viciniis Soratae. Collis Catarguata in scopulosis. Regio temperata. 2600—2900 Met. Novembri 1859. Martio 1860. Nr. 1141 ex parte.

35) **Epidendrum brachyphyllum** Lindl.

Viciniis Soratae. Collis Catarguata in scopulosis. Regio temperata 2500—2900 Met. Novembri 1859 — Junio 1860. Sub Nr. 1141.

36) **Epidendrum scopulorum**: Euepidendrum (racemosa holochila) radicibus crassissimis, caule simplici valido, quinquepollicari usque pedali, vaginis angustissime et distanter nervosis, laminis oblongis ligulatisve apice apiculatis, racemo cernuo brevi, bracteis triangulis parvis ovaria pedicellata non aequantibus, sepalis ligulatis acutis trinerviis, tepalis linearibus apiculatis uninerviis, labello ovato obtuse acuto transverse cochleari, basi utrinque lacinula obtusangula implicita, callis triangulis geminis in basi, columnae androclinio paucilobulato.

Vaginae ac folia ac flores demum purpureoviolaceo aspersa.

Viciniis Soratae. Laucha de Cochipata in scopulosis montis Illampi. Regio temperata. 3200 Met. Januario — Martio 1860. Nr. 1137.

37) Epidendrum cartilaginiflorum: Euepidendrum (racemosa) caule ramoso, vaginis nervosis amplis, laminis ligulatis acutis, racemo cernuo, bracteis triangulis ovaria pedicellata longe non aequantibus, floribus ochraceis cartilagineis, sepalis ligulatis acutis, tepalis linearibus acutis, labello cordato triangulo obtuso crassissimo, callis geminis obtusis papuliformibus in basi.

Pedem altum. Radices elongatae. Superne ramosum. Vaginae valide nervosae. Folia ad tres pollices longa, duas pollicis tertias lata. Racemus nunc suberectus, valde brevis. Ovaria pedicellata prope sesquipollicaria.

Viciniis Ananeae: Cerro de Tuilli supra arbores. Regio temperata. 3100 Met. Junio 1860. Nr. 1137 bis.

Eadem probabiliter planta, sed vultu bene diverso: Viciniis Soratae inter Chiapata et rivum Ucumarini ad „radicum scopulorum“ (sic!). Regio temperata. 3200 Met, Julio 1857. Nr. 1137 bis.

38) Epidendrum Soratae: Euepidendrum ramosissimum vaginis nervosis asperinerviis, foliis ligulatis acutis, racemis paucifloris, subnutantibus, bracteis triangulis minutis, sepalis ligulatis acutis, lateralibus obliquis, tepalis filiformibus, labello transverso ovato antice utrinque obtusangulo, medio retuso bidentato, callis papuliformibus geminis in basi, columna cycnicolli.

Folia usque sesquipollicaria et tres lineas lata. Flores illis Epidendri conopsei similes.

Viciniis Soratae. In monte Chilieca et in valle Challasaya supra arbores et in scopulosis. Regio temperata. 2700—2900 Met. Octobri 1859 — Majo 1860. Nr. 1138.

39) Bletia Wagneri Rchb. fil.

Viciniis Soratae. Cerro del Iminapi in scopulosis humi repens. Regio temperata. 2650 Met. Februario — Aprili 1859. Nr. 1147.

40) Pleurothallis Weddelliana: validissima, subbipedalis, caulibus congestis, basi amplo vaginatis, vaginis caulis secundarii geminis distantibus amplis, folio valde coriaceo cuneato oblongo acuto, spatha ancipiti oblonga acuta bene evoluta, racemis congestis nonnullis basi vaginis nonnullis arctis, superne dense floridis folium superantibus, bracteis ochreatis retusis, sepalis dorso supra nervum medium carinatis ligulatis obtusissime acutis omnibus medio coalitis, lateralibus revolutis, tepalis cuneato oblongis retusis trinerviis, labello cordiformi utrinque medio lamella una parva extrorsa, columna postice vertice acuta, anthera apiculata.

Jam primo intuitu folii circumscriptione a Pleurothallide Cassidis Lindl. distinguenda.

Viciniis Soratae in monte Chilieca supra arbores. Regio temperata. 3300 Met. Majo 1860. Nr. 1128. — In alia scheda haec. Viciniis Sorata, monte Chilieca supra arbores. Laucha de Cochipata, in scopulosis montis Illampu. 3300 Met. Regio temperata. Majo 1860. Nr. 1128.

41) Pleurothallis Mandonii: rhizomate bene scandente, vaginis amplis vestito, basi bene radicante, radicibus flexuosis tenuibus nitidissimis, caulibus secundariis nunc valde approximatis, nunc subdistantibus, vaginis duabus, vagina superiori ampla, folio cuneato oblongo acutiusculo, racemo sublongiori, bene florido, bracteis ochreato triangulis acutis, sepalo dorsali triangulo trinervi, sepalo geminato connato apice minute bidentato sexnervi, nervo utroque mediano in dentem quemvis excurrente, tepalis ligulatis retusis uninerviis abbreviatis, labello a basi angusta subito rotundato extenso et antice coarctato trinervi, columna gracili.

Juxta Pleurothallidem elegantem a qua sepalis statim recedit.

Viciniis Soratae: Laucha de Cochipata; in scopulosis montis Illampu. Regio temperata. 3300 Met. Januario 1860. Nr. 1129.

42) Pleurothallis chamensis Lindl.

Viciniis Soratae. Monte Chilieca supra arbores. Regio temperata. Martio — Junio 1860. Nr. 1130.

43) Pleurothallis agathophylla: (Sicariae) rhizomate longe repente, caulibus secundariis distantibus, brevibus, subancipitibus, basi univaginatis, folio valido cartilagineo a basi late triangulo hinc subovato, racemo folio bene breviori solitario, nunc racemis geminis seu tribus apice 1—3 floris, bracteis minutissimis, floribus ringentibus, sepalo impari ligulato acuto, sepalis lateralibus connatis apice bidentatis, tepalis multo brevioribus, rhombeo ligulatis sursum curvatis, labello cordato triangulo obtuso antice microscopice serrulato, disco carnoso, tepala superante, columna gracili apice tridentata, dente medio retuso. Flores verosimiliter brunnei.

Viciniis Soratae: Cerro del Iminapi ad rivum supra scopulos. Regio temperata. 2600 Met. Martio — Majo 1860. Nr. 1132.

44) Pleurothallis Soratana: (Aggregatae) rhizomate longe scandente vaginato, caulibus secundariis paulo remotis, teretiusculis, bivaginatis, folio petiolato cuneato oblongo obtuse acuto, racemo unifloro brevissimo, nunc etiam racemis geminis, bracteis minutissimis, sepalis lanceis acuminatis ternis liberis, tepalis $^2/_3$ sepalorum, obtuse rhombeis retusis trinerviis, labello subaequilongo cuneato pandurato cum apiculo retuso, carinis obscuris ternis a basi in discum, lateralibus curvatis, carina media recta, disço ante apiculum minutissime papuloso, columna brevissima clavata, androclinii membrana serrulata.

Planta imo pro sectione dubia, forsan novae sectionis typus. Antheram non vidi!

Viciniis Soratae. Coocoo prope Aucouma in scopulosis. Regio temperata. Novembri 1860. Nr. 1146 bis.

45) Stelis tenuicaulis Lindl.

Viciniis Soratae. Monte Chilieca supra arbores. Regio temperata. 2900 Met. Octobri 1859 — Majo 1860. Nr. 1134.

46) Stelis iminapensis: juxta Stelidem Fendleri Lindl. Fol. Nr. 10 dense caespitosa, caule folio subaequali vaginis superne ampliatis oblique acutis, folio petiolato oblongoligulato acutiusculo, racemis vulgo ternis tenuibus folium longe excedentibus dense floridis, bracteis ochreato triangulis acutis parvis, sepalis oblongis acutis nervo medio ad apicem usque pervadente, nervillo laterali utrinque abbreviato, sepalo summo nunc paulo longiori, tepalis cuneato ovatis retuse acutis, labello subcalceolari rhombeo utrinque obtusangulo antice acuto, callo lamelliformi retuso medio emarginato in labelli basi, columnae androclinio trilobo.

Viciniis Soratae: Cerro del Iminapi in scopulosis. Regio temperata. 2650 Met. Decembri 1859 — Martio 1860. Nr. 1131.

47) Masdevallia Païvaeana: affinis Masdevalliae floribundae densissime caespitosa foliis longissime petiolato cuneatis oblongoligulatis apice obtuse acutis cum apiculo, pedunculis longe exsertis unifloris, bractea arcta cylindracea acuta ovarium pedicellatum non aequante, mento obtusangulo, labio utroque perigonii subaequali tubum amplum aequante, caudis teretiusculis triangula libera superantibus, tubum subaequantibus, tepalis ligulatis apice emarginato bilobis seu bilobis cum apiculo interjecto, lobis obtusis, ima basi inferiori cum lacinula inflexa obtusangula, uninerviis, carina crassa in latere inferiori superiori, labello in ungue peltato, ligulato acuto trinervi, regione supra nervos incrassata, columna apice lacinula denticulata. Folia vulgo 3—5 pollices alta. Flores purpurei.

Viciniis Soratae in monte Chilieca. Supra arbores. Iminapi in scopulosis. Regio temperata. 2650—2750 Met. Martio — Julio 1860. Nr. 1150.

48) Lepanthes Paivaeana: densissime caespitosa, vaginis acutis ostio libero cordato triangulis hyalinis, obscure nervosis muriculatis, lamina cuneato oblonga triangula apice acuta retuso tridentata, papyracea, racemis fasciculatis folia non attingentibus, bracteis distichis triangulis, sepalo impari ac sepalis paribus basi coalitis, sepalo impari lanceotriangulo acuminato trinervi, sepalis paribus ad medium usque connatis, uninerviis, tepalis cuneatis transverso ovatis apiculatis microscopice denticulatis, nervo medio a basi in medium, labello unguiculato hastato trifido, dente mediano parvulo triangulo, laciniis lateralibus longe longioribus ligulatis obtusis extus et apice denticulatis uninerviis, columna apice dilatata. Sepala flava. Tepala et labellum purpureoviolacea.

Viciniis Soratae in monte Chilieca super arbores. Regio temperata. 2900 Met. Octobri 1869 — Majo 1860. Nr. 1133.

49) Microstylis fastigiata Rchb. fil.

Viciniis Soratae undique passim supra arbores, scopulos, in graminosis. Regio temperata. 2600—3500 Met. Januario — Julio 1859. Nr. 1135. (Adest specimen monophyllum floribus congruis.)

50) Liparis neuroglossa: affinis Liparidi ramosae Pöpp. Endl. caulescens vaginis amplis cucullatis acutis, folio evoluto uno, petiolo vaginiformi, lamina cordato orbiculari acuta crispula, pedunculo trigono nudo, apice racemoso, bracteis triangulis uninerviis pedicellos vix tertia attingentibus, sepalis lineariligulatis, lateralibus sesquinerviis, sepalo summo angustiori uninervi, tepalis linearibus uninerviis angustioribus, labello pandurato antice valde dilatato retusiusculo cum apiculo, limbo denticulato, nervis ternis carinulatis, lateralibus trifidis, columna cycnicolli.

Liparis ramosa labello ac folii circumscriptione bene diversa.

Viciniis Soratae. Guliguaya (Guchguaya?) ad rivuli marginem in umbrosis. Regio temperata. 2700—3000 Met. Aprili — Septembri 1860. Nr. 1136.

Etiam: Viciniis Soratae inter Laripanta et Eani (Cani?), Gueliguaya, et marginem rivuli etc.

Index Orchidearum Mandonii juxta numerorum ordinem.

1128) Pleurothallis Weddelliana n. sp.
1129) Pleurothallis Mandonii n. sp.
1130) Pleurothallis chamensis Lindl.
1131) Stelis iminapensis n. sp.
1132) Pleurothallis agathophylla n. sp.
1133) Lepanthes Paivaeana n. sp.
1134) Stelis tenuicaulis Lindl.
1135) Microstylis fastigiata Rchb. fil.
1136) Liparis neuroglossa n. sp.
1137) Epidendrum scopulorum n. sp.
1137) bis. Epidendrum cartilaginiflorum n. sp.
1138) Epidendrum Soratae n. sp.
1139) Epidendrum Evelynae n. sp.
1140) Amblostoma densum n. sp.
1141) ex p. Epidendrum elongatum Jacq.
1141) ex p. Epidendrum brachyphyllum Lindl.
1142) 1143) Epidendrum oreonastes n. sp.
1144) Epidendrum odontospathum n. sp.
1145) Epidendrum Syringothyrsus Rchb. fil.

1146) Neodryas Mandonii n. sp.
1146) bis. Pleurothallis Soratana n. sp.
1147) Bletia Wageneri Rchb. fil.
1148) Maxillaria miliacea n. sp.
1149) Trichoceros parviflorus H, B. Kth.
1150) Masdevallia Paĭvaeana n. sp.
1151) ex p. Oncidium Weddellii Lindl.
1151) ex p. Oncidium Mandonii n sp.
1152) ex p. Pachyphyllum Pseudo-Dichaea n. sp.
1152) ex p. Pachyphyllum pectinatum n. sp.
1153) Odontoglossum rigidum Lindl.
1154) Habenaria microstylina n. sp.
1155) Habenaria simillima n. sp.
1156) ex p. Habenaria Paĭvaeana n. sp.
1156) ex p. Habenaria maxillaris Lindl.
1157) Stenoptera acuta Lindl.
1158) Stenoptera acuta Lindl.
1159) Spiranthes Mandonii n. sp.
1160) Acraea Mandonii n. sp.
1161) Spiranthes chlorops n. sp.
1162) Spiranthes plantaginea Lindl.
1163) Cranichis ciliata H. B. Kth.
1164) Ponthieva Mandonii n. sp.
1165) Altensteinia marginata n. sp.
1166) Gomphichis valida n. sp.
1166) bis. Stenoptera acuta n. sp.
1167) Altensteinia Weddelliana n. sp.
1168) ex p. Altensteinia calceata n. sp.
1168) ex p. Altensteinia Mandonii n. sp.
1169) Altensteinia paludosa n. sp.
1170) Sobralia Mandonii Rchb. fil.
1171) Sobralia scopulorum Rchb. fil.

1435) Epidendrum Peperomia Rchb. fil.?

Sine numero unicum specimen: Altensteinia gymnandra n. sp.

Orchideae Wilkesianae, indescriptae.

Im Jahre 1854 erschien der erste Band der „Botany. Phanerogamia. By Asa Gray M. D. With a folio Atlas of one hundred plates". Seitdem haben wir auf die Fortsetzung dieses Werkes gewartet, welches gehört zu den Ergebnissen der „United States exploring expedition. During the years 1838, 1839, 1840, 1841, 1842 under the command of Charles Wilkes, U. S. N."

4*

Welcher Grund auch immer die weitere Veröffentlichung in dem reichen Lande verhindert haben mag, so wird Niemand denselben in Professor Gray vermuthen. Mir wurde die Freude, beim Zusammentreffen mit Gray zu Kew mit der Bestimmung der Orchideen betraut zu werden. Indem ich hoffe, die Aufzählung einmal vollständig erscheinen zu sehen, will ich hier die Arten, welche mir als neue erschienen, beschreiben. Wahrscheinlich sind sie meistens von Herrn Rich und Dr. Pickering, vielleicht auch von Herrn Agati gesammelt. Ich habe darüber keine genaue Kunde, da viele Etiketten selbst nur mit Bleistift geschrieben, ich also keinen Schlüssel zur Erkennung der Schreiber finden konnte.

Habenaria cryptostyla: elata, validissima, dense foliosa, foliis distantibus, quasi petiolo cuneatis oblongis acuminatis, in vaginas decrescentibus, racemo multifloro usque ultra pedali, bracteis amplis oblongotriangulis acuminatis, flores inferiores subaequantibus, apice saepe uncinatis, sepalis oblongoligulatis, lateralibus cuneatis, apice aristula insidente, tepalis late triangulis obtusangulis, labello tripartito, partitionibus lateralibus elongato linearilanceis, partitione media triangula brevi, antherae canalibus longe productis adnatis, cruribus stigmaticis minutis ascendentibus. — Racemus ultra pedalis subsecundiflorus, densus. Planta ultra tripedalis. Taïti.

Gymnadenia lepida: gracilis, tenuis, foliis approximatis basilaribus ligulatis acutis, folio caulino vaginaeformi acuminato, racemo uni-, seu bifloro, bracteis ovatis acutis ovaria pedicellata non aequantibus, sepalis oblongoligulatis acutis, tepalis ligulatis, labello trifido, laciniis lateralibus triangulis, lacinia antica cuneato divergenti bifida, lacinulis retusis denticulatis, calcari filiformi acuto incurvo ovarium pedicellatum non aequante. Loo Choo Islands. Dr. Nilson.

Obs. Simillima planta, sed bene diversa labello et foliis est Gymnadenia gracilis Miq. Ann. Mus. Bot. Lugd. Bat. Vol. II. p. 207. Id non ex descriptione, sed ex typicis speciminibus inspectis nunc cognovi. Labelli laciniae laterales a Miquelio dicuntur, „3—4 nervulae". „Folium tenuiter nervulosum", „Ovarium teuue". Haec omnia a viro illustri scripta, qui ne genera quidem Orchidearum intellexit adeo ut Platantheras cum Habenariis, Aëridem cum Dendrobio commutaverit, me seduxerunt ut eandem plantam sub nomine Gymnadeniae tryphiaeformis descripserim.

Cnemidia ctenophora: polyphylla, foliis petiolato oblongoligulatis, acuminatis, nervis quinis validissimis, racemis apicilaribus 1—3 distichis, bracteis complicatis triangulis, floribus exsertis, sepalis tepalisque oblongis acutis, labello pandurato (!), emarginato (?). — Num labellum bene intellexerim nescio. — Ovalu Wilkes! (Viti Levu Graeffe!).

Altensteinia (Myrosmodes) erosa: vix spithamaea, vaginis caulis densis acutis membranaceis, racemo denso, rhachi velutina, bracteis ovatis retusis erosodentatis, ovario calvo, sepalis ligulatis acutis, tepalis ligulatis erosulis, labello calceolari inflexo acuto, per medium carinato, limbo lacero fimbriato, androclinii lobis magnis inflexis. — Atamasco And. Peruv.

Similis Altensteiniae (Myrosmodi) nubigenae.

Chloraea penicillata: pedalis, foliis anthesi emaciatis in caule tribus, bractea vaginaeformi lineari ligulata ovarium trigonum superante, sepalis tepalisque ligulatis apice —, labello cuneato ligulato in ima basi linea mediana puberulo, antice utrinque margine revoluto ligulis uninervis subulatis angustis barbato, callis paucis triangulis intus oppositis, tumore calloso obtuso in apice labelli. — En speciosissimam plantam! — Orange Harbour del Fuego.

Vrydagzynea Vitiensis: elatior, ultra spithamaea, foliis basi vaginatis, petiolis brevibus laminis cuneato oblongis acutis, superius subito in vaginas paucas decrescentibus, bracteis lanceis uninerviis, glandipilibus, ovaria subaequantibus, sepalis ligulatis uninerviis, tepalis unguiculatis oblongis retusis, labello cuneato acuto, calcari compresso apice didymo, glandulis stipitatis geminis supra medium, rostello producto ligulato, utrinque infra angulum prosiliente. — Viti islands.

Affinis videtur V. uncinata Blumei, quae labello angusto et columnae fabrica ac calcari non didymo optime recedit, siquidem ab artifice Wendelio recte intellecta.

Etaeria polyphylla: ultra pedalis, validiuscula, foliis plurimis ima basi vaginatis, breve petiolatis, lanceis acuminatis, vaginis paucis acuminatis sub racemo cylindraceo, rhachi velutina, bracteis triangulis acuminatis, glandipilibus, sepalis ovatis acutis, tepalis linearibus, labello ligulato acuto apice constricto, epichilio cordato apiculato, carina antice bicruri per hypochilium. Sandal Wood Bay. Viti.

Monochilus stenophyllus: pedalis usque sexpollicaris, distanter foliosus, vaginis amplis, foliis petiolatis linearilanceis acuminatis, caule superne paucivaginato, piloso, bracteis triangulis acutis uninerviis pilosis, ovaria dimidia vix aequantibus, sepalis ligulatis, tepalis ligulatis, labelli hypochilio inaequali rhombeo obtusangulo, dein constricto in epichilium dilatatum transversum utrinque ligulatum retusum, expanso, corniculo utrique in basi. Samoa. Savai. Jatuilla.

Monochilus plantagineus: elatus, ultra pedalis, foliis in caulis basi tantum congestis, vaginis inflatis, petiolis angustis, laminis cuneato oblongis acutis, pedunculo longe subaphyllo vaginis paucis parvis distantibus minute puberulo, racemo elongato densifloro, rhachi puberula, bracteis triangulis uninerviis ovaria sessilia velutina dimidia aequantibus, parce pilosulis, sepalis extus parce pilosulis ligulatis obtuse acutis, tepalis ligulatis supra basin antice obtusangulis uninerviis, labello basi angulato lato ligulato canaliculato, antrorsum angustato, apice extenso transverse quadrato antice emarginato cum apiculo, carina per medium, corniculo uno compresso utrinque in basi, rostelli processubus semilunatis. Samoa.

Platylepis heteromorpha: ultra bipedalis, caule valido folioso (ad 6), vaginis inflatis, laminis longe petiolatis oblongis acuminatis usque spithamaeis, 2—3 pollices latis, superne vaginato, vaginis in bracteas decrescentibus, racemo cylindraceo, bracteis triangulis acuminatis uninerviis ovaria pedicellata subaequantibus, ovariis punctulatis, sepalis ligulatis acutis, tepalis unguiculatis rhombeis obtuse acutis, labello basi columnae adnato pandurato acuto basi paulo ventricoso, columnae rostello biaristato. Tuticella. Upolu.

Saccolabium constrictum: caulescens, vaginis rudibus, foliis ligulatis apice inaequalibus, lobo altero ligulato attenuato obtuso producto, racemo plurifloro, sepalis tepalisque ligulatis, labelli lobis lateralibus angulatis erectis antice transverse connexis, lobo antico lineari antice medio emarginato, calcari a basi arcta constricta oblongovesicato. Viti.

Cleisostoma expansum: aff. Cl. Wendlandorum foliis latissimis oblongoligulatis apice subaequali bilobis, racemo multifloro, bracteis setaceotriangulis reflexis ovaria pedicellata aequantibus, sepalis tepalisque ligulatis obtuse acutis, labelli lamina cordiformi superficie calloso rugosa, appendice ante columnam ligulata apice retusa erosa, calcari stipitato vesicato. Caldera Mindanao.

Taeniophyllum philippinense: radicibus linearibus longissimis laevissimis, pedunculis capillaribus, bracteis ancipiti triangulis abbreviatis bipectinato positis, sepalis ligulatis obtusissimis, tepalis subaequalibus, labello cuneato hastato, triangulo, calcari sepalis longiori ovarium pedicellatum subaequante. — Ab affini Taeniophyllo obtuso Bl.! calcari longo bene recedit. Caldera Mindanao (etiam Philipp. ins. Cuming! Wallis!).

Taeniophyllum asperulum: radicibus intertextis planis, pedunculis validis asperis paucifloris, bracteis triangulis complicatis ovaria pedicellata aspera non aequantibus, sepalis tepalisque ligulatis, labello ligulato incrassato, medio canaliculato, utrinque basi bene semirotundo auriculato, calcari cylindraceo compresso, ovarium pedicellatum semiaequante. Taïti. Emio.

(Taeniophyllum elegantissimum: radicibus intricatis planis, pedunculis capillaribus a basi ad apicem distiche elegantissime bracteatis, bracteis complicatis obtuse ligulatis ovaria pedicellata subaequantibus, sepalis tepalisque lineariligulatis, labello oblongo supra basin ante unguem utrinque anguste semihastato, calcari cylindraceo conico ovarium semiaequante. Pedunculus laevissimus. Taïti. Vieillard et Pancher!)

Calanthe lyroglossa: aff. C. clavatae labelli lamina antice transverse ovata acuta. — Folium cuneato oblongum acutum. Pedunculus altus pedalis. Vaginae amplae laxae in basi. Racemus pluriflorus. Bracteae cito deciduae. Sepala ligulata acuta. Tepala subaequalia. Labelli lamina libera pandurata, laciniae laterales in basi semiovatae minutae, lacinia antica transverse ovata acuta; lamellae geminae obtusangulae in basi. Calcar cylindraceum apice ampliatum ovario pedicellato subaequali. Columna superne ampliata. Anthera acuta. Mt. Mahahai Luçoniae.

Calanthe alta: foliis a basi petiolari cuneato oblongoacutis, pedunculo valido hinc squamato apice longe racemoso, bracteis triangulolanceis persistentibus, ovaria pedicellata longe non aequantibus cum rhachi minutissime scabriusculis, ovariis pedicellatis sepalisque extus minutissime scabris, sepalis ovatis acutis, tepalis linearibus acutis, labello trifido, laciniis lateralibus semioblongotriangulis obtusis, lacinia antica producta obtuse biloba, lamellis ternis parvis in basi, carinula anteposita, callis minutis quibusdam, calcari filiformicylindraceo sepala paulo superante. Upolu Viti.

Phajus Graeffei: folio longipetiolato oblongolanceolato acuto, pedunculo paucivaginato, bracteis oblongis acutis deciduis, sepalis oblongoligulatis obtusis, tepalis subaequalibus latis obtusis, labello flabellato lato antice trilobo, lobis lateralibus obtusangulis, integerrimis, lobo antico paulo producto lobulato toto disco papillis furfuraceo, calcari brevissimo, angulum abruptum minutum efficiente, columna clavata apice triloba elongata, antice furfuracea, pedicellis fructuum elongatis. Ovalu Viti. (Samoa Upalu. 2000′ Graeffe!).

Dendrochilum junceum: pseudobulbis aggregatis teretiusculis brevibus, vagina suprema angusta punctulata, foliis tenuibus elongatis subulatis (?); elongatis, usque pedalibus, pedunculis longe inclusis, apicem versus ex parte vaginali exsertis, nutantibus, racemosis, minutifloris, bracteis oblongis scariosis, ovaria involventibus, sepalis oblongis, tepalis rhombeis, labello minutissimo trifido, laciniis lateralibus semilunatis, lacinia media multo minori triangula, carina angulata in basi media, carina utrinque opposita medio angulata, columna minuta, brachio uno lineari utrinque. Baños Luçoniae. (Etiam: Mahahai: Wallis!)

Earina laxior: foliis in ima caulis basi distichis lineariligulatis apice minute bilobis, pedunculum subaequantibus, pedunculo elongato angusto transsectione plano convexo, vagina unica prope obliterata, inflorescentia paniculata brachyclada ramis a bracteis tectis uti in Earina Deplanchei Rchb. fil. Taïti.

Earina plana: foliis in ima caulis basi distichis, lineariligulatis apice bilobis brevibus, pedunculo complanato longe exserto superne ramis distichis brevissimis paniculato. Vaginae in Earina valida Rchb. fil. multo ampliores et caulis multo latior et rami recurvi. In Earina Deplanchei Rchb. fil. folia superiora caulem ascendunt. Mudthwati Mtes. Viti ins.

Ceratostylis senilis: caespitosa, pseudobulbis teretiusculis brevissimis, vaginis valde nervosis, foliis linearibus acutis crassis (siccis convolutis), pedicellis basilaribus hispidis longe supra bracteam exsertis, ovariis hispidis, sepalis triangulis, lateralibus in cornu seu calcar spurium ipsis aequilongis extensis, omnibus extus penicillato hispidis, tepalis lanceis acutis, labello longe cuneato antrorsum abrupte dilatato subquadrato apice angustius triangulo limbis involutis, processubus styliformibus geminis retrorsis in basi, columnae auribus semioblongis. Baños Luçoniae. (Flores valde vetusti. Inde subdubiis haereo de processubus styliformibus baseos, qui tamen vix artefacti visi.)

Eria (Phreatia) prorepens: rhizomate repente, foliis solitariis cuneato ligulatis apice inaequaliter bilobulis, pedunculis paulo exsertis seu folia aequantibus, bracteis triangulosetaceis ovariis pedicellatis subaequalibus, mento obtusangulo, sepalis triangulis, tepalis linearifalcatis, labello ab ungue rhombeo apiculato. Similis Eria (Phreatia) elegans foliorum fasciculos triphyllos et flores breviores gerit. Mahahai Luçoniae.

Eria (Phreatia) oreophylax: caulibus caespitoso aggregatis, foliis linearibus apice inaequalibus, pedunculis exsertis plurifloris, bracteis triangulo setaceis ovaria pedicellata non aequantibus, sepalis triangulis, tepalis linearibus, labello ligulato obtuso utrinque obscure obtusangulo, uninervi, nervillo utrinque brevissimo apposito. Folia vix lineam latitudine excedentia usque sesquipollicaria. Inflorescentia usque $2^1/_2$ pollicaris. Affinis est Eriae cladophylaci, quam foliis medio magis carinatis latioribus bracteisque multo latioribus bene distingues. Viti. (locum non legere possum — Uwala Mt.?)

Eria (Phreatia) Matthewsii: humilis, foliis linearibus dorso vix energetice carinatis, apice inaequalibus, pedunculis gracillimis, bracteis triangulosetaceis floribus brevioribus, sepalis tepalisque triangulis, his angustioribus, labello ligulato seu ligulatopandurato, apice nunc lobato. — Folia vix lineae latitudinem excedentia, usque tres pollices longa. Pedunculi nunc folia aequantes, nunc eisdem longiores. (Society islands April 1830. On branches of trees Matthews!) Tahiti Wilk. Exp.

Eria (Phreatia) cauligera: caulescens, elatior, foliis lineariligulatis apice obliquis, racemis aequilongis seu longioribus divitifloris, bracteis triangulosetaceis ovaria pedicellata subaequantibus, sepalis triangulis, tepalis angustioribus, labello ligulato, medio utrinque obtusangulo dilatato. Folia ad 4″ longa, ad 3‴ lata. Flores Phreatiarum. Ovalu.

Dendrobium glossotis: affine Dendrobio secundo Ldl. ac Achillis Rchb. fil. caule elato sicco sulcato breviarticulato, foliis papyraceis ligulatis acuminatis (3″ longis, $^2/_3$ latis), racemis brevissimis, bracteis triangulis acutis membranaceis, sepalis ligulatis acutis, perula oblonga obtusa, tepalis ligulatis acutis, labello ab ungue lineari apice dilatato trilobo, lobo medio producto obtusiusculo, lobis lateralibus obtusangulis minutissime minute denticulatis, auriculis geminis erectis ante unguem transversis, androclinio quinquedentato. Ovalou Viti. — Tahiti. — (Dendrobium Achillis Rchb. fil. est Dendrobium calcaratum Achille Richard.)

Dendrobium platygastrium: affine Dendrobio lamellato Bl. pseudobulbo stipitato dilatato oblongo compresso, foliis oblongis acutis, pedunculis abbreviatis uni- seu bifloris in apice lateralibus, bracteis minutissimis triangulis, ovariis longe pedicellatis, perula ligulato oblonga, sepalis ligulatis acutis, tepalis latioribus, labello unguiculato rhombeo dilatato retuso, hinc obscurissime denticulato, columna brevissime tridentata, Fauno-levu. Sandal Woodbay.

Bulbophyllum rostriceps: affine B. pusillo Lindl. rhizomate longe repenti, pseudobulbis ligulatis ancipitibus longe distantibus monophyllis, folio cuneato ligulato obtusiuscule bilobo, pedunculis ex vaginis ebulbibus, capillaribus, monanthis, basi vagina una propria, retusiuscula, bractea brevi sub ovario longe pedicellato, mento subnullo, sepalis ligulatis acutis trinerviis, tepalis rhombeoligulatis acutiusculis, nervo crasso lato ante apicem evanescente, labello basi utrinque obtuse auriculato ligulato acuto sepala subaequante, quinquenervi, lamella retusa supina una utrinque versus auriculam, columna biseta. — Bulbophyllo pusillo Lindl. paulo majus. Viti.

Liparis nesophila: affinis Liparidi longipedi Lindl. labello ligulato apice bilobo cum apiculo interjecto, lobo utrinque parvo triangulo, lamina basilari vulgo angustiori, medio subito dilatata, nunc subaequali, columna curva basi et apice ampliata. — Usque ultra pedalis, nunc multo minor. Pseudobulbus teretiusculus basi crassior, hinc clavatus, diphyllus. Folia ligulata acuto duo, distantia. Racemus elongatus multiflorus. Bracteae triangulae uninerviae pedicellos subaequantes. Ovalou. Fauna Levu. (? 614. Viti Seemann?)

Malaxis (Oberonia acaulis labello integro) **heliophila**: affinis Malaxidi Brunonianae foliis lineariligulatis acuminatis ancipitibus usque ultra pedalibus, inflorescentiis folia nunc vix aequantibus, nunc exsertis (b. exserta), racemis verticillatis, bracteis ovatis limbo serrulatis, ovariis bene muriculatis, sepalis oblongis, tepalis ligulatis, labello oblongo basi cordato, apice trilobulo (Oberonia heliophila).

(587 Namara. Viti Julio Seemann!) (An Mangrovebäume epiphytisch. Localität sonnig. April. Samoa Upolu. Dr. Graeffe!) Viti: Nudthumata Mts. — Ovalou. Rewa Viti. — b. exserta: Sawai Viti.

Tafel 211.

***Epidendrum marmoratum** *A. Rich. Gal.*

Osmophylum racemo cernuo, saltem porrecto, sepalis tepalisque obtuse acutis, labello obscurissime obtuseque quadrilobo convexo, callis geminis obtusangulis in basi ante columnam, venis radiantibus incrassatis.

Epidendrum marmoratum A. Rich. Gal. in Ann. sc. nat. 1845. p. 21. Nr. 44. — Orch. Mex. ined. tab. 13.*) Lindley Folia I. Epidendrum Nr. 132. pag. 42. Rchb. fil. in Walper's Ann. VI. pag. 360. Nr. 165. — Rchb. fil. in Gardeners' Chronicle 1876. Maj. 27. p. 688.

Rhizoma scandens. Radices adventitiae tenues filiformes. Pseudobulbi fusiformes vulgo diphylli. Folia oblonga obtuse acuta basi cuneata. Pedunculus basi ensiformis, supra teretiusculus nutans, racemosus, nunc porrectus tantum. Bracteae scariosae lanceoacuminatae ovariorum pedicellatorum tertiam aequantes. Sepala cuneato oblonga acuta; lateralia extus obtuse carinata. Tepala minora ecarinata. Labellum subquadratum obtusangulum convexum, apice emarginatum, lateribus lobatum, hinc obscure quadrilobum. Calli angulati gemini in ima basi. Carinae obtusae latae ad undecim a basi versus marginem. Columna crassa utrinque unidentata. Flos albo crystallinus maculis striisque rufobrunneoatropurpureis pictis.

Es ist eine grosse Genugthuung eine Pflanze darzustellen, deren Schicksal war, durch eine untaugliche Diagnose eingeführt, mehr als dreissig Jahre unbekannt und unerkennbar ein dunkles Dasein zu frsiten. Achille Richard giebt Folgendes:

Nr 44. E. marmoratum Nob. tab. 13. Pseudobulbis oblongo fusiformibus, articulatis; foliis ellipticis oblongis; scapo terminali dependente; flor. violaceis: labello adnato, convexo orbiculari costato.

Besonders die ganz falsche Angabe violetter Blüthen musste die Bestimmung absolut unmöglich machen. Galeotti sammelte das Gewächs bei Oaxaca und gab ihm die Nummer 5040. Er selbst bemerkte auf der Etikette meiner Sammlung: „Fleurs violettes et blanches. Labelle charnu cotelé.“ Im Herbar Achille Richard's ist die Bemerkung „Très rare“ hinzugefügt. Im September wurde es

---

*) Soweit mir bekannt, besitze ich das einzige erhaltene, freilich nicht ganz vollständige Exemplar dieses nie erschienenen Werks. Es ist Galeotti's Exemplar, das ich bei Ankauf seiner Orchideen erhielt. — A. Richard's Probeabzüge sollen verschwunden sein. Die Platten soll ein Kupferschmied zu Kaminschirmen verarbeitet haben. Eine Auflage wurde nie gemacht.

bis 6500′ Höhe angetroffen. Vielleicht existirt im pariser Herbar ein Exemplar, in welchem Falle drei vorhanden sind.

Neuerlich sendete Herr Roezl ein „Epidendrum? blanc et rouge“ vom westlichen Mexico. Ein Miniaturexemplar ermöglichte mir die Bestimmung. Die Pflanzen selbst kamen im Winter 1872—73 über. Herr Ortgies, Garteninspector im Botanischen Garten zu Zürich, der Herrn Rözl's Interessen in der trefflichsten Weise vertrat, sendete mir sechs sehr gut aussehende Exemplare. Von diesen starben vier sehr bald, welche vom Frost gelitten haben mochten. Dagegen entwickelten sich zwei sehr kräftig, wenn auch recht langsam. Ich habe nie erfahren, dass die Pflanze irgendwo anders geblüht habe. Auffällig ist, dass dieselbe im Hauptverzeichniss des züricher Gartens fehlt.

Ganz junge klein bleibende Bulbs sind fast eiförmig und einblätterig. Später, wenn die Pflanze stärker wird, erscheinen dieselben spindelförmig und erinnern wegen ihres gestielten Grundtheils einigermassen an jene des Epidendrum Stamfordianum Bat. Sie sind graugrün und erlangen die Ausdehnung einer Spanne. Blätter erscheinen eins bis drei, meist zwei, etwa 0m,02 breit, länglich von keiligem Grunde und stumpf gespitzt. Sie sind nicht pergamentig, sondern dicklich, wie bei Cattleyen. Der Blüthenstiel ist am Grunde zweischneidig, dann rundlich und überhängend. Die dürrhäutigen Deckblätter sind lineal zugespitzt und erreichen bei den cultivirten Exemplaren den dritten Theil der Länge des gestielten Fruchtknotens. Bei den wilden Exemplaren sind sie viel länger. Die Traube ist sehr dichtblüthig, durchaus nicht so schlaff, wie auf Achille Richard's unveröffentlichtem Bilde. Die Blüthen haben die Grösse derer des Epidendrum nutans Sw. Ihre Farbe ist reizend. Das Weiss, die Grundfarbe, ist durchscheinend, „hyalin“, wie die Mineralogen sagen. Darauf zahlreiche portweinfarbige Flecken auf den Sepalen und eine Anzahl Strahlenstreifen auf der Lippe. Die Säule ist grün und vorn um die Staubbeutel braun. Sepalen länglich, stumpf gespitzt. Tepalen keilig länglich stumpf gespitzt. Lippenplatte (so weit frei, da sie, wie bei allen Osmophyten, natürlich der Säule angewachsen) gewölbt, rundlich, stumpf vierlappig, also beiderseits in Mitte und vorn in Mitte ausgerandet. Am Grunde zwei kleine weisse eckige Schwielen. Auf der Platte selbst stehen etwa eilf strahlende stumpfe Kiele. Die Säule ist dreiseitig und um den Staubbeutel dreizähnig. Die seitlichen Zähne sind sichelförmig.

Tafel 211. Pflanze. 1. Unpaares Sepalum +. 2. Paares Sepalum +. 3. Dasselbe von aussen +. 4. Tepalum +. 5. Lippe und Säule von oben +. 6. Dieselben seitlich +. 7. Staubbeutel von oben +. 8. Derselbe von unten +. 9. Pollinarium +. Alle nach der lebenden Pflanze im hamburger Botanischen Garten.

Tafel 212.

* **Cypripedium Haynaldianum** *Rchb. fil.*

Affine Cypripedio Lowei Lindl. labelli isthmis inter lobos laterales et unguem edentatis, staminodio oblongo, antice bifido, laciniis semiligulatis obtusis, apiculo in sinu.

Cypripedium Haynaldianum Rchb. fil. Xenia Orchidacea. II. p. 222. — Gardeners' Chronicle 1877. p. 272. (3 Mart.) Hook. Bot. Mag. 1877. 6296.

Vegetationis organa talia, qualia in Cypripedio Lowei Lindl. Folia ligulata, apice obtuse biloba, qualia in illa planta nunc ocurrunt, licet nunc sint acutiuscula, qualia in hac specie non vidi. Pedunculus validus, longius hispidus, dum in affini Cypripedio Lowei multo brevius velutinus; biquadriflorus. Bracteae naviculares acutae ovaria pedicellata hispida non aequantes. Sepalum impar cuneato oblongum apiculatum, limbis infra purpureum, disco et ceteroquim album maculis atrofuscis, nervis viridulis, hinc basin versus viridi lavatum. Sepalum ex duobus connatum oblongum acutum labello bene brevius, alboviride, maculis atrofuscis. Omnia extus ac limbo minute puberula. Tepala lato linearia, antrorsum dilatata, acuta, alboviridia seu viridula, antice purpureoviolaceo praetexta, maculis atrofuscis in parte superiori. Labelli unguis latiusculus, saccus obtusatus, limbo trifidus, laciniis lateralibus ligulatotriangulis obtusis, lacinula media obliterata seu in apiculum minutissimum evoluta. Portio cartilaginea dentata in sinu inter unguem et lacinias laterales, qualis in Cypripedio Lowei ocurrit, nulla. Color labelli viridulus fusco lavatus. Staminodium oblongum antice bifidum laciniis approximatis obtusis semiligulatis dente minuto in sinu. Apiculus conicus pilosus in ipsa staminodii basi. Color viridis maculis fuscis multis minutis. Stigma obtuse pentangulum.

Als der in Cuenca verstorbene Gustav Wallis seine nicht eben sehr erfolgreiche Reise nach den Philippinen für die Firma James Veitch & Sons gemacht hatte, brachte er mehrere getrocknete Pflanzen mit, unter denen auch einige Blüthen, einen Blüthenstengel und eine Photographie eines Cypripedium. Trotz grosser Aehnlichkeit mit Cypripedium Lowei wurde ich durch die starke sparrige Behaarung sofort zu der Ansicht veranlasst, es wäre verschieden, was auch die Untersuchung der Blüthen bestätigte. Neben dem bereits erwähnten Unterschiede sei auch die zierliche Tragung der Tepalen noch erwähnt. Wir hatten jedenfalls die Aussicht auf eine Staatsorchidee ersten Ranges. Lebende Exemplare standen bei den Herren Veitch. Ich widmete die Art Sr. Excellenz (jetzt Eminenz) Herrn Erzbischof (jetzt Cardinal) Dr. Haynald, welcher die Botanik mit so vieler Liebe und Ausdauer betreibt. Im Februar 1877 blühte die bereits publicirte Art bei den genannten Herren. Im Jahr 1880 sammelte dieselbe wiederum Herr Boxall im Auftrage des Herrn Stuart Low. Nach den mir mitgetheilten trockenen Stücken muss ich annehmen, dass Herr Boxall mit Recht behauptet, das Cypripedium Haynaldianum sei viel mächtiger und prächtiger als Cypripedium Lowei. Der eine Blüthenstiel erreicht an Dicke einen Adlerkiel. Die Farben sind offenbar viel stattlicher. Es sind eine grössere Anzahl Exemplare unter den Hammer gekommen.

Vegetationsorgane wie bei Cypripedium Lowei Lindl. Blätter zungiglineal, an Spitze stumpf zweilappig, wie sie bei dieser Art auch vorkommen, obschon sie auch spitzlich erscheinen. Derart sah ich sie bei unserer Art noch nicht. Blüthenstiel kräftig, länger behaart, während er bei Cypripedium Lowei viel kürzer sammtig ist. Zwei- bis vierblüthig. Deckblätter kahnförmig, mit schneidendem Mittelkiel, spitz, den stark behaarten Fruchtknoten nicht gleichlang. Unpaares Sepalum keillänglich mit Spitzchen am Saum hin bis nach oben violettpurpurn, auf Fläche weiss mit grünen Nerven, auch grün angehaucht und ausserdem mit schwarzbraunen Flecken. Doppeltes Sepalum in eine länglich spitze Masse verwachsen, welche kürzer als Lippe, weissgrün mit schwarzen Flecken. Alles aussen und am Saume hin kurz behaart. Tepalen breit lineal, nach vorn verbreitet, spitz, weissgrün oder grünlich, vorn purpurviolett, mit schwarzbraunen Flecken auf dem obern Theile, Lippennagel breit, Sack stumpf, mit dreispaltigem Saum. Seitliche Zipfel zungig dreieckig stumpf. Mittelzipfel ganz gestutzt oder mit sehr kleinem Spitzchen. Ein knorpeliger gezähnelter Theil zwischen diesen Seitenzipfeln und dem Lippennagel fehlt, ist aber bei Cypripedium Lowei stark entwickelt. Farbe der Lippe grünlich mit braunen Tönen. Staminodium länglich, vorn zweispaltig, mit halblänglichen, stumpfen, geränderten Zipfeln, mit kleinem Zähnchen in Bucht. Eine kegelförmige Spitze mit Haaren am Grunde. Farbe grün, mit braunen Flecken. Narbe stumpf fünfeckig.

Tafel 212. Blüthenstand und Blatt. Nach dem ersten lebenden Exemplar, das in Europa bei den Herren Veitch blühte. 1. Einbuchtung zwischen Seitenzipfeln und Nagelcanal der Lippe +. 2. Staminodium von oben +. 3. Säule seitlich +. 4. Narbe von unten +.

Tafel 213.

*Pachystoma Thomsonianum *Rchb. fil.*

Nova sectio: Thomsonianum: labelli lacinia media lanceotriangula acuminata.

Pachystoma Thomsonianum Rchb. fil. in Gardeners' Chronicle 1879 II. p. 582. — Ic. xyl. 624. 625! — descr. 627!

Rhizoma lignosum repens validum. Pseudobulbus depresso sphaericus, superne carinulis humillimis obtusangulis, quasi depresso pyramidalis rugis plurimis demum exaratus, monophyllus? (diphyllus? triphyllus?). (Ex cicatrice non intelligo, diphyllum crediderim validiorem). Folium telae mollis membranaceum, nervosum, a basi attenuata petiolari oblongo lanceum acutum. Pedunculus vix spithamaeus, valde velutinus, basi vagina emarcida una alterave brunnea, apice racemoso biflorus, floribus distantibus, bracteis ovatis acutis pedicellos superantibus, inflorescentia apice rudimentaria, unde conjicere licet, pluriflorum evadere. Flos telae mollis subcarnosae, non membranaceae, uti in „Camaridio ochroleuco" (Maxillaria Camaridii Rchb. fil.) Ovarium pedicellatum bene velutinum. Sepalum impar oblongoligulatum acuminatum. Sepala paria angustiora, hinc curvata, lateribus implicita. Tepala angustiora, basi melius cuneata. Omnia lactea, basi viridula, nitentia. Labellum basi saccatum, trifidum, laciniae laterales triangulares obtusangulae, lacinia mediana lanceo linearis acuta longe producta. Carinae obscurae quinae in fundo. Laciniae laterales albidae, viridi quodam disco ac lineis maculisque brunneis confluentibus plurimis. Lacinia antica pulchre purpurea in discum striis quinis purpureis abiens. Columna trigona clavata viridis, punctis striisque pluribus brunneis; ima basi antica alba. Androclinium immersum. Fovea transversa sub rostello anguste triangulo.

Diese Pflanze bildet vielleicht die interessanteste Entdeckung, welche Herr W. Kalbreyer im tropischen Afrika machte. Bis jetzt sind alle bekannten Arten der Gattung aus Asien. Hätte man eine ausserasiatische Art sich denken mögen, so hätte man sie an der Nordküste Australiens angenommen. Die grossen, weiss, hellgrün und purpurnen Blüthen haben eine gewisse Aehnlichkeit mit denen mancher Phalaenopsis, während die mit Blättern besetzten Bulbs manche Orchideenfreunde an Coelogynen aus der Pleione-Gruppe erinnern.

Ich wollte, diese Pflanze sollte den Namen ihres deutschen Entdeckers tragen. Herr Kalbreyer selbst aber sprach den dringenden Wunsch aus, selbst noch „vom Bord der Para", sie solle Rev. George Thomson's Namen tragen, des entschlafenen englischen Priesters, der ihm an der gefährlichen ungesunden afrikanischen Westküste, in Victoria, unter dem Albert-Crater der Cameroons, sehr behülflich gewesen und dort sich durch sein menschenfreundliches Wirken einen gefeierten Namen geschaffen hatte. So mag diese Benennung für Rev. George Thomson, wie für Herrn W. Kalbreyer gleich ehrenvoll sein.

Die Pflanze, zuerst von Herrn Kalbreyer mit einer Pleione verglichen, fand sich an Baumstämmen an lichten Plätzen des Urwaldes, in der Nähe der Küste.

Ein kriechendes Rhizom, trägt rundliche, niedergedrückte, obenhin strahlig gefurchte Bulbs, mit einem Wulstrande und zahlreichen kleinen Vertiefungen, welche sich wohl erst spät einstellen. Farbe dieser Bulbs gelbgrün. Nach dem in Gardeners' Chronicle veröffentlichten Holzschnitt scheinen die Blätter zu zwei zu stehen. Sie sind häutig, gestielt, länglich zugespitzt, etwa eine Spanne hoch und ziemlich gegen zwei Zoll in der stärksten Breite. Der lange Blüthenstiel ist sammtig, grün, mit einer Scheide in der Mitte, und trägt wohl in der Regel eine Traube von zwei Blüthen, welche gross und von sehr starkem Gewebe sind. Vielleicht erscheinen auch mehr Blüthen, da der Blüthenstand noch zwei sterile Deckblätter zeigt. Die gestielten grünen Fruchtknoten sind länger als die länglichen spitzen tief braunen Deckblätter. Sepalen und Tepalen sind keillänglich, gespitzt. Seitliche Sepalen gedreht und wellenrandig. Tepalen herabgeschlagen. Lippe dreispaltig, etwas sackig am Grunde. (In Gardeners' Chronicle steht der Druckfehler „sulcate".) Die Seitenzipfel sind aufrecht, dreieckig mit abgestumpften Spitzen, der Mittelzipfel ist linealdreieckig.

Die Sepalen und Tepalen sind schön milchweiss und glänzend. Am Grunde sind sie hellgrün. Die Lippe hat hellgrüne Seitenzipfel, die aussen und unten weiss sind. Braune Strichelchen finden sich auf der Innenfläche und auf der Spitze der Aussenfläche. Der Vorderrand dieser Zipfel und der Mittelzipfel sind schön purpurn. Auf der Scheibe am Grunde wechseln vier weisse Längsstreifchen mit drei purpurnen Streifen ab. Die Säule ist grünlich mit braunen Strichelchen und der weisse Grund vorn hat eine dickere sepiabraune Oberlinie. Das Rostellum ist purpurn.

Tafel 213. I. II. Blüthenstiel und Blatt nach frischen Exemplaren. III. Bulb seitlich. IV. Bulb von oben. Alles ebenso nach lebenden Bulbs. 1. Vorderansicht von Säule und Lippe +. 2. Säule und Lippe und gestielter Fruchtknoten seitlich +. 3. Anthere und Narbe von vorn +. 4. Selbige Ansicht nach Entnahme von Pollinarium +. 5. Staubbeutel von oben +. 6. Derselbe von unten +. 7. Derselbe von der Seite +. 8. Pollinarium +.

Anm. Wahrscheinlich bringt der alte Bulb zunächst einen Blattschoss, dessen Unterglied zum Bulb reift, während der Blüthenstiel an einer andern Seitenknospe des reifen Bulbs erscheint. Der Holzschnitt in Gardeners' Chronicle, 1879, p. 625, giebt alte mit Blättern gekrönte Bulbs und ausserdem junge Blattschosse und gleichzeitig Blüthen, was wohl zu viel ist.

Tafel 214.

* Dendrobium lituiflorum Lindl. robustius *Rchb. fil.*

Caulibus calamum gryphinum crassis, flore Dendrobii lituiflori.

Dendrobium lituiflorum Lindl. robustius Rchb. fil. in Gardeners' Chronicle 1877. p. 780. 781.

Caules congesti, caespitosi, usque pedales, valde obscuri, vaginarum residuis griseis. Caules novelli vaginis rubro maculatis, foliis ligulatis apice bilobis. Flores speciei ipsius, sed majores, validiores.

Ich übersetze hier bei dieser höchst lehrreichen, auffälligen Pflanze jene Bemerkungen, mit denen ich dieselbe a. a. O. im Gardeners' Chronicle veröffentlicht.

Einst waren wir ausserordentlich erregt dadurch, dass Dendrobium gratiosissimum Rchb. fil., Boxallii Rchb. fil., crassinode Bens. & Rchb. fil. alle so übereinstimmende Blüthen, gleichzeitig aber doch ganz ansehnliche Unterschiede in der Natur der Bulbs zeigten. Es scheint, dass diese Unterschiede von den Freunden der Orchideen leicht aufgefasst wurden, obschon man immerhin errathen möchte, dass das Dendrobium Boxallii ein Bastard wäre von Dendrobium gratiosissimum und Dendrobium crassinode. Dendrobium Findleyanum Par. und Rchb. fil. hat sich indessen erwiesen als eine weit und gut unterschiedene Art.

Jetzt stehen wir nun wieder vor einem schlimmen Dilemma. Als Dr. Lindley und ich dieselbe Pflanze fast zur selben Zeit benannten, das Dendrobium lituiflorum (Hanburyanum Rchb. fil.), da betrachteten wir es Beide für eine gute That, dasselbe von Dendrobium nobile Lindl. und D. coerulescens Lindl. (Pflanzen, die man damals für verschieden ansah) zu trennen, indem wir die dünne Natur des Stammes und die trompetenartige Krümmung der Lippe veranschlagten.

Jetzt kommen von Burmah und von Assam schöne Dendrobien mit Blüthen, die man von denen des jetzt alten (1856!) Dendrobium lituiflorum Lindl. nicht wohl trennen kann, und mit durchaus verschiedener Stammbildung. Ich empfing eine stattliche, eben von Burmah durch Herrn Boxall gesendete Pflanze. Die Blüthen sind ganz so wie die, welche Dr. Lindley als Originalblüthe zeichnete, viel grösser als die der jetzt gezogenen Formen des Dendrobium lituiflorum. Die Farben sind viel wärmer. Die unteren Hälften der seitlichen Sepalen sind auffallend hell, was vielleicht eine zufällige Abart ist. Indem ich nun genaue Aufklärung wünschte, wendete ich mich an Herrn Harry Veitch um neue Vorlagen des dünnstämmigen Dendrobium lituiflorum Lindl. aus Assam. Ich erhielt eine reiche Sendung frischer Stämme uud Blüthen. Die letztern wiesen eine derartige Uebereinstimmung nach, bis auf die leicht umgekehrt Yförmige Purpurlinie neben der Narbengrube, dass ich nicht umhin konnte, diese Form eben nur als Abart aufzustellen. Herr Stuart Low sendete mir die Exemplare der neuen Abart im besten Stande.

Tafel 214. Der Pflanze unterer Theil und der obere blühende Theil eines Stammes. 1. Lippe im ausgebreiteten Zustande +. 2. Säule von vorn +. 3. Dieselbe seitlich +.

Tafel 215.

* **Batemania Beaumontii** *Rchb. fil.*

pedunculo erecto uni- seu bifloro, sepalis tepalisque oblongoligulatis obtuse acutis, labello trifido, laciniis lateralibus semioblongis apice liberis hinc denticulatis, seu serrulatis, lacinia antica ligulata obtuse acutiuscula, integerrima, seu serrulata, plana seu marginibus crispula, carinis vulgo septenis apice acutis a basi in basin laciniae anticae, columna trigona arcuata apice triloba, lobo mediano subcucullato minute denticulato.

Stenia Beaumontii A. Rich. Cat. Hort. Pescat.

Galeottia Beaumontii Lindl. Paxt. Fl. G. I. p. 12. No. 11.

Batemania Beaumontii Rchb. fil. Walp. Ann. III. 344. — in Schl. Bot. Zeit. 1852. 60: „Eine Batemania: es ist ganz genau in allen Organen derselbe Plan befolgt, nur hat diese höher entwickelte Art eine längere Caudicula.“ — Rchb. fil. in Walp. Ann. VI. 555.

Cf. etiam Lindley in Gardeners' Chronicle 1850. p. 41: The genus Galeottia is extremely near Batemania, and perhaps not really distinct.

Pseudobulbi aggregati pyriformi tetragoni vulgo diphylli. Folia strenue papyracea, plicata, cuneato oblonga acuta. Pedunculus uni- seu biflorus, medio vagina una brevi semiovato triangula. Bracteae semiovatae acutae ovariis pedicellatis multoties breviores. Sepala ligulata obtuse acuta, lateralia deflexa, limbo interno involuta, viriduloolivacea seu flaveola intus striis punctisque brunneis. Tepala subaequalia. Labellum basi brevissime unguiculatum a semiovata basi antice trifidum, laciniae laterales apicibus liberis semioblongae, toto limbo hinc denticulatae, serrulatae, imo prope integerrimae; lacinia media ligulata apiculata seu acuta, producta, integerrima. Carinae septenae humiles a basi labelli in basin laciniae anticae. Color albus maculis striisque quibusdam laete purpureis. Columna trigona, curvula, apice triloba, lobis lateralibus angulatis, lobo mediano triangulo retuso crenulato basi utrinque angulata, cum apiculo parvo inflexo in medio subfornicato. Color albus. Dorsum aquose purpureo lavatum. Superficies antica sub fovea striolis numerosis ejusdem coloris. Anthera depressa semioblonga apice obtusissime apiculata, antice bidentata, utrinque angulata. Pollinia depresso pyriformia, per paria incumbentia, postica breviora. Caudicula oblonga in glandula semioblonga.

Diese Art soll aus Brasilien stammen und zuerst von Herrn Morel nach Paris von Bahia gesendet worden sein. Mir kam sie niemals in einem trockenen wilden Exemplare vor. Ich kenne sie nur cultivirt und sah sie nur im Herbar Achille Richard's und dem Lindley's einzeln. In meiner Sammlung liegen neunzehn Exemplare. Ich sah die Pflanze 1852 in Herrn Hofrath Keil's Garten in Leipzig, cultivirt von Herrn Tube. Später war sie in Herrn Consul Schiller's Garten bei Hamburg, cultivirt von Herren Stange und Schmidt. Von da erhielten wir eine Pflanze 1870 von Frau Consul Schiller. Kürzlich zeigte sie das fast sichere Todessymptom: gleichzeitige Entwickelung einer ungehörigen Anzahl von Bulbknospen. Völlige Erschöpfung und Tod waren die unvermeidliche Folge. Pseudobulben genähert, birnförmig vierkantig, meist zweiblätterig. Blätter hart pergamentig, gefaltet, keillänglich spitz. Blüthenstiel ein- und zweiblüthig, in Mitte mit spitz halbeiförmiger Scheide. Deckblätter halbeiförmig, spitz, viel kürzer als gestielte Fruchtknoten. Sepalen zungig stumpfgespitzt, seitliche herabgeschlagen, am Innenrande eingeschlagen, grünlich olivenfarbig oder gelbbraun, innen mit braunen Streifen und Punkten. Tepalen ziemlich gleich. Lippe am Grunde sehr kurz genagelt, am halbeiförmigen Grunde vorn dreispaltig. Seitenzipfel mit halblänglichen stumpfen Spitzen, am ganzen Saum hin gesägt oder fast unversehrt. Mittelzipfel zungig gespitzt oder spitz, vorgestreckt, unversehrt. Sieben niedrige, vorn spitze Kiele vom Grund der Lippe bis zu Grund des Mittelzipfels. Farbe weiss mit einigen hellpurpurnen Flecken und Streifen. Säule dreikantig, krumm, an Spitze dreilappig. Seitliche Lappen stumpfeckig oder viereckig. Mittellappen gewölbt, dreieckig, gestutzt, gezähnelt. Am Grunde beiderseits eine Ecke und ein Spitzchen in der Mitte. Farbe weiss. Rücken leicht purpurn angehaucht und Vorderfläche unter Narbe mit zahlreichen solchen feinen Streifchen. Staubbeutel gedrückt halblänglich, oben stumpf gespitzt, vorn zweizähnig, beiderseits eckig. Pollinia gedrückt birnförmig, paarig auf einander, die hintern kürzer. Caudicula länglich auf halblänglicher Glandula.

Tafel 215. Pflanze nach lebender Vorlage im hamburger Botanischen Garten. 1. Lippe +. 2. Säule seitlich +. 3. Dieselbe von vorn +. 4. Säulenspitze mit Staubbeutel +. 5. Dieselbe ohne denselben +. 6. Staubbeutel von vorn +. 7. Derselbe von hinten +. 8. und 9. Pollinarien +.

Tafel 216. I. II. 1—3.

Batemania apiculata *Rchb. fil.*

e grege Batemaniae Meleagridis Rchb. fil. una parviflora, albiflora alis columnae lateralibus subquadratis, integris, ala mediana denticulata.

Batemania apiculata Rchb. fil. in Garcke Linnaea XLI. p. 109. 1876.

Flores duos tantum obtinui, illis Warreae cyaneae Lindl. dimidio majores. Sepalum impar ligulato oblongum acutum. Sepala paria oblongotriangula apiculata, margine superiori interno involuto. Tepala cuneato oblonga acuta. Omnia intus laevia. Labellum bene unguiculatum apiculo depresso columnae supra imam basin. Callus semiovatus postice retusus, limbo ciliato, ciliis paucis lateralibus, parte antica longius ciliata. Lamina labelli antica obtuse rhombea apiculata. Columnae alae subquadratae laterales, ala mediana triangula serrulata, apiculo dorsali postico. „Flos candidus. Labelli apex reversus. Planta parva, compacta." Haec fide b. Wallis.

Diese Art ist wohl eine grosse Seltenheit. Der im Hospital zu Cuenca verstorbene Gustav Wallis erhielt nur zwei Exemplare von einer Seehöhe von 1000′ in Neugranada. Die zwei Blüthen in meinem Herbar dürften alles sein, was Europa von dieser Pflanze birgt. Blüthen wenig grösser, als die der Warrea cyanea Lindl. Unpaares Sepalum zungig länglich spitz. Paare Sepalen länglich dreieckig mit Spitzchen, vom Innenrande nach oben eingerollt. Tepalen keillänglich spitz. Alles innen glatt. Lippe deutlich genagelt mit einem flachen Spitzchen vor Grund. Schwiele halbeiförmig, hinten gestutzt, mit gefranstem Saum, wenigen Seitenfransen, vorn mit einigen längeren Fransen. Vordere Lippe stumpf rautenförmig mit Spitzchen. Säulenflügel: seitliche ziemlich viereckig, Mittelflügel dreieckig gesägt, hinter ihm ein Spitzchen. Wallis schrieb: „Blüthe weiss. Lippenspitze zurückgebogen. Kleine gedrängte Pflanze."

Tafel 216. I. II. Blüthen. 1. Säule seitlich +. 2. Narbe und Narbendecke (Rostellum) +. 3. Pollinarium +.

Tafel 216. III. IV. 4—6.

Batemania Gustavi *Rchb. fil.*

e grege Batemaniae Meleagridis Rchb. fil. sepalis tepalisque laevibus, columnae alis omnibus integerrimis, calli parte antica mediana trifida, lamellis apice serratis.

Batemania Gustavi Rchb. fil. in Garcke Linnaea XLI. p. 108. 1876.

Sepala nitida oblongo triangula vernixia laevissima. Tepala elliptico acuminata, apiculis nunc incurvis. Labelli callus lateribus fimbriatus, antice trilamellatus, lamellis apice serratis; lamina oblonga acuta. Columnae alae tres obtuse triangulae integerrimae. „Flos flavus coccineo pictus. Columna extus viridis, antice subtiliter rubro punctata. Flos inodorus in pedunculo quadripollicari." Haec fide b. Wallis.

In Neugranada bei 5—6000′ Seehöhe von Wallis entdeckt. Fünf Blüthen in meinem Herbar.

Aus der Verwandtschaft der Batemania Meleagris Rchb. fil. Sepalen länglich dreieckig, glänzend, wie gefirnisst, ohne alle Buckel. Tepalen elliptisch zugespitzt, Spitzen bisweilen krumm. Lippenschwiele an Seiten gefranst, vorn aus drei oder einer Platte, oder oben gesägt oder gezähnelt; Platte der Lippe länglich, spitz. Säulenflügel alle drei dreieckig unversehrt; oberer auch gestutzt. „Blüthe gelb mit Zeichnung von Scharlach. Säule aussen grün berandet, vorn fein roth punktirt; Tracht der Pescatorea, schwachwüchsig. Blätter 1′ lang, 1″ breit. Blüthe geruchlos auf kurzen vier Zoll langen Stielen." Dies dem Sinne nach des Herrn Gustav Wallis Bemerkungen.

Tafel 216. III. Blüthe von vorn. IV. Blüthe von der Rückseite. 4. Säule und Lippe von der Seite — ein wenig +. 5 Lippe ausgebreitet +. Man beachte, dass der Vordertheil der Schwiele anders gebaut ist, als bei Figur III. 6. Vordertheil der Schwiele nach Skizze des Herrn G. Wallis.

Anm. Ich bemerke ausdrücklich, dass die Figuren alle, ausser Figur 6, von mir und zwar nach in Alkohol empfangenen guten Blüthen gefertigt sind. Dagegen trägt die Verantwortung für die angedeutete Färbung der Blüthentheile bei Figur III Herr G. Wallis, dessen Skizze ich dazu benutzt habe. Der Name ist nach diesem Reisenden gegeben, dessen Verdienste man erst recht schätzen lernt, wenn man mit ihnen die Leistungen der gewöhnlichen Reiseroutiniers vergleicht.

Tafel 216. V. 7—15.

* **Batemania armillata** *Rchb. fil.*

affinis Batemaniae Colleyi Lindl. labello panduraeformi lobis posticis semioblongis denticulatis, lobo mediano transverso obtuse rhombeo, callo baseos erecto serrulato, androclinio crenulato.

Batemania armillata Rchb. fil. Gardeners' Chronicle 1875. I. 780.

Caespitosa. Pseudobulbus pyriformis tetragonus mono- seu diphyllus. Folia cuneato oblongoligulata acuta uti pseudobulbus aquose prasina. Racemus deflexus seu porrectus, bi- — triflorus. Bracteae cucullatae cordato semiovatae acutae ovaria pedicellata longe non aequantes. Sepalum impar cuneato oblongum obtusum fornicatum. Sepala lateralia angustiora, limbo interno implicito. Tepala ligulato oblonga obtuse acuta. Labellum assurgens lobo antico replicato, basi cuneatum, trilobum. Lobi laterales obtuse trianguli seu semioblongi hinc denticulati, lobus anticus transverse rhombeus angulis lateralibus obtusis, angulo antico apiculato, apiculo reflexo. Callus in basi lamelliformis erectus multidentatus. Columna trigona. Androclinii margo denticulatus. Anthera depresso mitrata rhombea, apiculata, apice bidentata. Pollinia bigemina, inaequalia, depresso pyriformia. Caudicula brevissima ligulata. Glandula oblonga acuta. Pedunculus viridis. Bracteae albidae viridi nervosae. Sepala et tepala viridia. Labellum et columna alba. Callus et labelli apex ochroleuci.

Seit 1870 hatten wir aus Herrn Consul Schiller's nachgelassener Sammlung eine kleine seegrüne Orchidee, mit der wunderlichen Bezeichnung „Coelogyne Gardneriana". Ich vertraute kaum auf ihre Entwickelung wegen ihrer Aermlichkeit, zumal die ganze Pflanze immer nur auf Einem Auge stand. Im April 1875 erschien aber mit dem jungen Schosse ein Blüthenstand, herabhängend, wie bei Batemania Colleyi. Mir war die Art sehr lieb, da sie die Verbindung zwischen dieser Art und der ehemaligen „Huntleya" Meleagris bestätigt. Sie hat den Blüthenstand der erstern und ziemlich die Lippenschwiele der letztern.

Rasig. Bulb birnenförmig vierkantig, oder vierseitig pyramidal, ein- bis zweiblätterig. Blätter keillänglich spitz, wie Bulb hell lauchgrün. Blüthentraube herabgebogen oder vorgestreckt, zweibis dreiblüthig. Deckblätter kappig, herzförmig halbeiförmig, spitz, bei Weitem nicht gleichlang den gestielten Fruchtknoten. Unpaares Sepalum keillänglich stumpf gewölbt. Seitliche Sepalen schmäler, mit eingerolltem Innenrand. Tepalen zungig länglich stumpf gespitzt. Lippe aufsteigend, vom Grunde aus an Spitze umgeschlagen. Vorderlappen quer rautenförmig mit seitlichen stumpfen Ecken. Seitenlappen stumpf dreieckig oder halblänglich, hier und da gezähnelt. Schwiele am Grunde plattenförmig, aufrecht, vielzähnig. Säule dreiseitig. Rand der Staubbeutelgrube gezähnelt. Staubbeutel niedergedrückt mützenförmig rautenförmig, mit Scheitelspitzchen, an dem Vorderende zweizähnig. Pollinien zweipaarig, ungleich, gedrückt birnenförmig. Caudicula sehr kurz, zungiglineal. Glandula länglichspitz. Blüthenstiel hellgrün. Deckblätter weisslich grünnervig. Sepalen und Tepalen lauchgrün. Lippe und Säule weiss. Schwiele und Lippenspitze hell ochergelb.

Tafel 216. V. Pflanze nach dem lebenden einzigen Originalexemplar. 7. Lippe von aussen +. 8. Säule und Lippe von vorn +. 9. Säule und Lippe seitlich +. 10. Säule von vorn, mit Staubbeutel +. 11. Säule von vorn, ohne Staubbeutel +. 12. Staubbeutel +. 13. Pollinarium +. 14. Pollinarium +. 15. Dasselbe von unten +. Es ist lehrreich zu sehen, wie verschieden die Pollinaria sich entwickeln. Allerdings stammt 13 von der ersten Blüthenbildung der so schwachen Pflanze.

Tafel 217. I. 1—9.

***Pleurothallis conanthera** *Rchb. fil.*

Affinis Pleurothallidi hianti Lindl. racemo recto, non flexuoso, secundifloro, paucifloro, sepalis oblongoligulatis acutis, sepalo pari bidentato, tepalis cuneato ellipticis, abbreviatis, trinerviis, limbo superiori implicito minutissime denticulato, extus densius verrucosis, labello brevissime unguiculato trifido, laciniis basilaribus obtusangulo triangulis erectis parvis, cartilagineis, lacinia mediana teretiuscula acuta carnosa, disco interposito postice abrupto, seriebus geminis papularum inter et ante lacinias laterales, pagina inferiori tuberculis minutissimis plurimis scabra, columna acuta, androclinio postice triangulo apice bidentato, rostello deflexo quadrato; anthera coniformi.

Pleurothallis conanthera Rchb. fil. in litt. ad hortul. Haage & Schmidt Erfordenses.

Caulis secundarius humillimus brunneo vaginatus. Folium bene carnoso coriaceum cuneato oblongum acutum apice tridentatum, 0,085 longum, medio 0,025 latum. Pedunculus vagina basilari minuta, gracilis, teres, firmus, 0,19 longus, sub inflorescentia vaginis valde distantibus arctis duabus, superne distantiflorus. Bracteae ochreatae apiculatae pedicellis multo breviores. Ovaria pedicellis quater prope breviores. Sepala 0,02 longa, vinoso atropurpurea. Sepalum impar trinerve, sepalum e duobus connatis sexnerve. Tepala albida trinervia. Nervi usque supra basin late vinoso brunneo suffusi. Labelli laciniae laterales basilares albidae, reliquum labellum brunneum, linea longitudinali superne albida. Facies inferior basin versus quasi bicamerata, cameris albidis.

Diese immerhin stattliche Pleurothallis lernte ich erst im März 1878 kennen. Sie blühte bei den Herren Haage & Schmidt in Erfurt und stammt von Cordoba in Mexico. In derselben Abtheilung der Apodae caespitosae steht Dr. Lindley's Pleurothallis hians, deren äussere Erscheinung sehr ähnlich ist. Indessen ist das Blatt keilig verkehrt eiförmig und oben breit abgestumpft, die Blüthenspindel ist zickzackig, die Blüthen stehen zweizeilig, die Lippe ist blattig, länglich spitz, die Säule gestutzt. Dicht vor Pleurothallis hians hat Lindley eine Pleurothallis crenata Lindl. aus Mexico, die ich nur aus dem Herbar dieses Autors kenne. Sie ist durch eine Blattgestalt verschieden, die der der Pleurothallis hians nahe steht. Die Traube ist zweiseitig, die paaren Sepalen sind zur Hälfte frei und zugespitzt, die Lippe ist am Grunde herzförmig, länglich, stumpf, unter Spitze behaart, beiderseits in der Mitte verbreitet und mit zwei grossen Längsschwielen. Die oben gestutzte Säule hat ein dreizähniges Androclinium. Der Name „crenata" ist gegeben, weil dunkle Punkte am Rande der Tepalen und der Lippe den Eindruck machen, als ob Kerbzähne da wären. Das ist also eine Bezeichnung, welche die optimistische schulmeisterliche Schule ändern würde. Diese Art stammt aus Mexico, von wo sie im Garten der Herren Loddiges zu Hackney blühte.

Stängel sehr niedrig, braunbescheidet. Blatt deutlich fleischig lederartig keillänglich spitz, an Spitze dreizähnig, 0,085 lang, in Mitte 0,025 breit. Blüthenstiel mit kleiner Grundscheide, schlank, stielrund, fest, 0,19 lang, unter dem Blüthenstande mit zwei, sehr weit von einander stehenden engen Scheiden, obenhin entferntblüthig. Deckblätter tutenartig gespitzt, viel kürzer als Blüthenstielchen. Fruchtknoten viermal kürzer als Blüthenstielchen. Sepalen 0,02 lang, weinig schwarzpurpurn. Unpaares Sepalum dreinervig, das aus zwei Sepalen bestehende hat deren sechs. Tepalen weisslich, dreinervig. Nerven bis über den Grund breit dunkel portweinfarbig. Seitenzipfel der Lippe am Grunde, weisslich, die übrige Lippe braun, mit obenhin weisslicher Längslinie. Unterseite hat am Grunde zwei weissliche Kammern.

Die Pflanze ist der Pleurothallis hians Lindl. verwandt. Die Spindel der Traube ist gerade, nicht zickzackig, einseitwendig armblüthig. Sepalen länglich zungig spitz. Paares verwachsenes Sepalum an der Spitze zweizähnig. Tepalen keilig elliptisch, kurz, dreinervig, am eingeschlagenen Oberrand ganz fein gezähnelt, aussen dichter warzig. Lippe ganz kurz genagelt dreispaltig. Grundständige Seitenzipfel stumpf dreieckig aufrecht klein knorpelig. Mittelzipfel stielrundlich spitz von dicker Masse, mit hinten abschüssiger Mittelanschwellung. Zwei Reihen Warzen zwischen und vor den Seitenzipfeln. Unterseite von vielen Wärzchen scharf. Säule oben spitz. Gipfel des Staubbeutelbetts auch zweizähnig. Staubbeutel gedrückt kegelförmig.

Ausdrücklich hebe ich hervor, dass ich die zwei Reihen Wärzchen am Grunde der schwieligen Lippenverdickung im Jahre 1880 nicht wieder auffand, wohl aber einfache Flecken an ihrer Stelle.

Tafel 217. I. Stängel mit Blüthenstand. 1. Blattspitze +. 2. Tepalum von Aussenseite +. 3. Dasselbe von Innenseite +. 4. Spitze der verwachsenen Sepala. Sie sind etwas zusammengezogen und mit Spitzchen versehen +. 5. Säule und Lippe seitlich +. 6. Lippe von oben +. 7. Dieselbe von unten. Man sieht die zwei Kammern am Grunde unter dem Nagel +. 8. Säule von vorn +. 9. Pollinien +.

Tafel 217. II. 10—18.

*Pleurothallis moschata *Rchb. fil.*

aff. Pleurothallidi Arbusculae Lindl. racemo secundo seu spirali, floribus nutantibus (demum saltem); sepalis lateralibus uninerviis, tepalis concoloribus.

Pleurothallis moschata Rchb. fil. Mss.

Planta lubenter prolifera caulibus novellis ex folii basi prosilientibus. Vaginae elongatae arctae, apice triangulae, sexnerviae, nervo ostium circumvallante, omnibus nervis superne muriculatis; atrofuscae. Folium cuneato oblongum apice obtusato apiculatum marginatum, crassiusculum, superficie superiori hinc inaequale hic inde paulo gibberosum et foveatum, vix pollicem longum, vix 1/3 pollicem latum. Racemi rhachis teretiusculo filiformis, folium pluries excedens, sub inflorescentia vaginis duabus seu tribus arctis. Racemus haud densus, secundiflorus seu spiralis. Bracteae arctae, ochreatae, acuminatae, pedicellis multoties breviores. Pedicelli cum ovariis angulati. Sepalum dorsale a triangula basi lineari acuminatum, trinerve, nervis lateralibus abbreviatis, supra nervos carinatum. Sepala lateralia subaequalia, uninervia, mentum angulatum efficientia, vulgo decurva. Tepala cuneato ligulata retusa cum apiculo, uninervia, nervo superficie concolori, nec obscuro uti in Pleurothallide Arbuscula Lindl. Labellum basi cordatum seu prope cordatum ligulatum, obtuse acutum, nervis tribus superne incrassatis, lateralibus ante apicem sub anguli figura anastomosantibus. Columna trigona alis quadratis crassis. Pollinia gemina, compressa, materie pulverea in apice. Flores laete albovirides mento ac columnae pede aurantiacis. Odor moschi gravis.

Diese recht zierliche Pleurothallis blüht seit einigen Jahren im hamburger Botanischen Garten. Wir haben sie von Endres aus Costa Rica erhalten.

Gern proliferirend, indem neue Stengel aus dem Blattgrunde neben dem terminalen Blüthenstande eine sympodiale Fortsetzung bedingen. Scheiden gestreckt, eng, an der Spitze mit dreieckiger Mündung, sechsnervig, ein Nerv um die Säumung herumlaufend. Alle Nerven haben auf ihrer Fläche feine Spitzchen. Blatt keillänglich, an stumpfem Ende mit Mittelspitzchen, berandet, dicklich, auf oberer Fläche hier und da ungleich, hier und da bucklich, und mit Gruben, kaum einen Zoll lang, kaum 1/3 Zoll breit. Spindel der Traube stielrundlich fadig, mehrmals länger als Blatt, mit zwei bis drei engen Scheiden unter dem Blüthenstand. Traube nicht enge, einseitwendig oder spiralig. Deckblätter eng tütenförmig, zugespitzt, vielmals kürzer als Blüthenstielchen. Blüthenstielchen mit Fruchtknoten Winkel bildend. Rückensepalum von dreieckigem Grunde linealzugespitzt, dreinervig, mit sehr kurzen seitlichen Nerven, auf Aussenseite der Nerven gekielt. Seitliche Sepalen ziemlich gleich, einnervig, mit eckigem Kinn, meist herabgeschlagen. Tepalen keilig zungig gestutzt mit Spitzchen, einnervig, Nervenoberfläche gleichfarbig und nicht dunkel, wie bei Pleurothallis Arbuscula Lindl. Lippe am Grunde herzförmig oder ziemlich herzförmig, zungig, stumpfgespitzt, mit drei oberseits verdickten Nerven, seitliche an Spitze unter Winkel anastomosirend. Säule dreikantig mit dicken viereckigen Flügeln. Pollinien paarig, gedrückt, mit pulverartiger Materie an Spitze. Blüthen hell weissgrün, Kinn und Fuss der Säule orange. Geruch nach Moschus ausserordentlich stark, sodass man ihn im Warmhause von Weitem bemerkt.

Tafel 217. II. Ein Stück Sympodium mit Blüthenstand. 10. Blüthe +. 11. Oberes Sepalum +. 12. Tepalum +. 13. Lippe seitlich +. 14. Lippe von oben +. 15. Säule von vorn +. 16. Säule seitlich +. 17. Fuss derselben +. 18. Pollinium +.

Tafel 218.

* Oncidium Retemeyerianum *Rchb. fil.*

Miltoniastrum pedunculo elongato (seu racemoso seu rarcissime paniculato), floribus hysterochronicis, sepalis tepalisque subaequalibus ovatis oblongisque acutis, labello pandurato acuto carnoso, callis quadrigeminis obtusatis in basi, callo quinto inter par anticum, columnae alis carnosissimis triangulis seu dolabriformibus.

Oncidium Retemeyerianum Rchb. fil. in von Mohl und von Schlechtendal Bot. Zeit. 1856. p. 513! W. Wilson Saunders Refugium Botanicum. Vol. II. Part. I. Pl. 74. Juni 1869!

Pseudobulbus obsoletus ex articulis geminis seu ternis oblongus, nunc ex ipsis articulis radices adventitias edens. Folium solitarium, cuneato oblongum acutum, inferne infra nervum medium carinatum, crassissimum, in planta originaria violaceopurpureo aspersum, in planta jam ad manus Ohlendorffiana simpliciter viride. Pedunculus ex axilla vaginae scariosae, crassus, validus, elongatus, laete rufus seu rufoviolaceus maculis innumeris parvis viridulis. Racemus ex floribus tribus usque quatuordecim, nunc ramulis quibusdam lateralibus. Bracteae acute triangulares, demum apicibus deflexae, unde squarrosae, dimidiam vel tertiam partem ovarii pedicellati aequantes. Flores hysterochronici, carnosi, illis Cottoniae peduncularis Rchb. fil. 1857 (Thwaites 1864) ob labellum valde obscurum ac ob telam et colorem quodammodo comparabiles. Sepala oblonga apiculata seu acuminata, cinnamomea, hinc illic flaveola, nunc omnino flavida maculis margine undulatis cinnamomeis. Tepala sepalo impari aequalia. Sepala paria melius unguiculata, per nervum medium obtuse carinata. Labellum valde carnosum, constricto panduratum, acutum, callis inter lacinias laterales obtusis quadrigeminis obtusis, callo inter par anticum interposito. Calli pro parte majori et latera eorum xanthini. Discus laciniae labelli anticae quodammodo sulcatus. Columna brevis, crassa. Tabula infrastigmatica xanthina maculis purpureis. Alae dolabriformes seu triangulae xanthinae margine purpureo. Anthera albidoflaveola macula in medio antice purpurea. Pollinia pyriformia postice fissa. Caudicula lata utrinque sursum acuta. Glandula magna adhaerens.

Diese Art erhielt ich 1836 aus Bremen, von einem damals eifrigen Sammler, Herrn Retemeyer. 1857 blühte sie bei Herrn Chantin in Paris, woher ich zwei grosse Blüthenstände besitze, deren einer zwei Seitenzweige hat, die in ihrer verschiedenzeitigen Entwickelung an Pflanzen wie Epidendrum fuscatum gemahnen. August 1866 erhielt ich es von Herrn Wilson Saunders. Herr W. H. Fitch zeichnete es für das „Refugium". Ich habe gar keinen Zweifel, dass sein Blüthenstand mit vier Blüthen und einer eben aufgehenden Knospe eine der ihm leider eigenthümlichen „Verbesserungen" (?) der Natur ist. Wenn zwei Blüthen gleichzeitig offen sind, ist die ältere gewiss schon dem Welken nahe. Herr W. Wilson Saunders gab an, die Pflanze von Mexico durch Boucard erhalten zu haben. 1880 erschien sie bei Herrn W. Bull, Chelsea, London und gleichzeitig bei Herrn von Ohlendorff, Ham bei Hamburg, eingesendet von Herrn Höge, aus Mexico, wohl von Cordoba.

Pseudobulb unentwickelt, aus zwei bis drei Gliedern, länglich, und aus diesen Gliedern selbst ab und zu Nebenwurzeln aussendend. Blatt einzeln, keillänglich spitz, unterseits unter Mittelnerv gekielt, sehr dick. An der Originalpflanze ist dasselbe purpurviolett, an einer eben von Herrn von Ohlendorff eingesendeten einfach grün. Blüthenstiel aus Achsel einer dürrhäutigen Scheide, dick, kräftig, lang, hellroth oder rothviolett mit unzähligen kleinen grünen Fleckchen. Traube aus drei bis vierzehn Blüthen, bisweilen sogar mit Seitenzweiglein. Deckblätter spitz dreieckig, endlich an Spitzen umgeschlagen, der Hälfte oder dem Dritttheil des gestielten Fruchtknotens gleichlang. Blüthen nicht gleichzeitig, sondern nach und nach sich entwickelnd, fleischig, jenen der Cottonia peduncularis Rchb. fil. 1857 (Thwaites 1864) wegen der sehr dunkeln Lippe, des Gewebes, der Farbe, des Glanzes einigermaasen vergleichbar. Sepalen länglich, mit Spitzchen oder zugespitzt, zimmtbraun, hier und da gelblich, auch ganz gelblich mit zimmtrothen welliggerandeten Flecken um den Rand. Tepalen ziemlich gleich dem unpaaren Sepalum. Paare Sepalen deutlicher genagelt, über Mittelnerv undeutlich gestielt. Lippe sehr fleischig, zusammengezogen geigenförmig, spitz. Zwei Paare stumpfer Buckel zwischen den Seitenzipfeln. Das Vorderpaar schliesst ein drittes ein. Der grössere Theil derselben ist hochgelb. Die Scheibe des Vorderzipfels ist strahlig gefurcht. Säule kurz, dick. Unternarbige Tafel gelb mit Purpurflecken. Flügel beilförmig oder stumpf dreieckig, gelb mit Purpurrand. Staubbeutel weisslich gelb, in Mitte vorn mit Purpurfleck. Pollinien birnförmig, hinten gespalten. Caudicula breit, nach jeder Seite nach oben spitz. Drüse gross, anhängend.

Tafel 218. Pflanze nach Herrn von Ohlendorff's lebendem Exemplar. 1. Knospe seitlich. Man sieht, wie die Sepalen das Tepalum nicht decken +. 2. Blüthe von Rückseite +. 3. Blüthe schief von oben gesehen +. 4. 5. 6. Sepalen und Tepalen von anderer Färbung +. 7. 8. Lippen +. 9. Säule von vorn mit beilförmig gerundeten Säulenflügeln +. 10. Säule von vorn mit stumpf dreieckigen Säulenflügeln +. 11. Staubbeutel seitlich +. 12. Pollinarium von vorn +. 13. Pollinarium von hinten +.

Tafel 219. I. 1—6.

* **Bulbophyllum rufinum** *Rchb. fil.*

Affine B. Careyano Lindl. et B. sicyobulbon Par. Rchb. fil. racemo elongato laxifloro erecto folium aequante, bracteis paleatis trinerviis flores dimidios prope excedentibus, labello ligulato acuto bicarinato basi utrinque minute unidentato.

Bulbophyllum rufinum Rchb. fil. in litt.

Rhizoma repens. Pseudobulbus tetragono ovoideus, 0,05 altus medio circumferentiae 0,06, tela soluta vaginarum tectus, ipsis fibris tracheidarum nudis more specierum affinium quarundam. Radices tenues validae numerosissimae. Folium cuneato petiolatum oblongo ligulatum subacuto bilobulum; 0,13 longum, 0,02 medio latum. Pedunculus basi vaginis duabus inaequalibus amplis, teretiusculo angulatus, viridulus, purpureo multistriolatus. Inflorescentia usque supra basin multiflora, laxiflora. Bracteae paleaceae ligulatae acutae nervis atropurpureis ternis, ovarium pedicellatum bene superantes. Sepalum impar fornicatum ligulatum acutum. Sepala lateralia basi mentum parvum efficientia involuta, dein explanata triangula acuta omnino libera. Omnia sepala ochracea, lineis interruptis atropurpureis ternis in quovis sepalo supra nervos principes. Tepala in interstitiis sepalorum triangulo acuminata, uninervia minuta ejusdem coloris. Labellum crassius, ligulatum acutum, dente parvulo acuto erecto utrinque in basi; carinis geminis subparallelis per longitudinem, ochroleucum carinis atropurpureis. Columna alba parva tridentata, dens posticus parvus, dentes antici multo majores denticulo nunc uno intus.

Diese wohl sicher continental indische Art erstand Herr S. C. Hincks von Breckenborough bei Thirsk in einer der Auctionen des Herrn Stevens, 38, King Street, Covent Garden, London W. C. Ich verdanke ihm das abgebildete Exemplar.

Rhizom kriechend. Bulb vierkantig eiförmig, 0,05 hoch, in der Mitte 0,06 spannend, von Lohden des gelösten Scheidengewebes bedeckt, in dem nackte Bänder aus Tracheiden, wie bei gewissen Verwandten sich finden. Luftwurzeln dünn, fett, sehr zahlreich. Blatt keilig gestielt, länglich zungig, ziemlich gespitzt und doch ein wenig zweilappig; 0,13 lang, 0,02 in der Mitte breit. Blüthenstiel am Grunde mit zwei weiten ungleichen Scheiden, stielrundlich eckig, grün, mit vielen Purpurstrichelchen. Blüthenstand bis nach dem Grunde zu vielblüthig, schlaffblüthig. Deckblätter spreublätterig zungig spitz mit drei schwarzpurpurnen Nerven, gut länger als der gestielte Fruchtknoten. Unpaares Sepalum gewölbt, zungig spitz. Seitliche Sepalen am Grunde ein kleines Kinn bildend, daselbst eingerollt, dann ausgebreitet, dreieckig, ganz frei. Alle Sepalen ochergelb, mit schwarpurpurnen unterbrochenen Linien auf jedem derselben über den Hauptnerven. Tepalen in den Lücken der Sepalen, dreieckig zugespitzt, einnervig, klein, von derselben Farbe. Lippe dicker, zungig spitz, beiderseits mit einem kleinen spitzen aufrechten Zahn, mit zwei ziemlich parallelen rothen Kielen auf Längslinie, ochergelb. Säule klein, dreizähnig, Hinterzahn klein, Vorderzähne viel grösser mit einem aufsitzenden Zähnchen.

Tafel 219. I. Pflanze. 1. Stück Blüthenstiel +. 2. Blüthe +. 3. Deckblatt +. 4. Tepalum +. 5. Lippe von oben +. 6. Säule seitlich +.

Tafel 219. II. 7—13.

* **Bulbophyllum pipio** *Rchb. fil.*

Affine Bulbophyllo falcipetalo Lindl. tepalis simpliciter ligulatis acutis.

Bulbophyllum pipio Rchb. fil. in Garcke Linnaea XLI. p. 92. (1876).

Pseudobulbi caespitoso aggregati in rhizomate tenui conici monophylli abbreviati. Folium cuneato lanceolatum acutum. Pedunculus folio brevior, plurivaginatus vaginis arctis, apice racemosus

Bracteae minutae semilanceae ovaria pedicellata subaequantes, infimae flores nunc superantes. Mentum obtusangulum. Sepala triangulo cuspidata. Tepala ligulata acuta sublancea plus duplo breviora. Omnia alba. Dimidia sepala antica aquose sulphurea. Labellum bene unguiculatum, utroque latere basi semiovato oblongum auriculatum, lobo antico ligulato obtuso lateribus in una planta denticulatum, in altera integerrimum. Callus oblongus medio longitudinaliter sulcatus per totam seu dimidiam longitudinem seu inter lobos laterales. Color in altera planta albus callo breviori viridi, in altera totum labellum pallide viride, auriculis tantum dimidio albis, basi inferne purpurea. Columna brevis abrupta biseta viridis pede purpureo. — Ex minutissimis. Bulbophyllum falcipetalum Lindl. habet pseudobulbos longiores, diphyllos, sepala cum ovario et rhachi punctulata (in nostro laevia), tepala falcata curvata, columnam biangulatam, nec bisetam.

Diese Pflanze stammt höchst wahrscheinlich aus der Sierra Leone. Wir erhielten sie aus der berühmten Sammlung des Herrn Wilson W. Saunders zu Reigate für den hamburger Botanischen Garten.

Bulbs gedrängt auf zartem Rhizom, kegelförmig, einblätterig, kurz. Blatt keilig, lanzettlich spitz. Blüthenstiel kürzer als Blatt, mehrscheidig, Scheiden eng. An der Spitze eine Traube. Deckblätter klein halblanzettlich ziemlich so lang wie gestielte Fruchtknoten, die untern die Blüthen ziemlich überragend. Kinn stumpfeckig. Sepalen dreieckig gespitzt. Tepalen zungig spitz, ziemlich lanzettlich, mehr als um die Hälfte kürzer. Alle diese Organe weiss, nur die Oberhälfte der Sepalen hell schwefelgelb. Lippe deutlich genagelt, beiderseits mit halbeiförmigem oder länglichem Oehrchen, Vorderzipfel zungig spitz. Der Rand ist verschieden, bei der einen Pflanze zeigte er sich fein kerbzähnig, bei der andern unversehrt. Die längliche Schwiele mit einer Mittelfurche ist recht verschieden entwickelt in ihrer Länge und zwar selbst auf demselben Individuum. Man vergleiche die Figuren 8. 9. 10. 11. 12. Bei der einen Pflanze war die Lippe weiss mit kurzer grüner Schwiele, bei der andern dagegen war die ganze Lippe grün, nur dass das Oehrchen hell weiss und die Unterseite des Grundes purpurn angehaucht waren. Säule kurz mit zwei Borstenfortsätzen hellgrün. Die Art ist ungemein klein. Die ganze Pflanze erreicht nur zwei bis drei Zoll Höhe. Bulbophyllum falcipetalum Lindl. hat längere Bulbs mit zwei Blättern, Sepalen, Fruchtknoten und Spindel punktirt, sichelförmig, gekrümmte Tepalen, eine Säule mit zwei vorspringenden Winkeln ohne Borsten.

Tafel 219. II. Pflanze in natürlicher Grösse. 7. Blüthenstiel +. 8. Seitliche Ansicht der Tepala und Lippe und eines Theils der Säule +. 9. Lippe seitlich +. 10. Lippe von oben +. 11. 12. Dieselben Ansichten von anderer Lippe +. 13. Säule seitlich +.

Tafel 220.

*Govenia mutica *Rchb. fil.*

aff. Goveniae liliaceae Lindl., Gardneri Lindl., triplicatulae Rchb. fil., utriculatae Lindl., deliciosae Rchb. fil. anthera vertice tumido, antice exapiculata.

Govenia mutica Rchb. fil. in von Mohl et von Schldl. Bot. Zeit. 1852. p. 856, in Walp. Ann. VI. p. 556. No. 4.

Pseudobulbus depressus hemisphaericus. Caulis superne vaginis arctis carnosis rufis geminis vestitus. Internodia subfoliacea angulata rufa. Folia gemina cuneato oblonga acuta margine undulata. Pedunculus ab eisdem vaginis inclusus teres crassiusculus inferne vaginis duabus carnosis superne squamis ligulatis acutis apice racemosus primum capitatus. Color caulis ex parte simpliciter

this description is not the same as the original

flavoviridis, ex parte majori vinoso purpureus maculis flavoviridibus innumeris. Squamae et bracteae et ovaria alboviridiflavae. Ovaria pedicellata bracteas cuneato ligulatas, acutas, saepe apice uncinato curvulas aequantia. Sepalum impar oblongoligulatum apiculatum fornicatum. Sepala lateralia cuneato ligulata acuta sigmoidea deflexa. Tepala oblonga acuta. Labellum unguiculatum basi cordato sagittatum oblongum antice subtrilobum, angulis lateralibus obscuris, lobo antico triangulo crispulo. Tumores oblongi gemini per discum. Columna curvula trigona superne et basi ampliata, parte tumida utrinsque lateris antice ima basi confluente. Anthera vertice convexo umbonata, antice brevissime acuta nec apiculata. Pollinia depresso oblonga per paria incumbentia. Caudicula latiuscule linearis. Glandula rotunda transversa. Flos albus. Labellum infra et supra parte superiori albosulphureum, antice margine maculis quibusdam fuscis. Anthera intensius flava.

Diese Art, die ich in meiner frühern Zeit für die durch die Anthere so gut unterschiedene Govenia liliacea Lindl. gehalten hatte, unterschied ich, auf die grossen Verschiedenheiten in den Staubbeuteln aufmerksam geworden, 1852, zunächst nach bei Zacuapan in Mexico gesammelten Exemplaren Leibold's. Dieses Zacuapan wurde auch von Hartweg und wenn ich nicht irre von Liebmann besucht. Lindley sagt unter Oncidium stramineum Lindl. Bot. Reg. XXVI. 1840. p. 14: „It was one of the first plants sent from Vera Cruz to the Horticultural Society by Mr. Hartweg, wo found it at a place called Zacuapan, where some other fine things, especially the rare and beautiful Berberis teunifolia were obtained." — Erst siebenundzwanzig Jahre später, im October 1879, sah ich die Pflanze lebend, nach der ich die gegebenen Abbildungen entwarf. Sie war, wohl von Cordova von Herrn Höge, einem hamburger Entomologen, eingesendet an Herrn H. von Ohlendorff, in dessen Garten zu Ham sie unter der Cultur des Herrn W. Drázdák blühte. Kurz darauf blühte ein Exemplar, aus derselben Quelle bezogen, im hamburger Botanischen Garten, cultivirt von Herrn U. Donat.

Bulb niedergedrückt halbkugelig. Stängel nach oben mit zwei spitzen fleischigen Scheiden, welche die Farbe des Saftes der Fliederbeeren haben. Internodien unter Blättern kantig, roth. Blätter paarig keillänglich, spitz, am Rande wellig. Blüthenstiel von selben Scheiden eingeschlossen, stielrund, unten mit zwei fleischigen Scheiden, obenhin mit zungigen spitzen Scheiden, oben traubig, erst kopfig. Farbe des Stängels zum Theil einfach gelbgrün, zum grössern Theil weinig purpurn mit zahllosen gelbgrünen Fleckchen. Schuppen und Deckblätter und Fruchtknoten weisslich gelbgrün. Gestielte Fruchtknoten so lang wie keilig zungig spitze Deckblätter, die oft an Spitze hakig gekrümmt. Unpaares Sepalum länglich zungig mit Spitzchen, gewölbt. Seitliche Sepalen keilig länglich spitz, sigmaartig geschweift, herabgeschlagen. Tepalen länglich spitz. Lippe genagelt, am Grunde herzpfeilförmig, länglich, vorn dreilappig, mit undeutlichen seitlichen Ecken, Mittellappen dreieckig, etwas kraus. Zwei längliche Schwielen über die Scheibe weg. Säule krumm, dreikantig, oben am Grunde erweitert. Am Grunde fliessen die zwei geschwollenen Ränder zusammen. Staubbeutel am convexen Gipfel mit Buckel, vorn kurz gespitzt. Pollinien gedrückt länglich, paarig aufeinander liegend. Caudicula breit lineal. Glandula rund, quer.

Blüthe weiss. Lippe unterseits und oberseits am Obertheile blass schwefelgelb, vorn mit einigen braunen Flecken. Staubbeutel ziemlich tief gelb.

Tafel 220. Oberer Theil des Blüthenstiels und Blüthenstandes nach lebendem Exemplare des Herrn von Ohlendorff. 1. Verkleinerte Pflanze nach dem lebenden Exemplare des hamburger Botanischen Gartens +. 2. Stück des Blüthenstiels +. 3. Knospe +. 4. Blüthe von vorn +. 5. Säule und Lippe seitlich +. 6. Lippe ausgebreitet +. 7. Säule von vorn +. 8. Staubbeutel +. 9. Pollinarium — ein Pollinium halb abgeschnitten, um das dahinter liegende zu zeigen +.

Zu Tafel 220.

Govenia limbata *Grisebach.*

„Leaves leathery, oblong, bluntish, tapering at the complicated base; flowers distant; bracts minute, much shorter than the ovary; perigonial divisions linear, blunt, spreading, lateral exterior recurved — spreading, lip 3 lobed, cucullate below the divisions, fleshy-callous within, middle lobe oblong, blunt, somewhat recurved; column channelled-winged. — Cymbidium, Hook! — The structure of the pollinaria is still unknown, the species having been described from a single, imperfect specimen. Leaf (a single is extant) 12″ long, 2½″ broad; spike as long; perigone 10‴ long. — Hab. Trinidad! Sphepherd."

Govenia limbata Grisebach Flora of the british west indian islands. p. 628 (1861).

Diese Pflanze ist ausserordentlich lehrreich. Dass Sir William Hooker, der sie Cymbidium limbatum nannte, und selbst unser Lindley, der sie alsdann unter Sir William's Auctorität 1833 beschrieb, durch sie irre geführt wurden, dagegen ist gar nichts einzuwenden. Man erinnere sich der damaligen Zeit. Man kannte die gemeinsten Orchideen, die heut mancher Gartenlehrling durchaus im Kopfe hat, fast gar nicht, und man war arglos unerfahren in dem nöthigen Misstrauen gegen untergeordnete Sammler, schlechte Herbariumcustoden, leichtfertige Correspondenten und betrügerische Abenteurer. Die Herren Shepherd, Onkel und Neffe, waren am Garten von Liverpool angestellt. (Vgl. Bot. Mag. LXI. tab. 3319.) Ob sie es gewesen, welche diese Cymbidium limbatum Hook. zu Wege gebracht, oder ob beim Aufkleben trockener Exemplare diese „beautiful mixture" erzielt wurde, das ist nicht zu ermitteln. So viel steht fest, dass es das würdige Seitenstück ist der Maxillaria? spathacea Lindl. Orch. 151.*) Das Exemplar des englischen Nationalherbars zu Kew aus Sir William Hooker's Sammlung besteht aus einem Blüthenstand des gemeinen ostindischen Cymbidium aloifolium Sw. und aus einem Blatte wohl Oncidii luridi Lindl. oder carthaginensis Sw. Die Zeichnung, welche Lindley in seinem Herbar zur Repräsentirung der Art niederlegte, ist eine recht gute Darstellung der Lippe und eine Seitenansicht der Blüthe. Den trostlosen Thatbestand habe ich ermittelt.

Grisebach konnte im göttinger Botanischen Garten oft genug das gemeine Cymbidium aloifolium Sw. blühen sehen. Dass er, offenbar geleitet durch pflanzengeographische Betrachtungen, das Exemplar nicht nur 1863 hinnahm, wie es war, sondern gar zu Govenia machte, ist einer jener lehrreichen Fälle, die beweisen, welchen Schaden jene Herren anrichten, die sich die Talente zutrauen, allen Familien gerecht werden zu können. Die Zeit ist kaum fern, wo man sie so ansehen wird, wie die römischen Augurn einander zu Cicero's Zeiten betrachteten.

---

*) Aus einer Cattleya und Bifrenaria Harrisoniae Rchb. fil., von letzterer die Blüthe.

Tafel 221.

*Zygopetalum Lawrenceanum *Rchb. fil.*

(Bollea) omnino aff. Zygopetalo (Bolleae) coelesti Rchb. fil. sepalis melius acutis, labello antice multo latiori, revoluto, columnae buccis lateralibus basi utrinque semisagittata, parcissime in fronte pilosa.

Bollea Lawrenceana Rchb. fil. Gardeners' Chronicle 1878. II. (X) 266. (Aug. 24.)

Zygopetalum Lawrenceanum Rchb. fil. l. c.

Caulescens foliis ligulatis acutis undulatis crassius membranaceis bene distichis. Radices adventitiae in basi. Pedunculi axillares; medio vagina una arcta. Bractea triangula, ovario pedicellato bene brevior. Mentum valde evolutum. Alabastrum extus alboviridulum. Sepala oblongoligulata apiculata. Sepalum impar superne dilatatum. Tepala sepalis lateralibus subaequalia, uti sepalum impar superne undulata. Labellum ima basi rotundato cordatum ante unguem, semioblongum, antrorsum subito obtusangulo quadrato dilatatum cum apiculo magno. Carinae ad tredecim dorso obtusae, subparallelae, externae brevissimae. Columna crassa, more sectionis subnavicularis. Apex antherifer productus. Corpus vastum, utrinque alato productum, buccis subevanidis. Anthera depressa, vertice emarginata. Pollinia depressa triangula, extus inferne sulcata. Caudicula latoligulata. Glandula subcordiformis.

Sepala et tepala alba zona lata belle violacea, in sepalis lateralibus apiculo albido superata. Labelli pars superior albida, anterior obscure violaceo purpurea. Columnae pars externa alba paucis maculis violaceis. Pars labellum spectans superne alba, infra flava, guttulis in basi rubris numerosis. Anthera brunneorufa.

Diese Prachtpflanze, „the white blue barred Bollea" blühte, im Juli 1878 zuerst bei Sir Trevor Lawrence, Burford Lodge, Boxhill, Dorking, Surrey, unter der Cultur des Herrn Spyers. Wir müssten hinzufügen „unter der Oberaufsicht Sir Trevors". Sir Trevor führt die Aufsicht über seine herrliche Sammlung und seinem Scharfblick entgeht kein beginnendes Leiden, so dass nur selten eine Pflanze verloren geht. Die Heimath der Pflanze ist zwar nicht sicher bekannt, allein unschwer zu errathen. Die Gebrüder Klaboch sammelten in Ecuador und Neugranada mit grosser Vorliebe die Glieder dieser Verwandtschaft, wofür ihnen, beiläufig bemerkt, wenig Gewinn wurde. Mir ist keine Pflanzenart bekannt, unter der so zahlreiche fremde Arten mit eingeführt wurden, als Zygopetalum (Bollea) coeleste. Es ist das ganz natürlich. Die Mehrzahl der Exemplare suchen die Eingeborenen auf und meist nur nach der Beschaffenheit der Blätter und Knollen, dafern dergleichen vorhanden. Dieser Umstand sollte die Verkäufer vorsichtiger bei der oft allzu sichern Benennung, die Käufer nachsichtiger in der Beurtheilung der fast unvermeidlichen Versehen machen. Die Pflanze ist nicht nur erhalten, sondern es wurde eine zweite Pflanze von ihr erzielt. Immerhin ist sie, gerade wie Cypripedium Stonei platytaenium, eine der schönsten und zugleich seltensten Orchideen.

Der Stamm ist dicht besetzt mit zweizeilig stehenden, zungigen spitzen wellrandigen Blättern von dickhäutiger Structur. Die Nebenwurzeln treten am Grunde auf. Die Blüthenstiele sind achselständig in der Mitte bescheidet mit spitzer Scheide. Deckblatt dreieckig, viel kürzer als gestielter Fruchtknoten. Kinn sehr stark entwickelt. Knospen aussen weissgrün. Sepalen länglich zungig mit Spitzchen. Unpaares Sepalum obenhin verbreitet. Tepalen den seitlichen Sepalen ziemlich gleich, ebenso wie das unpaare Sepalum obenhin wellenrandig. Lippe am Grunde gerundet herzförmig, vor dem Nagel, halblänglich, nach vorn plötzlich stumpfeckig viereckig ausgebreitet mit grossem Spitzchen. Etwa dreizehn stumpfrückige Kiele mehr oder wenig parallel, äussere sehr kurz, eine zusammenhängende polsterförmige Schwiele bildend. Säule dick, nach Art der Gruppe ziemlich kahnförmig. Staubbeutel tragende Spitze vorgestreckt. Säulenkörper weit, beiderseits flügelartig ausgedehnt, mit wenig entwickelten Backen, am Grunde behaart. Staubbeutel niedergedrückt, am Scheitel ausgerandet. Pollenmassen niedergedrückt dreieckig, nach aussen unterseits gefurcht. Caudicula breitzungig. Glandula ziemlich herzförmig. Sepalen und Tepalen weiss mit schön violetter Querzone, vor der bei seitlichen Sepalen eine weissliche Spitze. Oberer Theil der Lippe weisslich, vorderer tief violettpurpurn. Säule aussen weiss mit wenigen violetten unregelmässigen Flecken. Vorderseite der Säule oben weiss, unten hellgelb mit feinen rothen Fleckchen. Staubbeutel ziemlich ziegelbraun.

Tafel 221. I. Offene Blüthe in natürlicher Grösse. II. Ganze Pflanze verkleinert. 1. Säule von vorn +. 2. Säule und Lippe seitlich +. 3. Lippe ausgebreitet +. 4. Staubbeutel von innen +. 5. Pollinarium von oben +. 6. Dasselbe von unten +.

Die Abbildung der ganzen Pflanze ist eine verkleinerte Copie einer Darstellung, welche Herr Farlane für Sir Trevor Lawrence garbeitet hat.

Tafel 222.

* **Zygopetalum Wailesianum** *Rchb. fil.*

(Warscewiczella) affine Z. candido Rchb. fil. labello basi latissime cuneato seu hastato angulato auriculato, oblongo, callo marginali in ima basi ad unguem utrinque, lamella tabulaeformi antrorsum quinquedentata quinquecarinata in basi.

Warrea Wailesiana Lindl. Journ. Hort. Soc. IV. 264. Lindl. in Paxt. Flower Garden I. 73 cum Xyl. 48. „Scapo unifloro? sub flore bractea duplici acuta cucullata aucto, ovario subpubescente, sepalis petalisque ovatis acutis patentissimis, labello subrotundo laevi, appendice radiata libera."

„Flowers as large as those of Warrea cyanea. Sepals are all somewhat reflexed, the laterals not straighter than the rest; petals are also bent back, so that no arch can be formed over the column. The lip is tinted with delicate violet along the middle, roundish, concave, wedgeshaped at the base, not at all lobed, but so turned upwards at the edges as to look as if it was furnished with basal auricles. Appendix five radiating fingers, which are free from the lip except at their origin; at the sides the edge of the lip is also furnished with a thin, linear inflexed membrana. Column, pollenmasses of Warrea discolor."

Unter Warscewiczella candida Rchb. fil. in von Mohl und von Schlechtendal Botanische Zeitung, 10. Jahrg. 1852. 10. Sept., p. 636: „Ob Warrea Wailesiana Lindl. hierher gehört, vermag ich nicht zu entscheiden."

Warscewiczella Wailesiana Rchb. fil. in hortis.

Zygopetalum Wailesianum Rchb. fil. in Walpers Annales. VI. 656.

Habitus Warscewiczellarum. Planta acaulis, sc. axi brevissimo, cito emortuo disticho foliata. Radices adventitiae crassae cylindraceae numerosae in basi ex basibus foliorum laminis plerisque dejectis. Folia cuneato oblongoligulata acuta papyracea. Pedunculi ex foliorum axillis, plures, vulgo bene hysterochronici, versus medium seu basin vagina una arcta acuta. Bracteae triangulae acutae ovario pedicellato calvo multo breviores binae, quarum una fatua. Mentum modicum. Perigonium ex tela satis valida. Sepala ligulata triangula acuta. Sepala lateralia basi subsaccata. Tepala subaequalia, basi bene lata. Labellum vere polymorphum, praesertim quoad basin; ubi nunc cuneatum, nunc latissime cuneatum, nunc vere hastatum juxta pedem columnae; utrinque angulato auriculatum, obtusangulum seu acutangulum, lamina lata oblonga antice plus minus emarginata. Basi lamella antrorsum quinquedentata, supra dorsum quinquecarinata, carinis dentibusque lateralibus divergentibus. Columna trigona valida, angulis lateralibus medio sinuato emarginatis, nunc superne magis dilatata, nunc basi et apice aequalis. Pes plus minus productus ima basi cum apiculo parvulo. Androclinium obtusangulo triangulare, prope perpendiculare, rostello transverso, medio tridentato, dente medio lineari producto. Anthera depressa, vertice paulo umbonata, antice triloba, lobis lateralibus angulatis, lobo medio lineari apice retuso emarginato. Pollinia depresso pyriformia, postica minora ab anterioribus tecta. Caudicula lato linearis, apice utrinque angulata, imo sagittata. Glandula oblonga seu saepius elliptica, nunc superne emarginata, nunc imo subsagittata. (Cf. fig. 13.) Fovea stigmatica transversa.

Flores coloris lactei, primum nunc virides. Lamella labelli basilaris juga habet in linea dorsali violacea. Ima basis habet punctum flavum. Zona in disco, nunc etiam linea marginalis labelli violaceae. Columnae pes nunc flavidus. Colores violacei nunc primum pulchre corulei.

Lindley, der diese Pflanze zuerst bestimmte, gibt an, sie wäre von Gardner auf einer Excursion nach dem Strom Parahyba in Brasilien aufgefunden worden, welche dieser vortreffliche Forscher anstellte, um „Huntleya Meleagris“ aufzusuchen. Diese Angabe ist eine unglaublich weite, da der Strom Parahyba, Parahiba oder Paranahyba einen sehr langen Lauf hat, der durch die Provinzen St. Paulo und Rio Janeiro geht. Herr Porte traf als Reisender Herrn Linden's die Art in der Provinz Bahia. Ab und zu erscheint dieselbe etwa als Huntleya violacea und unter ähnlichen Gartennamen im Handel, höchst wahrscheinlich von Monsieur Binot gesammelt. Ich kaufte sie sehr gut und preiswürdig bei den Herren Jakob, Makoy & Co. in Lüttich. Nach meiner Erfahrung kommt es bei der Cultur nicht so sehr auf die Wassermassen an, welche Herr Garteninspeetor Ortgies für die Panacee bei der Cultur dieser Verwandtschaft in einem originellen Artikel (der gelegentlich besprochen werden soll) in der Gartenflora Regel's empfiehlt, als auf grösste Reinlichkeit, nicht zu sehr verzögertes Verpflanzen.

Wenn je eine Pflanze Schwierigkeiten bei der Bestimmung ohne Kenntniss des Originalexemplars bot, so war es diese. „Scapo unifloro?“ war die erste Misslichkeit; „Ovario subpubescente“ die zweite, unerklärliche; „Flowers as large as those of Warrea cyanea“ die dritte, jedenfalls ein Schreibfehler für Warrea tricolor. Am Schlimmsten musste aber die veröffentlichte Darstellung der Lippe wirken. (Paxton Flower Garden I. p. 73. Xyl. 48.) Während die hintern Randschwielen ganz gut ausgedrückt sind, erscheinen die fünf Kiele der Grundplatte schattirt etwa wie gefärbte Striemen. Dadurch wird das Bild ganz unverständlich. Meine Bedenken gegen die Selbständigkeit der Art, welche ich 1852 äusserte, begründeten sich auf diese Umstände.

Lindley's Herbar enthält eine Blüthe, ohne Lippe, von Herrn Wailes, October 1849; ferner Blatt und Blüthe aus dem Garten der Gebrüder Loddiges (Ladiges) zu Hackney bei London, aus Brasilien eingeführt, Nr. 1340, März 1850. Dargestellt sind eine Seitenansicht der Blüthe, ein Pollinarium, ein Durchschnitt durch den Lippengrund und das Original der Lippenabbildung, deren Copie (Paxton a. a. O.) so viele Zweifel erregen musste. Die Kielrücken sind deutlich gezeichnet, allein die Verbindungslinien sind vergessen, wodurch man immer noch kein richtiges Bild erlangt.

Hätte ich nun noch Zweifel gehabt, so wären sie im November 1865 beseitigt worden, wo Herr Wailes von Newcastle on Tyne mir eine Blüthe der Originalpflanze einsendete, welche ich besonders bezeichnet aufbewahre.

Tracht der Warcsceviczellen. Kein entwickelter längerer Stamm. Blätter zweizeilig. Die untersten, deren Platten abgefallen, von zahlreichen dickwalzigen Nebenwurzeln durchbrochen. Blätter keillänglich, zungig, spitz, papierartig. Blüthenstiele aus den Achseln der Blätter, mehrere nacheinander entwickelt, in Mitte oder nach unten mit enger Scheide. Deckblätter dreieckig spitz, viel kürzer, als kahler gestielter Fruchtknoten, zwei, von denen das eine blüthenlos. Kinn mittel (leider auf unserer Figur 5 vom Stecher vernachlässigt, was ich bei der Correctur übersah). Blüthenhülle aus ziemlich dicklicher Substanz, beinahe von Vandastructur. Sepalen zungig, dreieckig, spitz; die seitlichen am Grunde ziemlich sackig. Tepalen ziemlich gleich, am Grunde auffallend verbreitet. Lippe sehr vielgestaltig, besonders am Grunde, wo sie bald breit keilig, bald blos keilig, bald speerförmig abgestutzt erscheint vor dem Fusse der Säule, beiderseits eckig geöhrt, stumpfeckig oder spitzeckig. Die Hauptplatte — wenn man will der Mittelzipfel — ist breit länglich, vorn mehr oder weniger ausgerandet. Am Grunde eine nur da befestigte, sonst freie knorpelige Platte mit fünf erhabenen Kielen und vorn fünf Zähnen. Die äussern Kiele sind mehr oder weniger divergirend von dem Mittelkiel. Säule dreikantig, auf Rücken stark gewölbt. Die vordern Seitenkanten sind ausgerandet. Oben ist die Säule öfter breiter als unten, andere Male ist sie oben und unten gleichstark. Der Fuss der Säule ist meist wenig ausgedehnt und hat am Ende ein aufsitzendes Spitzchen. (Unsere Fig. 6. 7. 8.) Auf Figur 5 ist der Fuss leider vernachlässigt, was ich bei der Correctur übersah. Androclinium stumpf dreieckig, ziemlich lothrecht. Rostellum quer, in Mitte dreizähnig, Mittelzahn lineal, vorgestreckt. Staubbeutel niedergedrückt, halbelliptisch, am Gipfel mit einer kleinen Schwiele, vorn dreilappig, seitliche Lappen eckig, Mittellappen lineal, vorn gestutzt, ausgerandet. — Oder: Staubbeutel vorn abgestutzt, in der Mitte in linealen, gestutzten Fortsatz ausgezogen. Pollinien gedrückt birnenförmig, die hintern kleiner, von den vordern bedeckt. Caudicula breit lineal, an Spitze beiderseits eckig, selbst durch aufsteigende Spitzchen umgekehrt pfeilförmig. Glandula länglich oder elliptisch, auch obenhin ausgerandet, selbst umgekehrt pfeilförmig. (Vgl. Fig. 13.) Narbengrube quer.

Blüthen milchweiss, erst oft grünlich. Die grundständige Lamelle der Lippe hat fünf auf Mittellinie blaue, später violette Kiele. Auf Scheibe eine himmelblaue, später violette Zone. Am tiefsten Lippengrunde ein gelber Fleck. Säulenfuss öfter gelblich.

Tafel 222. Pflanze. 1. 2. 3. 4. Verschieden gestaltete Lippen +. 5. Blüthe nach Abnahme der Hüllblätter. Hier ist der Säulenfuss vernachlässigt +. 6. 7. 8. Drei Säulen von vorn, 7 ohne Staubbeutel +. 9. Staubbeutel von vorn +. 10. Derselbe von unten +. 11. Pollinarium von oben +. 12. 13. 14. Dasselbe von unten +.

Tafel 223.

* **Aganisia Oliveriana** *Rchb. fil.*

Affinis Aganisiae fimbriatae Rchb. fil. labelli epichilio non saccato, sed convoluto hastato semielliptico fimbriato.

Aganisia Oliveriana Rchb. fil. in Gardeners' Chronicle 1878. May 4. p. 558.

„My new species being a delightful plant of tender, delicate, rare colour and of very gracious appearance, I named it with very great satisfaction Oliveriana. Who that is more or less occupied at Kew but knows the wonderful success the Professor of University College has displayed? It is scarcely to be realised how this gentleman stands against the daily overwhelming excitement of being the kindhearted victim of innumerable cross questions over the most distinct paradigmata, doing his hardest official work at the same time. There can be no doubt that in future those who will write on the progress of science in our days will have to thank Professor Oliver not only for his own work, but also for his influence by assisting so many others in their labourious tasks, helping them in the method, directing their observation to the little known sources, and most of all by so often lending his acute eyes and skilful fingers for microscopical preparations even to those who, under the pretext of information, seek the approbation of the experienced observer. May we all enjoy for a long, long time the activity of this excellent member of the Hookerian sta.ff."

Rhizoma breve annulatum scandens, sympodium efficiens. Articuli vaginis triangulis cito deciduis. Pseudobulbi depresso fusiformes centimetros quatuor et dimidium longi, medio centimetrum unum et dimidium lati monophylli. Folium petiolatum, petiolo canaliculato, lamina papyracea cuneato oblongoligulata acuminata. Pedunculi ex vagina sub pseudobulbo evoluti infra vaginis triangulis acuminatis, superne racemosi, bi-quadriflori. Bracteae triangulae acuminatae ovariis pedicellatis multo breviores. Mentum vix evolutum. Sepala ac tepala cuneato oblonga acuta. Labellum ungue utrinque unidentato; lamina antica ampla hastato semioblonga obtusa fimbriata, paulo convoluta, non calceolari. Callus gibberosus antice in ungue. Columnae brachia oblique quadrata. Androclinium erecto triangulum devexum. Rostellum triangulum tridentatum. Anthera depresso oblonga antice retusa cum processu mediano ligulato retuso. Pollinia depresso pyriformia apice retusa per paria incumbentia. Caudicula ligulata. Glandula transversa semielliptica.

Pseudobulbi coloris valde obscuri nigroviridis. Vaginae pallide virides. Folia saturate viridia. Pedunculus et ovaria pedicellata albido viridia. Flores ipsi varii coloris visi.

1) Sepala et tepala pulchre coerulea. Labelli hypochilium antice brunneum, postice album. Epichilium coeruleum zona intense lazulina in disco.

2) Sepala et tepala ejusdem coloris. Hypochilium pallide brunneum callo sulphureo. Epichilium pallidissime violaceum maculis marginalibus ac inferne in disco purpureis. Basis interna epichilii flaveola.

3) Sepala pallidissime coeruleo alba apicibus viridulis. Tepala alba antice tenuissime atroviolaceo marginata. Lineae subparallelae violaceae quinae a basi versus apicem. Labelli hypochilium inferne pallidissime alboviolaceum. Epichilium candidum macula antrorsum triloba pulchre violacea in basi fimbriis omnibus violaceis. Hypochilium superne brunneum callo sulphureo. Epichilium album ima basi radiis pallide brunneis, per medium zona semilunari macularum oblongarum, coloris violacei. Circa marginem maculae violaceae ante fimbrias (var. decorata).

Diese höchst interessante Art fand ich in einer Sammlung eingeführter brasilianischer Orchideen und erkannte sofort in ihr eine Aganisia. Es gelang, sie am Block aufzuziehen und sie blühte zuerst im Juli 1876. Es ist höchst merkwürdig, dass die Pflanze so verschiedene Färbungen der Blüthe zeigt.

Ich habe diese höchst zarte und zierliche Pflanze als einen Beweis der Hochachtung und Dankbarkeit Herrn Professor Dr. Oliver in Kew gewidmet, der dem Herbarium dort vorsteht. Wer Kew seit fast dreissig Jahren kennt, kann ermessen, welchen gewaltigen Einfluss Herr Oliver zunächst auf Herbar und Bibliothek ausgeübt hat. Der Genius der Ordnung, als dessen prädestinirter Vertreter Herr Oliver angesehen werden muss, waltet überall und ringt immer erfolgreich gegen die Vandalische Roheit egoistischer Benutzer. Es wäre aber ein grosses Unrecht, die Verdienste Herrn Oliver's hiermit verzeichnet haben zu wollen. Der indirecte Einfluss dieses Herrn auf alle Publicationen, welche auf die Kew-Anstalten begründet werden, ist ganz gewaltig. Schmerzlich ist es, zu beobachten, wie Herr Oliver sein volles Wissen und seine gewaltige analytische Technik so Vielen widmet, ohne die geringste öffentliche Anerkennung zu finden. Möge der treffliche Gelehrte immer mehr die so hoch verdiente Anerkennung finden.

Rhizom stark, ziemlich stielrund, stärker als eine mittle Gänsespule, geringelt, eine Achsenfolge (Sympodium) bildend. Dasselbe steigt und hat verhältnissmässig wenige kurze Wurzeln bei uns im hamburger Botanischen Garten entwickelt. Die einzelnen Glieder haben in der Jugend dreieckige Scheiden, von denen später Gefässbündelspuren wie Borsten zurückbleiben, bis endlich auch diese abfallen. Die Pseudobulben sind gedrückt spindelförmig, vier und einen halben Centimeter lang, in der Mitte einen und einen halben breit, einblättrig. Blatt deutlich gestielt mit rinnigem Stiele, Platte papierdünn, keillänglich zugespitzt, etwa 15 Centimeter lang, ziemlich drei breit. Blüthenstiele aus Scheide unter jungem, unentwickelten, blatttragenden Pseudobulb, nach unten mit einigen dreieckigen zugespitzten Scheiden, obenhin mit zwei- bis vierblüthiger Traube. Deckblätter dreieckig zugespitzt, viel kürzer als gestielte Fruchtknoten. Kinn kaum entwickelt. Sepalen und Tepalen keilig länglich spitz. Lippennagel beiderseits mit aufsteigender Ecke, Vorderplatte weit spiessig halbelliptisch stumpf mit Randfransen, etwas zusammengeschlagen, aber nicht schuhförmig wie bei Aganisia fimbriata. Schwiele mit Buckeln vorn auf Nagel. Säulenarme schief viereckig. Androclinium aufsteigend dreieckig abschüssig. Rostellum dreieckig dreizähnig. Staubbeutel gedrückt länglich, vorn gestutzt mit vorgestrecktem linealen gestutzten Mittelzipfel. Pollinia gedrückt birnenförmig, am Gipfel gestutzt, paarig über einander. Caudicula linealzungig, Glandula quer halbelliptisch.

Pseudobulben von stark tiefgrüner, fast schwarzgrüner Farbe. Scheiden blassgrün. Blätter tief grün. Blüthenstiel und gestielte Fruchtknoten ganz hell weissgrün. Die Blüthen selbst sah ich von verschiedener Farbe.

1) Sepalen und Tepalen schön hellblau, mit Stich in Violett. Hypochilium vorn braun, hinten weiss. Epichilium himmelblau mit tief lasurblauer Zone auf Scheibe.

2) Sepalen und Tepalen ebenso. Hypochilium blass braun mit schwefelgelber Schwiele. Epichilium ganz blass violett mit randständigen und unterseits auch ein paar mittelständigen purpurnen Flecken. Innengrund des Epichiliums hellgelb.

3) Sepalen ganz blass weisslich himmelblau mit grünlichen Spitzen. Tepalen weiss, vorn ganz schmal schwarzviolett eingefasst. Fünf ziemlich parallele violette Streifen von Grund gegen Spitze. Hypochilium der Lippe unterseits ganz blass weisslich violett. Epichilium weiss mit einem nach vorn dreilappigen schön violetten Fleck am Grund und tief violetten Fransen. Hypochilium obenhin braun mit schwefelgelber Schwiele. Epichilium weiss mit drei Zonen von Zeichnungen. Am Grunde eine Anzahl hellbraune strahlende Streifen, welche miteinander vor der Mitte in eine gemeinschaftliche Zone verfliessen. Davor ein Halbkreis kurzer violetter Streifen. Endlich am Rande vor den Fransen eine letzte Aussenzone hellvioletter Flecken.

Tafel 223. Ia. Ib. Ic. Ein zerlegtes Exemplar in Blüthe, der schönsten Abart angehörig. II. III. Ein anderes Exemplar. 1. Blüthe der Farbenabart 3 +. 2. Lippe der Farbenabart 2 seitlich +. 3. Dieselbe von oben +. 4. Lippe zu Fig. 1, ausgebreitet (blühte im December 1877) +. 5. Säule mit Staubbeutel +. 6. Dieselbe ohne denselben +. 7. Pollinarium von oben +. 8. Dasselbe von unten +.

Tafel 224.

* Cymbidium Parishii *Rchb. fil.*

affine Cymbidio eburneo Lindl. flore breviori, callo mediano usque versus seu in basin labelli excurrente, linea elevata nulla, lineis elevatis marginalibus velutinis.

Cymbidium Parishii Rchb. fil. in Trans. Linn. Soc. XXX. p. 144! Gardeners' Chronicle X. 1878. Jul. 20. p. 74!

Vultus omnino Cymbidii eburnei Lindl. Folia ligulato linearia acuta, disticha. Pedunculus bi-usque triflorus vaginis scariosis lanceofalcatis acuminatis. Flores magni. Sepala oblongoligulata acuta. Tepala subaequalia. Labellum a basi angusta flabellato dilatatum, antice trifidum. Laciniae labelli laterales oblongo obtusangulae antrorsae, lacinia mediana subelliptica obtusa nunc paulo undulata, sericeo tecta ac minutissime sericeo marginata. Callus per longitudinem de basi in basin laciniae medianae, ubi utrinque angulatus, minute velutinus.

Flos eburneo albus. Labelli portio callosa ac discus laciniae medianae aurantiaci maculis quibusdam purpureorubris. Maculae pulcherrimae violaceae supra lacinias laterales. Columna dorso albida, antice flaveola, basin versus pallide aurantiaca maculis quibusdam purpureobrunneis.

Apparatus pollinicus idem ac in speciebus affinibus. Pollinia obtusangulo triangula depressa, extrorsum fissa, postice intus fasciis polliniferis descendentibus. Caudicula subquadrata extrorsum utrinque antice aristata, glandulari substantia infra adhaerente.

Recenter tales aristas etiam in varietate Williamsiana Cymbidii eburnei reperi.

Diese merkwürdige und höchst seltene Pflanze war eine der ersten Entdeckungen des Rev. C. S. P. Parish in Burma. Es war die Nr. 56 seiner Orchideenlisten, 1859. Dem verstorbenen Gründer der Firma Hugh Low und Sir William Hooker sendete Herr Parish sowohl dieses als das gleichzeitig entdeckte Dendrobium crassinode und einen lieblichen hängenden Aeschynanthus. Die sechs grossen Kisten versanken damals auf der Reise in dem Ganges. Erst 1867 erhielt Rev. Parish wiederum zwei Pflanzen. Diese kamen dann nach England. Die eine war bei Herrn J. Day, Tottenham, wo sie lange stand, ehe sie im Juni 1878 blühte. Herrn Day's Besitz war allgemein bekannt. — Herr W. Leech, Oakley, Fallowfield, Manchester hatte 1875 eine so bezeichnete Pflanze bei den Herren Rollisson von Tooting gekauft, welche unter Herrn William Swan's Cultur zur selben Zeit aufblühte. Herr Swan gibt in einem vorliegenden Briefe zu, die Knospen bei Herrn Day gesehen zu haben, und er mag seine Pflanze durch wärmere Stellung getrieben haben. Die Moral in unserer Zeit der heftigsten Concurrenz wäre also, Erstlinge nicht vor voller Entwickelung zu zeigen. Herr Swan gibt übrigens an, das Cymbidium Parishii im Cattleya Hause gezogen zu haben. Wenn die Herren Redacteure der G. Chr. meiner Mittheilung hinzusetzten: „(Mr. B. S. William's also has it in flower. Eds.)", so war das zwar richtig, allein nur dadurch erklärlich, dass Herr J. Day sein Exemplar Herrn B. S. Williams überliess.

Das benutzte Gesammtbild ist von Frau E. Parish gezeichnet und gemalt. Die Blätter sind nach des Herrn C. S. P. Parish' Bemerkung zu kurz dargestellt.

Allgemeines Ansehen des Cymbidium eburneum Lindl. Blätter breit lineal, spitz, zweizeilig. Blüthenstiel zwei- bis dreiblüthig mit dürrhäutigen, lanzettlich sichelförmigen, zugespitzten Scheiden, Blüthen gross. Sepalen länglich zungig spitz. Tepalen ziemlich gleich. Lippe vom schmalen Grund fächerförmig ausgebreitet, vorn dreispaltig. Seitliche Zipfel der Lippe länglich stumpfeckig, nach vorn gerichtet. Mittelzipfel der Lippe ziemlich elliptisch, ab und zu etwas wellig, mit Seidenfilz überzogen und ebenso ganz dünn berandet. Schwiele in der Mittellinie vom Grund bis zum Grunde des Mittelzipfels, wo beiderseits eckig, fein sammtig.

Blüthe weiss. Die Schwielenpartie der Lippe und die Scheibe des Vorderzipfels orange mit einigen purpurrothen Flecken. Prachtvolle grosse violette Flecken auf den Seitenzipfeln. Säule auf Rücken weiss, vorn gelblich, am Grunde blassorange mit purpurbraunen Flecken.

Der Pollenapparat ist der der verwandten Arten. Die Pollinien sind stumpfeckig dreieckig, auf der Aussenseite gespalten und auf der Innenseite mit einem herablaufenden Viscinbande voll Pollentetraden. Die unregelmässig viereckige Caudicula geht vorn beiderseits in eine Granne aus, welche sich abspreizt, wie in Scuticaria Steetii. Ich sah das nie bei Cymbidium eburneum Lindl., wohl aber im April 1881 bei Cymbidium eburneum Williamsianum, das vielleicht mit der Zeit in den Rang einer Art avanciren wird.

Tafel 224. I. Verkleinerte Pflanze nach Mrs. E. Parish. II. Blüthe seitlich in natürlicher Grösse. III. Lippe ausgebreitet in natürlicher Grösse. 1. Säule von vorn +. 2. Dieselbe seitlich +. 3. Pollinarium von oben +. 4. Dasselbe von unten +.

Tafel 225.

Diacrium

* **Epidendrum bilamellatum** *Rchb. fil.*

Diacrium: labelli lobis lateralibus quadrato obtusangulis, lobo antico triangulo acuto, lamellis geminis infra excavatis triangulis obtusangulis approximatis.

Epidendrum bilamellatum Rchb. fil. in Walp. Ann. VI. 345.

Omnino minus Epidendro bicornuto Hook., cum quo diu confusum. Pseudobulbus fusiformis, vaginis demum omnino emarcidis tectus, apice di- seu triphyllus. Folia ligulata acuta valde coriacea. Pedunculus terminalis apice racemosus, infra vaginis arctis distantibus nonnullis. Bracteae triangulae brevissimae. Ovaria pedicellata elongata. Sepala oblonga acuta. Tepala sublatiora. Labellum trilobum supra descriptum. Columna trigona, antice paulo excavata. Androclinii limbus lobatus. Auriculae obscurae juxta foveam. Anguli utrinque in media columna. Antherae depressae locelli subparalleli. Pollinaria typica. Pseudobulbus intus cavus, uti in Bletia Tibicinis (Schomburgkia), dum in Bletia Humboldtii (Schomburgkia) canales excavati plures. Ovarium pedicellatum viride, basi pedicelli alba. Perigonium lacteum. Apex sepali imparis extus roseus. Labellum lacteum callis sulphureis. Columna lactea angulis apicis fusco marginatis. Anthera ochracea.

Lebend erhielt ich diese Art wohl nur zweimal. Zuerst aus dem Garten des Papierfabrikanten Keferstein zu Kröllwitz bei Halle, etwa 1854. Derselbe hatte sie von Panama durch Dr. Behr erhalten. Im Mai 1881 sendete sie Herr J. Day von High Cross, Tottenham, London N. E.

Wildgewachsene Exemplare liegen mir vor aus Venezuela: H. Wagener! Fendler Nr. 2436! Ferner habe ich dergleichen „Venezuela et Nouvelle Grenade" J. Linden. In Lindley's Orchideae Lindenianae fehlt die Pflanze.

In allen Theilen kleiner als Epidendrum bicornutum Hook., mit dem es lange Zeit vereinigt wurde. Bulb spindelförmig, spannenhoch, mit bald verwelkten Scheiden bedeckt, an Spitze, oben zwei- bis dreiblättrig. Blätter zungig spitz sehr stark lederartig. Blüthenstiel endständig, an Spitze traubig, im längern untern Theile mit weit auseinander stehenden kurzen Scheiden. Deckblätter dreieckig, sehr kurz. Gestielte Frucktknoten lang ausgezogen. Sepalen länglich spitz. Tepalen etwas breiter. Lippe dreilappig. Seitliche Lappen stumpfeckig viereckig, schmal, Vorderzipfel dreieckig spitz mit zwei von unten aus etwas ausgehöhlten dreieckigen stumpfeckigen, genäherten Schwielen. Säule stumpf dreieckig im Durchschnitt, vorn etwas ausgehöhlt. Um das Androclinium ein lappiger, meist unregelmässiger Hautrand. Stumpfe Oehrchen beiderseits der Narbengrube. Beiderseits mitten an Säule Ecken. Staubbeutel niedergedrückt mit fast gleichlaufenden Fächerchen. Pollinarien typisch.

Der Bulb ist innen ganz hohl bei späterer Entwickelung, gerade wie bei Bletia (Schomburgkia) Tibicinis, während bei Bletia (Schomburgkia) Humboldtii ein ganzes System solcher röhriger Lücken sich findet.

Gestielter Fruchtknoten grün, nur am tiefsten Grunde weiss. Sepalen und Tepalen milchweiss. Das unpaare Sepalum hat jedoch die äussere obere Hälfte hell und schmutzig purpurn. Lippe mit schwefelgelben Schwielen. Säule milchweiss mit braungerandeten Ecken. Staubbeutel ochergelb.

Tafel 225. Blüthenstiel in Lebensgrösse. Daneben die untere Hälfte der Pflanze in halber Grösse nach einer Zeichnung Herrmann Wagener's, während ich es vorzog, den oberen Theil nach dem frischen Blüthenstande zu zeichnen, welchen Herr J. Day mir einsendete. 1. Lippe und Säule seitlich +. 2. Lippe von oben und von unten +. 3. Säule von vorn +. 4. Staubbeutel von unten +. 5. Zwei Pollinarien von oben +. 6. Pollinarium seitlich +

Tafel 226.

Warmingia Eugenii *Rchb. fil.*

Warmingia: novum genus Rodrigueziam R. Pav. et Macradeniam R. Br. inter labello basi inferiori exumbonato, columna brevi antrorsum utrinque brachio falcato obtuso, rostello retuso emarginato, polliniis geminis oblongo sphaericis postice excavatis in caudicula triangulolancea, glandula oblonga. Genus valde insigne cl. Eugenio Warming viro strenuo, de botanica arte meritissimo, sincero cum gaudio dicatum.

H. G. Rchb. fil. Otia Botanica Hamburgensia. II. 1. p. 87.

Warmingia Eugenii Rchb. fil. l. c. Planta Notyliacea, caespitosa. Vaginae triangulae carinatae acutae, superiores usque duos pollices longae, inferiores breves. Folium a cuneata basi petiolari lanceolatum acutum, dorso medio carinatum, sat coriaceum, spithamaeum, in pseudobulbo teretiusculo vix pollicari subcompresso. Pedunculus in axilla vaginae summae ortus, folio subbrevior, validiusculus, compresso teretiusculus, vaginis arctis geminis ternisve, superne longius ac dense racemosus. Bracteae triangulo subulatae uninerviae ovaria pedicellata subaequantes. Perigonium membranaceo carnosum. Sepala lanceolata acuminata plurinervia. Tepala subaequalia paulo latiora, medio usque versus apicem lacero fimbriato denticulata. Labellum trifidum. Laciniae laterales semiovatae abbreviatae extus denticulatae divaricatae, lacinia antica longe producta, saepius arrecta, lancea. Calli carnosi tumidi gemini, sulco lineari separati ante basin columnae. Columna semiteres apice utrinque in processum ligulato falcatum obtusum extensa. Androclinium submarginatum, prope dorsale, rostello retuso emarginato, inter processus ligulato falcatos longiores. Anthera a latere subsemilunata, oblongoligulata, antice decurva. Pollinia prope globosa duo, subexcavata ac subfissa inferne. Caudicula a basi triangulari linearis. Glandula parva subrotunda. Fovea subtriangula. Flores sicci straminei.

Diese höchst interessante Pflanze wurde von Herrn Dr. Eugen Warming in Brasilien bei Lagoa Santa aufgefunden und in Alkohol gesetzt. Dieses ermöglichte meine Darstellung. Eine Zeichnung des Entdeckers zeigt ein viel breiteres Blatt als das von mir dargestellte und eine dichtrasige Pflanze. Da nach unserer Verabredung Herr Dr. E. Warming die gewiss höchst wichtigen Beschreibungen und wohl eine Anzahl seiner Abbildungen (Beweise einer ausserordentlichen Entwickelung der Beobachtungsgabe) in kurzer Zeit veröffentlichen wird, habe ich nicht gewagt, diese Bilder mir zur Benutzung auszubitten. — Ich erhielt seitdem durch den New Plants Merchant, Herrn W. Bull, einen getrockneten wildgewachsenen Blüthenstand, der als Probe eingesendet worden war.

Warmingia ist eine 1881 aufgestellte Gattung, welche etwa zwischen Rodriguezia R. Pav und Macradenia R. Br. gehört. Die Lippe ist am tiefsten Untergrund ohne Hackenfortsatz. Die immerhin kurze Säule hat oben beiderseits einen stumpfen sichelförmigen Arm und ein gestutztes ausgerandetes Rostellum. Die zwei Pollinien sind länglich kugelich, hinten ein wenig gespalten und vertieft. Die Caudicula ist dreieckig lanzettlich. Die Glandula ist länglich.

Die sehr ausgezeichnete Gattung ist Herrn Dr. Eugen Warming, einem wahrhaft ernsten, hochverdienten Botaniker gewidmet, welcher mit wunderbarer Ausdauer seinen hohen Zielen nachstrebt.

Es ist eine Pflanze, die nicht ohne einigen Anklang an Notylia dasteht. Sie bildet dichte Rasen. Die Scheiden sind dreieckig, gestielt, spitz, die oberen bis zwei Zoll lang, die unteren kurz. Das Blatt ist von keiligem stieligen Grunde lanzettlich spitz, auf Mittellinie der Rückseite gekielt, ziemlich lederartig, spannenlang, auf etwas gedrücktem stielrundlichen kaum zolllangem Pseudobulbus. Der Blüthenstiel entsteht in der Achsel der obersten Scheide und ist etwas kürzer als das Blatt, ziemlich stark, gedrückt stielrundlich, mit zwei oder drei engen Scheiden, oben länger und dicht traubig. Deckblätter dreieckig pfriemlich, einnervig, der gestielte Fruchtknoten ziemlich gleichlang, Blüthenhülle häutig fleischig (im getrockneten Zustande dünnhäutig). Sepalen lanzettlich zugespitzt mehrnervig. Tepalen ziemlich gleich, wenig breiter, von Mitte bis zur Spitze geschlitzt gefranst gezähnt. Lippe dreispaltig. Seitliche Zipfel halbeiförmig kurz, aussen gezähnelt, abstehender Vorderzipfel lang vorgestreckt, oft aufsteigend, lanzettlich. Zwei Schwielen auf Lippengrund, durch Furche getrennt. Säule halbstielrund an Spitze beiderseits mit zungig sichelförmigem stumpfen Fortsatz. Androclinium etwas gerandet, ziemlich rückenständig mit gestutztem ausgerandeten Rostellum zwischen diesen Fortsätzen. Staubbeutel von der Seite fast halbmondförmig, länglich zungig, vorn herabgekrümmt, stumpf zweihakig. Pollinien fast kugelich, unten mit Andeutung an Spalt und Grube. Caudicula von dreieckigem Grunde lineal. Glandula klein rundlich. Narbengrube fast dreieckig. Trockene Blüthen hellstrohgelb.

Tafel 226. Pflanze nach Exemplar Herrn Dr. Warming's in Sprit. 1. Blüthe am Axentheil +. 2. Dieselbe von vorn +. 3. Blüthe seitlich +. 4. Dieselbe nach Entfernung der Sepalen und Tepalen +. 5. Lippe ausgebreitet +. 6. Dieselbe, am Grunde zerschnitten und auseinandergelegt +. 7. Säule seitlich +. 8. Dieselbe ohne Staubbeutel und Inhalt +. 9. Durchschnittene Säule +. 10. Säule von vorn +. 11. Androclinium von oben +. 12. Staubbeutel seitlich +. 13. Ein solcher von oben +. 14. Ein solcher wie 12 +. 15. Ein solcher von unten +. 16. Pollinarium +. 17. Pollinium von oben +. 18. Pollinium von unten +.

Tafel 227.

* Thrixspermum muriculatum *Rchb. fil.*

pedunculo muriculato racemoso foliis multo breviori, labello conico extinctoriiformi cum apiculo calcaris obtusato. Sarcochilus muriculatus.

Thrixspermum muriculatum Rch. fil. in Gardeners' Chronicle XVI. Nr. 398. p. 198. Aug. 13. 1881.

Acaule. Folia carnosocoriacea cuneato ligulata apice inaequaliter biloba vulgo curvata, pauca. Pedunculus basilaris crassiusculus muriculatus, parte superiori racemosus. Bracteae minutae. Ovarium pedicellatum calvum. Sepala oblonga acuta fornicata. Tepala ligulata acuta. Labellum conico excavatum extinctoriiforme cum apiculo calcaris brevissimo retuso. Laciniae labelli laterales triangulae arrectae assurgentes parvae, carina transversa emarginata hinc serrulata conjunctae. Lacinia mediana brevis retusa. Cristulae appendicesve nullae in labello intus. Columna brevis utrinque ampliata. Anthera vertice cristata. Sepala et tepala pallide ochracea fasciis maculisque aquose purpureis. Labellum album. Macula lateritia utrinque in laciniis lateralibus, guttulae purpureae minutae in reliquo labello. Labelli lacinia mediana violaceo marginata. Columna extus lateritia.

Diese Pflanze wurde aus dem englischen Ostindien von Herrn W. Bull eingeführt. Entdeckt wurde sie vom States Colonel Emeric Berkeley, dem Sohne des englischen Mykologen.

Stängellos. Blätter fleischig lederartig keilig zungig, an Spitze ungleich stumpf zweilappig, an Zahl wenige. Blüthenstiel grundständig, ziemlich dick, mit Stachelspitzchen, obenhin traubig, Deckblätter sehr klein. Gestielter Fruchtknoten kahl. Sepalen länglich spitz gewölbt. Tepalen zungig spitz. Lippe kegelförmig ausgehöhlt, wie ein Lichtauslöscher, mit ganz kurzem gestutzten Spornspitzchen. Seitliche Zipfel der Lippe dreieckig aufstrebend klein, durch eine quere ausgerandete theilweise gezähnelte Platte verbunden. Mittelzipfel kurz, gestutzt. Innen in der Lippe keine Anhängsel. Säule kurz, beiderseits nach aussen gerundet. Staubbeutel auf Gipfel mit Kamm. Sepalen und Tepalen blass ocherhell mit hellpurpurnen Bändern und Flecken. Lippe weiss. Seitliche Zipfel mit ziegelrothem Fleck. Uebrigens eine Anzahl kleiner purpurner Fleckchen. Mittelzipfel der Lippe violett gerandet. Säule aussen ziegelroth.

Tafel 227. Pflanze. 1. Blüthe von vorn +. 2. Blüthe seitlich +. 3. Säule und Lippe seitlich +. 4. Lippe von vorn +. 5. Lippe seitlich, durchschnitten +. 6. Staubbeutel von oben +. 7. Pollinarium +.

Tafel 228. I. 1—7.

* Eria Curtisii *Rchb. fil.*

aff. Eriae myristicaeformi Hook. et scabrilingui Lindl. labello triangulo retuso antrorsum trifido, laciniis lateralibus oblongis, lacinia mediana brevissima emarginata tuberculis parvis onusta, carinis ternis a basi in basin laciniae anticae, omnibus basi hispidis, lateralibus rectis, carina mediana longiori antice flexuosa.

Eria Curtisii Rchb. fil. Gardeners' Chronicle XIV. 361. Nov. 27. 1880. p. 685.

Pseudobulbi congesti cylindracei, sursum attenuati, in rhizomate valido, 0 m, 05 alti, circumferentia 0 m, 045, rugis innumeris exarati, obscure virides, hinc nitidi per illam superficiem, quae diutius vaginis tecta fuit. Vaginae ipsae castaneae. Folia in vertice duo, pergameneochartacea cuneato oblongoligulata, acuta, 0,08 : 0,02. Pedunculi in uno pseudobulbo evoluto adhuc foliifero duo, ima basi vaginis paucis brevibus laetissime pallideque castaneis. Rhachis, bracteae, flores primum lactei exclusis ovariis pedicellatis pallide ochraceis. Rhachis ac ovaria pedicellata pilis brunneis sparsis tecta. Bracteae oblongo ligulatae obtusae, alabastra involventes, serius deflexae. Mentum subrectangulum, bene evolutum. Sepalum impar ligulatum acutiusculum. Sepala paria triangula. Tepala lanceolata. Columna trigona bene elongata, medio prope constricta, supra basin pedis signo anguliformi aurantiaco. Androclinium marginatum postice trilobum, lobis lateralibus semiovatis, lobo mediano anguliformi, antice bilobum, medio emarginatum.

Diese hübsche Art sammelte Herr Curtis 1880 auf Borneo für die Firma J. Veitch & Sons. Das eingesendete Exemplar war so gut, dass es sich zur Zeichnung eignete.

Pseudobulbs gedrängt, walzig, obenhin verengert, auf starkem Rhizom, 0 m, 05 hoch, mit einem Umfang von 0 m, 045, mit zahlreichen eingegrabenen Runzeln, tief grün, glänzend auf jenem Theile der Oberfläche, der länger von Scheiden bedeckt geblieben. Scheiden selbst kastanienbraun. Blätter am Gipfel des blühenden Pseudobulbs zwei, pergamentig keillänglich zungig, spitz, 0, 08 : 0, 02. Blüthenstiele an dem einen entwickelten Pseudobulb, der noch Blätter trägt, zwei, am Grunde mit wenigen schön blass kastienbraunen Scheiden. Spindel, Deckblätter, Blüthen erst milchweiss mit Ausnahme der blass ochergelben gestielten Fruchtknoten. Diese und die Spindel sind mit zerstreuten braunen Haaren bedeckt. Deckblätter länglich zungig stumpf, die Knospen einwickelnd, später herabgeschlagen. Kinn fast rechtwinkelig, stark entwickelt. Unpaares Sepalum zungenförmig, spitzlich. Paare Sepalen länglich dreieckig. Tepalen lanzettlich. Lippe dreieckig gestutzt, vorn dreispaltig. Seitliche Zipfel länglich. Mittelzipfel kurz, ausgerandet, mit kleinen Warzen. Drei Kiele vom Grunde bis auf den Grund des Mittelzipfels, alle am Grunde steif behaart, die seitlichen gerade, der Mittelkiel länger, vorn hin und hergebogen.

Tafel 228. I. Pflanze. 1. Blüthe seitlich +. 2. Lippe ausgebreitet +. 3. Säule seitlich +. 4. Säule von vorn. Theil des Fusses abgeschnitten +. 5. Oberer Theil der Säule von vorn. Staubbeutel entfernt +. 6. Staubbeutel von unten +. 7. Pollinarium von oben +.

Tafel 228. II. 8[6]—14.

Eria Pleurothallis *Par. Rchb. fil.*

Conchidium pseudobulbo minutissimo monophyllo, pedunculo capillari unifloro, mento saccato, labello ligulato antice trilobo, lobis lateralibus obsolete angulatis, lobo antico transverse trilobulo.

Eria Pleurothallis Par. Rchb. fil. Transactions of the Linnean Society of London. Vol. XXX. p. 147! Plate XXX. III. 9—17. (Icon hic iterum edita.)

Pseudobulbus minutissimus a vaginis tectus, monophyllus. Folium petiolatum oblongo lanceolatum apice inaequaliter bidentatum, coriaceum, linea mediana inferne carinatum. Pedunculus capillaris uniflorus lateralis (?) sericeo villosus. (Ex cl. C. Parish nunc duo occurrunt.) Bractea acuta ovarium pedicellatum aequans. Sepala ligulato triangula trinervia pilosula; lateralia basi saccata obtusangula. Tepala linearia. Labellum ligulatum antice trilobum lobis lateralibus obsolete angulatis, lobo antico transverse trilobulo. Carinae obsoletae geminae ante lobum anticum.

Pusilla. Folia vix tres pollices longa. Pedunculus vix $^2/_3$ pollicis longus. Origo ejusdem me fugit, sed vix dubie erit lateralis. Flos illo Eriae floribundae Lindl. adhuc minor. Ex icone Parishiana flores candidi striis purpureis. Labellum album lobo antico flava. Striae in labello purpureae.

Diese sehr interessante Art entdeckte Rev. C. S. P. Parish bei Moulmein 1860 an Bäumen bei einer Seehöhe von 4—6000 Fuss. Die Darstellung der ganzen Pflanze stammt von Frau E. Parish. Die Analysen sind von Rev. C. S. P. Parish gefertigt.

Pseudobulb ganz klein, von Scheiden verdeckt, einblättrig. Scheiden lang ausgezogen dreieckig zugespitzt nervig braun. Blatt gestielt länglich lanzettlich an Spitze ungleich zweizähnig, lederartig, unterseits längs Mittellinie gekielt. Blüthenstiel haardünn, einblüthig, seitlich, glänzend seidig behaart. Bisweilen kommen zwei derartige nebeneinander vor. Deckblatt spitz, dem gestielten Fruchtknoten gleichlang. Sepalen zungig dreieckig dreinervig behaart, die seitlichen am Grunde sackig stumpfeckig. Tepalen lineal. Lippe zungig vorn dreilappig. Die seitlichen Zipfel stumpfeckig, der Mittelzipfel quer dreilappig. Zwei sehr undeutliche Kiele vor dem Mittelzipfel. Klein. Blätter kaum drei Zoll lang. Blüthenstiel etwa $^2/_3$ Zoll lang. Ich kann nicht sicher versichern, dass er seitlich steht, es ist aber höchst wahrscheinlich. Blüthe noch kleiner als die der Eria floribunda Lindl. Nach dem Bild des Rev. C. Parish sind dieselben weiss mit Purpurstreifen. Die Lippe ist weiss mit gelbem Vorderzipfel und rothen Streifen auf Seitenzipfeln.

Tafel 228. II. Pflanze. Nach Zeichnung der Frau E. Parish. 6. Gestielte Blüthe +. 7. Unpaares Sepalum +. 8. 9. Paare Sepalen +. 10. Tepalum +. 11. 12. Lippe von innen +. 13. Dergl. seitlich +. 14. Säule seitlich +. Alle diese nach Zeichnungen des Rev. C. S. P. Parish.

Tafel 229. I. 1—3.

Chloraea penicillata *Rchb. fil.*

uniflora, labello cuneato ligulato in ima basi linea mediana puberula, antice utrinque margine revoluto ligulis uninerviis subulatis barbato, callis paucis triangulis intus oppositis, tumore calloso obtuso in apice labelli papulis onusto.

Chloraea penicillata Rchb. fil. Otia botanica Hamburgens. I. (1878). 51.

Pedalis. Folia anthesi emaciata in caule linearia obtuse acuta tria. Bractea vaginaeformis lineariligulata ovarium ovoideum superans. Sepala et tepala lineariligulata, tepala bene angustiora, apice....

Diese wunderbare Pflanze ist mir nur ein einziges Mal vorgekommen, in einem einzigen Exemplare. Es wurde gesammelt: „Orange Harbour, del Fuego." Es ist eine der merkwürdigsten Zierden des Herbars der Harward University zu Cambridge bei Boston Mass. und gehört zu den Ergebnissen der Wilkes' Expedition. Die Spitzen der Sepalen und Tepalen fehlen und sind aus aesthetischen Gründen angesetzt, worauf ich zu achten bitte.

Fusshoch. Drei lineale stumpflich gespitzte Blätter am Stängel sind zur Blüthezeit welk. Scheidenförmiges lineal zungiges Deckblatt überragt den eiförmigen Fruchtknoten. Sepalen und schmälere Tepalen lineal zungig, an Spitze —. Lippe keilig lineal zungig am Grunde mit kleiner Behaarung. In der Mitte beiderseits eine einspringende Bucht. Auf dem Vorderrande hin auf der Innenlinie eine Anzahl ganz kleiner spitzer Höckerchen; aussen eine Masse linealer Bartfäden. Die geschwollene abgerundete Spitze der Lippe ist mit Spitzwärzchen, auch mit stumpfen Wärzchen bedeckt. An dem einzigen Exemplare erschien die Lippe nicht, wie hier Fig. 2 dargestellt, sondern die mit Bartfäden versehenen Ränder zurückgerollt, so dass dieselbe auf der unteren Mittellinie zusammenstiessen.

Tafel 229. I. Das einzige gesehene Exemplar durchschnitten. 1. Tepalum +. 2. Ausgebreitete Lippe +. 3. Säule von vorn +.

Tafel 229. II. III. 4—5.

Bipinnula Giberti *Rchb. fil.*

tepalis crenatis, labello integerrimo antice dense pavimentato tuberculato, ceterum superne sericeo.

Bipinnula Giberti Rchb. fil. in Garcke Linnaea XLI. 1876. p. 51.

Spithamaea. Radices clavatae. Folia petiolata oblonga apiculata carnosula. Vaginae caulis apice acutae, inferiores arctiores, sese prope attingentes. Bractea ovarium pedicellatum non aequans, cucullata, oblonga acuta. Sepalum summum oblongo triangulum obtuse acutum. Sepala lateralia linearia apice bipectinata papulis abbreviatis longiora, porrecta. Tepala oblonga obtusa apice incrassato crenata. Labellum bene unguiculatum oblongum, apice per partem majorem dense pavimentatum tuberculatum aequaliter in paginae inferioris limbo antico tuberculis ciliolatis.

Diese zierliche Pflanze findet sich unter dem Inhalte des Herbars des Sir William Hooker: Maldonado Tweedie! Ferner: Montevideo 487; fleurit en Octobre et Novembre. Erneste Gibert! Meine Exemplare stammen von Gibert und sind mir signirt: Montevideo, in campis. Octobri 1867. Ich habe diese, offenbar nur in der Banda Oriental del Uruguay wachsende Pflanze mit Vergnügen ihrem zweiten Entdecker gewidmet. Von Arsene Isabelle besitze ich nur die Bipinuula biplumata Rchb. fil. (Arethusa biplumata Sm. seu Bipinnula bonariensis Spr.). Sonderbar genug sagt von dieser Art Lindley: „Of this rare plant I have seen no specimen.“ Nichts desto weniger ist das eine meiner vier Exemplare in seinen Händen gewesen in Lehmann's Orchideen. Es stammt von Jussieu und übertrifft an Grösse bei Weitem das von mir in Schlechtendal's Botanischer Zeitung 1853. Tafel I, abgebildete Wiener Exemplar.

Spannenhoch. Wurzeln keulig. Blätter gestielt länglich mit Spitzchen, fleischig. Scheiden des Stängels an Spitze spitz, die untern enger, einander ziemlich erreichend. Deckblatt länglich spitz, dem gestielten Fruchtknoten nicht gleichlang. Oberes Sepalum länglich dreieckig stumpf gespitzt. Seitliche Sepalen lineal, an der Spitze hin mit kurzen doppelkammigen Fortsätzen, ausgestreckt. Tepalen länglich stumpf, an Spitze hin verdickt und gekerbt. Lippe gut genagelt, länglich, an Spitze auf grösserem Theile mit rundlichen niedergedrückten am Rande gewimperten Fleischwarzen überzogen, welche auch auf der untern Seite sich finden und nach Belieben mit Strassenpflaster oder mit Condylomen verglichen werden können.

Tafel 229. II. III. Zwei Exemplare meines Herbars. 1. Lippe von oben +. 2. Dieselbe von unten +.

Tafel 230. I. 1—4.

Oliveriana egregia *Rchb. fil.*

(Benthamio Trichopilia).

„N. G. aff. Koellensteiniae. Mentum nullum. Labellum columnae adnatum. Androclinium cucullatum. Pollinium utrumque postice fissum, in caudicula elongata triangula lineari. Glandula ligulata retusa.

Genus valde insigne, inter genera comparabilia uni Bifrenariae ac Stenocoryni affine indole pollinarii: columna, labello, defectu menti longe distans, amico ingenuo, de artis botanicae progressu meritissimo dicatum."

Oliveriana egregia" Rchb. fil. in Garcke Linnaea XLI. p. 111. (1876).

„Racemus sexflorus. Flores distantes, sicci fusci. Bracteae triangulae parvulae. Sepala cuneato oblonga acuta. Tepala subaequalia. Labellum supra columnae basin adnatum semirotunda a basi antica trifidum, laciniis lateralibus obtusangulis seu acutangulis, lacinia media porrecta dentiformi angusta, carinis geminis a basi in discum. Columna trigona. Androclinii membrana lobulata lobulis denticulatis. Rostellum antice retusum medio excisum. Anthera semipyriformis antice apiculata velutina."

„Inflorescentia illi Koellensteiniae seu Warreae cyaneae comparabilis. Medellin."

Bis hierher habe ich meine Mittheilungen von 1876 wiederholt, nur bei anthera zuletzt „antice apiculata" hinzugefügt, und einen in Folge der nachfolgenden Erklärung gleichgültigen Druckfehler beseitigt bei „semirotunda a basi antice trifidum", wo es hiess „semirotundum a basi antica trifidum".

Meine Bekanntschaft mit der Pflanze beschränkt sich auf die eine Inflorescenz, welche Gustav Wallis mir gab, ohne irgend etwas Näheres über die Pflanze sagen zu können. Wir haben es also wahrscheinlich mit einem jener vielen Dinge zu thun, welche nie ein Europäer an Ort und Stelle gesammelt, sondern deren Bruchstück ein Eingeborener überbracht hat, vielleicht aus weiter Ferne. Wäre dieses nicht der Fall gewesen, so hätte Wallis bei Uebergabe des Exemplars etwas gewusst über die Tracht.

Herr Bentham sagt in seinen „Notes on Orchids" Linn. Soc. Journ. Vol. XVIII.: „Trichopilia, Lindl., about sixteen species, should I think include Pilumna Lindl., Leucohyle Kl., Helcia Lindl., and, perhaps, Oliveriana Rchb. fil." Dies ist wenigstens vorsichtig in Bezug auf die Oliveriana. Die andern Reductionen habe ich selbst vordem gemacht. Alsdann aber, ebenfalls auf p. 326, kommt Folgendes: „Oliveriana, Rchb. fil., is only known to me from Reichenbach's character; in which I can see nothing to separate it from Trichopilia, except that the peduncle or scape bears six flowers instead of only from one to three."

Wenn ein Pollenapparat, der deutlich beschrieben ist, und von dem gesagt, dass er nur bei Bifrenaria und Stenocoyre ähnlich vorkomme, keine Differenz mehr abgiebt, und auf die Zahl der Blüthen zurückgegriffen wird, dann ist eine wissenschaftliche Betrachtung der Familie nicht mehr am Platze. Diese eine Art der Auffassung mag für diesen Augenblick genügen, um diese „Notes" zu beleuchten. Wenn Herr Bentham sagte „in which I can see nothing to separate it from Trichopilia, except that the peduncle or scape bears six flowers, instead of only from one to three", so heisst das mindestens für den wissenschaftlichen Botaniker: „it is a Trichopilia". Ich habe eine Trichopilia daneben gestellt auf die Tafel, um den Unterschied zu zeigen. Im Uebrigen ist selbst die Benutzung der Zahl der Blüthen, ganz abgesehen von ihrer trostlosen Sterilität, noch insofern urkomisch, als die Trichopilia laxa in Lindl. Bot. Reg. 1846, tab. 57, welche sicher mit citirt wird (aus dem vom Professor Oliver in Ordnung gehaltenem Index von Pritzel), fünfblüthig ist, und in den Xenia I. Taf. 7 findet sich Trichopilia hymenantha mit 4 Blüthen abgebildet. Meine Herbarexemplare sind zum Theil fünfblüthig. Trichopilia laxa habe ich mehrfach sechsblüthig. Dieser eine Excurs mag beweisen, welche entsetzliche Mühe es kosten wird, die unzähligen unbrauchbaren und irrigen Bemerkungen Bentham's unschädlich zu machen, die er zwischen die vor Allem von Lindley und dann von mir mühselig fixirten Erfahrungen herumstreut. Herr Bentham wird auf die letzten Zeilen der Notizen über Govenia limbata (unser Band, p. 48) verwiesen.

Eine sechsblüthige Traube, welche lebhaft an einen Blüthenstand von Koellensteinia mindestens mich erinnert, liegt vor. Die Blüthen stehen etwas auseinander. Deckblätter dreieckig, klein. Sepalen keillänglich spitz. Tepalen ziemlich gleich. Lippe am Grunde der Säule angewachsen. Grundtheil ziemlich rundlich mit in der Mitte vorn angesetzter Spitze. Man kann auch die Lippe dreilappig nennen mit seitlich viereckigem (stumpf- oder spitzeckigen) und mittlem dreieckigen vorragenden Zipfel. Zwei strahlende grössere und dazwischen und nach aussen drei kleinere Kiele. Säule dreikantig. Androclinium häutig gelappt berandet. Pollinia eiförmig, hinten gespalten, jedes an einer Caudicula, die gegen die dreieckige gestutzte Glandula umschlägt, oben aber ganz fein sich verschmälert. Staubbeutel kappig, etwas sammtig.

Die Pflanze ist noch wenig gekannt. Mir schien sie wegen der grossen Aehnlichkeit mit Koellensteinia in diese Verwandtschaft zu gehören. Auf alle Fälle aber ist sie unter den ganzen Vandeae ganz einzig dastehend, und wenn Jemand sie zu den Brassideae nehmen will, soll er sie wenigstens nicht zu einer bekannten Gattung setzen.

Tafel 230. I. Blüthenstand. 1. Säule und Lippe seitlich, Lippe herabgeschlagen +. 2. Ebenso, Lippe aufgeschlagen +. 3. Staubbeutel +. 4. Pollinarium +.

Tafel 230. II. 5—8.

Trichopilia dasyandra *Rchb. fil.*

pseudobulbo leariligulato monophyllo, folio lineari lanceo acuminato, pedunculo uni- seu bi- seu trifloro, ovariis verrucosis, labello circulari crenulato basi uno jugo parvo.

Trichopilia dasyandra Rchb. fil.

Radices adventitiae firmulae flexae descendentes. Vaginae infrabulbes plures. Folia stipantia tria, articulata, infimo nunc vaginaeformi exarticulata. Pseudobulbus leariligulatus monophyllus folio cuneato lineari lanceolato acuminato (longissimo m 0,15 : 0,005). Pedunculus ex axilla folii infrabulbis supremi; nunc alter ex axilla folii infrabulbis tertii. Vagina bracteaeformis in basi pedunculi. Racemus uni- usque triflorus. Bracteae ovario pedicellato multo breviores triangulae acutae seu apiculatae uninerviae. Ovaria pedicellata verrucosa, quod in sicca planta paulo tantum conspicuum, dum non madefacta, serius valde elongata. Sepala ac tepala lineari lancea acuta. Labellum supra descriptum. Columna trigona, sub androclinio producta. Androclinii limbus membrana lobulata marginatus. Anthera hispidula.

„Pseudobulbi ac folia pallide flavoviridia. Sepala ac tepala viridula seu viridialba. Labellum album disco flavo striis radiantibus cinnamomeis seu lilacinis quinis. Columna alba. (Endres)."

Diese Art liegt ganz allein von Endres vor. Derselbe entdeckt sie in Costa Rica und gibt ihre Blüthezeit auf Juni und September an. Die Angaben über die Farbe der Sepalen und Tepalen lautet einmal: „Sepals and petals greenish“, einmal „greenish white“. Ebenso in Bezug auf Lippe: „Labellum white dersely radiato striate with red, dis yellow 5 striped with cinnamon brown“ und: „Labellum white with faint radiating lilec lines, disc yellow“. Die Abbildungen habe ich selbst gemacht, während ich ein Bild Endres' nebst den Analysen Endres' in den „Otia botanica Hamburgensia“ veröffentlichen werde, das lithographirt vorliegt. Ich muss indessen bemerken, dass diese Zeichnungen Endres', wahre Wunderwerke in Bezug auf die saubere Contour, einer aufmerksamen Vergleichung mit der Natur nicht recht Stand halten, auch in Bezug auf die ganze Darstellung sehr manierirt sind. Die Regelmässigkeit, die man in der Natur so oft vernachlässigt findet, galt Endres, dem verdienstvollen Sammler, so hoch, dass er nur die eine Hälfte eines flachliegenden Organs zeichnete und alsdann die andere Hälfte danach abpauste.

Nebenwurzeln stark, gebogen, ad. Scheiden unter Bulb mehrere. Stützende Blätter. drei, alle, oder doch zwei gegliedert mit Scheide. Pseudobulb linealzungig einblättrig mit keillineal lanzettlichen zugespitztem Blatte. Das lange vorliegende Blatt m 05 : 0,005. Blüthenstiel aus Achsel des obersten Blatts, das unter Bulb steht. Ich sehe auch in keinem Falle einen zweiten Blüthenstand aus der Achsel des folgenden, also dritten unterbulbigen Blatts. Eine deckblattartige Scheide am Grunde des Blüthenstandes. Traube ein- bis dreiblüthig. Deckblätter viel kürzer als gestielte Fruchtknoten dreieckig spitz oder mit aufgesetztem Spitzchen, einnervig. Gestielte Fruchtknoten warzig, was man an trocknen Exemplaren, bevor sie aufgeweicht worden, schwer sieht. Später verlängert sich der gestielte Fruchtknoten ganz bedeutend. Sepalen und Tepalen lineallanzettlich spitz. Lippe ziemlich kreisrund, lappig gekielt, am Grunde mit einem Joche. „Pseudobulben und Blätter blassgrün oder weissgrün. Lippe weiss, in Mitte gelb, mit fünf strahlenden braunen oder lilafarbigen Streifen. Säule weiss.“

Tafel 230. II. Pflanze. 5. Lippe +. 6. Säule seitlich +. 7. Staubbeutel +. 8. Pollinarium +.

Ich bemerke ausdrücklich, dass ich die fünf Streifen der Lippe an der trocknen Pflanze nicht sah. Sie sind nach Endres' Zeichnung eingetragen.

Tafel 231.

Cypripedium Spicerianum *Rchb. fil.*

(Acaulia foliis carnoso-coriaceis tesselatis staminodio orbiculari medio antice sinuato.) Sepalo dorsali fere orbiculari margine sub anthesi energice revoluto medio in dorso carinato, lateralibus in foliolum unum late ovatum coalitis; tepalis lineari-oblongis obtusis v. apice 2—3-denticulatis margine utroque undulato-sinuatis sepalo dorsali aequilongis v. paulo longioribus; labello saccato margine posteriore involuto auriculis rotundatis; staminodio orbiculari, dorso piloso.

Cypripedium Spicerianum Rchb. fil. in lit. ad cl. Veitch 1879. — Gard. Chron. XII (1880), p. 40 u. 71 c. ic. xylogr.; Ibid. p. 363. — Bot. Mag. tab. 6490. — Illustr. hortic. XXX, tab. 473. — The Garden XXIII (1883) tab. 378. — Williams Orchid. Alb. III tab. 119. — Belgique hortic. XXXIII (1883), p. 289. — Manual of Orchidac. pl. Cypripedium p. 46 c. xylogr.

India Orientalis, Assam.

Folia disticha lineari-oblonga acuta basi complicata 15—25 cm longa, supra luride-virescentia infra pallidiora basin versus maculis minutis roseis adspersa. Scapus pilis purpureis v. cinnamomeis hirsutus uniflorus rarius biflorus 25—30 cm altus. Bracteae ovarium purpureo-pubescens dimidium usque v. paulo supra amplectentes. Sepalum dorsale basi viride pupureo-punctatum, ceterum niveum interdum tenerrime dilute-roseo tinctum, linea mediana purpurea decoratum, lateralia post labellum abscondita viridia v. albo-viridia; Tepala deflexa et antica curvata viridi-lutea linea purpurea mediana signata, labellum fusco-brunneum lineis quibusdum dilute-purpureis eximium. Staminodium purpureum margine et in ipso disco maculis quibusdam albis notatum. Totus flos ad 8 cm diametro [expansus 10—11 cm] sep. dorsale saepius 5—6 cm latum et fere aequilongum, tepala 5 cm longa, 1,5 cm lata, labellum 4,5—5 longa.

Diese Art ist in den letzten Jahren so oft beschrieben worden, dass der Verf. sich damit begnügen zu sollen glaubt, hier nur eine Diagnose niederzulegen, die alles Wissenswerthe enthält. Als auffallendstes Merkmal sei nur das gewaltige weisse obere Sepalum erwähnt, dessen Ränder in einer bei Cypripedium ganz ungewöhnlichen Art elegant zurückgerollt sind, während sonst dieser Theil der Blüthe leicht etwas Starres und Steifes zeigt. Diese Hauptzierde der Blüthe ist zum Glück mit in die bisher gebildeten Hybriden übergegangen (C. Lathamianum Rchb. fil. = C. Spicerianum × villosum et C. Leeanum Veitch = C. insigne × Spicerianum), Pflanzen, deren Schönheit die der Stammarten bei Weitem übertrifft. Im Uebrigen ist die Pflanze ein echtes Cypripedium der „Venustum“-Gruppe. Die Blätter sind länglich-lineal (6—9 Zoll) 15—25 cm lang, oberseits dunkelgrün, unterseits roth marmorirt. Die Blüthenschäfte sind ziemlich dünn, aber fest und rothbraun behaart. Die eine Blüthe (in seltenern Fällen 2) ist ziemlich gross, bis 8 cm im Durchmesser, und besonders durch das gewaltige dorsale Sepalum gekennzeichnet, welches als Hauptmerkmal oben beschrieben ist. Die andren beiden Sepalen bilden ein auch an der Spitze ungetheiltes Blatt, welches hinter dem Labellum versteckt ist. Die beiden Tepalen sind halb hängend, etwa wie bei C. barbatum, an den Rändern gewellt und erinnern entfernt an diejenigen von C. hirsutissimum. Die Farbe aller dieser Theile ist ein mehr oder minder deutliches Gelbgrün mit rother Zeichnung, besonders auf dem Mittelnerven. Die Lippe ist rothbraun und in der Form nicht charakteristisch; das Staminodium annähernd kreisrund und purpurroth gefärbt mit weissem Rande. Diese glänzende Art soll aus der alten Domäne der ersten Cypripedien stammen oder mindestens aus einem von dort nicht gar zu entfernten Bezirk. Es ist annähernd dieselbe Gegend, welche das alte aber mit Recht noch immer beliebte C. insigne Wallich, alsdann C. hirsutissimum Lindl. geliefert hat und später das höchst bizarre C. Fairieanum Lindl. Der genaue Standort der Pflanze ist jedoch nicht zu ermitteln und es ist gut so. Für die Erfordernisse einer erfolgreichen Cultur genügt es, die Heimath im Allgemeinen zu kennen. Zu den Annehmlichkeiten, welche dieser Art einen so raschen Eingang in die Gärten verschafft haben, gehört ausser der leichten Cultur die lange Dauer der Blüthen, welche bis zu 4 Monaten betragen kann. Sie blüht ausserordentlich willig. Der Verf. sah kleine Ableger, die kaum 1 Jahr alt waren, Blüthen tragen und auch dieser Vorzug scheint auf die Bastarde übergegangen zu sein.

Tafel 232.

Miltonia festiva *Rchb. fil.*

Sepalis tepalisque oblongis tepalis paulo latioribus obtuse acutis, labello toto circuitu ovato acuto lobis lateralibus pro Miltonia bene evolutis rotundatis intermedio oblongo acuto utroque latere repando, basi callis 3 quorum medianus brevior instructo lineisque partim divergentibus puberulis partim apicem usque decurrentibus purpureis decorato; gynostemio alato anthera cristata.

Oncidium (Miltonia) festivum Rchb. fil. Mos. Miltonia festiva. Gard. Chron. 1868, p. 572.

Bulbus oblongus v. longe ovoideus subcompressus ad 10 cm longus basi 2,5 cm latus diphyllus, basi foliis quibusdam ovatis acutis vaginantibus vestitus. Folia linearia obtuse acuta ad 20 cm longa ad 2,5 cm alta. Scapus vaginis bractescentibus acutis adpressis internodiis vix longioribus vestitus pauciflorus (biflorus, an semper?) Bracteae magnae carinatae acutae ovarium aequantes v. longiores ad 4 cm longae. Flos 10 cm diametro, sepala 4—5 cm longa, 1,3 cm lata, tepala paulo latiora, labellum 5 cm longum 3 cm latum. Sepala tepalaque pallide lutea (Milt. stellata Lindl. paulo pallidiores) labellum album callis 3 lineisque numerosis purpureis decorum, gynostemii alae albae purpureo-marginatae. — An forma hybrida inter Miltoniam spectabilem Lindl. et Milt. flavescentem Lindl.?

Patria ignota.

Ein mit enganschliessenden etwas kurzen Scheiden besetzter Schaft trägt oben 2 auffallend grosse hellgelbe Blüthen mit weissem rothgeaderten Labellum. Dieses allgemein bekannte Thema bei Miltonia ist im vorliegenden Falle durch die bedeutendere Breite der Blüthenblätter und durch die Form des Labellum etwas variirt, welches letztere am Grunde eine ziemlich starke Anlage zur Bildung von Seitenlappen zeigt. Die Anthere hat eine steil hervorragende Crista.

Herr Prof. Reichenbach hat in seinen späteren Jahren die Gattung Miltonia, wie so viele andere Gattungen cassirt, weil die Verhältnisse des Gynostemiums dieselben oder ähnliche waren, wie in verwandten älteren Gattungen, also in diesem Falle dieselben wie bei Oncidium. Der Verf. glaubt seinerseits sich berechtigt, eine derartige künstliche Construction von Gattungen nicht nachahmen zu sollen, gleichviel ob dieselben durch Trennung natürlicher Gattungen oder der Vereinigung ähnlicher gemacht werden. Seien die Merkmale in jedem einzelnen Falle noch so wichtig, es wird im ganzen Gebiete der Orchideen zu unnatürlichen Zusammenstellungen führen, nur nach einem einzigen derselben classificiren zu wollen. Herr Prof. Reichenbach hat seine ganze Autorität in die Wagschale geworfen, aber es trotzdem erlebt, dass weder die Botaniker von Fach noch die Gärtner seine Ansichten voll und ganz acceptirten. Das Streben nach dem Ideal eines natürlichen Systems und die damit sich von selbst ergebende Abneigung gegen jeden Versuch, ein künstliches herzustellen, ist wohl kaum je in prägnanterer Form zum Austrag gebracht als in diesem Falle. So lange eine Eintheilung künstlich genannt zu werden verdient, welche auf ein einziges Merkmal basirt ist, muss Prof. Reichenbach's Eintheilung künstlich genannt werden. Es war ein schlechter Nothbehelf, wenn er die von der seinigen verschiedene Nomenclatur der Gärtner, d. h. die Nomenclatur J. Lindley's, halb und halb anerkannte und eine botanische Sprache für die Gärtner und eine andere für die Botaniker für empfehlenswerth erklärte.*) Verschiedenheit der Sprachen hat noch nie Schwierigkeiten beseitigt, sondern nur deren neue geschaffen. Der Verf. hat Reichenbach's Werke studirt und sich Mühe gegeben — ob mit Erfolg das möge die berufene Kritik entscheiden — in manchem Jahre von Vorstudien demjenigen Grad von wissenschaftlicher Gründlichkeit nahe zu kommen, der Reichenbach's Arbeiten auszeichnete, bis auch für ihn das Alter nahte und die fast bis in die letzten Monate rüstige Kraft erlahmte. Aber dieser Wunsch verträgt sich sehr wohl mit der Ansicht, dass für die wissenschaftliche Orchideographie eine organische Weiterentwickelung des Systems von John Lindley der einzige Weg zum Ziele ist. Es versteht sich wohl von selbst, dass ein blindes Copiren seiner Gattungs- und Speciesdiagnosen hiermit völlig ausgeschlossen ist. Es kann in vielen Fällen nöthig sein, die Gruppirung anders zu gestalten, als Lindley es that und es wird oft erforderlich sein, bei der Fülle des bekannt gewordenen Materials, Arten weit von einander zu stellen, die bei ihm in naher Reihenfolge standen, aber es muss sein Grundsatz festgehalten werden, nie nach einem Merkmale allein classifi-

*) Xen. Orch., Einleit., p. IV.

ciren zu wollen. Es werden sich überall Formen finden — die Frage, ob gewisse Pflanzen besser Miltonia oder Oncidium zu nennen seien, gehört hierher — bei welchen das subjective Ermessen eine grössere Bedeutung zu erhalten scheint, als wünschenswerth ist; aber selbst angenommen, dass diese Controverse mehrfach eintritt, so ist die unentschiedene Stellung gewisser Formen, die sich keiner Schablone fügen, ein bei weitem geringeres Uebel als eine Schablone.

Tafel 233.

Epidendrum selligerum *Batem.*

Sepalis obovatis unguiculatis, obtuse acutis, tepalis subsimilibus acutis, labelli trilobi lobis lateralibus lineari-oblongis erectis gynostemium amplectentibus lobo intermedio oblongo unguiculato acuto antice complicato margine undulato; disco labelli in ungue lobi intermedii elevato excavato antice in lineas 5 elevatulas decrescente; gynostemio aptero medium fere usque labello adnato antice incrassato, anthera biloba.

Epid. selligerum Batem in Bot. Reg. 1838 misc. 66. — Lindl. Fol. Orch. p. 10, No. 26. — Walp. Annal. VI, p. 327.

Epid. violodora Galeotti herb. Hooker.

Guatemala — Skinner; Mexico, Oaxaca ad rupes et arbores altitudine 3000 ped. leg. Galeotti No. 5096, 5097.

Bulbi ovoidei ad 6 cm alti ad 4 cm diametro basi squamis 2—3 late ovatis bulbo aequilongis vestiti diphylli. Folia bina lineari-lanceolata acuta basi valde complicata ad 30 cm longa ad 2 cm lata. Paniculus 50—60 cm altus laxiflorus squamis quibusdam minutis arcte adpressis vestitus. Bracteae persimiles minutae ovariis multoties breviores. Flores 4,0—4,5 cm diametro, sepala tepalaque 2—2,3 cm longa 6—8 mm lata expansa sordide purpurea, labellum aequilongum album medio dilute purpureo-tinctum. Gynostemium 1 cm longum apicem versus manifeste dilatatum. Flores odorem Polyanthis tuberosae sec. Bateman v. cl. vel Violae odoratae exhalantes. sec. Galeotti.

Fig. 1. Labellum; lobi laterales expansi. Fig. 2. Gynostemium a latere visum. Fig. 3. Idem exadversum visum. Omnes partes magnitudine auctae.

Eine Art aus der Gruppe des sehr polymorphen E. oncidioides Lindl. Sie unterscheidet sich von demselben durch die beträchtlich grösseren Blüthen sowie durch die Form des Labellum, dessen Seitenzipfel am Rande beiderseits etwas ausgeschweift sind, endlich dadurch, dass das Labellum beiderseits so stark abwärts gebogen ist, dass die Form eines Sattels annähernd erreicht wird und der Vergleich mit einem solchen gerechtfertigt erscheint. Die Farbe der Sepalen und Tepalen ist ein schwer zu definirendes trübes Hellpurpur, das Labellum hat auf heller Grundfarbe eine deutlich purpurrothe Mittellinie, die nach den Seiten hin blasser wird. Die Säule ist hellgelbgrün. Diese eigenartige Färbung bildet ein leichtes Erkennungszeichen für frische Exemplare, da in der Gruppe der Epid. oncidioides entweder Gelbgrün oder Gelbbraun vorherrscht. Charakteristisch ist sodann der wundervolle sehr starke Duft, der mit dem von Tuberosen oder von Veilchen verglichen wird. Die Pflanze ist seit 1836 bekannt, ist aber nie häufig geworden.

Tafel 234.

Trichocentrum Hoegei *Rchb. fil.*

Sepalis lanceolatis acutis lateralibus deflexis dorsali angustioribus; tepalis sepalo dorsali aequalibus, labello pandurato lobis lateralibus obsoletis rotundatis intermedio latiore antice retuso emarginato margine subundulato, callis 2 brevibus in basi ipsa, calcari labelli dimidium vix superante incurvo apice leviter bipartito; gynostemio brevissimo, anthera echinata, glandula transverse elliptica, stipite supra ochreato, polliniis clavatis.

Trichoc. Hoegei Rchb. fil. Gard. Chron. 1881, II, 717.

Bulbi fere omnino in foliorum basibus occultati. Folium cuneato-oblongum acutum 4—6 cm longum, 2 cm latum. Pedunculi subflexuosi uniflori (an semper?) folia vix excedentes. Bracteae 1—2 (quarum altera inanis) lanceolatae vix dimidium ovarii aequantes. Flores (expansi) 4 cm diametro, sepala petalaque 1,5—1,8 cm longa, 8 mm lata, labellum sepalis lateralibus paulo longius, antice 2 cm latum, calcar curvatum dimidium ovarii vix aequans. Sepala tepalaque pallide lutea zona v. macula magna purpurea in media parte folioli cujusque, labellum album striis maculisque purpureis in basi calli lutei.

Tafel 234, I et II. 1. Flos labello abscisso. 2. Tepalum. 3. Gynostemium et labellum. 4. Gynostemium a latere visum. 5. Anthera. 6. Pollinium exadversum 7 idem a tergo (glandula abscissa) visum.

In reipublicae Mexicanae provincia Cordobana detexit Hoege v. cl. Hamburgensis.

Bulben klein, fast ganz zwischen den Blättern versteckt. Das Blatt länglich, an der Basis keilförmig, spitz. Der Blüthenschaft (ohne die Blüthe) ebenso lang als die Blätter. Das obere Sepalum und die Tepalen einander gleich, oblong, spitz. Die seitlichen Sepalen lanzettlich, spitz, bedeutend schmaler als die Tepalen und an der Spitze etwas einwärts gekrümmt. Das Labellum von schmalem Grunde keilförmig verbreitert, die Seitenlappen stumpf dreieckig, wenig entwickelt, der mittlere Theil trapezförmig, vorn ausgerandet, an den Seiten etwas wellig-buschig.

Durch den eingekrümmten stumpfen, an der Spitze zweitheiligen Sporn, sowie durch die gering entwickelten Seitenlappen des Labellum unterscheidet sich diese Art hinlänglich von allen verwandten. Die Färbung der Blüthe ist hell erbsengrün mit je einem grossen rothen Fleck auf den Sepalen und Tepalen. Das Labellum ist hellgelb mit rothen Streifen und Flecken an der Basis, ähnlich wie bei Trichoc. cornucopiae Linden et Rchb. fil., mit welcher diese Art fast noch mehr Aehnlichkeit hat als mit Trichoc. Pfavii Rchb. fil., welcher sie nur in der Färbung der Sepalen und Tepalen gleicht.

Tafel 235. I. 1—6.

Coelogyne chloroptera *Rchb. fil.*

(Filiferae.)

Sepalis oblongis acutis dorso manifeste carinatis conniventibus apicibus recurvatis, tepalis reflexis linearibus apicem versus leviter dilatatis multo minoribus, labello toto circuitu oblongo lobis lateralibus erectis semi-oblongis obtusis, intermedio latissimo fere orbiculari acuto disco lamellis 3 crenulatis decurrentibus laterali quaque dichotoma v. furcata instructo; gynostemio brevi apice incrassato; pollinio bisectili, glandula magna.

Coelogyne chloroptera Rchb. fil. Gard. Chron. I. 1883. p. 466.

In insulis Philippinis detexit Robbelen collector missus a F. Sander v. cl.

Bulbi ovato-oblongi floriferi diphylli, subcompressi 5 cm alti 3 cm diametro. Folia 2 cuneata v. oblongo-lanceolata acuta 7-nervia, ad 12 cm longa, ad 3,5—3,8 cm lata, racemum aequantia. Racemus 15—20 cm longus strictus pauciflorus (ad 6), sub anthesi basi squamis 5—8 cymbiformibus acutis vestitus. Bracteae deciduae, sub anthesi nullae. Flores virescentes, labellum albidum, lobi laterales lineis purpureis decori, intermedius et discus totius labelli callis 3 aureis instructus. Totus flos 2,5—2,8 cm diametro, sepala 2 cm longa, 0,5 cm lata, tepala 1,5 cm longa, 1—2 mm lata, labellum tepalis aequilongum lobi laterales erecti 5—6 mm lati.

Tafel 235. I. Tota planta. 1. 2. Labellum exadversum. 3. a latere visum. 5. Pollinium. 6. Massa pollinis transv. sect.

Bulben von der Seite gesehen eiförmig, breit, 5 cm hoch, 3 cm breit, etwas zusammengedrückt mit je 2 Blättern an ihrer Spitze. Die Blüthenstände entspringen an der Basis der alten Bulben und sind am Grunde mit 5, 7, 9 kahnförmigen spitzen Schuppen bekleidet; augenscheinlich stehen sie meist aufrecht. Die Deckblätter fallen vor dem Aufblühen ab. Die Blüthen gewinnen ein eigenthümliches Ansehen durch die schmalen, zarten Tepalen, die rückwärts geschlagen sind. Das Labellum ist im Umriss schmal elliptisch. Die Seitenlappen auffallend lang, der mittlere Lappen vor ihnen stehend das Ende des Labellum bildend, kreisrund mit deutlich markirter Spitze. Während die Ränder des Labellum mit Zebrastreifen geziert sind, trägt der mittlere Theil 3 grössere und 2 kleinere seitliche Leisten, die sich aber erst ganz vorn auf dem eigentlichen lobus intermedius zu einiger Höhe entwickeln.

Diese Art ähnelt im allgemeinen Bau der Blüthen am meisten der Coel. ochracea Lindl. Bot. Reg. 1846, Tafel 49 und Bot. Mag., Tafel 4661. Die wichtigsten Abweichungen sind folgende: C. chloroptera hat grössere, mehr eiförmige Bulben, breitere Blätter, schmalere, den Sepalen völlig unähnliche Tepalen und ein völlig verschieden gebautes Labellum. Die Pollinien haben bei Coel. chloroptera eine entschiedene Neigung zur Zweitheilung. Von diesen Merkmalen abgesehen ist der Gesammteindruck bei beiden Arten ziemlich übereinstimmend. Bei C. chloroptera (und bei C. ochracea Ldl. desgleichen) entspringt der Blüthenstand aus dem Gipfel der zur Blüthezeit noch völlig unentwickelten Bulbe und vor Entwickelung der beiden Laubblätter; er ist an der Basis von 5—10 kahnförmigen Schuppen umgeben, die später während der Entwickelung der Bulbe absterben. Die Farbe der Blüthe ist bei C. chloroptera hellgrün, die des Labellum weiss mit rothen Adern auf den Seitenlappen und den bei C. häufigen goldgelben Leisten auf dem Discus des Labellum.

Tafel 235. II. 7—12.

Coelogyne sparsa *Rchb. fil.*

Sepalis oblongis acutis conniventibus, tepalis multo angustioribus et 1/3 brevioribus lineari-oblongis obtusis deflexis, labello toto circuitu late ovato lobis lateralibus semiovatis obtusis, intermedio transverso oblongo antice emarginato v. acuto, disco callis 3 a basi totius labelli ad basin lobi intermedii decurrentibus subflexuosis; gynostemio apice repando, androclinii margine integro; glandula subrhombea.

Coelogyne sparsa Rbch. fil. Gard. Chron. I. 1883, p. 306.

In insulis Philippinis detexit Robbelen collector sedulus F. Sander v. cl. Albanensis.

Bulbi pyriformes v. ovoidei, diphylli, saepius curvati 4 cm longi, basi ad 1,5 cm diametro. Folia 2 oblongo-lanceolata acuta ad 8 cm longa, ad 1,5 cm lata. Racemus 1—4 flores basilaris more Coelogynis cristatae Ldl. squamis quibusdam lanceolatis vestitus (sc. bulbo florifero omnino exiguo nunquam in bulbum foliosum evoluto). Bracteae ovatae acutae ovaria brevi-pedicellata paullo superantes Flores (expansi) 3,5 cm diametro, sepala 1,5 cm longa, 5—7 cm lata, tepala 1 cm longa, 2 mm lata. Labellum (expansum) fere 1 cm longum et latum. Totus flos viridis labellum album maculis numerosis irregularibus brunneis adspersum, calli 3 disci lutei maculis 2—3 intense luteis antepositis. Gynostemium albidum.

Bulben klein, ei- oder birnförmig und eigenthümlich gekrümmt, 1 cm lang, oben von 2 Blättern gekrönt. Die Blüthenstände sind kürzer als die Bulben sammt den Blättern und von der Basis bis zur Mitte mit scheidenartigen Schuppen bekleidet. Die Sepalen sind halb zusammengeneigt, oblong, spitz; die Tepalen bedeutend schmaler lineal, nach der Spitze zu etwas verbreitert, stumpf und herabhängend. Das Labellum ist (ausgebreitet) breit eiförmig mit halb eiförmigen Seitenlappen und quer elliptischen, vorn ausgerandetem Mittellappen; die lobi laterales haben innen zarte, in unregelmässig gebrochene Reihen gestellte Flecke und auf dem Discus (nicht auf dem lobus intermedius) 3 schwach entwickelte Schwielen. Der Name „sparsa" ist mit Rücksicht auf die Flecken an der Innenseite der Lippen gewählt.

Soweit nach den sehr schmalen Bracteen oder Scheiden des Blüthenstandes und dem Fehlen jeder Spur eines solchen auf den entwickelten Bulben geschlossen werden kann, zeigt diese Art dasselbe Verhalten wie Coelogyne cristata, d. h. die Blüthen entspringen aus dem Gipfel von Bulben, die stets klein bleiben und niemals Blätter bilden. Der Bau der Blüthen zeigt allerdings gar keine Aehnlichkeit mit C. cristata. Die Blüthen sind nach der von Prof. Reichenbach selbst colorirten und mit handschriftlichen Correcturen versehenen Tafel gelbgrün, in Gardener's Chronicle, 1883, l. c. ist die Rede von „white flowers"; das Labellum ist weiss mit braunen Flecken auf den Seitenlappen, gelben eisten und grösseren gelben Flecken an der Basis sowohl wie vorn vor den 3 Kielen oder Leisten. Die Säule ist oben etwas verbreitert und ausgeschweift, die Narbenhöhle ist auffallend breit und nach beiden Seiten (den beiden unteren Narbenflächen entsprechend) vergrössert. Die Klebscheibe ist ein unregelmässig trapezförmiger Körper.

Tafel 235, II. Tota planta. 7. 8. 9. Labellum exadversum. 10. Labellum a latere visum. 11. Gynostemium. 12. Pollinium.

Betreffs der Herkunft dieser Pflanze sagt Herr Prof. Reichenbach in Gard. Chron. 1883, I, 466, dass Herr Sander in St. Albans dieselbe unter einer Sendung von Bulben der als Coelogyne sparsa Rbch. fil. beschriebenen Art erhalten habe. Beide Arten stammen somit von ein und demselben nicht näher bezeichneten Standort auf den Philippinen.

Tafel 236. 237. II.

Gymnadenia macrantha *Lindl.* et varietas punctulata *Rchb. fil.*

Sepalo dorsali incurvo (vi expanso) oblongo acuto, lateralibus oblongis acutis apicibus deflexis, tepalis similibus paulo brevioribus latioribusque falcatis, labello e basi cuneata dilatato obovato antice sinuato apiculo intraposito, calcari apice hamato infundibulari labelli laminae fere aequilongo, anthera rotundata utroque latere staminodio tuberculoso instructo.

Gymnad. macrantha Lindl. Gen. et Sp. Orch. p. 279. Huc Eulophia Helleborine Hook fil. Bot. Mag., Tafel 5875.

Bulbo florifero 4 cm longo fere 3 cm diametro ovoideo radicibus nonnullis crassiusculis in basi caulis. Caulis 30—40 cm altus vaginis punctulatis mox in folia increscentibus vestitus. Folia 5—6 subremota, ovalia acuto margine undulata ad 8 cm longa, 3 cm lata in bracteas maximas persimiles transeuntia. Racemus pauci-et remoti florus. Flores 2—3 cm diametro. Sepala 1 cm longa pallide viridia macula una magna purpurea instructa v. in varietate punctulata punctis nonnullis purpureis insignia. Tepala breviora falcata cum sepalo dorsali conniventia (non galeam proprie dictam formantia) Labellum ad 2,5 cm longum et 2,3 cm latum pallide lilacinum striis v. punctis seriatim dispositis notatum.

Africa trop. occidentalis. Sierra Leone.

Tafel 236. Tota planta. 1. Sepalum dorsale. 2. Tepalum. 3. Sepalum laterale. 4. Gynostemium. 5. Calcar.

Tafel 237. II. 3. Flos labello abscisso. 4. Labellum calcari aperto. 5. Gynostemium a latere. 6. Idem exadversum visum. 7. Pollinium.

(Omnia magnitudine aucta.)

Bulbe gross, 4 cm lang, 3 cm im Durchmesser und von Wurzelhaaren zottig. Die Wurzelfasern sind ziemlich dick. Der 30—40 cm hohe Schaft trägt unten einige Blattscheiden, alsdann mehr nach der Mitte hin die wenigen, ziemlich grossen, am Rande gewellten Blätter. Der Blüthenstand hat nur wenige ansehnliche (für eine Gymnadenia sogar auffällig grosse) Blüthen. Die Sepalen sind 1 cm lang, die Tepalen sind sichelförmig gekrümmt, bilden aber nicht den bei Ophrydeen oft vorkommenden sogenannten „Helm". Das Labellum ist fast als „panduratum" (geigenförmig) zu bezeichnen, die Seitenlappen sind aber dazu zu wenig entwickelt. Die Farbe der Blüthe ist ein schönes Hellgrün auf den Sepalen und Tepalen, die letzteren sind nicht gefleckt, die ersteren haben jedoch entweder einen grossen zusammenhängenden purpurrothen Fleck oder statt desselben eine Gruppe kleinerer Fleckchen (var. punctalata Rchb. fil.). Das Labellum ist matt lila gefärbt und mit etwas kräftiger gefärbten, in Linien angeordneten Punkten geziert.

Die Blüthen scheinen in der ersten Phase des Aufblühens noch nicht resupinirt zu sein. Beide Abbildungen zeigen die eben geöffneten Blüthen in einer intermediären Stellung, die sich stets wiederholt und demnach wohl nicht auf einen Fehler im Zeichnen zurückzuführen ist. Bemerkenswerth sind die gewaltig entwickelten Staminodien. Die Pflanze bietet einen interessanten Fall von Symmorphismus dar. Die grünen roth gefleckt oder roth punktirten Sepalen und Tepalen, das violette Labellum sind in Form und Zeichnung weit eher mit manchen Eulophien zu vergleichen als mit irgendeiner Gymnadenia.

Tafel 237. I. 1 et 2.

Polystachya rigidula *Rchb. fil.*

Sepalo dorsali oblongo acuto, lateralibus in cornu laminae eorum fere aequilongum obtusum productis acutis; tepalis paulo minoribus sepalo dorsali subsimilibus, labello toto circuitu oblongo trilobo, lobis lateralibus falcato-curvatis obtusis, intermedio multo majore oblongo obtuso apiculato, „toto disco furfuraceo", callo lato rotundate fere orbiculari (sec. iconem), de gynostemio nihil profert. Rchb. fil. v. beat.

Polystachya rigidula Rchb. fil. Flora, Bd. 25 (50), 1867, p. 117.

Bulbus gracilis caulescens basi squamis 2 acutis vestitus leviter fractiflexus 2—3 mm diametro ad 4 cm altus. Folia 4—6 subdisticha linearia basi cuneata apice inaequaliter biloba, 8—10 cm longa ad 8 mm lata. Scapus „anceps“ folia vix excedens paulo intra racemum squamis 2 (nec „una“ ut scripsit Rchb. fil. loco cit.) vestitus, 10 cm altus. Racemus congestiflorus. Bracteae minutae triangulae. „Rhachis inter flores pilosula“, Flores inter minores v. minimos generis ovarium cum pedicello brevi 6—7 mm longum, sepala 2 m longa, tepala, labellum minora.

Port Natal. Gerrard.

Tafel 237. I. Tota planta. 1. Flos a latere visum. 2. Labellum exadverso visum (utraque aucta).

Hinsichtlich der Kleinheit der Blüthen steht diese Art dem südafrikanischen P. Gerrardi Harvey am nächsten. Durch die zahlreichen Blätter (es sind deren 3 angedeutet und 2 ausgeführt) wird jedoch der Vergleich mit der Pol. tricruris Rchb. fil. nahe gelegt, deren Heimat ebenfalls Port Natal ist. Die Bulbe ist sehr schlank, und etwas im Zickzack gebogen; die ganze Pflanze macht den Eindruck eines recht kümmerlichen Exemplars von P. luteola Hook.; es genügt jedoch ein Blick auf das Labellum, um die Identität mit dieser Art sofort auszuschliessen.

Tafel 238. I. 1—12.

Angraecum hyaloides *Rchb. fil.*

Sepalis tepalisque oblongis inter se fere aequilongis conniventibus his acutis illis (sc. tepalis) obtusis; labello oblongo apice acuto latere utroque interdum subrepando, calcari filiformi recurvo obtuso paulo longiore quam labellum et ovarium; gynostemio brevissimo, anthera plana fere orbiculari glandula oblonga, stipite crassissimo, polliniis 2 dorso leviter excavatis, fovea stigmatica transversa fere rectangula.

Ang. hyaloides Rchb. fil. Gard. Chron. 1880, I, p. 264 et 1881, I, p. 136.

Planta pusilla. Caulis radicibus crebris instructus 1—2 cm longus. Folia pauca cuneato-oblonga apice inaequali-bicuspidata carnosa crassiuscula, 4—5 cm longa, 1 cm lata, infra manifeste carinata. Racemi erecti pauciflori (ad 11) folia vix excedentes. Bracteae minutae triangulae ovario ter ad quater breviores. Flores hyalini ad 5 mm diametro, sepala 3—4 mm longa, tepala paulo breviora, calcar sepalis aequilongum.

Ex Insula Madagascar import. Veitch v. cl.

Tafel 238. I. Tota planta. 1. Folii pars suprema. 2. Flores a latere visa. 4. 5. Labella. 6. Gynostem. a latere. 7. 8. idem exadversum visum. 9. 10. Anthera. 11. 12. Pollinium. Omnia magnitudine aucta.

Tafel 238. II. 13—16.

Luisia occidentalis *Lindley.*

Sepalo dorsali oblongo cymbiformi acuto incurvo, lateralibus oblongis antice oblique abscissis v. emarginatis; tepalis paulo minoribus oblongis obtusis; labello subtrilobo, lobis lateralibus minutis v. obsoletis rotundatis intermedio oblongo v. ovato antice emarginato, medio callo rotundato instructo; gynostemio brevi, anthera plana, fovea stigmatica rotundata.

Luisia occidentalis Lindl. Fol. Orch. Luisia Nr. 11.

„Wild in New Grenada: Sa. Martha — Purdie (v. s. sp. comm. ecl. Hooker)“.

Radices pro plantae magnitudine crassiusculae. Caulis strictus leviter fractiflexus 15—20 cm altus. Folia strictissima teretia acuta ad 10 cm longa, 3 mm diametro foliorum, pars basilaris 1 cm longa, nervis parallelis crassissimis interjectis minoribus rugosa. Racemi pauciflori (2—3) bracteis minutis ovatis 4—6 vestiti (quarum pars inanis). Totus flos 2—3 mm diametro.

Luisiae brachystachyae Lindl. quam maxime affinis.

Tafel 238. II. Tota planta. 13. Flos a latere visus. 14. Gynostemium. 15. 16. Labellum. (omnia magnopere aucta!)

Die Wurzeln sind für die schmächtige Pflanze ziemlich dick. Der Stengel ist leicht im Zickzack gebogen, die Blätter sind stielrund und fast so dick wie der Stamm selber. Die wenigblüthigen Blüthenstände tragen winzige 2—3 mm grosse Blüthen, über deren Farbe wir zur Zeit nichts wissen.

Dass eine so specifisch indo-malayische Gattung wie Luisia einen Vertreter in Amerika aufzuweisen hat, ist eine pflanzen-geographisch höchst auffällige Thatsache, die zu den bisher gäng und gäben Ansichten über die Verbreitung der Typen im denkbar schärfsten Gegensatz steht. Wenn man sich damit zurecht findet, dass die Gattungen Bulbophyllum, Angraecum und Cyrtopera auf beiden Seiten des Atlantischen Oceans vorkommen, so ist doch dieses Auftreten einer Luisia in Neu-Granada sehr aussergewöhnlich. Es ist ein Seitenstück zu dem Vorkommen der oft missverstandenen Eulophia maculata Rchb. fil., die auf Mauritius, am unteren Congo und im Gebiet der Flora Fluminensis beobachtet wurde.

Tafel 239. I. 1—3.

Angraecum Reichenbachianum *Kränzlin.*

(Subulatae.)

Sepalis tepalisque oblongo-lanceolatis obtuse-acutis reflexis; labello (expanso) transverse elliptico antice convoluto apiculato, calcari longissimo flexuoso incurvo filiformi; gynostemio brevissimo.

De patria nihil constat.

Caulis flexuosus (pars superior tantum delineata) 10 cm longus, 5 mm diametro. Folia teretia subulata supra canaliculata saepius curvatula eis A. Scottiani Rchb. fil. similes sed duplo vel ter crassiores ad 10 cm longa, 5—6 mm diametro apice acuti conici. Racemi flaccidi curvati bracteis 3—4 inanibus vestiti plerumque monanthi. Bracteae ovato-triangulae ovario multoties breviores. Totus flos ad 4 cm diametro, sepala (tepalaque?) 2 cm longa, labellum 2 cm longum et latum, calcar 10—12 cm longum.

Diese Art hat viel Aehnlichkeit mit der folgenden, unterscheidet sich jedoch durch die bei weitem stärkeren und robusteren Blätter, die stumpferen Blüthenblätter und vor allem durch das Labellum, welches vorn zu einer Art von Rinne zusammengefaltet ist, sowie durch den stark hin- und hergekrümmten Sporn. In allen anderen Punkten scheint, soweit sich dies aus der nicht sehr zufriedenstellenden Abbildung ersehen lässt, grosse Uebereinstimmung zwischen dieser Art und Angr. Scottianum zu herrschen.

Tafel 239. I. 1. Apex folii. 2. Folium transverse sectum. 3. Labellum cum gynostemio.

Bemerkung: Dem Autor stand nur die hier veröffentlichte Tafel sonst aber weder lebende Pflanzen noch Herbarmaterial zur Verfügung. Da dies eine der letzten Zeichnungen war, welche die Hand des verewigten Begründers der „Xenia" für dies Werk ausarbeitete, da ferner aus den handschriftlichen Notizen keine Andeutung über den Namen zu gewinnen war, welchen Prof. Reichenbach der Pflanze gegeben hatte, so glaubte ich mich berechtigt, dieselbe nach ihm zu benennen.

Tafel 239. II. 4—8.

Angraecum Scottianum *Rchb. fil.*

(Subulatae.)

Sepalis tepalisque subaequalibus lanceolatis sub anthesi plus minusve reflexis; labello conchiformi (expanso) transverse elliptico antice apiculato, calcari ex ore extinctoriiformi angustato filiformi ovario quater ad quinquies longiore flexuoso; gynostemio brevissimo „rostello producto subquadrato medio fisso" (R.) anthera plana subbiloculari diaphragmate obsoleto, glandula rotunda, stipite medio incrassato polliniis irregulariter tetraedris.

Angr. Scottianum Rchb. fil. Gard. Chron. 1878, II, 556 et 1881, II, 136 et 1882, I, p. 342, fig. 52 icon. optima. — Floral Mag. New Ser. tab. 421 (mihi non vis!) Bot. Mag. Otia Hamburg. p. 77.

Caulis flexuosus curvatus tenuis ad 25 cm longus, ad 3—4 mm diametro saepius apicem usque basibus tantum foliorum vestitus. Folia teretia superne canaliculata apice subulata ad 10—12 cm longa, 3—4 mm diametro. Racemus 1—3 florus (in speciminibus hort. Reg. Berol. rarius 1 florus). Flores 4 cm diametro, sepala tepalaque 2 cm longa, 5 mm lata, labellum 2 cm longum (expansum), fere 3 cm latum; calcar irregulariter curvatum ad 10 cm longum. Flores albi structura tenerrima.

Tafel 239. II. III. 4. Gynostem. a latere visum. 5. Clinandrium. 6. Anthera. 7. Pollinium. 8. Massae pollinis.

Dieses Angraecum stammt aus einer Sammlung von Pflanzen, die J. M. Hildebrandt von den Comoren sandte und zwar mit höchster Wahrscheinlichkeit von der Insel Johanna. Sie blühte zuerst im Bot. Garten zu Berlin. Da man dieselbe unter Hildebrandt's Herbarpflanzen vermuthete, die vertragsmässig von Prof. Reichenbach bestimmt werden sollten, so hat der Verfasser seine damals nach frischen Exemplaren gemachte Diagnose und Zeichnung nicht publicirt. Die Hildebrandt'schen Exemplare sind im hiesigen Bot. Garten vorzüglich gediehen und blühen Jahr für Jahr reichlich. Es scheint, dass die Blüthenstände an Anzahl der Blüthen zunehmen; die übrigens bereits von Reichenbach selbst mit Fragezeichen versehene Angabe der Originaldiagnose, dass dieselben einblüthig seien, kann der Verfasser bestimmt verneinen. Ueberhaupt sind die Maassangaben der Diagnose in den Otia l. c. nach einem sehr dürftigen Exemplar festgestellt worden, die hier in Berlin blühenden Exemplare haben alle die in unserer Beschreibung angegebenen Grössenverhältnisse.

Diese Art gehört zu dem in unseren Gärten wenig verbreiteten Typus der Angraecen mit drehrunden, pfriemenförmigen Blättern und schlaffem, herabhängenden Stengel. Die Blätter haben auf der Oberseite eine feine Rinne, die nach der Spitze hin aufhört, sind aber rund. Die Blüthen erscheinen je nach Stärke des Exemplars in Anzahl von einer bis zu mehreren und sind besonders durch das grosse muschelförmige Labellum von rein weisser Farbe ausgezeichnet. Die übrigen Theile der Blüthe sind mit Ausnahme des etwas röthlichen Spornes ebenfalls weiss. Weiss ist auch die Säule, neben welcher sich jederseits ein Eingang zum Sporn findet. Sollten sich unsere in Europa befindlichen Exemplare in der Weise weiter kräftigen, wie dies an den hiesigen Exemplaren der Fall ist, so kann diese Art denselben gärtnerischen Werth, etwa wie Angr. Sanderianum, bekommen, welches sie durch ihr schönes Labellum noch übertrifft.

Tafel 240.

Angraecum Rohlfsianum *Kränzlin.*

Sepalis ovato-oblongis acuminatissimis, intermedio latiore marginibus reflexis, tepalis basi ovatis deinde linearibus acuminatissimis sepalis aequilongis, labello sepalo dorsali simillimo, calcari longissimo saepissime irregulariter flexo filiformi ovario bis vel ter labello sexies fere longiore; gynostemio medio fere utriuque in dentem satis manifestum producto, anthera plana antice retusa supra subcristata cardine satis firma cum androclinio connexa, postice late marginata; rostello basi bituberculato lineari satis prominente ascendente; pollinium mihi non visum.

Angr. Rohlfsianum Kränzlin in Bot. Ztg. 40 (26. Mai 1882, Nr. 26), p. 341.

Radices pro plantae magnitudine crassae creberrimae cortici arcte appressae. Caulis brevis 5—8 cm longus, 3—4 mm diametro basibus foliorum vetustiorum ubique vestitus. Folia pauca obovata basi cuneata complicata apice biloba valde inaequalia utroque latere obtusa (sicca coriacea nervis crebris rugulosa) 10—20 cm longa. Racemus strictus foliis aequilongus v. paulo longior basi vaginis paucis ringentibus obtuse acutis internodiis multo brevioribus vestitus, pauciflorus. Bracteae ovariis multoties breviores acutae. Ovaria recta v. subflexuosa ad 4—5 cm longa. Sepala, tepala, labellum 2—2,5 cm longa, 4—5 mm lata (v. expansa paulo latiora) calcar 12—15 cm longum. Gynostemium 6 mm altum. Perigonium album.

Habesch. Wadi Woina. 27. Dec. 1880. leg. Steckert v. cl.

Eine specifisch ost-afrikanische Art von Angraecum mit Anklängen an A. campyloplectron Rchb. fil., arachnopus Rchb. fil., Rohrii et megalorhizon desselben Autors, durch ihren excessiv langen Sporn an A. caudatum Lindl. erinnernd. Der Aufbau, die Blätter und die Blüthenstände sind nicht sehr charakteristisch, die daran zu beobachtenden Merkmale haben ihren Werth als solche, finden sich jedoch ebenso oder wenig variirt auch sonst; dagegen sind zwei Punkte in der Construction dieser Blüthe von Belang; erstens die völlig pelorienhafte Blüthenhülle und zweitens das höchst eigenthümliche Rostellum. — Du Petit Thouars' Werk über die Orchideen der ost-afrikanischen Inseln zeigt auf den Tafeln 52—55 mehrere solcher pelorienähnlicher Formen und bei der letzterwähnten Tafel (A. rectum Du Pet. Th.) hat der Verfasser allerdings einen Augenblick erwogen, ob nicht die hier beschriebene Art mit der dort abgebildeten zu identificiren sei. Es will wenig sagen, dass diese Abbildungen einblüthige Blüthenstände zeigen, denn was diesem Werke seinen Werth verleiht, ist nicht die Opulenz der Abbildungen oder der dargestellten Pflanzen, sondern die überraschende Genauigkeit in oft scheinbar nebensächlichen Dingen; was dagegen spricht, ist eine Summe von solchen Merkmalen, die Du Petit Thouars nicht zu übersehen pflegte, besonders das Längenverhältniss von Ovarium und Sporn, denn dies pflegt bei Angraecum ein ziemlich constantes zu sein. Dazu kommt als zweites Merkmal die eigenartige Bildung des Rostellum. Dieses Organ besitzt zwei Höcker oder Calli am Grunde und besteht aus einer schmalen hyalinen, deutlich nach oben gebogenen Lamelle, die jedenfalls als Unterlage für die Stipites des vom Verfasser nicht gesehenen Pollinium dient. Die Anthere steht sub anthesi ziemlich stark in die Höhe geklappt, sie ist mit der Säule sehr fest verbunden und deckt die Pollenmassen jedenfalls nur sehr unvollkommen, was deren Entfernung — wir haben keine Ahnung ob durch Insekten oder wie sonst — jedenfalls erleichtert. Die Blüthen scheinen weiss oder weisslich zu sein.

Fig. 1. Habitusbild eines kleineren Exemplars in natürlicher Grösse. Fig. 2. Gynostemium mit Anthere A, deren breiter Saum M deutlich zu sehen ist, dem Rostellum R und der Narbe Fst. halb von der Seite gesehen. Fig. 3. Anthere von oben. Fig. 4. Dieselbe von unten. Fig. 5. Dieselbe von der Seite gesehen. Fig. 6. Zwei Formen des Rostellum R. — Alles bedeutend vergrössert.

Tafel 241.

Lycaste xytriophora *Linden & Rchb. f.*

Sepalis oblongis obtusis apice ipso acutatis lateralibus basi margine inferiore in pseudocalcar didymum coalitis, omnibus apicibus reflexis intus ad basin farinaceo-pilosis; petalis paulo minoribus ceterum aequalibus obtusis, apice revolutis; labello petalis aequilongo toto circuitu oblongo antice obsolete vel vix trilobo, lobis lateralibus antice rotundatis medio implicatis, intermedio ovato v. triangulo, callo antice libero a basi lobi intermedii medium usque labelli evanescente excavato; gynostemio dimidium labelli fere aequante v. paulo longiore, subtus piloso, anthera velutina semiglobosa, glandula sagittata, caudicula lineari (medio paulum dilatata) antice i. e. inter massulas in apiculum producta, massulis pollinis 2 postice rima profunda fere bipartitis.

Bulbi subcompressi angulis rotundatis, ovati nigro virides ad 10 cm alti, 4 cm crassi, 6 cm lati. Folia, 2—3 cuneato-oblonga acuminata, 20—35 cm longa, ad 8 cm lata, laete viridia.

Flores complures ex angulo sqamae infrabulbosae orientes. Pedicelli uniflori ad 12 cm alti, vaginis 3—4 ringentibus oblongis acutis internodiis brevioribus vestiti, quarum summa i. e. bractea ovarium laete viride plus minusve amplectitur. Sepala oblonga basi (tertia fere parte inferiore) intus pilosa extus viridia marginibus viridi-brunnea, intus brunnea apicibus viridia, petala necnon labellum albida v. luteo-albida, lobus labeli intermedius lutescens, labeli callus luteus, purpureo-punctulatus. Sepala 3,5 cm longa, 1,7 cm lata, petala vix 3 cm longa, 1,5 cm lata, labellum aequilongum paulum augustius. Totus flos (non expansus) 6 cm diametro.

Lycaste xytriophora Linden et Rchb. f. in W. Saunders Refug. botan. II. Tab. 131. ic. opt. habitus, analyses non omnino laudandae.

Der ganze Aufbau der Pflanze erinnert an Formen wie L. macrophylla Lindl. und Deppei Lindl. Die Bulben sind dunkelgrün wie die Schale der Wassermelone, prall und fest mit wenig vertieften Riefen; ganz ausgereift erreichen sie beträchtliche Dimensionen und werden 4—6 cm dick, 6—8 cm breit und 10 cm oder darüber hoch. Die Blätter sind länglich oder lanzettlich, bis 30 cm lang und gleichen völlig denen der oben genannten verwandten Arten. Die Blüthenstiele entspringen zu mehreren aus dem Blattwinkel eines alten, zur Blüthezeit meist noch vorhandenen, basalen Scheidenblattes; dieselben haben 3—4 Schuppen und ein mehr oder weniger grosses, das Ovarium mehr oder weniger einhüllendes Blüthendeckblatt. Die Blüthen sind 6 cm im Durchmesser und trotz ihrer düsteren Färbung keineswegs ohne einen gewissen Reiz. Die Sepalen sind oblong, aussen und an den Spitzen grün, am Rande und ebenso auf der Innenseite braunroth und an der Basis behaart. Die der Form nach ähnlichen, aber etwas kleineren seitlichen Petalen sind rein weiss, oder weiss mit leicht gelblichem Anflug und röthlichen Pünktchen am Grunde — alle Blätter, Sepalen, Petalen und Labellum sind an der Spitze zurückgerollt. Die Theilung des Labellum hat die Eigenheit, dass der mittlere Theil nicht zwischen den seitlichen, sondern vor denselben steht. Die Schwiele des Labellum ist ausgehöhlt und am vorderen Rande frei, nach hinten hin geht sie ganz allmählich in das Labellum über, sie ist etwas warzig und auf gelbem Grunde fein roth punktirt. Die Säule ist rein weiss, annähernd halb so lang als die Lippe und auf der Unterseite fein behaart und blassröthlich punktirt.

Bezüglich der Geschichte der Pflanze, die unter dem Namen L. Deppei Lindl. im Handel vorzukommen scheint, wäre Folgendes zu berichten. Die Pflanze soll aus der Umgegend von Loxa (Ecuador) stammen, sie kam 1867 nach Europa und zwar in das Etablissement Linden, von wo sie in den Handel gebracht wurde. Prof. Reichenbach erwähnt, dass er dieselbe mehrfach gesehen habe und schildert sie als eine gut und willig blühende Art. Bezüglich seiner Diagnose zu der Tafel in „Refugium“ l. c. (die zu unseren Exemplaren passt wie eine gute Photographie) möchte der Verf. bemerken, dass Reichenbach die Behaarung auf der Innenseite der Sepalen nicht erwähnt hat, alles andere stimmt aufs Beste. Die von W. H. Fitch gezeichnete Tafel ist recht zufriedenstellend betreffs des Habitus, wohingegen die Analysen durchaus flüchtig gezeichnet und unzuverlässig sind.

Der Verf. verdankt das hier abgebildete Exemplar der Güte des Herrn Lackner in Steglitz bei Berlin, in dessen Sammlung es im März dieses Jahres blühte.

Tafel 241. Habitusbild 1. Labellum von oben. 2. von der Seite (beides natürliche Grösse). 3. Gynostemium ohne Anthere von vorn. 4. von der Seite (beides etwas vergrössert). 5. Anthere schräg von hinten und unten. 6. von vorn (stärker vergrössert). 7. Pollinium von hinten. 8. von vorn (stärker vergrössert).

Tafel 242.

Phalaenopsis Mannii *Rchb. fil.*

Sepalis lanceolatis acuminatis intermedio recto lateralibus latioribus subfalcatis semitortis; petalis angustioribus brevioribusque ceterum similibus, labelli lobis lateralibus erectis e basi latiore angustatis retusis supra convergentibus, lamina lineari supra in processus 2 filiformes producta in isthmo ipso lobi intermedii, hoc lobo e basi angusta semilunatim dilatato supra et margine ubique pilis s. papulis instructo, in linea mediana callo densius papuloso aucto; gynostemio basi bidentato, dentibus 2 cartilagineis (staminodiis?), anthera antice retusa repanda, polliniis generis, caudicula cuneata, glandula ovata.

Phalaenopsis Manni. Rchb. f. in Gard. Chron. 1871, p. 902. — Idem. Flora 1872, p. 273. — Williams Orch. Growers Man. 1885, 6th ed., p. 533.

Caulis brevissimus radicibus longissimis interdum planis cortici arborum affixus. Folia plerumque 4—6 e basi cuneata sensim dilatata oblonga acuta, 12—15 cm longa. Racemi pluriflori (— 12) plus minusve deflexi, bracteae minutae squamiformes. Sepala lanceolata 2,2—2,5 cm longa, intermedium ad 5 mm, lateralia ad 7 mm lata, deflexa; petala minora ceterum simillima rectangulariter divergentia. Labelli semideflexi pars basilaris sensim dilatata, lobi laterales ascendentes paulum angustati retusi supra fere coaliti, infra divergentes; lamina linearis supra in lacinulas 2 partita lobis lateralibus fere aequilonga, lobus intermedius e basi angusta valde dilatata fere semicircularis ubique et in margine et in disco praesertim autem in linea elevatula mediana papulosus. Gynostemium basi dentibus 2 cartilagineis instructum e basi angusta dilatatum; cetera v. diagnosin. Sepala petalaque lutea purpureomaculata, labellum et gynostemium pallida lutea hinc inde purpureo-striolata.

Der vegetative Aufbau dieser Art hat wenig Charakteristisches, wenn man von der ziemlich spitzen Blattform absieht, sowie davon, dass die Wurzeln gelegentlich und zwar ohne eigentlich ersichtlichen Grund flach gedrückt sind. Die Blätter sind glänzend hellgrün und werden bis zu 20 cm lang und sind im Allgemeinen keilförmig. Der Blüthenstand, welcher selten viel länger wird als die Blätter, trägt bis zu 15 Blüthen, welche (in der Längsrichtung) bis zu 5 cm gross werden. Die Blüthenfarbe erinnert an die mancher Odontoglossen, d. h. gelb als Grundfarbe mit ziemlich grossen purpurbraunen Flecken, welche oft quer gezogen sind. Das Labellum ist wie fast immer bei Phalaenopsis sehr complicirt gebaut; die Seitenlappen stehen senkrecht aufwärts, schliessen nach oben fest aneinander und lassen unten eine Oeffnung frei; vor derselben steht ein der Textur nach viel zarteres Blättchen, welches oben in 2 senkrecht abstehende Seitenzipfel getheilt ist. Der Mittellappen des Labellum beginnt mit sehr schmaler Basis, um sich ganz plötzlich sehr stark zu verbreitern, derselbe ist im Gegensatz zu den ganz glatten übrigen Theilen mit hyalinen Haarbildungen besetzt, welche sich besonders am Rande und auf einem medianen Kiel entwickelt finden. Die Lippe ist annähernd halb so lang als die Sepalen, hellgelb mit hier und dort vertheilten hell purpurrothen Streifen. Die Säule hat an der Basis zwei hornähnliche Protuberanzen, die sicher als Staminodien zu deuten sind.

Die Pflanze stammt aus Assam und gedeiht natürlich nur im Warmhause. Falls es sich bestätigen, resp. wiederholen sollte, dass sie mehr als einen Blüthenstand gleichzeitig entwickelt, so wäre dieselbe eine werthvolle Bereicherung unserer Gewächshäuser.

Tafel 242. Habitusbild (verkleinert). 1. 2. Blüthen. 3. Gynostemium mit Labellum (vergrössert) von der Seite. 4. halb von der Seite. 5. 6. Labellum. 7. Pollinium. 8. 9. 10. Anthere.

Tafel 243.

Cirrhopetalum Wendlandianum *Kränzlin.*

Affine C. Colletii Hemsley. — Sepalo dorsali late ovato acuto cucullato margine fimbriato apice appendicibus linearibus aut angustissime cuneatis integris aut apicem versus lacerodentatis instructo sepalis lateralibus basi ipso connatis longissime caudatis plus minusve tortis; petalis lateralibus ovato triangulis fere rhombeis apicem versus sensim attenuatis ceterum sepalo dorsali persimilibus, appendicibusque cuneatis (nec stipitatis) antice retusis irregulariter dentatis; labelli hypochilio lineari curvato, epichilio mobili triangulo basi bicalloso, a latere viso fere semicirculari plicato antice retuso v. leviter emarginato; gynostemio basin versus marginato apice bidentato, androclinio postice dentato, anthera plana.

C. Wendlandianum. Kränzlin, Gard. Chron. III. Ser. Vol. IX. May 16. 1891. p. 612.

Bulbi ovoidei 2,5—3 cm longi, juniores basi squamis compluribus acutis vestiti, in sympodium fractiflexum dispositi, monophylli. Folia lanceolata basi plicata acuta racemo longiora v. subaequilonga. 10—12 cm longa, 1,5—2 cm lata. Racemus pauciflorus (3—6), 8—10 cm altus v. paulum altior, interdum brevior quam sepala lateralia. Sepalum dorsale 1,5 cm longum, basi 7—8 mm latum ovatum acutum cochleatum luteum lineis purpureis 5 striatum margine pilis hyalinis satis longis, apice autem appendicibus petaloideis purpureis linearibus v. lineari-lanceolatis v. e basi angustissima sensim dilatatis apice ipso laceris instructum, sepala lateralia ipsissima basi coalita vix v. non excavata longissima in caudas filiformes producta (9—10 cm longa) lutea, lineis purpureis 3 (adjectis interdum 2 minoribus decora. Labellum inter sepala petalaque absconditum, hypochilium brevissimum lineare, epichilium (expansum) triangulum sulcatum seu complicatum basi bicallosum luteum purpureo adspersum.

Die Bulben und Blätter dieser höchst sonderbaren Art versprechen wie meist bei Bolbophyllum nichts Aussergewöhnliches und sind so nichtssagend, dass der glückliche Besitzer der Pflanze, Herr Hofgartendirector Wendland, selber keine Ahnung von dem Werthe der Bulben hatte, die er gelegentlich des Ankaufs von Dendrobien, die aus Burmah stammen sollten, geschenkt erhielt. Die Bulben sind ziemlich klein, eiförmig, ohne besondere Sculptirung und zweizeilig im Zickzack angeordnet mit ziemlich kurzen Internodien. Die Blätter sind lanzettlich, ziemlich spitz, von sehr fester Textur und ungefähr 10—15 cm lang bei annähernd 2 cm Breite; sie sind, so weit bisher bekannt, länger als der Blüthenschaft, welcher aus dem obersten Scheidenblatt der noch in der Entwickelung begriffenen Bulbe entspringt. Die Blüthen stehen in der üblichen Anordnung wie sonst bei Cirrhopetalum. Die Deckblätter erreichen fast die Länge der Blüthenstiele sammt dem Ovarium. Das dorsale Sepalum und die seitlichen Petalen sind übereinstimmend, d. h. in Umriss mehr oder minder breit eiförmig. Die Petalen fast rhombisch — alle mit hyalinen, entfernt gestellten Wimpern von der Basis bis ziemlich zur Spitze, worauf einige etwas breitere, aber noch immer ganzrandige Blättchen folgen, bis endlich zur Spitze — aber nur an dieser —, wo die charakteristische Zierde dieser und einiger verwandter Arten, die sonderbaren Fähnchen ähnlichen Blättchen stehen. Das Labellum hat wenig Bemerkenswerthes, die Säule ebensowenig. Die Farbe der Sepalen und Petalen ist dunkelgelb mit breiten purpurrothen Längsstreifen, am Labellum tritt mehr das Gelb, an dem Gynostemium mehr Roth in den Vordergrund. — Als der Verf. die Originaldiagnose dieser Art in Gard. Chron. publicirte, hatte er es mit einer ersten, nicht völlig normal entwickelten Blüthe zu thun und sind hieraus einige Abweichungen der hier abgedruckten Diagnose zu erklären. Während des Druckes erst erhielt derselbe die betreffende Nummer des Journal Linnean Society mit der Abbildung und Beschreibung des Cirrhopetalum Colletii Hemsley, und es lag die Versuchung nahe, C. Wendlandianum einfach zu cassiren. Die Untersuchung sämmtlicher Blüthen, die dem Verf. zur Verfügung standen, ergab jedoch folgende Unterschiede: Zunächst ist C. Wendlandianum in allen Theilen, von den Bulben angefangen, erheblich kleiner als C. Colletii Hemsley. Zweitens sind bei C. Colletii die Blätter viel breiter, stumpfer und kürzer als bei C. Wendlandianum. Drittens sind die Internodien der Bulben erheblich kürzer. Viertens sind bei dem dorsalen Sepalum und den Petalen die charakteristischen Anhängsel auf die Spitze der betr. Blätter oder den Raum unmittelbar unterhalb der Blattspitze beschränkt, aber nie über die ganzen Seiten verbreitet. Fünftens ist die Form dieser Anhängsel eine andere. Bei C. Colletii herrschen die nach der Basis hin scharf verschmälerten Formen vor, bei C. Wendlandianum mehr die linealen; „appendices cuneato obovati stipitati", wie sie Mr. Hemsley beschreibt und wie sie sehr charakteristisch abgebildet sind, fehlen bei C. Wendlandianum stets. Schliesslich ist die Grundfarbe bei C. Wendlandianum ganz sicher gelb mit purpurrothen Längsstreifen. — Diese Merkmale fanden sich bei 4 nacheinander untersuchten Blüthen ohne Uebergänge in andere Formen und ohne Andeutung der von Mr. Hemsley genau präcisirten Merkmale seiner C. Colletii. Der Verf. ist somit in der Lage, die von ihm aufgestellte Art C. Wendlandianum aufrecht zu erhalten. — Es ist eine derartige Coincidenz der Fälle, d. h. die Entdeckung zweier so nahestehender Arten nicht so sehr erstaunlich, wenn man erwägt, dass ein bisher noch so gut wie unbekanntes ungeheures Gebiet die Heimath beider ist. Von C. Colletii wissen wir genau, dass dieselbe in den Shan hills, dem Gebiet der so gut wie unabhängigen Shan-Stämme, gesammelt ist, von C. Wendlandianum ist zunächst nur Burmah als Heimath angegeben.

Tafel 243. Habitusbild (nat. Gr.). 1. Blüte von vorn. 2. von der Seite. 3. Säule und Lippe schräg von vorn. 4. Epichilium der Lippe von vorn. 5. Zwei Anhängsel der Sepalen und Petalen. 6. Sepalum von C. Colletii Hemsley. 7. Anhängsel desselben. (6 und 7 nach Journ. Lin. Soc. Vol. XXVIII, Plate 20.)

Tafel 244.

Pescatorea Lehmanni *Rchb. fil.*

Sepalo dorsali fere orbiculari apiculato concavo, lateralibus oblongis apiculatis, petalis lateralibus cuneato-oblongis obtusis ceterum aequalibus; labello unguiculato lobis lateralibus erectis sensim cum intermedio confluentibus postice rectangulis, callo disci cartilagineo, lineis 15 plus minusve altis composito, medianis postice in dentem v. tumorem magnum crassum nitidum coalitis, lobo intermedio triangulo margine revoluto ubique pilis hyalinis setosis vestito; gynostemio latissimo crasso; labello paulum breviore infra et antice pilosulo; anthera plana loculis 2 minutis; glandula rhombea, caudicula parva lineari, polliniis 4, rostello lineari obtuso; toto gynostemio supra pilosulo.

Pescatorea Lehmanni. Rchb. f. Gard. Chron. N. S. Vol. XII. p. 424; ibid. XVII. 1882. Jan. 14. p. 44. Fig. 5 xylogr. opt.! — Orchid.-Album II, tab. 57, icon mediocris et fallax. — Illustr. horticol. Ser. III. tab. 471, mihi non visa. — Williams Orchid Grow. Manual, 6th ed., p. 516 sub Pescatorea.

Bulbi parvi omnino inter folia absconditi. Folia e basi cuneata lanceolata acuta v. acuminata, infra manifeste costata 30—40 cm longa, 5—8 cm lata, haud satis crassa coriacea firma basi articulata. Flores solitarii longe pedunculati (ad 20 cm) vaginis quibusdam brevibus scariosis vestitus. Bractea interdum bipartita acuta ovario brevior. Sepala e basi cuneata oblonga, intermedium fere orbiculare, albida striis v. lineis roseis aut violaceis plus minusve intensis interdum plane evanescentibus ornata, omnia 4,5—5 cm longa, lateralia 3 cm, intermedium 3,5—4 cm lata. Petala lateralia paulum angustiora ceterum similia eodem colore ac sepala, saepius intensiora. Labellum ungue lineari crasso 3 mm longo pedi gynostemii affixum circuitu oblongum concavum, callo semilunari multilamellosa (12—15) cartilagineo, atropurpureo v. fuscopurpureo instructum, medio lamellis quibusdam confluentibus in dentem magnum aucto; pars antica oblonga obtusa, tota superficie pilis hyalinis dense villosa; margo reflexus. Gynostemium labello fere aequilongum semicylindricum crassum antice basi (supra unguem labelli) umbonatum ibique sparse et minute pilosum, fere 2,5 cm longum basi 1 cm(!) latum, apicem versus paulum attenuatum eodem colore, quo totus flos gaudet. Anthera albida bilocularis, loculi uno latere margine latissima tenera instructi.

Columbia, F. C. Lehmann.

Diese Art gehörte bisher zu der Gruppe von Zygopetalum, welche früher unter dem Namen Pescatorea eine besondere Gattung bildete, bis sich der Autor derselben, Reichenbach, veranlasst fühlte, dieselbe mit noch mehreren andern, theils eignen, theils Lindley'schen Gattungen mit Zygopetalum zu vereinigen, was mit Recht angefochten wurde und zu den schwer verständlichen Gewaltstreichen gehört, mit welchen Prof. Reichenbach gelegentlich die botanische Welt überraschte.

Die Bulben dieser Pflanze sind ganz winzig und kaum zwischen den Basen der Blätter auffindbar, die Blätter selbst haben nichts besonders Bemerkenswerthes und ähneln denen von P. cerina Rchb. f., Klabochorum Rchb. f. durchaus. Völlig übereinstimmend hiermit entspringen auch die Blüthen aus den untersten Blattscheiden an ziemlich bis 20 cm langen, etwas hin und hergebogenen, mit nur wenigen blassen Scheiden besetzten Stielen. Die Blüthen selbst gehören zu den grössesten dieser Gruppe, sie sind 7—8 cm breit und über 5 cm hoch; die Blüthenblätter sind oblong, stumpf und von ziemlich fester Textur. Die Färbung ist ziemlich variabel, beinahe jede bisher publicirte Beschreibung weicht von der andern ab; wie es scheint, sind violette und purpurrothe Varietäten in verschieden abgetönten Nüancen vorherrschend, wogegen die rein weisse Varietät noch nicht beobachtet ist. Bei den meisten Formen finden sich purpurrothe oder violette Streifen auf weissem Grunde. Bei unserer hier vorliegenden Abbildung sind die Sepalen fast völlig weiss mit schwachen Andeutungen einer rothen Streifung. Die Haltung der Blüthenblätter ist stets zusammengeneigt, eine so gespreizte Blüthe, wie sie in Williams Orchideen-Album abgebildet ist, kommt nie in der Natur vor. Das Labellum zeigt die eigenthümliche Gebissbildung, wie sie auch bei Zygopetalum vorkommt und welche wahrscheinlich zur Vereinigung recht discrepanter Formen Veranlassung gegeben hat; die Zähne sind massiv und in der Mitte des Kiefers findet sich ein starker Höcker, Verhältnisse, von denen die Abbildung im Orchideen-Album auch nicht einmal eine Andeutung enthält. Der vordere Theil der Lippe ist breit zungenförmig mit nach unten umgeschlagenem Rande und ist auf der ganzen Fläche (auch unten) mit starren glashellen Borsten besetzt. Der Unterschied zwischen Seiten- und Mittellappen ist fast ganz verwischt, nach hinten ist die Lippe scharf abgesetzt und mittelst eines kurzen linealen festen Nagels mit dem Fuss der Säule verbunden. Die Säule hat fast halbcylindrische Gestalt mit nur geringer Verjüngung nach oben hin. Am unteren Ende dicht über der Ansatzstelle des Labellum befindet sich ein Buckel oder stumpfer kegelförmiger Vorsprung, auch ist die Säule an ihrem unteren Ende fein behaart. Die

Anthere ist dadurch merkwürdig, dass sie an der Oeffnung 2 breite häutige Anhängsel oder Klappen besitzt; die Klebscheibe des Pollinium ist quadratisch oder stumpf rhombisch, die caudicula sehr kurz und lineal, die Pollenmassen tief zweitheilig. Die Färbung von Lippe und Säule richtet sich nach der Hauptfarbe der Blüthe, roth oder violett, intensiv oder blass, mit mehr oder weniger Weiss, kurzum es ist auch hier der Variabilität ein weiter Spielraum gelassen.

Die bisher publicierten Abbildungen sind sehr ungleichartig. Sehr gut ist der Holzschnitt in Gard. Chronicle l. c.; sehr manierirt und unnatürlich die Tafel No. 57 im Orchideen-Album. Die Tafel in der Revue horticole l. c. hat der Verf. nicht gesehen. Da Analysen in den rein gärtnerischen Werken nicht vorzukommen pflegen, so schien es empfehlenswerth, die Pflanze noch einmal mit wissenschaftlichem Beiwerk abzubilden.

Als nächstverwandte Art haben wir jedenfalls P. Klabochorum Rchb. f. anzusehen, die aus annähernd derselben Gegend stammt. Der Entdecker ist F. C. Lehmann, z. Z. deutscher Consul in Popayan, Columbien; von ihm erhielten F. Sander & Co., St. Albans, die Pflanze, bei welchen sie auch zuerst blühte. Sie machte alsdann ihren Weg in die Sammlungen, ist aber bis auf den heutigen Tag eine verhältnissmässig seltene Pflanze geblieben, besonders die heller gefärbte Varietät, der Gegenstand der hier publicierten Tafel. Der Verf. ist für diesen Beitrag wie für so viele andere dieses Heftes Herrn Hofgartendirector Wendland verpflichtet.

Tafel 244. Habitusbild $^1/_2$ natürliche Grösse. 1. Labellum von oben. 2. dasselbe von der Seite. 3. Gynostemium (alle 3 Fig. natürliche Grösse). 4 und 4a. Pollinium (vergrössert). 5 und 5a. Anthere (vergrössert).

Tafel 245.

Cattleya Skinneri *Batem*, Var. **Bowringiana** *Kränzlin*.

Sepalis lanceolatis acutis, petalis aequilongis fere rhombeis angulis rotundatis obtusissimis, labello (explanato) circuitu latissime ovato convoluto, antice crispatulo emarginato, gynostemio a basi angustissima dilatato tertiam labelli partem aequante; anthera, polliniis generis.

Catt. Bowringiana, Veitch. Catalog. 1886. p. 10 et Manual. p. 31. — Williams. Orch.-Alb. 1888. VII. tab. 323. — Sander, Reichenbachia 2 Ser. I. tab. 2 p. 3. c. analys. ic. opt.!

Bulbi basi ipsa incrassati deinde caulis instar attenuati, supra incrassati fusiformes, vaginarum emarcidarum rudimentis vestiti ad 50 cm (!) alti, 2—3 cm diametro, subcompressi, diphylli, rarissime triphylli. Folia oblonga v. longe elliptica ad 20 cm longa, ad 5—6 cm lata, obtusa emarginata, crassa. Spatha diphylla ad 10 cm longa, arcte complicata obtusa. Pedunculus spatham vix v. paulum excedens, 6- ad 12-florus congestus. Bracteae acutae minutissimae, fere in squamam parvam triangularem reductae. Ovaria cum pedicello 5—6 cm longa, 3—4 mm diametro. Sepala oblonga acuta 3,5 cm longa, 1 cm lata nervis parallelis instructa, purpurea. Petala aequilonga, vix vel non angustiora, obtusa, venis radiantibus decora paulo intensioribus quam petala purpurea. Labellum obscure trilobum 3 cm longum et [expansum] aequilatum v. paulum latius, basi et in fundo albidum, antice (i. e. ab orificio tubi labelli apicem usque) intense purpureum, latere utroque pallide roseum venis purpureis eximium. Gynostemium albidum, 1 cm longum, fovea stigmatica excavata triangula, anthera supra leviter cristata.

Guatemala, British Honduras.

Die Bulben sind am Grunde kugelig angeschwollen, werden dann stielförmig, um allmählich nach oben hin zu einem flach gedrückten, an den Ecken abgerundeten keulenförmigen, mit flachen Riefen versehenen Körper anzuschwellen. Die Ueberreste von 5—6 Niederblättern bekleiden die Bulbe, deren glänzendes Grün durch die mehr oder minder abgestorbenen Reste hervorsieht. Die 2 oder bei sehr starken Bulben 3 gipfelständigen Laubblätter sind dunkelgrün, glänzend, sehr fest, oblong, 15—20 cm lang, 4—6 cm breit und vorn seicht ausgerandet. Zwischen den Blättern erhebt sich die in der Regel zweiblättrige Scheide, die scharf zusammengedrückt ist und deren Blätter oben in der üblichen Weise zweitheilig sind. Der Blüthenstand erhebt sich wenig über die Scheide (die unterste Blüthe steht wenig über der Scheidenmündung), hat eine massige Spindel und ist sehr compact gebaut. Die Anzahl der Blüthen variirt von 6—12. Die Sepalen sind 3 cm lang, länglich lanzettlich und vorn spitz, die Petalen sind eben so lang als breit und im allgemeinen Umriss rhombisch mit abgerundeten Ecken. Das Labellum ähnelt — flach auseinandergerollt — bis zur Mitte hin den Tepalen durchaus, ist aber am vorderen Rande abgestumpft, leicht wellig gebuchtet und in der Mitte ausgerandet; es zeigt die typische Theilung in 3 Lappen sehr undeutlich. Die ganze Blüthe hat zur Zeit der vollen Entfaltung einen Durchmesser von ungefähr 8—9 cm. Die Färbung ist wie bei allen Orchideen variabel, zeigt aber in der Hauptsache ein mehr oder minder intensives Purpurroth, welches auf den Sepalen und Tepalen blasser sein kann, aber auf dem vorderen Abschnitt des Labellum stets die tiefste Nüance zeigt; mit dieser dunklen Partie contrastirt sehr schön ein mehr oder minder ausgedehnter heller Fleck, der in den weisslichen oder direct weissen Schlund der Röhre des Labellum abblasst. Die Säule, welche nur 1 cm lang ist und ganz in der Röhre des Labellum steckt, ist reinweiss.

— Die Heimath der Pflanze ist Guatemala, von dort soll sie zuerst Herr von Türkheim geschickt haben; neuerdings wurde sie aus British Honduras eingeführt; sie blüht im October und November.

Der Verfasser hat lange Bedenken gehegt, ob Cattleya Bowringiana als Art anzuerkennen sei oder nicht, und erst die Untersuchung von frischem Material (Herr F. Sander schickte 3 Blüthenstände) hat demselben die Gewissheit verschafft, dass diese Art mit C. Skinneri Batem identisch sei. Prüft man die Blüthe Merkmal für Merkmal und fasst man das Ergebniss in Worte, so steht die klare und präcise Diagnose von C. Skinneri vor uns. Drei Punkte sind es, welche zur Aufstellung einer neuen Species verleiten und die Aufstellung einer Varietät rechtfertigen könnten: 1) die langen Bulben, 2) die andere Blüthezeit, nämlich November statt Januar, und 3) hauptsächlich die vorn abgestutzte Lippe. Was zunächst die Bulben anlangt, so ist ein vegetatives Merkmal wie dieses für den systematischen Botaniker dann von sehr problematischem Werth, wenn absolute Identität aller wichtigen Merkmale der Blüthe dagegensteht; andererseits ist die Länge der Bulben auch bei der Stammform von C. Skinneri sehr schwankend, wie aus der Tafel Bot. Mag. 4270 hervorgeht, auf welcher die vorjährige Bulbe ganze 24 cm lang ist, sich also bedenklich der für C. Bowringiana angegebenen Länge nähert und doppelt so lang als die blühende Bulbe. Schlecht cultivirte Exemplare mit kürzer werdenden Bulben dürften in einigen Jahren hinsichtlich dieses Charakters von C. Skinneri nicht mehr zu unterscheiden sein. Es bleibt sodann die abweichende Blüthezeit übrig, ein Charakter, der scheinbar grossen Werth hat, der jedoch an Bedeutung verliert, wenn man erwägt, dass dies wesentlich von der Höhenlage abhängen kann. C. Bowringiana soll zuerst von Herrn v. Türkheim eingeführt sein, dessen Hauptsammelgebiet die Alta Vera Paz und die Umgegend von Coban ist; neuerdings ist die Pflanze in British Honduras gefunden, beides Fundorte, die auf der atlantischen Seite Central-Amerikas liegen. Die Stammform von C. Skinneri stammt jedoch anerkannterweise aus den heisseren westlichen Theilen von Guatemala (cf. Bot. Mag. l. c. . . . . Mr. Skinner, „who detected it exclusively in the warm parts of Guatemala et along the shores of the Pacific".) Schliesslich ist der Unterschied in der Blüthezeit so erheblich gar nicht. Die Varietät Bowringiana blüht im November, die Stammform, die „flor de San Sebastian", blüht im Januar. Derartige Differenzen sind ganz gut aus den Unterschieden zwischen der atlantischen und pacifischen Seite Central-Amerikas zu erklären. — Wie gross andererseits die Uebereinstimmung zwischen beiden Pflanzen geht, folgt aus Bemerkungen der Sammler die wir hier um so lieber reproduciren, als sie Winke für die Cultur derselben enthalten. Mr. Skinner sagt von C. Skinneri wie folgt: „He (Mr. Skinner) recommends, care to be taken, that it may not imbibe too much moisture as its habitat is on branches of large trees seldom having any lichen where the heavy rains do not lie". In völliger Uebereinstimmung hiermit lautet die Stelle in Reichenbachia über Cattl. Bowringiana l. c. wie folgt: „In its native rocky ravines the plants are often found matted to the bare rocks, fully exposed to the sun, with nothing to sustain it in the dry season but the nightly dews". Was schliesslich die dritte Abweichung betrifft, nämlich die vorn abgestuzte und oft sogar etwas ausgerandete Lippe, so genügt dies Merkmal ganz gut zur Aufstellung einer Varietät, aber nimmermehr zu der einer Species. — Angesichts dieser weiteren Uebereinstimmungen ist doch um so mehr die Annahme gerechtfertigt, dass beide Pflanzen bezüglich der verschiedenen Blüthezeit nur von Bedingungen abhängig sind, die wir zur Zeit noch nicht genügend kennen; dies kann uns aber unmöglich veranlassen, allen Uebereinstimmungen zum Trotz eine neue Species anzuerkennen.

Diese Zusammenziehung ist nothwendig, soweit der systematische Botaniker mitzusprechen hat. Gärtnerisch hat die Pflanze trotzdem ihren hohen Werth, mag sie Species, Varietät oder was sonst sein, schon deswegen, weil sie zu der an guten Orchideen ärmsten Zeit des Jahres ihre wundervollen Blüthen entfaltet. Da die Cultur nicht schwer zu sein scheint, und da das Abstocken der Wurzeln und jungen Triebe sich bei einiger Vorsicht vermeiden lässt, so ist es ausser Frage, dass sie in kurzer Zeit zu den beliebtesten Orchideen gehören wird.

Tafel 245. Habitusbild. Fig. 1. Sepalen und seitliche Petalen. Fig. 2. Labellum. Beides in natürlicher Grösse.

Tafel 246. I. II. 1—7.

Epidendrum Avicula *Lindley.*

Sepalo dorsali lanceolato acuto v. acuminato lateralibus basi ipsa connatis oblongis acutis omnibus extus pilosulis; petalis lineari-lanceolatis acuminatis aequilongis multo angustioribus; labello simplici e basi lineari oblongo acuto v. rhombeo angulis lateralibus rotundatis a basi medium usque lineis 3 elevatulis instructo; gynostemio dimidium labelli aequante apice subalato, antherae loculis obliquis, fovea stigmatica valde excavata.

Axis (s. rhizoma) repens 3—4 mm diametro radicibus numerosis vestitus, internodii pro plantae magnitudine longi. Bulbi oblongi sub anthesi nondum maturati, post anthesin ovoidei, foliis v. squamis bractescentibus infra vestiti. Folia 2 subopposita lanceolata acuta v. acuminata 4—5 cm longa 1,3—1,5 cm lata. Racemus simplex ad 15 m altus plus minusve distichanthus ubique i. e. rhachis necnon pedicelli ovaria alabastra pilosula. Bracteae minutae triangulae ovaria multoties breviores. Pedicelli cum ovario et alabastris clausis flexi. Totus flos 1 cm diametro, sepala petalaque luteo-brunnea, labellum et gynostemium flaveolum seu viridi-luteolum. Flores non resupinati.

Epidendrum Avicula Lindl. Hook. Journal Botany III. 85, 1841. — Idem Folia Orchidac. Epidendrum No. 134. — Rchb. f. Walp. Annal. VI. 360. Rchb. f. in Saunders Refug. bot. II. tab. 138 ic. opt.

Eine Pflanze wie Epidendrum Avicula wird nie einen grossen Kreis von Cultivateuren finden; derjenige, welcher sie einmal besitzt, wird ihr einen bescheidenen Platz im Gewächshaus lassen und sich an dem absonderlichen kleinen Gewächs ergötzen. Was zunächst den Beinamen Avicula angeht, so hat Lindley ihn glücklich genug gewählt. Eine Knospe unmittelbar oder noch besser im Moment des Aufblühens erinnert ganz unbedingt an ein Vöglein, welches mit geöffnetem Schnabel scheu nach oben sieht, die eigenthümliche Krümmung von Ovarium und Blütenstiel trägt wesentlich mit dazu bei, diesen Eindruck hervorzurufen, ebenso wie die mattgrauweisse kurze Behaarung, die entfernt an die eben durchbrechenden, Federn erinnert. Bezüglich der Geschichte dieser Pflanze wird überliefert, dass Gardner sie im Orgel-Gebirge bei Rio entdeckt habe, wo sie auf den Bäumen in dichten Massen epiphytisch wächst und im April blüht. Gardner soll sie alsdann auch bei Pernambuco gesammelt haben. Diese aus den Küstengegenden stammenden Exemplare sind winzig im Vergleich mit den im Binnenlande, d. h. in Minas Geraës von Regnell gesammelten. In Europa hat die Pflanze zuerst in England mehrere Male geblüht, alsdann unter Prof. Reichenbach's Cultur in Hamburg; jetzt scheint dieselbe sehr selten geworden zu sein und es war dem Verfasser sehr erfreulich, von Herrn Hofgartendirector Wendland frisches Material zu erhalten. Unter den Merkmalen mögen folgende hervorgehoben werden: die Internodien des kriechenden Stammes (oder Rhizomes, wie er gewöhnlich aber fälschlicherweise genannt wird) sind ziemlich lang und von den Narben der abgefallenen Niederblätter geringelt. Am jungen Ende des Triebes entspringen aus den noch nicht ausgereiften verdickten Stengeltheilen, den sogenannten Bulben, die in der Regel einfach verzweigten Blüthenstände, welche durchweg fein grauweiss behaart sind. Die Blüthen sind nicht resupiniert, das Labellum steht also aufwärts gerichtet. Die Farbe ist bei der frisch geöffneten Blume im Innern ein schönes gesättigtes Honiggelb, dunkelt aber sehr bald in einen lederbraunen und schliesslich (nach Reichenbach) in einen fast kupferrothen Farbenton nach. Die Sepalen und Petalen der kleinen Blumen haben wenig Bemerkenswerthes, die Abbildung besagt mehr als der Text.

Tafel 246. I. Ganze Pflanze. II. Blüthenstand. 1. Knospe. 2. Blüthe. 3. Labellum. 4. Säule von vorn. 5. Anthere von unten. 6. und 7. Pollinien. (1—7 vergrössert.)

Tafel 246. III. 8—9.

Pleurothallis astrophora *Rchb. fil.*

[Lepanthiformes.]

Sepalis oblongis ovatis acuminatis caudatis, lateralibus intermedio paulo majoribus, sepalis ovatis acutis apice inflexis multoties minoribus, labello oblongo ovato obtuse acuto lamina papilloso basi ipsa, leviter excavato; gynostemio brevissimo utrinque apice angulato.

Pleuroth. astrophora. Rchb. f. in schedulis hort. Herrenhausen.

Caulis vaginis 3 ochreatis (Lepanthidis instar) margine pilosis vestitus, 6—7 cm altus. Folium oblongum obtusum 1,5—2 cm longum, ad 8 mm latum crassissimum apiculatum. Racemus bis vel ter longior filiformis, vaginis 2 minutissimis vestitus, leviter fractiflexus, 12—15 florus. Bracteae minutae ovario pedicellato pluries breviores acutae. Flores inter sepalorum apices 3—4 mm longi, ad 2 mm lati purpurei velutini, papilli marginales hyalini, labellum intensius purpureum papillis majoribus instructum, gynostemium (a fronte visum) semiorbiculare utrinque angulis deflexis auctum.

Eine Pflanze von geringer Grösse aber von ausgezeichneter Schönheit, die in der Grösse einer Masdevallia Chimaera ausgeführt, viele moderne Orchideen übertreffen würde. Der Stengel ist von der Basis bis zum Blatte von 3 der charakteristischen Lepanthes-Scheiden besetzt. Das Blatt ist ganz kurz gestielt, sehr dick, leuchtend grün, an der Spitze stumpf und mit einem ganz feinen Spitzchen am Ende. Der Blüthenschaft ist haarfein, zickzackförmig gebogen und trägt eine Rispe von 10 bis 15 kleinen Blüthen. Die Sepalen divergiren sternförmig (woher der Name) und sind in feine Spitzen ausgezogen. Sie sowohl wie die viel kleineren Petalen sind prachtvoll blutpurpurroth und von kleinen Wärzchen sammtig, die Papillen sind nur in ihrem unteren Theil gefärbt, nach der Spitze hin dagegen farblos, was man besonders deutlich an den randständigen Papillen bemerkt. Das Labellum ist klein, ziemlich stumpf und mit ziemlich grossen Papillen besetzt. Die Säule ist sehr kurz, sie ragt kaum aus dem Grunde des herabgeschlagenen Labellum hervor und ist an beiden Seiten mit kurzen Fortsätzen versehen. — Von Herrn Gartendirector Wendland erhalten.

Tafel 246. III. Habitusbild. 8. Blüthe. 9. Labellum. 10. Säule von der Seite (vergr.).

Tafel 247. I. 1—6.

Pleurothallis scapha *Rchb. fil.*

Sepalo dorsali oblongo acuminato in caudiculam ipso fere sesquilongiorem producto, inferiore (sc. lateralibus connatis) late-lineari cymbiformi in caudiculam fere aequilongam producto, petalis oblongis caudicula eorum ipsis pluries longiore sepalis aequilonga; labelli trilobi lobis lateralibus ascendentibus linearibus falcatis (semicirculum fere efficientibus) in lobum intermedium deflexis; hoc (lobo interm.) lineari antice retuso sepalis petalisque ter breviore; gynostemio brevi conico, androclinio apice lamina rectangula instructo, rostello lato ligulato.

Pleuroth. scapha. Rchb. f. in schedulis horti Herrenhausen.

Caulis ad 25—30 cm altus, basi vagina 1 arctissime adpressa cinerea nigro-punctulata vestitus. Folium crassissimum lanceolatum apice bilobum. Scapus folium duplo fere excedens, basi vaginis 2 quarum inferior carinata acuta instructus, pauciflorus (2—4) Bracteae ochreatae pedicello ter v. quater breviores. Sepala petalaque 4,5 cm longa, dorsale extus albidum purpureo-striolatum, intus omnino albidum, ventrale v. inferius extus sordide purpureum, intus pallidius, linea mediana alba petala albida, v. basi pallide luteo-alba; labellum album, lobus intermedius luteo-purpureus.

Der sehr feste kurze Stiel ist unten mit einem grauen schwarz punktirten (wie mit gewissen Aecidium-Sporen) Scheidenblatte umgeben. Das einzige bis zu 10 cm lange und 2,5 cm breite Blatt ist ausserordentlich hart, fest und glänzend dunkelgrün. Der Blüthenschaft hat an der Basis 2 graue, gekielte Scheidenblätter, er ist fast doppelt so lang als das Blatt und trägt 2—4 ziemlich lange Blüthen, deren Sepalen und Petalen in einer fast an Masdevallia erinnernden Weise in lange Schwänze ausgezogen sind. Ueberaus merkwürdig ist das Labellum; dasselbe ist dreitheilig — ein so regelrechtes Labellum tripartitum, wie man es selten bei dieser Gattung findet — mit 2 steil aufrechten, fest aneinander gepressten bügelförmigen Seitenlappen und einem annähernd doppelt so langen, linealischen, vorn abgestutzten Mittellappen, letzterer ist gelbroth mit rother Mittellinie, die Seitenlappen sind hyalin. Die Säule ist kurz kegelförmig und hat an der Spitze oberhalb der Anthere eine kleine rectanguläre Lamelle.

Als nächstverwandte Art haben wir jedenfalls Pl. insignis A. Rolfe anzusehen, welche in allen Theilen beträchtlich grösser und bei welcher der dorsale Sepalum 1 cm über der Basis plötzlich scharf verschmätert ist. Abgesehen von diesen beiden auffälligen Unterschieden finden sich noch genug andere, um die völlige Verschiedenheit beider Arten klar zu stellen, welche sonst in Habitus und Farbe der Blüthe überaus ähnlich sind. — Der Verfasser verdankt das frische Material der Güte des Herrn Gartendirector Wendland.

Tafel 247. I. I*. Habitusbild. 1. Oberes Sepalum. 2. Petalen. 3. Seitliche Sepalen. 4 und 5. Labellum. 6. Säule.

Tafel 247. II. 7—11.

Pleurothallis obovata *Lindley*.

Sepalis liberis oblongis acuminatis conniventibus, petalis minoribus subsimilibus, labello lineari acuto medio fere leviter constricto, gynostemio leviter curvato, supra margine denticulato lacero, anthera oblonga.

Pleuroth. obovata Lindl. Bot. Reg. 1842 misc.

— id. Folia Orchid. Pleurothallis N. 125 p. 22. —

Pleuroth. albida. Lindl. Taylors Ann. Nat. Hist. ser III. tom I. pag. 327.

sec. Lindl. huc Pl. octomeriaeformis. Rchb. f. Bonplandia II. (1854) p. 25.

Caulis teres firmus (sine folio) ad 10 cm altus vaginis arctis supra saepius laceris 3—4 vestitus. Folium cauli fere aequilongum ad 2,5 cm latum crassum coriaceum obovato-oblongum obtusissimum in petiolum brevem canaliculatum angustatum. Racemus a basi ipsa in ramulos paucifloros (3—4) fractiflexas dissolutus basi squamulis nigro-cinereis acutis vestitus. Bracteae late triangulae acutae ovaria brevia fere aequantes. Sepala, petala labellum hyalina albida basi ima lactea, gynostemii margo superior hyalinus in dentes irregulares dissolutus. Anthera hyalina circuitu oblonga tenerrima. Totus flos 5 mm longus connivens.

Die 8—10 cm hohen Stengel sind fast ganz von den grauen Scheidenblättern eingeschlossen, so dass die lebhaft grüne Farbe derselben nur unmittelbar unter den Knoten zum Vorschein kommt. Das Blatt ist auffallend steif und steht genau in der unschönen Art, wie unsere Tafel es wiedergibt, in die Höhe. Die Aeste des Blüthenstandes sind ungefähr 2 cm lang, im Zickzack hin- und hergebogen und trägt jeder 3—4 Blüthen von gelblich weisser Farbe. Die Sepalen sind bis zum Grunde absolut frei, die Petalen sind ähnlich aber kleiner, das Labellum ist etwa halb so lang als die Sepalen, linealisch, in der Mitte etwas eingezogen und vorn kurz zugespitzt. Die Säule ist verhältnissmässig lang, gekrümmt und am oberen Rande zierlich gezähnt. Diese erst nach genauer Untersuchung sich zeigende Schönheit ist wohl die einzige, deren die Pflanze sich rühmen kann.

Lindley hat Pl. octomeriaeformis. Rchb. f. l. supra c. hierher ziehen zu sollen geglaubt. Die Sache ist doch mindestens zweifelhaft. Es heisst in Reichenbach's Diagnose ausdrücklich .... sepalo summo lanceolato(!) inferiore basi coalito(!) .... labello basi brevissime sagittato(!) per mediam lineam intruso(!) .... etc. Diese 4 durch ! hervorgehobenen Merkmale stimmen mit dem Befund der uns vorliegenden von Prof. Reichenbach selbst als Pleuroth. obovata bezeichneten Pflanzen ganz bestimmt nicht überein, man könnte sogar noch als fünftes „androclinio limbo fimbriato“ hinzufügen, denn Reichenbach braucht den Ausdruck „fimbriatus“ nie identisch mit „lacero-dentatus“, was hier bekanntlich der Fall ist. Ohne Einsicht in Lindley's und Reichenbach's Herbarien kann z. Z. die Frage nicht endgültig gelöst werden. Binnen Jahresfrist hoffe ich in der Lage zu sein, die Befunde, welche durch Einsicht in Lindley's Herbar gewonnen werden können, in diesem Werke bekannt zu machen.

Tafel 247. II. Habitusbild (natürliche Grösse). 7. Gynostemium. 8. Labellum. 9. Anthere. 10. Pollinium. 11. Blüthe (alles vergrössert).

Tafel 248. I. II. 1—6.

Pleurothallis Lansbergii *Regel*.

Sepalo dorsali oblongo-lanceolato, inferiore (sc. lateralibus connatis) sublatiore ovato utroque acuminato trinervio; petalis multo minoribus linearibus acuminatis; labello oblonge apice reflexo obtuso basi ipsa calva ceterum papillis numerosissimis scabro, gynostemio lato, foveis stigmaticis binis, singula in utraque gynostemii parte.

Pleuroth. Lansbergii Regel. Annal. Scienc. Nat. ser. IV. tom. VI. p. 373. — Lindley. Fol. Orch. Pleurothallis sub N. 47. pag. 11.

Caulis strictissimus firmus, ad 20 cm altus, vagina 1 arctissime adpressa brunnea vestitus. Folium ovatum basi cordatum acuminatum coriaceum crassum, 8—9 cm longum, 3,5 cm latum margine subpurpurascens. Flores solitarii, pedicelli vagina carinata sicca nigro-cinerea bracteaque hyalina pedicello ipso bene breviore vestiti, 2,5 cm longi. Sepala 1,6 cm longa, superius 6 mm, inferius 8 mm lata, petala 1—2 mm lata, 5—6 mm longa, linearia uni-nervia, omnia flavo-purpurea. Labellum 6—7 mm longum, 3 mm latum, atro-purpureum. Gynostemium latius ac longum, androclinium cordatum, foveae stigmaticae manifeste binae infra androclinium non conjunctae, anthera minuta plana antice paulum acutata.

Der 20 cm hohe Stengel trägt dicht über dem Boden eine enge röhrenförmige braune Scheide und an der Spitze das eine ziemlich grosse, sehr feste und dicke Blatt, dessen herzförmiger Grund nicht besonders tief eingeschnitten ist. Die Farbe ist oben dunkelgrün, unten etwas lichter und am Rande trüb purpurroth. Der Stiel der einen Blüthe ist am Grunde von einer schwarzgrauen, nach oben deutlich gekielten Scheide und sodann von einem äusserst zarten dünnhäutigen Deckblatt umgeben. Die Blüthe misst reichlich 1,5 cm oder etwas mehr in der Totallänge. Die beiden Sepalen sind an der Basis gelbroth und nach der Spitze hin mehr weinroth, die schmal linealischen Petalen sind ebenso gefärbt, das Labellum contrastirt dagegen durch seine tief dunkle Purpurfarbe. Am Grunde des im Uebrigen rauhen warzigen Labellum befindet sich eine ganz glatte Stelle und genau in der Mittellinie ein etwas ausgetiefter Fleck von kaum $^1/_2$ Millimeter Länge. Sehr auffällig ist, dass 2 durch das Androclinium völlig getrennte Narbenhöhlen vorhanden sind. Das ganze Gynostemium ist stark in die Breite gezogen.

Tafel 248. I. II. 2 Habitusbilder natürlicher Grösse. Labellum, Petalen und Säule von oben gesehen sehr stark vergrössert. 2. Sepala lat. connata. 3. Sep. dorsale. 4. Anthere von oben. 5. von unten mit Pollinien. 6. Gynostemium von vorn. (Alles vergrössert.)

Tafel 248. III. 7—13.

Pleurothallis orbicularis *Lindley.*

Sepalis ovatis acuminatis, lateralibus longioribus medium usque coalitis basi subsaccatis; petalis oblongo-linearibus sepalo dorsali subaequilongis, margine serrato-ciliatis acutis; labello nano ligulato acuto v. acuminato margine serrato apice aristato; gynostemio supra lacero-dentato, anthera galeata antice emarginata.

Caulis 2,5—3 cm altus vaginis 3 lepanthiformibus ochreatis acutis pilosissimis vestitus. Folium fera orbiculare acutum crassum erectum, 1,5—2 cm longum, 1,5 cm latum. Racemus 2—3 florus. Flores inter minimos generis 1,2—1,5 mm diametro, paulum longiores atropurpurei. Petala labellum androclinium elegantissime fimbriata dentata lacera. Anthera marginibus androclinii fere obtecta.

Pl. orbicularis Lindl. Folia Orchid. Pleuroth. p. 25 No. 149. — Specklinia orbicularis Lindl. Bot. Reg. 1838, misi 41. Pl. biflora Focke in Tijdschr. neederland. II. 147. Bot. Zeitung 1849, 638. Surinam Focke. — Demerara Loddiges. Wir verdanken unser Exemplar der Güte des Herrn Wendland — Herrenhausen bei Hannover.

Tief purpurrothe Blüthen mit zierlich gefransten Petalen und ähnlichem Labellum, mit einer Säule, deren oberer Rand in eine Masse feiner Fäden aufgelöst ist, sind die Charakteristica dieser Blüthe. Es ist nicht immer leicht, diese winzigen Formen zu untersuchen, man wird aber reichlich entschädigt durch den Anblick dieser minutiös ausgeführten Schönheiten.

Tafel 248 III. Habitusbild. 7. Blüthe von der Seite. 8. Petalum. 9 und 10. Säule. 11. Labellum. 12 und 13 Anthere. (7—13 beträchtlich vergrössert.)

Tafel 249. I. II. III. 1—8.

Cleisostoma lanatum *Lindl.*

Sepalis oblongis acutis carinatis intermedio cucullato, petalis obovatis obtusissimis omnibus extus villosis; labelli trilobi lobis lateralibus protensis acutis, intermedio paulo longiore ovato antice processubus 2 rectangulariter erectis aucto, calcari sacculato orificio lamella vel dente longiore recluso; gynostemio brevi supra excavato, anthera plana hyalina antice valde protracta obtusa, polliniis subglobosis, caudicula supra bifida dilatata.

Folia linearia apice vix inaequaliter biloba firma coriacea. Racemus simplex v. pauciramosus ex angulis folii cujusdam inferioris oriens dependens. 6—12 cm longus.

Sepala oblonga acuta, dorso manifeste carinata, carina in apiculum producta. Petala paulo breviora obovata fere spathulata obtusa densius pilosa quam sepala, margine fimbriata. Labellum glabrum naviculare, lobus intermedius a lateralibus vix sejunctus antice in dentes (v. setas, Ldl.) rectangulariter erectos productus, lateralium pars libera in dentem cartilagineum obtuse acutum protracti; sacculus (v. calcar) obtusus haud ita longus, didymus, supra i. e. in callo labelli dente elongato plus minusve clausus. Gynostemium crassum brevi antice excavatum supra in dentes obsoletos productum. Anthera pellucida parte superiore subglobosa antice in laminam hyalinam protracta. Glandula minuta oblonga, rostello firmissime affixa, caudicula lineari supra dilitata ibiqui bipartita, rima angustissima inter utramque partem. Sepala lutea extus medio ustulata, petala lutea, lineis 3 brunneis apice plus minusve confluentibus decora, labelli lobus intermedius albus maculis minutis purpureis (praesertim antice) decorus, ceterum luteum. Totus flos subclausus, sepala 1,2—2 mm longa vix 1 mm lata, petala paulo minora labellum sepala vix excedens. Racemus laxus densiflorus plus minusve ramosus, rhachis squamis 2—3 ochreatis obtusis acutisve vestita, basi calva supra lanata. Bracteae quarum inferiores inanis pilosae obovatae acutae infra carinatae sub anthesi luteae post anthesin nigrescentes (fuscae), floribus aequilongae apice comosae. Ovaria cylindracea viridia bene pilosa.

Der Blüthenstand ist eine wenig verzweigte Rispe mit wollig behaarter Spindel und dichtgedrängten kleinen Blüthen. Am unteren Ende des Blüthenstandes sind die grossen, verkehrt eiförmigen zugespitzten Deckblätter meist ohne Blüthen oder, nachdem die Blüthen unfruchtbar abgefallen sind, was meist der Fall zu sein scheint, erfahren dieselben eine nachträgliche Vergrösserung; sie sind um diese Zeit schwarz, während sie vor und bis zum Aufblühen der Blüthe honiggelb mit brauner Mittellinie sind. Die Blüthen sind klein und kaum so lang als die Deckblätter. Die Sepalen sind hellgelb, aussen mit dunkelbraunem wie verbrannt aussehendem Mittelkiel, auf der Rückseite mit unregelmässigen braunen Flecken auf gelbem Grunde; die Petalen sind bedeutend kleiner, fast spatelförmig, am Rande sehr stark gewimpert und auf der Innenseite mit 3 braunrothen Linien, die vorn mehr oder weniger verschmelzen. Das Labellum ist im Gegensatz hierzu weiss mit blutpurpurrothen Flecken;

die Seitenlappen ragen parallel wie ein paar Stosszähne vor, der Mittellappen ist eiförmig und vorn mit 2 senkrecht stehenden Spitzen besetzt, mit einem dicken eiförmigen Zahn oder Schwiele auf dem Discus; der Sporn ist sehr kurz und undeutlich zweitheilig. Die Säule hat die Charaktere des Genus, zeigt aber sonst wenig Bemerkenswerthes, sie ist vorn tief ausgehöhlt, hat nach oben hin zwei ziemlich unentwickelte zahnähnliche Fortsätze und ein flaches Androclinium. Die Anthere ist ziemlich flach, nur der Theil, welcher die beiden kugeligen Pollenmassen deckt, ist etwas gewölbt, der vordere Theil dagegen ist zungenförmig verlängert und sehr zart; er deckt den Stiel des Polliniums bis ziemlich zur Klebscheibe. Dieser Stiel ist nach oben hin in 2 Theile gespalten.

Tafel 249. I. Habitusbild (verkleinert). II. Blüthenstand (in aufrechter Stellung und in natürlicher Grösse). III. Blatt (natürliche Grösse). 1. Sepalum von aussen. 2. von innen. 3. seitliches Petalum. 4. Labellum und Säule. 5. Labellum von oben. 6. Anthere von oben. 7. Pollinium von vorn. 8. von hinten. (Alles vergrössert.)

Tafel 248. 14—16 und Tafel 249. IV. 9.

Polystachya odorata *Lindley.*

Sepalo dorsali oblongo acuto, lateralibus toto circuitu ovatis acutis subfalcatis multo majoribus margine repandis; petalis minoribus linearibus obtusis; labello e basi lineari cuneato lobis lateralibus subfalcatis acutis intermedio cuneato obcordato sinuato, linea elevatula in disco; toto labello convoluto.

Caulis (v. rhizoma) crassiusculus, internodii brevissimi, bulbi congesti ovoidei v. oblongi, sub anthesi squamis 3—5 late ovatis acutis plus minusve scariosis vestiti. Folia 3—4 oblonga vel lanceolata acuminata ad 12 cm longa, 1,5—1,8 cm lata, 3—5 nervia racemum fere attingentia. Scapus foliis angustissimis linearibus 2—3 vestitus supra sensim pubescens. Racemus pauciflorus (8—12) subcongestus. Rhachis, bracteae, pedicelli, ovaria, sepala omnia pilosula. Bracteae ovariis pedicellatis bene breviores. Ovaria c. pedicellis 1,2—1,8 cm longa ascendentia. Flores expansi 1,2 cm lati, pallide lutei. Sepala et labelli pars basilaris nervis crebris parallelis et transversalibus tenerrimis tesselata.

Tropisches West-Afrika.

Pol. odorata Lindl. Journ. Lin. Soc. VI (1862) p. 130. West African Tropical Orchids.

Ein Missgeschick war es, dass die Antheren und Pollinien auf dem Transport von Hannover bis Berlin abgefallen und unauffindbar waren; da ausser der kaum vier Zeilen langen Diagnose Lindley's nichts über die Pflanze bekannt und das Exemplar zu Herrenhausen eins der wenigen in Europa lebenden ist, so hielt es der Verf. für besser, das Material so gut zu publiciren, wie es eben war. Die Art hat genau die Tracht aller Polystachyen, die flaschenförmigen Bulben, die schmalen Blätter, ist aber, wie schon Lindley bemerkte, durch die verhältnissmässig grossen Blüthen ausgezeichnet, die aussen behaart sind und sehr schwach duften. Die Farbe ist (mindestens bei dem einen ziemlich frischen Exemplar) nicht reinweiss, wie Lindley l. c. sagt, sondern hell weissgelb. Sollten in diesem Jahre dem Verfasser noch einmal Blüthen zugesandt werden, so soll der Pollenapparat genau beschrieben werden. Bis dahin möge die hier mitgetheilte Ergänzung zur Kenntniss der Art genügen. Bemerkt mag werden, dass die sogenannte Würfelzeichnung, welche Lindley als Artcharakter bei P. tesselata erwähnt hat, sich in trockenem Zustande bei sehr vielen Polystachyen findet.

Tafel 248. 14. Blüthe ausgebreitet. 15. Labellum. 16. Blüte von oben (vergrössert). Tafel 249. IV. Habitusbild.

Tafel 250. I. 1—7.

Aerangis (handwritten)

Listrostachys polystachys *Rchb. fil.*

Sepalis petalisque anguste triangularibus acuminatis vix diversis (petalis forsan paulo minoribus); labello latissimo margine rotundato repando antice in dentem filiformen protracto, calcari ipso et ovario bene breviore extinctoriiformi; gynostemio brevissimo antice dentibus 2 acutis porrigentibus instructo, anthera semiglobosa intus imperfecta biloculari circuitu fere quadrata (angulis scilic. rotundatis); polliniorum caudiculis sejunctis, glandula oblonga v. ovata idem ac caudiculis hyalinis.

Bourbon und Madagascar.

Epidendrum polystachys. Du Pet. Th. Orch. tab. 82.

Angraecum polystachyum. Ldl. Comp. Bot. Mag. l. c. 205. nec. Ang. polystachyum Bot. Reg. 1840 sub 68.

Listrostachys polystachys Rchb. f. cf. Walp. Annal. VI. p. 909.

Caulis 40—50 cm altus v. altior ad arborum truncos radicibus crebris adfixus, distichophyllus. Folia coriacea fere linearia obtusa biloba plerumque aequilateralia rarius inaequilateralia basi $^2/_3$ caulis amplectantia, 7—8 cm longa, ad 1,5 cm lata. Racemi erecti pluriflori. Bracteae sub anthesi scariosae antice retusae vix acutatae ovariis multo breviores, distichae. Flores erecti non resupinati. Sepala ac petala aequilonga (sep. dorsale paulisper longius) 1,3—1,5 cm longa, sepala basi 2 mm, petala vix 1,5 mm lata. Labellum cucullatum convolutum (expansum fere quadratum) in apicem longum linearem productum, cum apice 1,5 cm longum, vi expansum 1 cm latum. Calcar brevius extinctoriiforme leviter vel vix curvatum. Gynostemium brevissimum, cornua triangula convergentia cartilaginea introitum ad foveam stigmaticam necnon eum antherae secludentia. Pollinia oblonga, candiculae 2, glandulae 1 oblongae hyalinae affixae. Anthera margine posteriore rotundata, anteriore repanda.

Eine Pflanze, die sicherlich nicht zu den Schönheiten allerersten Ranges gehört, die aber in guten, starken Exemplaren immerhin ebenso gut eine Zierde eines Gewächshauses zu sein vermag, wie etwa Angr. citratum, bilobum oder Scottianum, Arten, die z. Z. in keiner Sammlung fehlen, in der nicht blos Cattleyen und Odontoglossen als existenzberechtigt gelten. Der vegetative Aufbau dieser Art ist sehr Vanda-ähnlich, der Stamm ist stielrund, etwa 3—4 mm dick und in Abständen von etwa 2 cm mit zweizeilig gestellten, linealischen, den Stengel umfassenden Blättern bekleidet, welche an der Spitze stumpf, zweilappig und in einer für Angraeceen ungewöhnlichen Weise beiderseits ziemlich gleich lang sind. Die Stämme wachsen der Rinde der Bäume angedrückt, aber durch die zahlreichen Wurzeln so weit von derselben entfernt, dass die Blätter senkrecht zur Hauptachse der Pflanze stehen und nicht dorsiventral gedreht sind. Aus den oberen Blattwinkeln entspringen die ungefähr 15—20 cm langen Blüthenstände von ungefähr 8—10 Blüthen, welche, wie oft bei Angraecum und Verwandten nicht resupinirt sind. Die Sepalen und Petalen zeigen die denkbar einfachste Form, die eines gleichschenkligen, langgestreckten Dreiecks, dagegen ist das Labellum hier eigenartig entwickelt; abgesehen von dem vorderen, spitz dreieckigen, fast linealen Zipfel ist dasselbe vertieft muschelförmig mit ausgeschweiften Seitenrändern. Die Farbe ist weiss mit geringem Anflug von grün an den Sepalen. Der Sporn gehört zu den kürzesten, welche in der ganzen Gattung vorkommen, und ist viel kürzer als das weisse, ungedrehte Ovarium.

In dem ersten Illustrationswerk, welches gänzlich den Orchidaceen gewidmet war, Aubert Du Petit Thouars' classischer Histoire particul. des pl. Orch. tab. 82 findet sich die erste und bis jetzt einzige Abbildung dieser seltenen Pflanze. Abgesehen von Reichenbach's kurzer Notiz in Walper's Annal. Tom. VI, 909, wo nur die Einziehung dieser Art zu Listrostachys vollzogen wird, ist seither nichts über die Pflanze publicirt und es mag somit eine neue Abbildung dieser Art um so weniger überflüssig erscheinen, als Du Petit Thouars' Werk zu den seltneren Orchideenwerken zählt.

Der Verf. verdankt das Exemplar, wie die meisten und besten Beiträge für dieses Heft, der Güte des Herrn Hofgarten-Director Wendland.

Tafel 250. Habitusbild (natürliche Grösse). 1. Blüthe. 2. Labellum mit Sporn. 3. Gynostemium mit Sporn von vorn gesehen. 4. Gynostemium von der Seite gesehen. 5. Anthere von unten. 6. Anthere von oben. 7. Pollinium. Fig. 3—6 vergrössert.

Tafel 251. I. 1—8.

Dendrobium antennatum *Lindl.*

Sepalo dorsali triangulo acuminato, lateralibus similibus postice in pseudocalcar extinctoriiforme acutum leviter decurvum productis, omnibus conniventibus; petalis linearibus acutis plus duplo longioribus erectis semel vel bis tortis; labelli lobis lateralibus rhombeis antice acutangulis (apice ipso obtusato) lobo intermedio fere orbiculari v. latissime ovato antice acutato, disco callis quinque antice abruptis ante apicem desinentibus instructo, totum labellum lineis radiantibus decoro; gynostemio lato marginato antice rectangulariter retuso apice tridentato, anthera supra barbata, polliniis generis.

Bulbi ima basi globosi deinde attenuati supra fusiformes postremo caulescentes ad 70 v. 80 cm alti textes omnino foliosi supra plerumque ramosi valde attenuati. Folia oblonga obtusa juniora 5—6 cm longa, ad 2 cm lata, laete viridia. Bulbi floriferi omnino vaginis foliorum vetustorum vestiti, internodia 2—3 cm longa. Racemi 25—30 cm longi, 5—10 flori. Bracteae ochreatae acutae minutae cauli arctissime adpressae ovario multoties breviores. Ovaria cum pedicello 1,5—1,8 cm longa decurva. Sepalum dorsale 2 cm longum, lateralia 2,5 cm longa, basi 4—5 mm lata. Petala linearia 5—6 cm longa, 2 mm lata. Labellum 1,2 cm longum, 4—5 mm latum. Sepala alba, petala viridia, labellum albidum callis lineisque purpureis decorum, gynostemium albidum.

Dendrobium antennatum Lindl. in „Vegetat. of the Feejee Islands" by Bentham in Hook. London Journ. Bot. II. 1843, 236. — Walpers Annal. VI. 298, No. 94.

Neu-Guinea. Gesammelt von Herrn Micholicz, dem Reisenden für F. Sander & Co., St. Albans, Herts. Blüthe in St. Albans im Juli und August dieses Jahres.

Eine eigenthümliche Art, die von Reichenbach mit Recht als besonderer Typus erkannt wurde, dem er später D. stratiotes und D. strebloceras zugezählt hat und zu welchem D. taurinum Ldl. stark hinneigt. Während nun D. stratiotes Rbch. rasch in die Sammlungen Eingang fand und mehrfach abgebildet wurde und D. strebloceras mindestens in England als eine ziemlich bekannte, völlig eingebürgerte Art gilt, war das typische D. antennatum unbekannt, bis auf die kurzen Diagnosen Lindley's. Der Verfasser fand die Pflanze Ende Juli dieses Jahres in Herrn F. Sander's Häusern, in mehreren brillant gedeihenden Pflanzen blühend vor und erhielt von dort noch mehrfach frische Blüthen. Die Art ist unbedingt ein guter Zuwachs unserer Sammlungen, denn sie trägt Blüthen, deren Anblick ebenso frappirt wie die eines Catesetum oder einer Gongora. Die Stämme und der ganze Aufbau ist für ein Dendrobium sehr schlank und die oberen Theile der vorjährigen also nun blühbaren Bulben oft in ein Astwerk von dünnen ruthenförmigen Zweigen aufgelöst. Aus diesen entspringen nun die schlanken leicht überhängenden Blüthentrauben, welche 5—10 der höchst bizarren Blüthen tragen. Die Sepalen und Petalen sind weiss, dreieckig zugespitzt, leicht gedreht und die ersteren in einen kurzen etwas gekrümmten Scheinsporn verlängert. Mit ihnen contrastiren lebhaft die „antennae“, d. h. die langen linealen lebhaft grünen Petalen, die senkrecht aufgerichtet dastehen und mehr oder minder stark (aber nie so stark wie bei D. stratiotes oder D. strebloceras) gedreht sind. Das Labellum hat die Charaktere, die sich bei allen Arten dieser Gruppe wiederholen; zwei Seitenlappen von etwas mehr als der Totallänge der Lippe, davor einen breit eiförmigen zugespitzten Mittellappen. Das Mittelfeld ist mit 5 parallelen Leisten besetzt, die vorn ziemlich jäh endigen. Die Farbe ist rahmweiss mit purpurnen Adern.

Die Art gedeiht, da sie aus den Bergwäldern Neu-Guineas stammt, am kühleren Ende des ostindischen oder in der wärmeren Abtheilung des Cattleya-Hauses, beansprucht die bei den Dendrobien allgemein übliche Cultur und zur Blütezeit einen möglichst hellen Platz.

Tafel 251. I. Habitusbild des oberen Theiles der Pflanze in natürlicher Grösse. 1. Blüte. 2. und 3. Labellum. (1—3 nat. Grösse.) 4. und 5. Gynostemium. 6. und 7. Anthere. 8. Pollinium. (4—8 vergrössert).

Tafel 251. II. 9—14.

lamellatum

Dendrobium compressum *Lindl.*

Sepalo dorsali oblongo acuto, lateralibus obovatis obtusissimis postice in pseudocalcar elongatis; petalis lateralibus obovatis antice rotundatis, sepala lateralia paulum excedentibus; labello obsolete trilobo convoluto, a basi cuneata triangulo retuso margine minutissime ciliato medio emarginato, lobis lateralibus subnullis, intermedio v. disco labelli lineis quibusdam elevatulis instructo, gynostemio brevissimo, fovea stigmatica maxima, anthera biloculari antice retusa, loculamentis late marginatis, polliniis longe ovatis leviter curvatis, androclinio tridentato.

Bulbi v. rectius caules ascendentes basi attenuati deinde dilatati compressi ancipites foliis 5—6 vestiti, ad 6—10 cm alti; 3 cm lati. Folia (ex Lindley) ovalia acuta striata basi dilatata membranacea amplexicaulia, 8 cm longa, 3 cm lata. Racemi 3—4-flori. Bracteae minutae triangulae ovariis multoties breviores. Sepala oblongo-ovata acuta 7 mm longa 5 mm lata postice in pseudocalcar 1 cm longum obtusum elongata, petala simillima paulisper minora. Labellum cuneatum s. spathulatum margine revolutum antice sinuatum 1 cm longum et (vi expansum) antice 1 cm latum. Gynostemium perbreve antice incrassatum, 3 mm longum et aequilatum. Totus flos luteus.

D. compressum Lindl. Bot. Reg. XXVIII (1842) Misc. 76. — Bot. Reg. XXX (1844), tab. 53 ic. opt. — Walper's Annal. VI, p. 307, Nr. 141.

Ein höchst eigenthümliches Dendrobium. Die Internodien des niederliegenden Stammes sind so kurz, dass die Zweige (vulgo Bulben genannt) dicht bei einander entspringen. Dieselben sind im ausgereiften Zustand scharf zusammengedrückt und zweischneidig mit spärlichen Resten alter Blattscheiden besetzt, sonst aber hellgrün. Die Blütenstände entspringen aus einem der oberen Blattwinkel und wie es scheint nur immer einer aus jeder Bulbe; dieselben tragen 3—4 Blüten und stehen aufrecht, wenigstens konnte der Verf. sie nach dem ihm zur Verfügung stehenden lebenden Material unmöglich als „cernui“ bezeichnen, wie dies J. Lindley l. c. thut. Die goldgelben Blüten messen ungefähr 1,5 cm querüber bei 2 cm Länge. Der sogenannte Pseudocalcar ist ziemlich lang und gerade gestreckt, die Lippe zeigt keine Spur von Dreitheilung; sie ist keilförmig mit geschweiften Seiten, ist vorn leicht ausgerandet und am Vorderrand fein gezähnelt. An der Säule, welche oben mit 3 Spitzen endet, ist die ungeheuer grosse Narbenfläche bemerkenswerth, welche fast die ganze Vorderseite einnimmt. Bezüglich solcher Merkmale, welche sonst bei Dendrobium vorhanden zu sein pflegen, hier aber unerwähnt geblieben sind, wäre das gänzliche Fehlen von Leisten oder Calli auf dem Labellum zu bemerken. Die ganze Pflanze ist keine Schönheit ersten Ranges, aber ein durchaus apartes kleines Gewächs. — Lindley beschrieb die Pflanze vor einem halben Jahrhundert; seitdem ist nichts wieder über dieselbe bekannt geworden, sodass der Verf. es für erlaubt hielt, auch diese alte Species noch einmal abzubilden und die Lindley'sche Diagnose zu vervollständigen. Der Verf. erhielt frisches Material d. h. eine Bulbe mit Blütenstand, von Herrn Ortgies, Director des botanischen Gartens in Zürich, der sie zur Bestimmung von einem Herrn Peyer bekommen hatte. Dieser letztgenannte Herr besitzt Kaffeeplantagen bei Deli auf Sumatra und hatte sich von dort Orchideen schicken lassen, die nur leider unter ungünstigen Vorzeichen ihre Reise angetreten haben und schlecht verpackt waren, sodass der Empfänger wenig Freude an seiner Cultur haben soll. Es ist demnach fraglich, ob die Pflanze lange am Leben bleibt oder wieder einmal auf ein halbes Jahrhundert verschwindet. Hoffen wir das Beste und dass eine Sammlung, die jetzt ganz ausserordentlich reich an kleinen, botanisch wichtigen Arten ist, zu bestehen fortfährt.

Tafel 251. II. Habitusbild, nat. Grösse. 9. Blüte von der Seite. 10. von vorn und unten mit weggenommenem Labellum. 11. Labellum. 12. Gynostemium. 13. Pollinium. 14. Anthere. Alles vergrössert.

Tafel 252.

Aerides Lawrenceae *Rchb. fil.* **var. Ameslana** *Sander.*

Sepalo dorsali oblongo apice rotundato, lateralibus majoribus a basi multo latiore ovatis obtusissimis; petalis lateralibus plus duplo minoribus oblongis obtusis; labelli lobis lateralibus e basi cuneata dilatatis retusis margine superiore dentatis, intermedio oblongo toto margine sinuato-dentato apice subbilobo incurvo infra in calcar conicum fere aequilongum haud ita curvatum producto, calcari intus antice sulcato postice lobulis 2 prominulis instructo.

Planta validissima ad 80 cm alta v. altior. Folia linearia basi cuneata obtusissima subbiloba firma crassa, ad 20 cm longa ad 5 cm lata. Racemi folia multo excedentes 50 cm longi v. longiores et excepta basi densiflori, multiflori. Flores inter maximos generis 3 cm diametro intense aurantiaci, sepala petala labellum calcar apices versus intense purpurea, intus plus minusve dense purpureo-adspersa.

Aerides Lawrenceae Rchb. fil. Gard. Chron. 1883, II, 460. — William's Orchid Alb. VI, tab. 270. — The Garden XXXV, tab. 702. — William's Orchid Grower's Manuel 6th edit., p. 103. — Veitch Manual VII, 71. — var. Amesiana Gard. Chron. 1891, Octob. 3, p. 393.

Eine wuchtig und kräftig gebaute Aerides-Pflanze mit kurzen aussergewöhnlich festen Blättern und im Vergleich dazu ganz enorm verlängerten Blütenständen und intensiv gefärbten Blüten, das ist die neue brillante Varietät dieser Prachtpflanze. Aerides Lawrenceae, der Typus, wurde vor circa 3 Jahren von F. Sander & Co. importirt und das einzige Exemplar von Sir Trevor Lawrence für 235 Pfd. Sterling angekauft. Die Pflanze blühte bei Sir Trevor und enthusiasmirte sogar Reichenbach, der damals nicht mehr so leicht in Extase zu bringen war. Es folgten weitere Importe und unter diesen fanden sich, wie zu erwarten, Varietäten, welche in der Farbe der Blüten wenig Abweichungen zeigten, dagegen in der Länge der Blütenstände und deren relativer Länge zu der der Blätter ganz erheblich von einander abwichen. Bei der typischen A. Lawrenceae Rchb. fil. sind die Blätter bis gegen 40 cm lang ziemlich fest und länger als die verhältnissmässig nicht sehr reichblütigen Trauben Eine zweite Importation brachte eine als var. Sanderiana beschriebene Form (die der Verf. unter diesem Namen von F. Sander erhielt), deren Blätter breit, aber verhältnissmässig schlaff waren und von den Blütenständen etwas überragt wurden. Schliesslich erschien die hier abgebildete Form, welche von den früher bekannten durch ihren massiven Wuchs, die kurzen harten Blätter und die enorm langen, sehr reich- und grossblütigen Blütentrauben abweicht. Die Farbe der Blüten ist ein fast gesättigtes Orangegelb mit dunkel purpurnen Flecken an den Spitzen der Perigonblätter. Ob hiermit das A. Sanderianum Rchb. fil. Gard. Chron. XXII (1884), p. 134 identisch ist, müssen weitere Untersuchungen lehren. Reichenbach gibt von seinem A. Sanderianum keine Dimensionen an und beschreibt die Blüten als weiss.

Auf ein Habitusbild glaubte der Verf. um so eher verzichten zu sollen, als kein Format ausser Grossfolio eine Idee zu geben vermag von der Pracht dieser Pflanze und ein verkleinertes Habitusbild für den Kenner wie für den Neuling in Orchidaceen in gleicher Weise werthlos ist. Sicherlich ist die Pflanze, welche aus dem fernsten Osten des indo-malayischen Archipels stammt, eine Bereicherung unsrer Sammlungen, wie sie nachgerade nicht mehr in jedem Jahre vorkommen. Die Cultur der Pflanze ist im wesentlichen die aller Arten dieser Abtheilung d. h. die für rein tropische Pflanzen bekannte. Die Blüten entfalten sich vom Spätsommer bis zum Herbst und bleiben lange Zeit in frischem Zustand.

Tafel 252. 1—3 Blüten von A. Lawrenceae var. Amesiana. 4. Blatt dieser Var. 5. Blatt von A. Lawrenceae, Typus. 6. Blatt von A. Lawrenceae, Sanderiana. 7. Labellum von var. Amesiana ausgebreitet. 8a und b Anthere. 9a und b Pollinium. 10. Säule dieser letzteren Varietät. (7—10 vergrössert.)

Tafel 253. I. 1—7.

Aerides Ortgiesianum *Rchb. fil.*

Sepalo dorsali late elliptico subrotundo obtusissimo, lateralibus latissime ovatis subquadratis obtusis; petalis sepalo dorsali subsimilibus brevi-unguiculatis aequalibus labelli lobis lateralibus semiovatis falcatis antice obtusis sese tegentibus margine subundulatis, intermedio longiore oblongo antice rotundato vel subemarginato manifeste undulato serrulato, calcari inflexo labello fere aequilongo acutato apice ipso obtuso, gynostemio brevissimo recto, pede gynostemii longo antice canaliculato, rostello brevi triangulo, anthera postice late membranacea, polliniis globosis, caudicula satis lata lineari, glandula suborbiculari. Racemi ad 25 cm longi pluriflori, rhachis laete viridis non glutinosa. Bracteae minutae triangulae atratae verrucosae. Pedicelli cum ovario ad 1,5 cm longi. Flores inter mediocres generis 2 cm diametro, sepala petalaque inter se subaequalia 8 mm longa ad 5 mm lata. Labellum (expansum) 1,8 cm longum 1 cm latum, calcar fere 9 mm longum. Totus flos pallide viridi-luteus, calcaris apex laete viridis; gynostemium albidum. Flores odorem exhalant ei bulborum Orchidum nostrarum persimilem.

Aerides Ortgiesianum Rchb. fil. Gard. Chron. 1885, I, 501.

Die Blütenstände zeigen die gewöhnliche Traubenform, wie sie alle Aerides-Arten haben. Die Deckblätter sind wie gewöhnlich winzig, dreieckig und durch die braunschwarzen Warzen auffällig. Die Blüten selbst sind blassgelb mit etwas Andeutung von Roth nach den Spitzen hin in Gestalt von minimalen röthlichen Pünktchen; die Lippe ist heller, fast weisslich gefärbt, der Sporn ist unter das Labellum geschlagen und an der Spitze grün, die Seitenlappen sind nicht wie bei den meisten Aerides steil aufgerichtet, sondern übereinander geschlagen. Die Dimensionen der Blüten sind nicht sehr beträchtlich, d. h. annähernd 2 cm nach jeder Richtung; die Gestalt der Blütenblätter ist die gewöhnliche; der Rand des Mittellappens der Lippe zeigt zierliche Kräuselung und ganz deutliche Zähnchen, sonst ist die Blüte im Einzelnen minder auffallend als bei manchen anderen Species dieser Gattung. Durchaus empfehlenswerth wird diese Pflanze jedoch durch den Duft, der zumal aus einiger Entfernung sehr süss und angenehm ist. Reichenbach stellte die Pflanze in die nächste Nachbarschaft von Aerides quinquevulnerum, was der Verf. nicht unterschreiben kann.

Wir verdanken schöne Blütenstände dieser Pflanze Herrn W. Lauche, fürstl. Liechtensteinischem Gartendirector zu Eisgrub in Mähren, und Herren F. Sander & Co., St. Albans, beide von authentischen Exemplaren stammend, die auch Prof. Reichenbach gekannt und in Blüte gesehen hat. Von einer Callusbildung irgendwelcher Art im Schlunde des Sporns ist absolut nichts zu sehen. Es ist somit die Reichenbach'sche Diagnose mehr oder minder unverständlich. Lassen wir die Merkmale der Farbe als relativ minder wesentlich beiseite, so bleiben folgende drei Merkmale bestehen, die sich schlechterdings nicht mit Reichenbach's Diagnose in Einklang bringen lassen: Erstlich das völlige Fehlen der bei Aerides so häufigen klebrigen Substanz an Spindel und Blütenstielen; zweitens die auffallende Verschränkung der Seitenlappen des Labellum; drittens, wie schon bemerkt, das Fehlen der von Reichenbach beschriebenen Schwielenbildung im Sporn. Der Verf. hat ausser mit beiden oben erwähnten Herren auch mit Herrn Ortgies, Zürich, über diese Frage correspondirt und von allen die Versicherung erhalten, dass bezüglich der Authenticität der Exemplare ein Zweifel ausgeschlossen sei, dass aber die Diagnose in Gard. Chronicle l. s. c. schwer verständlich bleibe und man wol annehmen müsse, dass Reichenbach diese Diagnose in ungünstiger Stunde verfasst habe. Der Verf. kann seinerseits versichern, dass das Material in gutem Zustand in seine Hände kam und dass er es auf der Stelle bearbeitet hat.

Die (etwas vergrössert gezeichnete) Blüte gibt ein ganz getreues Bild der Farbe, der (von Reichenbach ebenfalls nicht erwähnte) Duft der Blumen ist genau wie der der Knollen oder Rhizome zahlreicher Wiesen-Orchideen in unmittelbarer Nähe zu eigenartig, um angenehm zu sein, in einiger Entfernung indessen verliert er seine strenge Eigenart. Dieser Duft verliert sich, wenn die Blüten anfangen zu trocknen, sehr schnell und da Reichenbach denselben gar nicht erwähnt, so glaubt der Verf. sich um so mehr zu der Annahme berechtigt, dass Reichenbach seine Originaldiagnose nach etwas angealtertem Material gemacht hat.

Tafel 253. I. Rispe der Pflanze (nat. Gr.). 1. und 2. Blüten von vorn. 3. Blüte von der Seite. 4. Anthere von unten. 5. Anthere von oben. 6. Pollinium von vorn. 7. Pollinium von hinten gesehen. [1—3 schwach, 4—7 stärker vergrössert.]

Tafel 253. II. 8—10 und Tafel 254. II.

Catasetum Liechtensteinii *Kränzlin.*

Sepalis petalisque oblongo-lanceolatis acutis viridibus sepalo dorsali petalisque conniventibus, sepalis lateralibus sub anthesi reflexis; labello triangulari, lobis lateralibus bene evolutis basi rotundatis antice rectangulis s. interdum acutangulis, lobo intermedio triangulo acuto apice revoluto celerum plano, margine totius labelli sparsim vel vix fimbriato; gynostemio reclinato acutato dentibus longissimis subulatis labellum usque descendentibus instructo; anthera alte mitrata, polliniis oblongis, caudicula lineari, glandula pro genere minuta, subrotunda.

Bulbi cylindracei internodiis 6—8 compositi semper leviter curvati, foliis basi squamatis deinde majoribus postremo mere evolutis oblongo-lanceolatis acuminatis vestiti. Racemus nutans sub anthesi folia excedens, viginti-florus. Bracteae longiores quam dimidium ovarii cum pedicello, ovatae acuminatae. Flores illis C. Trullae fere aequales 5 cm diametro (expansi), labellum 2,5 m longum (lobi laterales trianguli vix 1 cm longi) 1,8 cm latum (in C. Trulla 2,5 cm latum).

Catasetum Liechensteinii Kränzlin in Gard. Chron. 1892, I, 171.

Die Pflanze hat den Habitus aller Arten dieser Gruppe, nur dass die Bulben hier vielleicht noch etwas schlanker und mehr cylindrisch sind als bei den meisten andern Arten. Eine geringe Krümmung scheint sich stets bei den ausgereiften Bulben nachträglich einzustellen. Die vegetative Entwickelung verläuft ganz in den Bahnen wie bei allen diesen Pflanzen und für die Cultur folgt daraus die in den Gärten des Continents noch nicht genug berücksichtigte Praxis, der Pflanze nach dem Ausreifen der Bulben eine absolute Ruheperiode zu gewähren; je weniger man in dieser Zeit für die Pflanzen thut, desto mehr thut man ihnen in Wahrheit Gutes.

Die Blüte macht auf den ersten Anblick den Eindruck des alten halb vergessenen C. Trulla Lindl., wie es im Bot. Reg. XXVII, tab. 34 dargestellt ist. Abgesehen von dem grünspanfarbenen Ton dieser Abbildung stimmen aber folgende Merkmale weder mit der Tafel noch mit dem in Walper's Ann. VI, 569 citirtem Text. 1. Das Labellum ist bei C. Liechtensteinii ausgesprochen dreilappig, mit Seitenlappen, welche nicht in die allgemeine breit eiförmige Lippe übergehen, sondern scharf abgesetzt sind und nach vorn hin rechtwinklig oder gar spitzwinklig enden. 2. Der mittlere Theil des Labellum endet bei C. Trulla stumpf, bei unsrer Art mit einer fein ausgezogenen zurückgebogenen Spitze. 3. Die Wimperhaare sind bei unsrer Art kaum vorhanden, höchstens finden sich einige an der Basis des Labellum. 4. Die Blüten sind kleiner, kürzer gestielt und mehr gedrängt als bei C. Trulla, die Bracteen aber länger, da sie mehr als halb so lang als der Fruchtknoten sind. Die Färbung der Sepalen und Petalen ist einfach grasgrün, das Labellum ist an der Basis hellgrün und von da nach den Spitzen der 3 Theile hin nach und nach in Braun übergehend; die Säule ist hellgrün mit braunen Rändern am Androclinium. — Bei der Neigung zur Variation, wie sie bei Catasetum bekannt ist und durch die zahlreichen Abbildungen (die oft recht unglücklich aufgefasst sind) genügend illustrirt wird, mag es gewagt erscheinen, eine neue Art auf die oben erwähnten Merkmale hin aufzustellen; nun sind aber die Tafeln dieser Jahrgänge des Botanical Register eine der besten Quellen für die Orchideographie der ersten Decennien unsres Jahrhunderts und, wie der Verf. oft Gelegenheit hatte zu constatiren, von einer ausserordentlichen Treue. Es sind ferner die Diagnosen aus diesen, den besten Jahren Lindley's bemerkenswerth wegen ihrer Prägnanz und Schärfe.

Tafel 253. II. 8. Blüte von C. Liechtensteinii. 9. dieselbe von der Seite. 10. Labellum und Säule von C. Trulla Lindl. Taf. 254. II. Habitusbild in 1/2 nat Gr.

Tafel 254. I. 1—7.

Laelia Reichenbachiana *Wendland & Kränzlin.*

Sepalis lineari-oblongis acutis, petalis lateralibus similibus paulo minoribus, labelli convoluti lobis lateralibus minutis acutis, intermedio late-ovato, margine fere omnino elegantissime undulatis disco a basi in basin lobi intermedii linea lata parum elevata s. callo vix prominente instructo; gynostemio vix curvato, androclinio postice quinquedentato, anthera leviter bipartita 8-loculari, polliniis 8 inter se filis valde elasticis cohaerentibus, quaternis majoribus quaternis minoribus, rostello semicirculari.

Bulbi maturi ovoidei 2—3 cm alti 1 cm diametro squamis 1 vel 2 acutis longioribus vestiti. Folia bina eis Angraeci Scottiani v. Sarcanthi teretifolii cujusdem similia, teretia canaliculata 15—18 cm longa, 3—4 mm diametro. Flores 3,5 cm diametro. Ovaria cum pedicello 1,8 cm longa leviter curvata. Sepala 2,0—2,2 cm longa 4 mm lata, petala subangustiora. Labellum 2,0 cm longum (expansum) 8 mm latum; Gynostemium 7 mm longum 2 mm latum. Sepala petala labellum alba pallide rosacea apicibus roseis, labellum in ipso disco macula laete rosea decorum, lobi laterales lineis purpureis decori.

Diese interessante Art steht unzweifelhaft der Laelia rupestris *Lindl.* und L. Wendlandi *Rchb. fil.* sehr nahe. Erstere hat indessen einblätterige Bulben, letztere einen mehrblütigen Blütenschaft, Merkmale, von welchen das erstere hier nie und das zweite kaum zutreffen dürfte, da 2—3 Blüten an einem Schafte das höchste sind, was diese Pflanze hervorzubringen vermag. Die Bulben stehen gedrängt, sie sind länglich eiförmig und am Grunde von hellgraugrünen Scheiden eingeschlossen, von ähnlicher Farbe wie bei Cattleya citrina. Die Blätter sind völlig wie die mancher Sarcanthus- oder Vanda-Arten. Aus einem der oberen Blätter des vorjährigen Triebes, also unmittelbar unter der ausgereiften Bulbe entspringt der neue Trieb, welcher während der ganzen Vegetationszeit bis zur Blüte mit 6—8 Scheidenblättern besetzt ist, welche bis zur Blütezeit dauern. Die Blüte entspringt nämlich aus der ganz jungen Bulbe. Der Blütenstand ist typisch mehrblütig, doch sind einblütige Rispen leider häufiger. Ganz unähnlich den andren Laelien hat diese Art ziemlich kleine Blüten, aber in allen Einzelheiten denen der grossen Arten so ähnlich, dass trotz des ganz verschiedenen Blattwerkes und des abweichenden vegetativen Verhaltens niemand an eine Trennung denken kann. Betreffs des letzterwähnten Merkmals bildet die Pflanze übrigens ein gutes Bindeglied zwischen den Cattleya-ähnlichen Laelien und den Bletia-Species sensu restrictiore, bei welchen die Periode des Blühens und der vegetativen Entwickelung streng geschieden ist. Die kleinen eleganten Blüten sind ausserordentlich zart.

Die Herkunft der Art ist so unsicher, dass es nicht lohnt, die Mythen über sie hier wiederzugeben. Auf dem Continent existiren nur in zwei Sammlungen lebende Exemplare; eines im Schlossgarten zu Herrenhausen bei Hannover und eins (oder mehrere) in der fürstlich Liechtensteinischen Sammlung zu Eisgrub in Mähren. Von beiden Orten erhielt sie der Verf. nebst sehr sorgfältigen Analysen- und Habitusbildern, welche Herr Oberhofgärtner Wendland zeichnete und welche der Verf. zu veröffentlichen berechtigt ist.

Tafel 254. I. Habitusbild nach frischem Material aus Eisgrub mit Benutzung eines Aquarellbildes von Herrn Wendland (nat. Grösse). 1. Labellum. 2. Säule von vorn. 3. dieselbe ohne Anthere. 4. dieselbe von der Seite. 5. Anthere von unten. 6. und 7. Pollinien. (1—7 vergrössert, nach Wendland).

Tafel 255.

Paphinia grandis *Rchb. fil.*

Sepalo dorsali oblongo-lanceolato acuminato, lateralibus e basi ovata sensim angustatis acuminatis apice deflexis; petalis lateralibus basi cuneatis lanceolatis ceterum praecipue apicem versus, sepalis similibus; gynostemii pede lineari, labello ipso trilobo, lobis lateralibus basilaribus erectis antice cuneatis subfalcatis acutis, lamellis 2 minutis penicillatis interpositis, lobo intermedio basi bilobulo, lobulis triangulis subobliquis obtusis, lamella erecta supra barbata interposita antice autem ligulato rotundato infra in mentum producto supra praesertim in margine dense crinito; gynostemio labello subbreviore a basi gracillima dilatato a medio apicem usque marginato supra bidentato, androclinio cucullato, anthera plana antice brevi-acutata polliniis binis ovalibus, retinaculo longo lineari, glandula parva ovata antice acuta fovea stigmatica post rostellum fere omnino abscondita, rostello longo lineari.

Bulbi parvi ovoidei subcompressi ad 4 cm alti obtuse angulati sulcati. Folia ad 25 m longa oblongo-lanceolata acuta.. Pedicelli plerumque monanthi (flore altero saepius evanescente) 6—7 cm longi deflexi. Bractea suprema lanceolata acuta cucullata ovarium nigro-furfuraceum gracile teres aequans. Sepala 6 cm longa medio 1,5 cm lata, petala lateralia aequilonga medio paulum latiora onmia pallide viridia vel viridi-lutea maculis purpureis plus minusve magnis multisque plus minusve confluentibus interdum in series rectas dispositis vel non dispositis, labellum (excepto pede 1 cm longo) 3 cm longum a basi medium usque modo sepalorum et petalorum coloratum antice pallidum. Gynostemium viride basi purpureo punctulatum 3 cm longum. Totus flos ad 10—11 cm diametro.

Paphinia grandis Rchb. fil. Mss. William's Orchid Album 1885, tab. 145, icon nimis decora. — Id. Orchid Grower's Manual, 6th ed., p. 510.

Die Bulben und der ganze vegetative Aufbau sind im wesentlichen dieselben, wie bei den meisten Maxillarieen. Die Bulben sind, wie aus dem Habitusbild hervorgeht, ziemlich klein, eiförmig, im Umriss etwas kantig und stecken längere Zeit in den ziemlich festen Scheidenblättern. Die verhältnissmässig kleinen Laubblätter (je 1 an jeder Bulbe) sind länglich, lanzettlich und lang zugespitzt. Die Blütenstände sind der Anlage nach mehrblütig, wennschon sie bei schwächeren Exemplaren einblütig ausfallen können; durch die Schwere der Blüten werden sie tief herabgezogen.

Die Blüte gehört zu den grösseren im ganzen Bereich der Orchideen. Die ziemlich dünnen Stiele werden von der Wucht der grossen Blüten herabgezogen und diese würden noch bedeutender erscheinen, wenn sich die Blätter nicht kurz nach dem Aufblühen wieder zusammenneigten. Die Abbildung im Orchid Album ist jedenfalls outriert, subtrahiert man das in allen derartigen Illustrationswerken gelegentlich vorkommende Maass von Uebertreibung, so bleibt aber immerhin noch eine Blüte übrig, deren Dimensionen von 6 cm für jedes Sepalum und Petalum bei entsprechender Breite zu den grössten zählen und den Centimetern nach nur von den riesigsten der Cattleyen oder von denjenigen Formen übertroffen werden, deren Blütenblätter in die bei Orchidaceen so häufigen schwanzähnlichen Fortsätze ausgezogen sind. Bemerkenswerth ist, dass diese Blüten den Stapelia-Typus wiederholen. Schon bei der lang bekannten P. cristata finden sich Anklänge an diese Form oder an die kleineren Arten der Stapelien, bei dieser Art ist die Aehnlichkeit auf den höchsten Grad getrieben. Die bei Stapelia so häufige Behaarung ist auf den vorderen Theil des Labellum beschränkt. Dieses Labellum ist überhaupt sehr merkwürdig; der basale Theil ist schmal linealisch und völlig mit den Sepalen verwachsen, das eigentliche Labellum hat 5 Theile, 2 grosse seitliche Zipfel, die schwach sichelförmig nach vorn gebogen sind und zwischen sich zwei dünne Lamellen tragen, 2 kleinere stumpf dreieckige Zipfel, die zwischen sich 2 fast zusammengewachsene oben behaarte Lamellen haben und schliesslich vorn die breit zungenförmige mit dichten, weissen, haarähnlichen Papillen bekleidete Fläche der Lippe, welche unten in ein rechtwinklig abgesetztes Kinn übergeht.

Als Heimat der Pflanze wird das tropische Brasilien bezeichnet; demgemäss wird das wärmere Ende des temperirten Hauses der geeignete Platz für sie sein. Betreffs der Abbildung in William's Orchid Album wäre vor allen Dingen die falsche Stellung der Blüte zu erwähnen, welche normalerweise nicht resupiniert ist, aber von Mr. William's Künstler resupiniert, d. h. mit dem Labellum nach unten gezeichnet ist, sodann ist die Grösse sowol wie das Colorit übertrieben.

Diese Art ist noch nicht so verbreitet, wie sie es verdiente, da sie P. cristata an Schönheit und bizarrem Aussehen unbedingt übertrifft. Betreffs letzterer Art mag hier eingeschaltet werden, dass die var. Randii Linden und Rodigas, Lindenia I, tab. 30 mit dem Typus so gut übereinstimmt wie möglich und unter keiner Bedingung auch nur als Varietät anzusehen ist.

Tafel 255. I. Habitusbild mit Benutzung eines von Herrn J. Kirchner in Eisgrub gemalten Aquarells. II. Blüte in umgekehrter Stellung. 1. Labellum von der Seite. 2. von oben gesehen. 3. Säule von der Seite. 4. Säule von vorn. 5. Anthere. 6. Pollinium. 7. oberer Theil der Säule, stärker vergrössert. 8. Theil eines Haares des Labellum, sehr stark vergrössert.

Tafel 256.

Coelogyne Micholicziana *Kränzlin.*

[Filiferae.]

Sepalo dorsali oblongo ovato-obtuso, lateralibus aequilongis angustioribus omnibus basi cucullatis; petalis lateralibus fere aequilongis anguste linearibus acutis; labelli lobis lateralibus erectis tertiam totius labelli partem aequantibus antice rotundatis obtusis, intermedio latissimo obovato v. lineari antice rotundato retuso interdum pandurato antice semper emarginato apiculato, per totum discum callo laevi et apicem versus lineis 3 convergentibus instructo; gynostemio sepali dorsali fere aequilongo eique adpresso curvato supra incrassato, anthera plana, rostello latissimo, polliniis generis.

Caulis primarius s. rhizoma repens irregulariter tortus cicatricibus squamarum annulatus. Bulbi paulum distantes obpyriformes subtetragoni angulati ad 6 cm alti, 4 cm diametro, diphylli. Folia obovato-lanceolata acuta quinquenervia 20—25 cm longa ad 4 cm lata. Racemi foliis subaequales ad 22 cm longi biflori (an semper?). Bracteae angustissimae basi convolutae ovario longiores deciduae acuminatissimae. Sepala basi excavata s. cucullata eadem ac petala alba s. potius cerea dicenda, 3,5—4 cm longa, intermedium 1,8 cm, lateralia 1,5 cm lata. Petala fere 3,5 cm longa, 1—2 mm lata. Labellum 2,8 cm longum 1,3—1,5 cm latum, callus labelli totum fere discum occupans brunneus nitidus vernixius. Gynostemium clavatum supra bicornutum. Capsula maxima 6-alata.

Coelogyne Micholicziana Kränzlin, Gard. Chron., Sept. 12. 1891, p. 300.

Diese Art ist leider noch nicht in Cultur; bisher erreichten nur ein Glas mit Blüten in Weingeist, eine Kapsel und ein Stück einer Pflanze mit Blättern und Bulben Europa — alles dies wurde mir von Herren F. Sander & Co. gütigst zur Verfügung gestellt. Herr Micholicz, der die Pflanze auf Neu-Guinea entdeckte, sandte dem Verf. brieflich werthvolle Notizen über die Farbe der Blumen. Diese sind weiss, wachsfarbig und mit glänzend chokoladebraunem Callus auf der ganzen Innenfläche des ziemlich breiten Discus. An den dem Verf. zur Verfügung stehenden Blütenständen waren nur immer 2 Blüten angedeutet. Die Deckblätter haben entschieden starke Neigung abzufallen. In allen andren Punkten ähnelt die Pflanze den grossblütigen Arten der Filiferae, und es wäre nur noch der absolute Mangel jeder Behaarung zu registriren. Es ist zu wünschen, dass wir bald Gelegenheit haben, diese Art in europäischen Gewächshäusern lebend zu sehen.

Tafel 256. I und II Habitusbilder. 1. Labellum von vorn. 2. Seitliches Sepalum von innen. 3. von aussen. 4. Mittleres Sepalum von innen. 5. Petalen mit Säule. 6. Kapsel direct von oben gesehen. — Alles nat. Grösse.

Tafel 257. I. 1—6.

Octomeria Seegeriana *Kränzlin.*

[Planifoliae, macrophyllae, pluriflorae.]

Sepalo dorsali ligulato acuto, lateralibus aequalibus paulum minoribus; petalis lateralibus etiam angustioribus magis acutatis, labelli brevi unguiculati lobis lateralibus erectis parum evolutis foliatis obtusis intermedio fere quadrato antice retuso abscisso-denticulato (4—5-dentato), callis 2 subparallelis in basi disci antice deflexo; gynostemio vix dimidium labelli aequante, ceterum generis.

Caulis elatus articulis quinque compositus 20—25 m altus. Folium 25—30 cm longum 2 cm latum longe lanceolatum acuminatum apice ipso obtusatum crassum. Inflorescentia pauciflora (2—3). Sepala petalaque 1 cm longa 2—3 mm lata, labellum paulum brevius. Labellum luteum purpureo-punctatum, sepala petalaque albido-lutea.

Octomeriae grandiflorae Lindl. affinis.

Octomeria robusta Barb. Rodrigues Gen. et spec. Orchid. nov., p. 96 und 97. (nec Rchb. fil.)

Diese Octomeria ist eine der ansehnlichsten dieser ganzen Gattung. Der Stamm setzt sich aus 5 nach oben hin länger werdenden cylindrischen Internodien zusammen. Das Blatt ist hart, fest und völlig wie ein Stilet gestaltet. Die Blüten sind vielleicht die schönsten in der ganzen Abtheilung, sie haben (völlig aufgeblüht) einen Durchmesser von etwas über 1 cm, sind hellgelb mit dottergelbem, purpurn geflecktem Labellum. Die Heimat dieser Art ist Brasilien, von wo sie in den letzten Jahren von Herren Seeger und Tropp, East Dulwich, London Lordship Lane, importirt wurde. Von diesen Herren erhielt sie Herr Ober-Hofgärtner Wendland zu Herrenhausen, dem der Verf. frisches Material und die hier publicirten Zeichnungen verdankt, die so charakteristisch sind, dass der Verf. sich nicht für berechtigt hielt, dieselben irgendwie zu ändern.

Betreffs des Namens ein paar Worte. Der von Senhor Barbosa Rodrigues gegebene Name O. robusta konnte nicht beibehalten werden, da es eine O. robusta Reichenbach fil., Otia bot. Hamburgensia, p. 93 (1881) bereits gibt, die eine völlig verschiedene Pflanze ist. Nun ist allerdings der 2. Band der Genera und Species des Senhor Barbosa Rodrigues ebenfalls, wie auf der Vorderseite des Titelblattes steht, im Jahre 1881 erschienen, dasselbe Titelblatt trägt aber auf der Rückseite die Worte „Rio de Janeiro Typographia nacional 1882.“ Somit ist der Name Octomeria robusta Rchb. fil. der frühere und für die von Barb. Rodrigues so genannte Pflanze musste ein neuer Name gewählt werden.

Tafel 257. I. Habitusbild (nat. Gr.) 1. Labellum (ausgebreitet). 2. Labellum und Säule von der Seite. 3. Petalum. 4. seitliches Sepalum. 5. dorsales Sepalum. 6. Spitze des Labellum, wie sie gelegentlich vorkommt. (Alle Figuren vergrössert.)

Tafel 257. II. 7—14.

Pleurothallis cryptoceras *Rchb. fil. Mss.*

[Apodae prorepentes.]

Sepalo dorsali obovato obtuso apiculato quinquenervio, lateralibus connatis in foliolum unum oblongum acutum bene brevius apice breviter-bidentato; petalis fere rhombeis subspathulatis basi cuneatis antice serrulatis acutis; labello toto circuitu ovato convoluto margine medio involuto ibique papilloso antice rotundato apiculato fimbriato; gynostemio paulum breviore androclinio microscopice serrulato.

Caulis primarius repens 2 mm diametro, secundarii fere 2 cm inter se distantes a basi folium usque squamati. Folium oblongum coriaceum apice bidentatum ad 5 cm longum, 2—2,3 cm latum. Pedunculus tertia brevius ima basi bractea magna carinata acuta fere omnino tectus. Sepalum dorsale 8 mm longum 4 mm latum viridi-luteum medio purpureo striatum; ventrale i. e. lateralia connata quarta brevius purpureum, nervi virides. Petala 3 mm longa hyalina, nervis 3 pallide purpureis decora. Labellum 2,5 mm longum.

Material an Blüten ebenso wie die hier publicirten Figuren verdankt der Verf. Herrn Hofgartendirector Wendland zu Herrenhausen bei Hannover. Das Exemplar befindet sich lebend in der an botanischen Kostbarkeiten so reichen Sammlung zu Herrenhausen. Es ist ein von Reichenbach selbst mit diesem Namen bezeichnetes Originalexemplar, jetzt vielleicht das einzige, welches sich lebend in Europa befindet.

Tafel 257. II. Habitusbild (nat. Grösse). 7. Säule und Labellum von der Seite. 8. Labellum von oben. 9. Blüte von unten gesehen. 10. Blüte von oben gesehen. 11. Blüte schräg von der Seite gesehen. 12. Seitliche Sepalen von der Seite (alle anderen Theile entfernt.) 13. Petalum. 14. Säule von unten. (Alles vergrössert.)

Tafel 258. I-IV.

Roeperocharis *Rchb. fil.*

„Affinis Habenariae: columna latissima antherae loculis antice abruptis sine canalibus, rostello latissimo laminari antice in lacinias triangulas descendente, stigmate cruribus utrinque, deorsum et sursum prorectis hinc bicruribus. — Mirum genus ad Disperides et Pterygodia viam quasi monstrans.“

Mit diesen Worten publicirte Reichenbach in den Otia Hamburg. p. 104 (1881) die neue Gattung. Die Aehnlichkeit mit Habenaria ist so gross, dass Reichenbach selbst getäuscht wurde und R. platyanthera anfänglich als Habenaria platyanthera beschrieb. Bei Durchsicht der Schimper'schen ostafrikanischen Orchideen fand der Verf. reichliche Mengen der beiden schon von Reichenbach beschriebenen Arten nebst den beiden hier publicirten neuen, alle abessinischer Herkunft.*

Die Roeperocharis sind krautige Orchideen ganz nach Art unsrer Wiesen-Orchideen völlig vom Habitus der Habenarien und bieten betreffs des Perigons nur die ganz unbedeutenden Abweichungen

* Während dieser Bogen gedruckt wurde, fand der Verf. unter den von Dr. Preuss in Kamerun gesammelten Orchidaceen eine fünfte der R. alcicornis ziemlich nahestehende Art R. occidentalis Kränzl., welche gelegentlich in den Xenien publicirt werden soll.

bezw. Besonderheiten, dass die bei Habenaria oft vorkommende Neigung zur Theilung der seitlichen Petalen bei keiner der bekannten Arten vorkommt, dass dagegen die Spitzen der Sepalen Neigung zeigen zur Bildung eines soliden, festen, knorpeligen Endes, sodann geben die mächtigen in die Breite entwickelten Gynostemien den Blüten ein gespreiztes Aussehen. — Da die Diagnosen alles Wissenswerthe über den Wuchs und seine Einzelheiten enthalten, so glaubt der Verf. auf Habitusbilder um so eher verzichten zu können, als diese eben nichts weiter als Pflanzen vom Wuchse unsrer Orchis-Arten darstellen würden.

Tafel 258. I. 1—5.

Roeperocharis platyanthera *Rchb. fil.*

Sepalo dorsali ovato acuto, lateralibus longioribus ovatis obliquis angulo posteriore productiore rotundato; petalis oblongis obtusis conniventibus supra gynostemium galeam formantibus; labelli trilobi lobis lateralibus fere rectangulariter divergentibus intermedio apice subbilobo paulo longioribus, calcar ovario subbreviore labello autem longiore apice bipartito; gynostemio pro floris magnitudine magno, antherae canalibus parum productis uncinatis antice clausis, processubus stigmaticis deflexis ligulatis obtusis antice (paulo post anthesin) parallelis postice paulum divergentibus, staminodiis capitatis nitidis.

Roeperocharis platyanthera Rchb. fil. Otia, p. 104.

Habenaria platyanthera Rchb. fil. Linnaea XXII, p. 860. — id. Walper's Annal. III, 587.

Planta gracilis ad 40 cm alta. Tuberidia globosa, 1 cm diametro. Folia ima squameaformia nigro-maculata v. apicem versus omnino nigra, superiora lineari-lanceolata acuminata cauli adpressa sensim decrescentia (maxima) ad 12 cm longa, 1—1,5 cm lata, 3—5-nervia. Spica congesta multiflora. Bracteae inferiores flores superantes ovatae acuminatissimae superiores decrescentes ovaria aequantes. Sepalum dorsale late ovatum acutatum obtusum, lateralia bene majora oblique ovata apice ipso contracto, 5 mm longa 3—4 mm lata. Petala ovata obtusissima sepala dorsali aequilonga vix 1,5 mm lata. Labelli pars basilaris linearis, totum labellum vix 3,5 mm longum, calcar basi filiforme deinde inflatum apice bipartitum ovario fere aequilongum. Totus flos, ut videtur, viridi-flavus.

Abyssinia, leg. Schimper No 1334. An Bachufern 8100′ über dem Meere; Gaffat, 23. Sept. 1863.

Die Pflanze macht den Eindruck einer etwas schlanken und gedrängtblütigen Platanthera viridis. Der vegetative Aufbau ist ohne jegliches Interesse und die specifisch allenfalls wichtigen Merkmale derselben sind in der Diagnose erwähnt. Das Gynostemium zeigt bei dieser Art die Eigenthümlichkeit, dass die Antherenhälften sehr nahe an einander rücken und die beiden Narbenfortsätze auf ein paar flache zungenförmige Körper reducirt sind, die sich nicht wie bei R. Bennettiana nach oben hin fortsetzen; dieselben sind an den Ansatzpunkt der Blütenblätter an das Ovarium direct angewachsen. Die Antheren haben die sackähnliche Form, die das Kennzeichen der Gattung bildet, mit fast knorpeligen hackenförmigen Enden; bei voll entwickelten Blüten fand der Verf. stets die Fächer weit offen und ohne eine Andeutung von Blütenstaub, der längst entfernt war; nur bei eben geöffneten Blüten war derselbe noch zu finden. Die Fäden, welche die sehr entfernt stehenden Pollen-Tetraden verbanden, waren ausserordentlich fein und bei 50-facher Vergrösserung noch nicht zu sehen.

Tafel 258. I. 1. Blüte von hinten gesehen. 2. Labellum mit Sporn. 3—5. Gynostemium in verschiedenem Grade auseinander gespreizt. (Alles vergrössert.)

Tafel 258. II. 6—8.

Habenaria

Roeperocharis Bennettiana *Rchb. fil.*

Sepalo dorsali oblongo-ovato acuto, lateralibus obliquis semiovatis omnibus in apicem solidum contractis, petalis minoribus ovatis apicibus subflexuosis, labelli trilobi lobis lateralibus divergentibus intermedio fere quater brevioribus linearibus apice obtusis, calcari dimidium labelli aequante apice inflato leviter bipartito ostio calcaris in basi ipsa labelli inter processus stigmaticos posito, processubus stigmaticis binis semilanceolatis infra leviter excavatis ubique praesertim margine papillosis infra acuminatis et in labellum descendentibus, canalibus antherae fere aequilongis infra vix uncinatis, staminodiis fere malleiformibus nitidis non papillosis.

Habenaria Bennettiana Hook. Icon. plant. Tab. 1500, ic. opt!

Roeperocharis Bennettiana Rchb. fil. Otia p. 104.

Planta validissima ad 80 cm alta v. altior. Bulbi ovati ad 4 cm longi ad 2 cm diametro. Caulis basi vaginatus supra foliosus, vaginae interdum nigro-maculosae. Folia longe-lanceolata acuta, acuminata vel acuminatissima cauli adpressa racemum attingentia. Racemus v. spica densissima. Bracteae ovatae inferiores flores superantes acuminatissimae, superiores acuminatae breviores. Sepalum dorsale 5 mm, lateralia 8 mm longa, petala similia minora apicibus solidis atratis flexa. Labellum 1 cm longum lobi laterales vix 3 mm longi, calcar 5 mm longum inflatum apice leviter bipartitum. Processus stigmatici per totam longitudinem bipartiti excavati papillosi antice elongati acuminati, antherae loculamenta antice recta deflexa, staminodia capitata antice producta (fortasse malleiformia dicenda).

Abyssinia, leg. Schimper No 1327. An und in Sümpfen 8500′ über dem Meere; Dschau Meda, 5. Sept. 1863.

Eine gewaltige Pflanze vom Habitus einer Orchis ochroleuca und die zweite Roeperocharis Reichenbach's. Die Blüten gewinnen ein besondres Aussehen durch die nach aufwärts gedrehten dunklen Spitzen. Die Narbenfortsätze sind durchgehends von oben bis unten gespalten, etwas ausgehöhlt und sehr stark papillos. Die Antherencanäle sind steil abwärts gerichtet und endigen blind. Die Staminodien sind glänzend, nicht papillos und nach unten hin hammerkopfähnlich verlängert.

Tafel 258, II. 6. Blüte von hinten. 7. von vorn, gespreizt. 8. Gynostemium und Labellum von vorn. (Alles vergrössert.)

Tafel 258. III. 9—12.

Habenaria

Roeperocharis Urbaniana n. sp. *Kränzlin.*

Sepalo dorsali ovato acuto, lateralibus reflexis majoribus basi obliquis ovato-triangulis trinerviis omnibus pellucidis; petalis erectis oblique ovatis obtuse acutis herbaceis; labelli trilobi lobis lateralibus reflexis $^2/_3$ intermedii aequantis linearibus obtusis, calcari filiformi apice vix inflato obtuso ovario breviore labello fere aequilongo; gynostemio latissimo, processubus stigmaticis 2 bilobis, his lobis postice cohaerentibus antice v. infra aequilongis acutis omnino papillosis, antherae loculamentis lateribus affixis sub anthesi patentissimis brevibus, staminodiis parvis capitatis post antheras fere omnino absconditis.

Planta gracilis. Tuberidia late ovata v. subglobosa. Caulis 12—20 cm altus basi vaginis 1—2 acutis apice atratis, deinde foliis 3—4 vestitus. Folia ovato- v. oblongo-lanceolata acuta supremum acuminatum, interdum oblonga obtusa apiculata (praesertim in speciminibus minoribus) ad 8 cm longa ad 1,5 cm lata. Racemus laxiflorus pauci- ad pluriflorus (nunquam multiflorus). Bracteae oblongo-lanceolatae ovarium aequantes membranaceae. Sepalum dorsale late ovatum 5 mm longum et basi aequilatum, lateralia reflexa basi rotundata semiovata 8 mm longa basi ad 5 mm lata, sepala ut videtur albida vel alba, sicca tenera pellucida. Petala erecta late ovata apice obtuse acuta semitorta herbacea. Labellum 1 cm longum, lobi laterales 5—7 mm longa, calcar paulum brevius; totus flos (expansus) 1,3 cm latus, gynostemium supra descriptum latius ac altum.

Abyssinia, leg. Schimper No. 1333. Auf Berg Gunna 10000′ über dem Meere. 20 Sept. 1863.

Das Gynostemium und besonders die Narbenfortsätze dieser Art zeigen ganz ausserordentliche Verhältnisse. Im Inneren der Blüte stehen parallel neben einander 2 gewaltige Wülste, von denen jeder in 2 Theile zerfällt; die beiden inneren Theile zeigen annähernd die Bildung wie bei R. Bennettiana, es schliessen sich aber an jeden derselben noch je ein breites flügelartiges Anhängsel. Rechts und links halb hinter diesen befinden sich die ziemlich kleinen Antherenfächer, die auch hier zur Zeit der Blüte weit offen stehen und ohne Pollen sind; unten und ziemlich verborgen stehen die sehr kleinen knopfförmigen Staminodien. Bezüglich des Perigons zeigt die Pflanze den bei afrikanischen Habenarien oft vorkommenden Charakter der scharf zurückgelegten Sepalen von sehr zarter Structur, dagegen die breit eiförmigen Petalen von Roeperocharis.

Herrn Prof. Dr. Urban, zweitem Director des botanischen Gartens zu Berlin, für viele dem Verf. erwiesene Hülfe dankbarst gewidmet.

Tafel 258. III. 9. Blüte von hinten. 10. von vorn. 11. Gynostemium und Theil des Labellum auseinandergespreizt. 12. dieselben Theile in natürlicher Lage. (Alles vergrössert).

Tafel 258. IV. 13—15.

Roeperocharis alcicornis n. sp. *Kränzlin.*

Sepalo dorsali latissimo fere orbiculari subito acutato, lateralibus majoribus semiovatis subobliquis acutis reflexis; petalis latioribus ac longis margine irregulariter dentatis undulatis interdum fere alcicornibus dicendis; labello simplici e basi dilatata, angustata lineari ovario aequilongo, calcari filiformi apice inflato obtuso labello paulum breviore recurvato (fere ad basin suam); gynostemio latissimo antherae brachiis maximis antice in processus foliaceos acuminatos productis, processubus stigmaticis similibus divergentibus planis antice et infra rima angusta (stigmate proprio) instructis.

Planta (cujus unicum specimen in Museo Botanico Berolinensi conservatur) gracilis. Bulbi globosi 1,5 cm diametro. Caulis ad 30 cm altus basi squamis 3 obtusis vestitus. Folia lineari-lanceolata (?) acuminata. Spica pluriflora satis laxiflora 9 cm longa. Bracteae ovatae acuminatae ovarium paulum superantes. Sepala lateralia reflexa ovato-triangula, intermedium latissime ovatum totus flos expansus vix 9 mm latus, labellum 7 mm longum basi 1 mm latum attenuatum, ovarium cum pedicello 1,2 cm longum. Flos, ut videtur, luteus marginibus brunneis.

Abyssinia. In Museo Botanico Berol. false sub No. 1364 (Habenaria bracteosa Hochst.) Berg Gunna legit Schimper.

Tafel 258. IV. 13. Blüte von hinten. 14. von vorn gesehen. 15. vorderer Theil des Gynostemiums gespreizt. (Alles vergrössert).

Tafel 259. II. 6—13.

Pholidota Laucheana *Kränzlin.*

Sepalis ovato-oblongis acutis intermedio latiore, petalis lateralibus ovato-lanceolatis acuminatis aequilongis; labello basi saccato trilobo, lobis lateralibus semiorbicularibus reflexis intermedio transverse elliptico apiculato; gynostemio latissimo brevi sacculi ostium omnino obtegente, anthera 4-loculari (loculamentis omnino sejunctis) postice cardine quodam cum androclinio connexa; polliniis 4 pyriformibus, fovea stigmatica profunda, lamina ampla lataque margine superiore obtecta.

Bulbi obpyriformes v. ovoidei apice acutati laete virides, diphylli, 3—4 cm alti, 1—1,5 cm diametro. Folia lanceolata acuta in petiolum angustata 3-nervia 5—8 cm longa 1,2—2 cm lata, sub anthesi semievoluta. Racemus erectus distichus, fractiflexus pauciflorus (ad 10), rhachis sparse nigro pilosus. Bracteae floribus cum ovario longiores persistentes (explanatae rhombeae, convolutae acutae 1,2 cm longae 6—8 mm latae. Ovaria (cum pedicello) incurva 6-costata. Sepala ovata acuta 7 mm longa 5 v. 7 mm lata, petala aequilonga acuminata 2 mm lata. Labellum superum aequilongum, expansum ad 5 mm latum s. latius, lobus intermedius 4,5 mm latus. Totus flos albus.

Die Bulben sind ganz kurz gestielt, eiförmig, nach oben spitzer werdend, mit 2 lanzettlichen Blättern, die sich nach unten hin etwas stärker verschmälern; ausgereift sind sie 2—3 cm hoch und ca. 1 cm im Durchmesser; die Blätter 5—8 cm lang und höchstens 2 cm breit. Die Pflanze blüht aus dem halbfertigen Trieb. Die kurze wenigblütige Rispe ist streng zweizeilig gebaut; die Bracteen sind ziemlich gross und umschliessen die Blütenstiele sammt dem unteren Theil der Blüten, die Blütenstandsachse ist fein schwarz behaart. Die Blüte ist reinweiss wie Coelogyne, an welche die Pflanze trotz ihrer sicheren Zugehörigkeit zu Pholidota erinnert.

Der Verf. verdankt lebendes Material dieser interessanten Art Herrn Gartendirector Lauche zu Eisgrub in Mähren, dem sie freundschaftlichst gewidmet ist.

Tafel 259. II. Habitusbild (nat. Grösse). 6. Blüte von vorn. 7. Labellum von der Seite. 8. Labellum von oben. 9. Säule mit hochgeklappter Anthere. 10. Säule mit fortgenommener Anthere. 11. Anthere von unten. 12. Anthere von oben. 13. Pollinien. (Alles vergrössert.)

Tafel 259. I. 1—5.

Pleurothallis pachyglossa *Lindl.*

Sepalis ovatis acuminatissimis lateralibus in unum bicarinatum apice bifidum coalitis; petalis multo minoribus oblongis obtusissimis trinerviis extus apicem versus nigro-verrucosis; labello bis longiore crasso oblongo obtuso infra basin versus bicalloso basi ipsa pone unguem lobulis 2 membranaceis aucto, toto labello nigro-papilloso (papillis numerosis minoribus ac in petalis); gynostemio cucullato supra androclinium in processum ligulatum obtusum producto, ovario muriculato.

Pleurothallis pachyglossa Lindl. Bot. Reg. 1840, misc. 146. — Idem, Folia Orchid. Pleurothallis No. 189.

Tota planta ad 20 cm (= 8″) alta, basi vaginis arcte adpressis brunneis 1 v. 2 vestita. Folium oblongum apice tridentatum brevi petiolatum oblongum acutum 2,5 cm (1″) longum 7,5—8 cm (3—3½″) longum. Racemus 2—4-florus tenuis, vagina 1 minuta vestitus. Flores penduli 1,5—1,8 cm longi semiclausi atropurpurei. Sepala 1,5—1,8 cm longa, dorsale paulo brevius, petala hyalina margine incrassata nervis tuberculisque incrassatis atropurpureis decora, 4—5 mm (2‴) longa.

Labellum longe ellipticum 8 mm longum (3''') ut aliae floris partes atropurpureum. Gynostemium album purpureo-maculatum.

Mexico. Barker secundum Lindley.

Die Anzahl der Pleurothallis-Species, welche in Cultur sind, ist leider eine sehr geringe und die Anzahl der Liebhaber solcher Pflanzen ist es noch mehr. Es ist daher eine Freude, die dem Monographen nicht jeden Tag geboten wird, Species, die in der Literatur vielleicht ein- oder zweimal erwähnt sind, von denen oft nichts weiter bekannt ist als eine kurze Diagnose, plötzlich lebend vor sich zu haben und untersuchen zu können.

Die hier dargestellte Art ist nicht neu, aber bisher nie abgebildet worden. Es ist eine der stattlicheren Formen, sowol durch ihre Grösse, wie durch die dunkle Purpurfarbe der Blumen. Die Blüten hängen an feinen Stielchen und ähneln mit ihren spelzenähnlich zusammenschliessenden Sepalen Grasblüten, ein Vergleich, der um so mehr passt, als die beiden unteren Sepalen zu einem zweikieligen Blatt verwachsen sind, welches lebhaft an eine Deckspelze erinnert. Die Petalen sind sehr viel kleiner, durchscheinend hell und mit dunkelpurpurroten Adern, welche kräftig hervortreten und mit ebensolchen warzenähnlichen Flecken besetzt. Das Labellum hat an seinem Grunde 2 farblose durchscheinende Oehrchen, ist aber im Gegensatz dazu dick knorpelig und überall mit feinen purpurbraunen Wärzchen besetzt. Die Säule ist kurz, sie ist jedoch oben in einen langen Fortsatz ausgezogen, sodass Androclinium und Anthere tief eingesenkt erscheinen. — Der vegetative Aufbau hat wenig Bemerkenswerthes. Das Blatt ist dick und fleischig, die Spitze hat 2 kleine seitliche Zähne und einen längeren in der Mitte, der Blattstiel ist kurz und gefurcht, der Blütenschaft ist sehr fein, aber ziemlich fest und von dunkelbrauner Farbe.

Tafel 259. I. Habitusbild (nat. Grösse). 1. Blüte von der Seite. 2. Labellum von oben. 3. Säule von der Seite. 4. Säule von vorn. 5. Spitze des Blattes. (Alles vergrössert.)

Tafel 260. I. 1—8.

Saccolabium gemmatum *Lindl.*

Sepalis oblongis fere rotundatis intermedio minore antice emarginato lateralibus multo majoribus medio carinatis margine inferiore elongato; petalis lateralibus fere orbicularibus multo minoribus; labelli trilobi lobis lateralibus vix evolutis erectis dimidium totius labelli aequantibus intermedio cochleato obovato margine crenulato disco pulvinato, calcari recto v. vix deflexo extinctoriiformi; gynostemio minutissimo anthera uniloculari obtusa antice marginata; polliniis 2 ovatis retinaculo latissimo, glandula paullo latiore oblonga.

Saccolabium gemmatum Lindl. in Bot. Reg. 1838, misc. 50. — Walper's Annal. VI, 885. — J. D. Hook. Flora of Brit. India VI, 55.

Caulis flexuosus teres debilis ad 30 cm longus ad 5 mm crassus, distichophyllus. Folia teretia canaliculata acutissima apice ipso tridentata, ad 10 cm longa vix 3 mm diametro. Paniculae nutantes folia excedentes. Rhachis anceps, bracteae minutissimae ovario ter quater breviores obtusae scariosae. Flores inter minimos generis cum ovario vix 4 mm longi, labellum cum calcari vix 3 mm, sepalum dorsale et petala omnino amethystina, sepala lateralia infra albida, supra purpurea, labellum album, gynostemium viride, anthera lutea.

Die kaum 5 mm starken, schlaffen Stengel hängen von den Zweigen der Bäume herab. Die Blätter sind den Stengeln sehr ähnlich, fast stielrund, oben mit einer tiefen Rinne versehen und leicht zurückgekrümmt.

Die Pflanze macht trotz ihrer winzigen Blüten einen ausserordentlich hübschen Eindruck, da die amethystblaue Farbe sehr lebhaft und die Biegung des Blütenstandes äusserst graziös ist. Es ist trotzdem keine Garten-Orchidee und nur für diejenigen von Werth, welche die Schönheit einer Pflanze nicht nach Quadratcentimetern messen.

Der Verf. verdankt das Material Herrn Oberhofgärtner Wendland zu Herrenhausen, desgleichen dem kgl. botanischen Garten zu Berlin, wo die Pflanze regelmässig blüht. Es verdient bemerkt zu werden, dass sich gelegentlich Exemplare finden, welche an Stamm und Blättern doppelt so gross sind, als das hier abgebildete, die aber kaum zur Aufstellung einer besonderen Varietät berechtigen, da sie in allen anderen Charakteren völlig identisch sind.

Tafel 260. I. Habitusbild. 1. Blüte von der Seite. 2. Blüte von oben. 3. Labellum von der Seite. 4. Labellum von oben. 5. Anthere von unten. 6. Anthere von oben. 7. Pollinium. (Alles vergrössert.) 8. Querschnitt des Blattes (nat. Gr.).

Tafel 260. II. 9—14.

Dendrobium listeroglossum. *Kränzlin n. sp.*

Nulli affine. — Sepalo dorsali oblongo obtuso, lateralibus parte libera subsimilibus basi dilatatis et in pseudocalcar leviter curvatum saccatum obtusum antice late apertum coalitis margine utroque repandis; petalis lateralibus angustioribus lineari-oblongis obtuse acutatis aequilongis marginibus repandis; labello integro lineari antice spathulato emarginato sepalis petalisque duplo longiore; gynostemio infra valde dilatato excavato intus nitido, anthera mitrata postice denti androclinii longissimo postico affixa, androclinii dentes laterales minores trianguli.

Caules virgati pallide virides (pars quae adest 40 cm alta) supra ramosi attenuati, racemi pseudoterminales pauciflori (4—5). Bracteae minutae triangulae albidae. Flos viridis, pars dilatata anterior labelli luteus punctulis purpureis biseriatis in disco; totus flos 1 cm diametro, pars libera sepalorum et petala 3—4 mm longa, labellum fere 1 cm longum.

Dieses Dendrobium ist ganz sicher eines der am wenigsten hübschen. Die Blüten machen ungefähr den Eindruck derer unserer Listera ovata, wozu ganz wesentlich das wie eine Zunge lang herausgestreckte Labellum beiträgt. Der Aufbau erinnert an alle möglichen Dendrobien, — lange, dünne, rutenförmigen Stämme oben dünn und verzweigt, mit graugrünen Scheiden besetzt, also ohne jeden besondern Charakter. Die Blütenstände entspringen nahe der Spitze der Zweige und tragen 4—5 der winzigen Blüten. Die genauere Betrachtung liefert nun aber einige sehr auffällige Merkmale. Die Säule ist nach unten in eine breit elliptische ziemlich tief ausgehöhlte Muschel verbreitert, das Androclinium besitzt hinten einen langen fadenförmigen, mittleren Zahn, an welchem die Anthere, sobald sie abgestossen ist und die Pollinien verloren hat, pendelnd hängen bleibt; diese letzteren haben das für Dendrobium gewöhnliche Aussehen, die Anthere dagegen ist auffallend hoch. Der untere muschelförmige Theil der Säule ist spiegelnd und scheint bei der Befruchtung eine Rolle zu spielen.

Ueber die Herkunft des sonderbaren Gewächses, welches der Verf. Herrn Gartendirector Lauche zu Eisgrub verdankt, ist nur so viel bekannt, dass sie bei Herren F. Sander & Co., St. Albans, erworben wurde und also vermuthlich aus Ostasien stammen und von Micholicz gefunden sein dürfte.

Tafel 260. II. Habitusbild des oberen Theiles der Pflanze (nat. Grösse). 9. Blüte von der Seite (wenig vergrössert). 10. Blüte von vorn ohne Labellum (auseinandergespreizt). 11. Labellum. 12. Anthere. 13. Gynostemium mit herabhängender Anthere. 14. Pollenmassen. (Alles vergrössert.)

Tafel 261.

Trichopilia Kienastiana *Rchb. fil.*

Sepalis longe-lanceolatis acuminatis apice obtuse acutatis; petalis lateralibus paulo latioribus et brevioribus omnibus margine plus minusve undulatis; labelli maximi basi angustati tertia pars superior gynostemio adnato, lobis lateralibus fere obsoletis rotundatis in lobum intermedium fere quadratum antice emarginatum transeuntibus, disco linea una elevata sub gynostemio instructo, toto margine undulato-crispulo; gynostemio fere dimidium labelli aequante apice dilatato, androclinii profundi ampli toto margine elegantissime erosulo-dentato, fovea stigmatica late-trapeziformi, rostello late-triangulo antice exciso, anthera alta antice in apicem ascendentem producta, polliniis pyriformibus, caudicula gracili-triangula apice excisa, glandula minuta oblongo-ovata.

Bulbi compressi ancipites 3,5 cm lati ac longi „opaci". „Folio oblongo-ligulato, spithameo." Pedunculi 2—3 flori, bracteae „oblongae acutae ovaria pedicellata non aequantes". Pedicelli cum ovario 5 cm longi, ovaria supra trisulcata. Sepala 6 cm longa, petala vix 5 cm, sepala 8—9 mm, petala 1,1—1,2 cm lata. Labellum fere 7 cm longum, medio 4,5 cm latum. Gynostemium 5 cm longum (ad 4 cm cum labello coalitum).

Trichopilia Kienastiana Rchb. fil. Gard. Chron. 1883, II, 166.

Der Verfasser verdankt Herrn Consul Kienast-Zölly in Zürich die Blüte, nach welcher die oben angegebene Diagnose aufgestellt wurde, und es ist diese Blüte von demselben Exemplar hervorgebracht, welches Prof. Reichenbach kannte und nach welchem er die Originaldiagnose in Gard. Chronicle verfasste. Es ist ohne weiteres klar, dass diese Art unmittelbar neben Tr. suavis Lindl. zu stellen ist, aber die Merkmale, welche Reichenbach zur Trennung veranlassten, haben sich als constant erwiesen. Es sind dies im Wesentlichen folgende: Die Basis des Labellums verläuft bei Tr. suavis breit dreieckig und hier sehr schmal; der Mittellappen des Labellums ist bei Tr. suavis bedeutend breiter als die seitlichen, sodass das Labellum nach vorn bedeutend an Breite zunimmt, hier ist im Gegentheil der lobus intermedius bedeutend schmaler. Drittens, bei Tr. suavis ist der Saum der Antherenhöhle in mehrere Abschnitte getheilt und jeder derselben in ziemlich lange Fetzen zerschlitzt, bei Tr. Kienastiana ist dieser Saum ganz gleichmässig und äusserst fein gewimpert oder gezähnelt. Man könnte hinzufügen, dass die Verwachsung zwischen Säule und Lippe bei Tr. Kienastiana noch etwas weiter getrieben ist, als bei Tr. suavis, doch ist dies gewiss höchst wichtige Merkmal bisher in den Diagnosen der Trichopilien noch nicht so zu seinem Recht gekommen, wie es sein sollte, und es sei daher nur darauf hingewiesen. Die Farbe der Blüte ist ziemlich dieselbe wie bei Tr. suavis, die Sepalen und Petalen sind weiss mit einem leichten Stich ins Crêmefarbene, das Labellum ist ähnlich gefärbt mit leichter Andeutung von goldgelben Flecken auf der Mittelfläche und einzelnen zart rosarothen Punkten. Der vegetative Aufbau ist ganz der von Tr. suavis und dieser kann wol für die Leser der Xenien als bekannt vorausgesetzt werden.

Tafel 261. Habitusbild in natürlicher Grösse. 1. Labellum etwas verkleinert. 2. Säule. 3. oberer Theil derselben. 4. und 5. Anthere. 6. Pollinium. — 2 — 6 schwach vergrössert.

Tafel 262.

Maxillaria longipes *Lindl.*

Sepalis ovato-lanceolatis acuminatis, petalis linearibus minoribus (i. e. tertia brevioribus latioribusque); labello lineari-oblongo antice paulum dilatato ibique trilobulo, lobulis lateralibus semiovatis sensim cum intermedio confluentibus, disco leviter sulcato, sulco satis lato; gynostemio labello breviore levissime alato, basi in pedem longum producto; anthera, polliniis generis.

Bulbi oblongi ovati subcompressi, 4 cm alti 3 cm lati cataphyllis tenerrimis vestiti, unifoliati; folium longe pedicellatum lineari-oblongum obtusum satis firmum; pedunculus a basi florem usque cataphyllis acutis vestitus; bractea pedicellum aequans obtusa. Sepala petalaque sub anthesi ringentia. Flos inter majores generis 7—8 cm diametro, atropurpureus.

Maxillaria longipes Lindl. in Bentham, Plantae Hartwegianae p. 154, Aug. 1845. — Reichenbach Walper's Annal. VI, p. 519, Nr. 35. (Wörtliche Wiederholung der Diagnose Lindley's.)

Da ausser der kaum drei und eine halbe Zeile langen Originaldiagnose Lindley's nichts über diese Pflanze publicirt ist, wird eine genauere Beschreibung und Abbildung erwünscht sein.

Maxillaria longipes gehört zu den ansehnlicheren Arten der Gattung. Die Bulben sind nicht gross und von der unendlich oft wiederkehrenden Form, tragen aber ein vergleichsweise sehr langes und langgestieltes Blatt, welches den immerhin ziemlich hohen Blütenstiel um das Doppelte überragt. Die Sepalen und Petalen sind sehr schmal und viel länger als das an dem lang vorgezogenen Säulenfuss befestigte, nur an der Spitze dreitheilige Labellum, welches statt eines Callus eine flache aber ziemlich breite Höhlung aufweist. Trotz des guten Aussehens eines in voller Blüte befindlichen Exemplares wird sich diese Art wohl nie zur Gartenorchidee erheben; die dunkelpurpurbraunen Blüten sind gut gefärbt, aber zu düster, um einen erfreulichen Eindruck zu machen. Der Beiname „longipes" ist glücklich gewählt, erstlich wegen des verhältnissmässig langen Blattstiels, sodann wegen des weit vorgezogenen Säulenfusses. Die Pflanze stammt aus der Umgegend von Loxa in Ecuador und findet sich sehr selten in europäischen Sammlungen. Ich erhielt eine Skizze der Pflanze sowie frisches Material von Herrn Oberhofgärtner Wendland zu Herrrenhausen.

Tafel 262. Habitusbild mit danebengestellter etwas gedrehter Blüte. 1. und 2. Blüten in 2 verschiedenen Stellungen und natürlicher Grösse. 3. Lippe von oben gesehen. 4. Säule ohne Anthere von vorn. (Fig. 3 und 4 vergrössert.)

Tafel 263.

Coelogyne cuprea *Wendland & Kränzlin.*

Sepalo dorsali lineari-oblongo acuto, lateralibus ovato-oblongis acutis apiculatis dorso obtuse lateralibus acute-carinatis omnibus basi gibbosis petalis sub anthesi reflexis subaequilongis linearibus angustissimis acutis; labelli lobis lateralibus semiobovatis antice rotundatis (neque angulatis), lobo intermedio late cordato obtuso, carinis geminis a basi in basin lobi intermedii valde elevatis membranaceis rectis (neque undulatis) calvis, interjecto callo breviore a basi medium in discum decurrente ibique in lineam subelatulam reducto; gynostemio $^2/_3$ labelli aequante leviter curvato antice rotundato obtuso, margine androclinii omnino integro.

Caulis secundarius seu bulbus basi squamis 3—4 late ovatis acutis vestitus, e basi crassiuscula sensim sensimque attenuatus cylindraceus, infra 2 cm apice vix 5 mm diametro 15—16 cm altus. Folio 2 subopposita basi cuneata obovata acuta ad 16 cm longa, 5—6 cm lata satis firma. Scapus 20 cm altus vel altior nudus pauciflorus, supra leviter fractiflexus. Bracteae deciduae triangulae acuminatissimae 4 cm longae basi amplexicaules ovario hexaptero plus duplo longiores. Flores succedanei (uno tantum evoluto) nutantes, sepala 3 cm longa 1 cm lata, petala paulum breviora 1 mm lata, labellum 2,8 cm longum et (expansum) aequilatum; omnes partes pallide cupreae s. potius salmonicolores.

Die von unten nach oben hin allmählich schlanker werdenden Bulben sind an der Basis von 3—4 kurzen eiförmigen Scheidenblättern eingehüllt; die Farbe (der Bulben) ist bräunlich grün. Die beiden dunkelgrünen Blätter stehen ein paar Millimeter von einander entfernt; beide sind nahezu gleichgross und entweder beide verkehrteiförmig oder das eine oblong mit gleichmässiger Zuspitzung nach beiden Seiten. Der Blütenstand ist länger als die Blüte und trägt immer nur je 1 der grossen ansehnlichen Blüten in Entfaltung; die oberen Deckblätter sind — wie oft bei Coelogyne — leer und bilden einen spindelförmigen Körper. Die Farbe der Blüte ist schwer zu beschreiben, und da Reichenbach den Namen „salmonicolor" bereits für eine andre Coelogyne verwendet hat, so hat der Verfasser den Beinamen „cuprea" gewählt, gesteht aber gern ein, dass derselbe nicht so passend ist, wie salmonicolor sein würde. Die Pflanze gehört in die unmittelbare Verwandtschaft von C. carnea Hook. fil., in die Nähe der schon erwähnten C. salmonicolor Rchb. fil. Die Unterschiede zwischen diesen beiden Arten und C. cuprea ergibt die Vergleichung der Diagnosen, und es sei hier nur als augenfälligstes Merkmal erwähnt, dass bei C. cuprea die „calli" der Lippe glatt und unbehaart sind, während sie bei C. salmonicolor „utrinque piliferi" sind.

Diese Art ist von den Herren F. Sander & Co., St.-Albans, eingeführt worden; die Heimat ist wahrscheinlich Malacca. Der Verfasser verdankt die frische Blüte und eine Zeichnung des Habitusbildes der Güte des Herrn Oberhofgärtners Wendland.

Tafel 263. Habitusbild. 1. Blüte von vorn und von der Seite. 2. Labellum. 3. Sepalum dorsale und Gynostemium von vorn (a. Anthere, r. Rostellum, st. Narbenhöhle). 4. Gynostemium von der Seite (1—4 in nat. Grösse). 5. Pollinium von vorn. 6. von hinten. 7. oberer Theil des Gynostemium nach Entfernung der Anthere (a. Androclinium, sonst wie bei 3). 8. Anthere von oben. (5—8 vergrössert.)

Tafel 264.

Spathoglottis Wrayi *Hook. fil.*

Sepalo dorsali elliptico, lateralibus ovato-oblongis obtusis brevissime apiculatis extus carinatis cupreis nitidis intus sulfureis, petalis lateralibus multo latioribus obovato-oblongis obtusissimis; labelli brevioris lobis lateralibus spathulatis antice v. infra productis rotundatis; lobo intermedio basi angulato lineari antice paulum dilatato (s. spathulato) emarginato, petalis et labello sulfureis, hoc basi purpureo-punctulato, callo erecto bipartito inter ipsos lobulos intermedios; gynostemio gracillimo curvato supra paulum dilatato. — Totus flos 5—6 cm diametro intus omnino sulfureus, in centro purpureo-punctulatus. Folia linearia paulum dilatata ad 80 cm longa, vix 2,5 cm lata. Racemus uni- vel pluriflorus, bracteae oblongae acutae ovarii dimidium aequantes, totus scapus ad 70 cm altus.

Spathoglottis Wrayi Hook. fil. in Flora of Brit. India V, p. 813. — Idem, Icones plantarum, XXI (4. ser., vol. I), tab. 2086.

Spathoglottis Wrayi ist eine ausserordentlich schöne Art dieser lange nicht genug gewürdigten Gattung. Der Stamm besteht aus mehrern kurzen Internodien und ist von den Fasern abgestorbener Niederblätter dicht umhüllt. Die Blätter sind sehr schmal linealisch, sehr lang zugespitzt und etwas gefaltet. Der Blütenstand entspringt neben dem Stamme und trägt je nach der Stärke des Exemplars 1 — 8 Blüten. Die Blüten gehören zu den grössten der Gattung und messen 5 cm im Durchmesser; sie sind aussen rothbraun, innen aber leuchtend goldgelb mit zahlreichen feinen purpurnen Pünktchen am Grunde des Labellums. Die Seitenlappen der Lippe sind aus linealem Grund etwas verbreitert und an der Spitze sichelförmig nach vorn gekrümmt (unsre Analyse auf Tafel 264 stellt einen besonders extremen Fall dar), der Mittellappen hat an der Basis 2 kurze ausspringende Oehrchen und ist schmal lineal spatelförmig und an der Spitze (ausgebreitet) schwach ausgerandet. Genau auf dem Zwischenraum zwischen beiden Seitenlappen steht ein zweitheiliger Callus.

Diese Art steht der Spathoglottis aurea Lindl. zunächst, von welcher sie sich durch die grösseren Blüten auf den ersten Blick unterscheidet. Als fernere Unterschiede wären zu bemerken, erstens die bei Sp. aurea stumpfen, bei Sp. Wrayi spitzeren Sepalen und Petalen, die Seitenlappen des Labellums, welche bei Sp. aurea nach vorn gebogen, bei Sp. Wrayi aber rechtwinklig abgespreizt sind, sodann der Mittellappen, der bei Sp. aurea breiter und kürzer als bei Sp. Wrayi ist. Zu variiren scheint die Form der Theile des Labellums, ich habe sie nie so absolut grade gesehen, wie bei der Abbildung von Sp. Wrayi in Hooker's Icon. Plantar. l. c. Auf unsrer Abbildung habe ich in Fig. 1 eine andre, etwas extreme Form dargestellt, die etwas an Sp. aurea erinnert. Das gewöhnliche Vorkommen ist die einer ein wenig nach vorn gekrümmten flachgebogenen Sichel- oder noch besser kurzen Sensenklinge. — Wir erhielten authentisches Material an frischen Blüten von Herren F. Sander & Co. in St.-Albans.

Die Gattung Spathoglottis sensu restrictiore, d. h. mit Ausschluss der besser zu Pachystoma zu stellenden Arten, umfasst z. Z. 14 Species, welche sich nach der Farbe und den Merkmalen des Labellums ungefähr in folgender Weise anordnen:

I. Labellum tripartitum.

A. *Lilacinae.*

a) Lobus labelli intermedius latissimus reniformis	
Labellum sepalis petalisque aequilongum	Sp. plicata *Bl.*
Labellum sepalis petalisque brevius	Sp. Petri *Rchb. fil.*
b) Lobus intermedius oblongus	Sp. Augustorum *Rchb. fil.*
c) Lobus intermedius obovatus	Sp. Paulinae *F. v. Müller.*
d) Lobus intermedius lanceolatus (antice reniformis)	Sp. pacifica *Rchb. fil.*
e) Lobus intermedius cuneatus	
Lobi laterales angusti apice spathulati	Sp. portus Finschii *Kränzlin.*
Lobi laterales late oblongi	Sp. Vieillardi *Rchb. fil.*
f) Lobus intermedius antice pentangulus	Sp. Deplanchei *Rchb. fil.*

B. *Aureae.*

Lobus intermedius angustus	
Lobi laterales erecti	Sp. Wrayi *Hook. fil.*
Lobi laterales antice flexi	Sp. aurea *Lindl.*
Lobus intermedius linearis antice subito dilatatus	Sp. tomentosa *Lindl.*
Lobus intermedius latus	Sp. Lobbii *Rchb. fil.*
Lobus intermedius cuneatus?	Sp. affinis *de Vriese.*

II. Labellum subsimplex. (sc. lobis lateralibus vix evolutis.) Sp. Handingiana *Par. & Rchb. fil.*

Diese Eintheilung lässt die sehr complicirt gebauten Calli und sonstigen Erhabenheiten auf dem Isthmus des mittleren Theiles der Lippe zunächst ausser acht, weil diese beim Untersuchen von Herbariumsmaterial nur schwer in einen befriedigenden Zustand gebracht werden können, und weil ihr Bau so verwickelt ist, dass er sich in einer tabellarischen Uebersicht schlecht verwerthen lässt. Es scheint indess, dass bei allen Arten sich hinreichende Unterschiede auch hierbei finden.

Reichenbach hat bekanntlich eine Anzahl Lindley'scher Spathoglottis von dieser Gattung getrennt und zu Pachystoma gezogen u. a. Sp. ixioides Lindl. (=Pachystoma Josephi Rchb. fil.). Ich habe bisher keine Pachystoma lebend untersuchen können und bin daher ungewiss betreffs der Stellung mancher dieser Arten. Sollte die Auffassung Pfitzer's, die sich in der Hauptsache mit der von Reichenbach deckt, allgemeine Geltung erhalten, so wären die oben aufgezählten Arten der augenblickliche Bestand dieser Gattung; es wäre dann auch Spathoglottis Hollrungii Kränzlin (Flora von Kaiser Wilhelms-Land, S. 33) fürderhin Pachystoma Hollrungii Kränzlin zu nennen.

Tafel 264. Habitusbild. 1. Labellum ausgebreitet. 2. Säule von der Seite (beides in natürlicher Grösse). 3. Die Pollenmassen aus einer Hälfte der Anthere (vergrössert).

Tafel 265.

Cypripedium Roebeleni *Rchb. fil.*

Sepalo dorsali ovato acuto apice ipso obtusato, lateralibus late ovatis apice subbilobis, labellum excedentibus; petalis e basi paulo latiore angustatis linearibus quater v. quinquies tortis, omnibus dorso et marginibus pilosis, sepalis basin versus margine barbatis; labello circuitu oblongo antice rotundato orificio angusto; staminodio bicornuto, apice minutissimo interposito. — Folia linearia ad 30 cm longa apice inaequaliter biloba. Scapus folia non multum excedens ad 50 cm altus a basi flores usque densissime villosus. Racemus pauciflorus subfractiflexus, bracteae ovatae acutae pedicellos (nec ovaria) aequantes. Sepalum dorsale 5 superius 3,5 cm longum, sepala inferiora paulo longiora, pallidum lineis purpureis 5 majoribus interpositisque minoribus decorum inferiora basi punctulata; petala 12—15 cm longa angustissima flavida purpureo-suffusa, staminodium muricatulum non marmoratum.

Cypripedium Roebbelini Rchb. fil. Gard. Chron. 1883 (XX), II 684. — Manual of Orchidac. Plants, Cypripedium, p. 42 sub C. philippinensi Rchb. fil.

Eine der seltneren und schöneren Arten von Cypripedien aus der nordöstlichsten der Domänen dieser Gattung, den Philippinen. Es war schon von Reichenbach als unwahrscheinlich hingestellt worden, dass diese Art identisch sei mit dem im „Botanical Magazine" sehr gut abgebildeten Cypripedium philippinense Rchb. fil. (C. laevigatum Batem.), und die beigegebene Abbildung zeigt in der That eine ganz andre Pflanze. C. Roebeleni ist in allen Theilen kleiner, schlanker, stärker behaart und lebhafter gefärbt als C. philippinense, die Petalen sind fast ebensolang als bei dieser Art, also relativ länger, stärker gedreht und an ihrem obern Theil in ähnlicher Weise wie bei Cypripedium barbatum mit Haarbüscheln besetzt. Letzteres Merkmal ist bei C. philippinense weit weniger entwickelt. Das Staminodium ist bei C. philippinense mit der eigenthümlichen Marmorirung gezeichnet, die sich bei vielen Cypripedien findet; bei C. Roebeleni ist es mit starken Wärzchen besetzt. Dazu kommt, dass C. Roebeleni in einem andern Theil der Philippinen und nicht in Gesellschaft von Cypripedium laevigatum gefunden wurde (in welchem, ist Geschäftsgeheimniss der Firma Sander & Co. geblieben) und dass es dort unter ganz andern Bedingungen vorkommt als jene Art. Jedenfalls ist es viel seltner. Es wächst auf den äussersten Enden niedriger Aeste, die sich über den Wasserspiegel neigen, so tief, dass die Wurzeln in das darunter fliessende Wasser tauchen. — Ich verdanke die hier mitgetheilte Abbildung Herrn Obergärtner Fr. Weber zu Spindlersfeld, Coepenick, der die Pflanze von F. Sander & Co., St.-Albans, erwarb.

Tafel 265. Habitusbild in halber natürlicher Grösse, darüber eine Blüte in natürl. Grösse.

Tafel 266. I. 1—7.

Pholidota sesquitorta *Kränzlin.*

Sepalis oblongis obtusis excavatis, petalis linearibus subaequilongis obtusissimis; labelli basi excavati margine basi involuto deinde in lineas 2 elevatulas sinuosas et antice in triangulum evolutis, lobis lateralibus lobulisque lobi intermedii inter se aequalibus retusis rotundatis; gynostemio apicem versus dilatato, alato tripartito, partibus lateralibus ovatis obtusis, intermedia sc. gynostemio proprio rhombea supra retusa erosula, fovea stigmatica marginata fere bilabiata, anthera extus et intus quadriloculari plana, polliniis 4 ovoideis infra profunde excavatis.

Flores lactei subpellucidi 1 cm diametro, labelli margine lutescente, odorem suavissimum Convallariae majalis exhalant.

Bulbi longi conici quadranguli rugosi laete virides 8 cm alti 1—2 cm diametro, diphylli. Folia longe-lanceolata petiolata acuminata, subtus glauca trinervia, ad 40 cm longa, ad 5 cm lata.

Racemus multiflorus, foliis paulo longior distichanthus, rhachis subfractiflexa. Bracteae magnae paleaceae oblongae obtusae flores bene superantes deciduae, fere 2 cm longae, ovariorum pedicelli ancipites sesquitorti.

Eine höchst aussergewöhnliche Pflanze. Die Bulben erreichen eine für Pholidota sehr beträchtliche Höhe, sind aber schmal kegelförmig und scharf und tief gefurcht. Die Blätter sind lanzettlich und unten hellblaugrün mit 3 hervortretenden Nerven. Der Blütenstand ist ganz schwach zickzackförmig gebogen, die Blüten stehen in den Winkeln sehr grosser bleicher Bracteen, die zur Blütezeit meist abgefallen sind oder bald abfallen. Die Blütenstiele und z. Th. die Fruchtknoten sind 1 bis 1 $^{1}/_{2}$ Mal gedreht, was sonst bei Pholidota nicht vorkommt. Die Sepalen zeigen die gewöhnliche Form, die Petalen sind aber geradezu lineal, schmaler als sonst bei Blüten dieser Gattung. Das Labellum hat die allgemeinen Formen von Pholidota, aber der Aussenrand derselben bildet 2 nach innen zu verlaufende und vorn zu einem Dreieck vereinigte Hautsäume, welche die Höhlung des Labellums begrenzen und gewissermassen eine Duplicatur der Lippe bilden. Die 4 Abschnitte oder Lappen, in welche das Labellum ausgeht, sind in Form und Grösse nahezu gleich und alle am Rande ungleichmässig abgerundet. Die Säule ist sehr breit, und fast blumenartig, ihr mittlerer Theil oben rhombisch; die beiden Seitenlappen sind gleich hoch und sehr breit entwickelt. Die Narbenhöhle ist tief ausgehöhlt und bildet den Grund einer fast griffelartig vorgezogenen kurzen Röhre. Die Anthere zeigt von oben gesehen deutlich 4 Fächer; sie ist sehr breit, unterscheidet sich aber sonst in nichts von den Antheren andrer Pholidoten. Die 4 Pollinien hängen fest unter einander zusammen; ein jedes ist an seinem spitzen Ende deutlich und tief eingekerbt.

Wir erhielten diese Art zuerst von Herrn Lauche, Gartendirector Sr. Durchlaucht des Fürsten Johannes von Liechtenstein zu Eisgrub in Mähren, sodann aus dem Kgl. Botanischen Garten zu Berlin. Sie wurde beide male in England angekauft, und wir gehen wohl nicht fehl, wenn wir als Importeure die Herren F. Sander & Co., als Sammler Herrn Micholitz annehmen. Dies als richtig vorausgesetzt, wäre Nord-Borneo die Heimat des Gewächses. Die Pflanze ist vor langen Jahren entdeckt und abgebildet worden und zwar von Reinwardt, der sie unter dem Manuscriptnamen Cymbidium distichum beschrieb. Im Herbarium Lindley zu Kew findet sich eine Copie der Reinwardt'schen Abbildung unter Chelonanthera liegend. Die Zeichnung ist so charakteristisch und die Uebereinstimmung so gross, dass wir die Identität der alten Reinwardt'schen Pflanze und unsrer als erwiesen ansehen können. Die Bemerkung Lindley's zu Pholidota suaveolens „this charming plant may be almost described as an Orchid in the disguise of a lily of the valley, so alike are leaves, flowers, colour, stature and fragrance“ könnte, die Blätter etwa ausgenommen, wörtlich auch auf diese Art bezogen werden; es ist thatsächlich eine

Orchidee in der Verkleidung einer Maiblume; von einer Identität mit Pholidota suaveolens ist indess keine Rede, die genaueren Merkmale sind völlig verschieden.

Tafel 266. I. Blütenstand und Bulbe. 1. und 2. Blüten in natürlicher Grösse. 3. seitliches Sepalum. 4. dorsales Sepalum. 5. Labellum. 6. oberer Theil der Säule. 7. Pollinien. (3 bis 7 vergrössert.)

Tafel 266. II. 8—12.

Eulophia Warburgiana *Kränzlin n. sp.*

[Verae.]

Sepalis ligulatis acutis lateralibus paulum longioribus; petalis latioribus subrhombeis angulis lateralibus rotundatis; labelli latissimi lobis lateralibus semiobovatis $^2/_3$ totius labelli longitudinis aequantibus antice rotundatis margine vix undulatis, intermedio fere semiorbiculari obtusissimo margine crispato-undulato, disco lineis 2 elevatulis e fundo calcaris medium usque decurrentibus interjecta ibi tertia additisque in lobo intermedio etiam pluribus omnibus paulo ante apicem confluentibus, sacculo v. calcari labelli brevissimo acuto; gynostemio paulum curvato apice dilatato postice post clinandrium processu lato ovato aucto, anthera plana lata biloculari, polliniis maximis postice sulcatis, caudicula brevi latissima, glandula latissima utrinque angustata.

Planta exaltata 1—1,60 m alta gracillima. Tuberidia parva inter foliorum bases obtecta vix 2 cm diametro. Folia coaetanea, infimum vaginaeforme-acutum, ad 40 cm longum, cetera linearia acuminatissima cum parte basilare vaginante 60—100 cm longa ad 2 cm lata. Scapus folia vix excedens supra simpliciter racemosus, racemus ad 25 cm longus distantiflorus. Bracteae parvae ovatae acutae ovario multo breviores ($^1/_4$—$^1/_5$). Flores inter majores generis conspicui lutei elegantissime bruneo-venosi. Sepala 3 cm longa 7 mm lata (intermedium brevius), petala 2,5 cm longa, 1,2 cm lata, labellum 2,5 cm longum, 2 cm latum, gynostemium 1,3 cm longum.

Philippinen, Insel Mindanao. Zwischen Imperata arundinacea leg. Dr. Warburg.

Es ist ausserordentlich schwer, die Verwandtschaft dieser Art genau festzustellen. Sie ähnelt den Blüten nach am ehesten einer etwas grossen Eul. campestris Lindl., doch ist das Labellum ganz anders, der Sporn nach der entgegengesetzten Richtung d. h. vorwärts gekrümmt und die ganze Blüte überhaupt bei Eul. Warburgiana viel grösser. Das Pollinium und die Anthere ähneln denen von Eul. inconspicua Griff., Posth. pap., III, tab. 326, mit welcher Art sonst nicht die mindeste Aehnlichkeit besteht. Soweit ein Vergleich nach einer blossen Diagnose möglich ist, scheinen auch Anklänge an Eul. andamanensis Rchb. fil. Flora 1872, p. 276 vorzuliegen. Damit sind denn aber auch die Beziehungen zu Ende; von den in Blume, Java-Orchideen, und Hooker's Flora of Brit. India aufgeführten Arten gehört keine in die unmittelbare Verwandtschaft. Jedenfalls gehört diese Art zu den schönsten unter den Eulophien, die Blumen müssen ungefähr den Eindruck derer von Ipsea spesiosa machen.

Die Gattung Eulophia erstreckt sich von Westafrika in einer grossen Anzahl von Arten südwärts bis zum Cap und ostwärts bis Indien, wo die Arten nach und nach minder zahlreich werden. Dass sich die Gattung bis zu den Molukken erstrecke und dort einen so brillanten Vertreter habe, wie die hier beschriebene Art, war bisher nicht bekannt.

Tafel 266. II. Oberer Theil einer Pflanze. 8. und 9. Labellum. 10. Anthere. 11. Säule von der Seite. 12. Pollinium. (Alles schwach vergrössert.)

Tafel 267. I. 1—7.

Rodriguezia Lehmanni *Rchb. fil.*

Sepalo dorsali cucullato lanceolato acuto, lateralibus in unum connatis duplo longioribus pseudocalcar efformantibus calcar proprium fere basin usque amplectentibus eoque longioribus; petalis sepalo dorsali aequilongis dorso carinatis cuneatis antice retusis rotundatis; labello duplo longiore cochleato in ima basi callis 2 minutis instructo lobis lateralibus obsoletis rotundatis, intermedio duplo latiore bilobo profunde emarginato, labello postice in calcar filiforme reflexum rectum apice tantum curvatum acutum producto; gynostemio petalis aequilongo gracili antice in alas trapezoideas acutatas dilatato anthera horizontali longa uniloculari; polliniis et rostello generis. — „Pseudobulbis ligulato-ovatis ancipitibus monophyllis; foliis cuneato oblongo-lanceolatis acuminatis; racemo pendulo seu porrecto" (ex Rchb. fil.). Flores pallide virides, lutescentes, labellum intus pallide roseo suffusum.

Rodriguezia Lehmanni Rchb. fil. Mss. 1881 und in Gard. Chron. 1883, I, 403.

Eine Pflanze vom Bau der meisten Rodriguezia-Arten. Sie gehört speciell zu dem Formenkreis von Rodriguezia caloplectron Rchb. fil. und Rodriguezia granatensis Lindl. Was sie besonders kennzeichnet, sind die zu einer Röhre verwachsenen seitlichen Sepalen, welche den soliden ziemlich langen und nur an der Spitze etwas abwärts gekrümmten Sporn gänzlich einschliessen und an Länge sogar noch etwas übertreffen. Die Petalen sind absolut keilförmig, vorn gestutzt, abgerundet. Das Labellum verbreitert sich aus ganz schmalem Grunde zu einer flach vertieften länglichen Schale, der Mittellappen ist breit nierenförmig und vorn gebuchtet.

Diese Art, welche Prof. Reichenbach nach Herrn F. C. Lehmann, deutschem Consul in Popayan, Columbien, benannte, ist keine der hervorragend brillanten Pflanzen, aber sehr interessant durch ihre Verschränkung von seitlichen Sepalen und Sporn. Ausser den beiden oben genannten Arten gehört noch in diesen Formenkreis Rodriguezia refracta Rchb. fil. (Walp., VI., 696 und Refug. bot., II, tab. 129 ic. opt.!) und dieser Art steht Rodriguezia Lehmanni unbedingt am nächsten. Die Farbe der Blüten scheint sehr variabel zu sein. Reichenbach gibt a. a. O. an, er habe Blüten gesehen, welche weisslich ockergelb angehaucht waren, die Petalen aussen grünlich (wie in unsrer Abbildung), die Lippe mit 2 zimmtbraunen Flecken und braunen Streifen und Fleckchen vorn auf der Lippe. Eine andre Blüte zeigte grüne Streifen auf den Petalen. In unsrer Abbildung ist die Aussenseite der dorsalen Sepalen und der Petalen grün und braun überlaufen.

Tafel 267. I. Oberer Theil eines Blütenstades. 1. Labellum von oben gesehen und flach ausgebreitet. 2. und 3. Säule von der Seite gesehen. 4. oberer Theil der Säule von vorn gesehen. 5. Anthere von unten. 6. dieselbe von oben. 7. dieselbe von der Seite gesehen.

I in natürlicher Grösse, 1—3 schwach, 4—7 stärker vergrössert.

Tafel 267. II. 8—12.

Pleurothallis gelida *Lindl.*

Sepalo dorsali cymbiformi circuitu lineari obtuse acuto, lateralibus linearibus modice carinatis omnibus intus et margine pilosis, lateralibus ima tantum basi connatis; petalis multo brevioribus spathulatis antice emarginatis, labello etiam minore curvato circuitu fere pandurato apice reflexo retuso, disco callis 2 praesertim medio elevatis interjecto humiliore; gynostemio curvato, anthera saltis alta, androclinio minutissime serrulato postice retuso, rostello angusto-lineari plano porrecto. — Totus flos sub anthesi ringens, sepala vix 2 mm longa. Planta robusta elata. Caulis secundarius 15 cm altus firmus, folium oblongum obtusum laete viride firmum basi non in petiolum angustatum sed paulo (an semper?) tortum. Racemi saepissime 2 folia aequantes. Bracteae minutae ovarium non aequantes.

Pleurothallis gelida Lindl. in Bot. Reg. 1841, misc. 186. — Idem, Folia Orchidacea, Pleurothallis, pag. 4, Nr. 12.

Eine verhältnissmässig hübsche Pleurothallis-Art von hohem Wuchse und kräftigem Blattwerk. Die sämmtlichen, nur für den Botaniker wichtigen Merkmale enthält die lateinische Diagnose. Der Verf. ist in der glücklichen Lage, zu dieser Art sowohl, wie zu der sehr ähnlichen Pleurothallis polyliria Rchb. fil. gutes authentisches Material zu besitzen, und hielt es für unbedingt wünschenswerth, die gar zu lakonische Diagnose Lindley's in den Folia a. a. O. durch eine genauere zu ergänzen. Zu Lindley's Diagnosen für Stelis und Pleurothallis in den Folia gehören nothwendig sein Herbar oder noch besser seine Analysen; ohne diese ist ein Bestimmen in vielen Fällen ein gewagtes und sehr unsicheres Unternehmen. Im vorliegenden Falle standen zu beiden Arten die Originalexemplare zur Verfügung, welche Herr Oberhofgärtner Wendland von Prof. Reichenbach erhalten hatte und, um jeden Zweifel an der Authenticität wenigstens der einen Art zu beseitigen, besass der Verf. eine Copie von Lindley's Analyse.

Beide Arten sind im Habitus ungemein ähnlich. Das Blatt von Pl. gelida ist etwas schmäler, kürzer gestielt und am Grunde etwas gedreht. Das von Pl. polyliria ist breiter, gestielt und geradeaus gewachsen; ob aber diese Charaktere permanent sind, vermag zur Zeit niemand zu sagen; derartiges lässt sich nur durch lange Beobachtungen in der Heimat beantworten. Pl. gelida scheint stets nur 2 Aehren zu machen, Pl. polyliria dagegen 5—6; auch dies ist ein Merkmal zweiten Ranges, denn hier kommt der jeweilige Culturzustand in Betracht. Ein Merkmal aber, welches schon bei mässiger Lupenvergrösserung zu erkennen ist, bildet die Behaarung am vorderen Theil der Sepalen. Bei Pl. polyliria ist diese so dicht, dass sie gegen das Licht gesehen schon für scharfe Augen, mindestens mit sehr schwacher Vergrösserung erkennbar wird, während bei Pl. gelida erst eine gute Vergrösserung dieses Merkmal zeigt. Da die Sepalen bei Pl. gelida fast bis zur Basis hin frei, bei Pl. polyliria hingegen bis zur Hälfte verwachsen sind, so spreizen die Blüten von Pl. gelida mehr als die von polyliria. Es käme nun die Reihe an die feineren Merkmale, welche Zug um Zug bei beiden Arten Abweichungen zeigen. Es ist indess bei derartigen Pflanzen, die nur den Botaniker interessiren, eine Wiederholung aller dieser Einzelheiten in deutscher Sprache überflüssig.

Das Habitusbild ist mit Benutzung einer von Herrn Oberhofgärtner Wendland entworfenen Skizze gezeichnet. Das Material an Blüten für diese Art und Pl. polyliria wurde mir von demselben Herrn gütigst mitgetheilt.

Tafel 267. II. Habitusbild, natürliche Grösse. 8. Blüte. 9. Labellum. 10. Petalum. 11. Gynostemium in 2 Stellungen. 12. Anthere von unten gesehen. 8—12 alles bedeutend vergrössert.

Tafel 268. I. 1—5.

Pleurothallis Kefersteiniana *Rchb. fil.*

[§ X. Apodae, caespitosae.]

Caule secundaria tenui paucis vaginis basi vestito, folio e basi angusta lineari cuneato in laminam oblongam v. oblongo-lanceolatam acutam apice ipso minutissime tridentatam dilatato; scapo multo longiore filiformi strictissimo apice subfractiflexo paucifloro distantifloro, bracteis minutis triangulis ovariis multoties brevioribus. Sepalo dorsali ligulato acuto, lateralibus semiconnatis parte libera lanceolata acuta omnibus intus pilis brevissimis hyalinis hirsutis, petalis multo minoribus e basi lineari in laminam spathulatam oblique rhombeam antice apiculatam dilatatis; labello etiam breviore complicato vi expanso e basi angustiore triangulo intus et margine pilis hyalinis vestito; gynostemio elongato cycnochiformi margine minutissime denticulato, dentibus apicem versus majoribus, androclinio tridentato.

Tota planta 20 cm alta v. paulo altior, folium 5 — 6 cm longum, 1,5—2,5 cm latum, scapus 15—18 cm altus tenuissimus. Flores penduli v. nutantes fere 1 cm diametro, sepala 6—7 mm longa, 3 mm lata, vitellina striis subparallelis transversis purpureis picta, petala pallidiora (albida) purpureo-punctulata, labellum violaceum, gynostemium albidum violaceo-punctatum.

Pleurothallis Kefersteiniana Rchb. fil. Bonplandia, II, 24, nomen! — J. Lindley, Folia Orchid., Pleurothallis Nr. 240, p. 39., kurze Diagnose. — Reichenbach fil., Walp. Annal. bot. syst., VI, 170.

Nach Reichenbach's Angaben in Bonplandia a. a. O. wurde die Pflanze bei Caracas in Venezuela in 4000—5000 Fuss Meereshöhe von Wagener gesammelt, blieb aber in den Sammlungen sehr selten. Von neueren Sendungen verlautet nichts und das Prädicat „rarissima“ verdient sie auch heute noch. Das Exemplar, nach welchem diese Zeichnung und Beschreibung gemacht wurden, lebt z. Z. in Herrenhausen. Es ist eine der hübscheren Pleurothallis-Arten. Die Sepalen sind ockergelb mit purpurnen Querbinden, die sehr eigenthümlich geformten spatelförmigen Petalen mit Purpurflecken auf hellgelblichem Grunde; ähnlich die schwanenhalsähnlich gebogene Säule, deren Grundfarbe noch heller ist. Das Labellum ist violett und höchst eigenartig gestaltet. Es lässt sich am besten mit einer sich verschmälernden Rinne vergleichen, welche erst aufwärts und dann schräg nach unten gebogen ist. Es ist ganz unmöglich, es so auf eine Fläche auszubreiten, dass man ein genaues Bild des Umrisses gewinnen könnte. Die Sepalen und das Labellum sind auf der Innenseite mit farblosen haarähnlichen Wärzchen oder kurzen Härchen besetzt. Die Wirkung dieser krystallhellen Härchen auf den pantherfleckigen Blättern ist im schräg auffallenden Lichte sehr schön. Das Material an Blüten verdankt der Verf. Herrn Wendland; die mit grosser Sorgfalt gezeichneten Analysen konnte er einfach bestätigen.

Tafel 268. I. Habitusbild, natürl. Grösse. 1. Labellum von der Seite. 2. Petalum. 3. Seitliche Sepalen von oben und unten gesehen. 4. Oberes Sepalum. 5. Säule. Fig. 1—5 sehr stark vergrössert.

Tafel 268. II. 6—12.

Pleurothallis polyliria *Rchb. fil.*

[Macrophyllae, racemosae.]

Sepalo dorsali oblongo spathulato obtuso apice ipso bipartito piloso, lateralibus obliquis fere medium usque coalitis mentum efficientibus utroque carinato acuto margine piloso; petalis cuneato-rhombeis antice erosulis acutis duplo brevioribus quam sepala; labello ligulato toto circuitu fere rectangulo, lineis elevatulis in disco 2; gynostemio arcuato clavato, androclinio denticulato. — Planta valida. Caulis primarius repens 4—5 mm diametro satis firmus, caulis secundarius 15—20 cm altus vaginatus, monophyllus. Folium oblongum obtusum apice emarginatum basi in pedunculum brevissimum contractum ad 20 cm longum ad 9 cm latum, squama 1-carinata in basi. Racemi 2—5 folium subaequantes subsecundi apice plus minus fractiflexi. Bracteae ovario bene breviores. Flores 2—3 mm diametro, toti racemi sub anthesi illos Convallariae majalis (magnitudine valde reductae sc.) ludentes.

Pleurothallis polyliria Rchb. fil. in Gard. Chron. 1871, p. 1483.

Ein ziemlich ansehnliche und gewissermassen hübsche Pleurothallis. Die bis zum Blatt hinauf bescheideten Stengel werden bis zu 25 cm hoch, das Blatt samt dem Stiel 20 cm, die ganze

Pflanze hat also nahebei einen halben Meter an Höhe. Aus der scharfgekielten Scheide entspringen 2 oder mehrere Blütenstände, welche fast von der Basis an Blüten tragen. Diese sind von kurzen Deckblättchen gestützt, in frischem Zustand hellweisslichgelb, getrocknet citronengelb und durch die deutliche Behaarung der Sepalen ausgezeichnet. Dieses Merkmal unterscheidet sie sofort von der sonst ausserordentlich ähnlichen Pl. gelida Lindl. — Da bei dieser Art alle Vergleichspunkte hinreichend erschöpfend behandelt sind, glaubt der Verf. hier auf Wiederholung verzichten und einfach auf das dort Gesagte verweisen zu sollen. Das Habitusbild wurde mit Benutzung einer von Herrn Oberhofgärtner Wendland gezeichneten Skizze entworfen; die so sorgfältig gezeichneten Analysen dieses Herrn sind ein Beweis der Liebe, welche er diesen sonst so verachteten Pflanzen widmet.

Tafel 268. II. Habitusbild. 6. Blüte. 7. Die seitlichen Sepalen. 8. dorsales Sepalum. 9. Petalum. 10. Säule. 11. Querschnitt des Labellum. 12. Labellum von oben. Alles beträchtlich vergrössert.

Tafel 269. 1—9.

Luisia Griffithii *(Lindl.) Kränzlin.*

[B. Planifoliae.]

Caule valido ad 40 cm alto; foliis distichis coriaceis densis linearibus ad 15 cm longis ad 1,5 cm latis apice irregulariter praemorsis; racemis paucifloris subnutantibus quam folia brevioribus; ovariis bracteas minutissimas multo excedentibus supra curvatis hexagonis v. hexapteris. Sepalo dorsali late ligulato obtuso, lateralibus paulo longioribus ovato-oblongis inaequilateris margine inferiore magis evolutis dorso apicem usque carinatis; petalis obovatis obtuse acutis aequilongis; labello basi excavato cum gynostemio arcte coalito, lobis lateralibus minutis triangulis antice rotundato-retusis, intermedio maximo crassissimo plano ovato obtuso apicem versus compresso ibique in mentum acutangulum producto, lineis numerosis parallelis rugulosis in disco; gynostemio brevi, anthera imperfecte biloculari polliniis globosis postice bipartitis, caudicula latissima lineari, glandula transversa falcata angustissima; fovea stigmatica semicirculari. Totus flos fere 2,5 cm diametro sub anthesi ringens, sepala petalaque laete viridia, labellum pallide viride margine superiore callosum, purpureo marginatum et striatum, gynostemium albidum.

Eine mittelgrosse Pflanze so genau von dem Habitus und Aussehen einer monopodialen Vandee, dass die Darstellung eines Habitusbildes überflüssig ist. Der Stamm des einzigen mir bekannt gewordenen Exemplars ist annähernd 40 cm hoch. Die Blätter sind lineal, etwas bogig gekrümmt und an der Spitze unregelmässig ausgebissen. Die Blütenstände entspringen mehrere Internodien unter dem Gipfel.

Die Abgrenzung der indischen Genera der Orchidaceen wird stets eines der verwickeltsten Capitel der Systematik bleiben. Kaum auf irgendeinem Gebiete sind die Merkmale so fluctuirend. Die Anzahl von Vanda-Arten, welche sich um die alte Vanda cristata Lindl. gruppieren, hat von jeher eine merkwürdige Stellung neben den andern eingenommen, denn abgesehen von dem bei indischen Orchidaceen sehr häufigen und zur Charakteristik der Gattungen kaum verwerthbaren monopodialen Aufbau, den man ganz correct als den Vanda-Habitus bezeichnen kann, sind die Einzelheiten der Blüten dieser Gruppe Punkt für Punkt verschieden von denen der Vanda-Arten im engeren Sinne und völlig die von Luisia Gaudichaud. — Bei der Bearbeitung der indischen Orchidaceen (Flora of British India, Vol. VI, p. 53) gab Sir Joseph Hooker diesem Verhältniss Ausdruck, indem er die ganze Cristata-Gruppe sehr treffend folgendermassen charakterisirte: „Inflorescence and flowers of Luisia, but habit and foliage of Vanda". Angesichts der Thatsache, dass nicht bloss bei Vanda, sondern auch bei Saccolabium, Sarcanthus und Aerides sich diese Form des monopodialen Stammes mit flachen riemenförmigen Blättern findet und dass umgekehrt bei diesen Gattungen auch die Form mit drehrunden Blättern vorkommt — Aerides Vandarum z. B. — ist es klar, dass der Habitus in allen diesen Gattungen nicht einmal die Rolle eines nebensächlichen Gattungsmerkmales spielen kann, sondern ganz ausser Rechnung zu stellen ist. Dies Zugeständniss kann unmöglich verweigert werden. Hieraus folgt aber unmittelbar, dass die ganze Cristata-Gruppe von Vanda zu Luisia zu stellen ist, welche Gattung somit in zwei habituell gut unterschiedene Gruppen zerfällt, nämlich A, foliis teretibus und B, foliis planis. Die Abänderung der Nomenclatur ergiebt sich somit von selbst. Es ist Sir Joseph Hooker, der zuerst dies Verhältniss klar zum Ausdruck gebracht hat, der factische Autor, obgleich er aus seitab liegenden Gründen es vorgezogen hat, die landläufige Nomenclatur beizubehalten. Wie überzeugend übrigens die nahe Verwandtschaft oder Zusammengehörigkeit der Arten dieser Gruppe mit Luisia sich auch schon Lindley aufgedrängt hat, beweist die Thatsache, dass er die unsrer Art zunächst verwandte Vanda alpina im Bot. Reg. von 1858 unter dem Namen Luisia alpina beschrieb. Es ist dem Verf. nicht angenehm, die Umänderung der Namen und die damit verknüpfte Aenderung des Autors in dieser Weise vornehmen zu müssen. Die Nomenclatur der Gruppe wird also fortan zu lauten haben:

Luisia Gaudich.

A. Teretifoliae.

B. Planifoliae.

Luisia cristata (Lindl.) Kränzlin. (incl. synonym.) = Vanda cristata

Luisia striata (Rchb. fil.) Kränzlin. = Vanda striata ? = cristata.

Vanda Luisia alpina Lindl. Bot. Reg. 1858. Misc. 56 huc forsan Vanda Griffithii Lindl.

Dagegen ist auszuschliessen die nach Hooker fil. mit einem langen Sporn versehene Vanda pumila Hook. f., welche ausserdem sehr viel kleinere Blüten als L. alpina und cristata hat. Ein Sporn fehlt allen Arten von Luisia absolut. (Vergl. Hooker, Flora of Brit. India, VI, p. 53 unten.) Ob die beiden einander sehr ähnlichen Arten Luisia alpina und Griffithii getrennt oder vereinigt werden müssen, st mit dem z. Z. in Europa zu Verfügung stehenden Material nicht auszumachen; es steht hier die Ansicht Lindley's, in dessen Herbar sie getrennt und durch abweichende Analysen begründet sind, der Aussicht Sir Jos. Hooker's, der sie l. c. vereinigt, gegenüber. — Wie dem sein mag, so gewährt die Gattung Vanda nach Ablösung dieser Arten ein sehr viel natürlicheres Bild, während die Gattung Luisia, deren einer Mittelpunkt ohnedies im Himalaya-Gebiet liegt, durch Hinzufügung dieser ganzen auf Nord-Indien beschränkten Gruppe keinerlei discrepante Bestandtheile erhält. Es erübrigt noch, etwas über die Wiederherstellung der Luisia Griffithii (Lindl.) Kränzlin zu sagen. Es ist ganz klar, dass die Art mit Luisia alpina sehr nahe verwandt ist, sie hat aber (und das geht aus der im Herbar. Lindley befindlichen Analyse hervor) auf der Oberfläche des Labellums eine Anzahl Parallelreihen von quergerieften oder gekörnelten Wärzchen, welche in dieser Form bei Vanda alpina fehlen, der Rand des Labellum ist etwas erhaben und wulstig, aber keineswegs hoch genug, um für das sonst ganz flache Labellum den Ausdruck „concave" zu rechtfertigen. Die Erfahrungen, welche der Verf. bisher mit der Zuverlässigkeit der Lindley'schen Analysen gemacht hat, sind derart, dass er sich auch in diesem Falle der von Lindley aufgestellten Ansicht unbedingt anschliesst; nur sehr selten (und dann meist auf Grund spärlichen oder dürftigen Materials) sind diese Analysen irreführend. — Der Verf. sah Luisia Griffithii unter den von Herrn Alfred van Imschoot auf der 1893 veranstalteten grossen Gartenbauaustellung zu Gent ausgestellten Pflanzen. Sie war als Vanda cristata verkauft worden, über das Vaterland war nichts Sicheres zu ermitteln; es ist vermuthlich das von V. cristata, also Nord-Indien.

Tafel 269. 1. Blüte von vorn. 2. von der Seite. 3. Labellum von oben. 4. schräg und 5. direct von der Seite. 6. Säule von vorn. 7. und 8. Pollinium (alles vergrössert). 9. Spitze des Blattes (natürl. Grösse).

Tafel 269. 10—20.

Saccolabium Wendlandorum *Rchb. fil.*

Sepalo dorsali ligulato obtuso, lateralibus oblique triangulis v. cuneato-obovatis acutis; petalis oblongis obtusis; labelli lobis lateralibus minutis subnullis, intermedio late ovato triangulo verrucoso, calcari v. sacco amplissimo rotundato quam ovarium bene longiore, margine superiore v. ostio squamis 2 semiclauso squama parietis dorsalis supra profunde emarginato calcari succo nectareo scatente, gynostemio brevissimo, anthera antice protracto, apice retuso emarginatove uniloculari, polliniis globosis, caudicula lineari tenerrima glandula lineari-oblonga, rostello filiformi apice bifido valde protracto; androclinio profundo. — Totus flos subclausus vitellinus 2—3 mm diametro. Folia inaequaliter biloba lorata linearia 15—25 cm longa 3—4 cm lata. Racemi rhachis crassissima viridi-purpureo marmorata, bracteae subnullae, flores non resupinati.

Cleisostoma Wendlandorum Rchb. fil. in Otto u. Dietrich, Allgem. Gartenzeitung 1856, p. 219. — Hooker, Flora of Brit. India, VI, 74.

Cleisostoma callosa Bl. Bijdr. 362 und Rchb. fil. in Bonplandia, III, 219 und Walper's Annales VI, 890. Pomatocalpa spicata Kuhl und von Hasselt.

Eine der Pflanzen, welche zur Verzweiflung der Importeure und Amateure und zur Freude der Botaniker geschaffen zu sein scheinen. Der Habitus ist der einer echten Vanda-ähnlichen Schönheit. Monopodialer Wuchs, breite kräftige Blätter, kurz ein Aufbau, der Gutes verspricht. Die Blüten sind aber nichts weniger als schön, 2—3 mm im Durchmesser, helldottergelb mit einer minimalen Andeutung von Purpur, die man aber erst unter der Lupe erkennt. Das Labellum hat einen enorm entwickelten sackähnlichen Sporn, der aber am obern und vordern Rande durch 2 nach innen gewendete Schuppen, zwischen denen ein schmaler Schlitz offen ist, grösstentheils geschlossen ist; die dorsale Schuppe ist oben ausgerandet. Die Anthere ähnelt einer Mütze mit sehr weit vorgezogenem Schirm, sie ist einfächerig, ohne Andeutung einer Scheidewand. Das Rostellum ist lang vorgezogen und an der Spitze zweitheilig. Die Art scheint im östlichen Theile Indiens weit verbreitet zu sein. Reichenbach gibt für seine jedenfalls hierhergehörende Cleisostoma callosa (sic!) Java als Vaterland an, die Standorte in Hooker's Flora of British India erstrecken sich von den Andamanen bis in das nördliche Burmah.

Der Verf. erhielt diese sehr seltene Pflanze aus der an botanischen Seltenheiten so reichen Sammlung des Herrn Alfred van Imschoot, Gent, Mont St.-Amand.

Tafel 269. II. 10. Blüte von der Seite. 11. von vorn. 12. Labellum und Säule von der Seite 13. von vorn. 14. Säule von vorn. 15. Labellum von hinten und innen (auseinandergespreizt). 16. Anthere von aussen. 17. von innen. 18. Pollinium von der Seite. 19. von vorn. 20. von hinten. (Alles vergrössert.)

Tafel 270. I. 1—8.

Dendrobium sphegidiglossum *Rchb. fil.*

Sepalo dorsali oblongo obtuso, lateralibus triangulis acutis dorso manifeste carinatis apice ancipitibus; petalis oblongo-lanceolatis acutis sparsim lacero-dentatis; labello e basi cuneata sensim dilatato, lobis lateralibus triangulis acutis margine lacero-dentatis ciliatis, lobo intermedio vix longiore antice retuso ibique in crines numerosissimos soluto, disci callo antice setoso medio et basin versus nitido;

gynostemio infra foveam stigmaticam lobulis 2 deflexis instructo, ima vero basi utrinque excavato, linea mediana elevata interjecta, apice gynostemii tricornuto, anthera cornui dorsali satis firme affixa. Flores albidi hyalini 1,5 cm (expansi) diametro, 1 cm sub anthesi, labelli callus luteus. Bracteae ovatae ovarii dimidium aequantes.

Dendrobium sphegidiglossum Rchb. fil., Bonplandia, II, 88; idem, Walper's Annales, VI, 290, Nr. 58 (beide Stellen gleichlautend). — Hooker fil., Flora of British India, VI, 737. — Huc sec. Reichenbach et Hooker. Dendrobium stuposum Lindl., Bot. Reg. 1838, XXIV Misc., 94 und 1844, 52.

Ein winziges Dendrobium mit kurzen, zur Blütezeit gefurchten schlanken Bulben und linealen Blättern. Die 5—6 blütigen Trauben entspringen ziemlich hoch. Die Blüten sind weiss, durchscheinend und fast farblos zu nennen. Die Sepalen bilden ein mässig langes gerades Kinn, die viel kleineren Petalen sind länglich, stumpf und entweder an beiden Rändern oder mindestens nach unten, d. h. nach dem Fruchtknoten hin, hier und da wimperig gezähnt oder zerschlitzt. Beim Labellum nimmt diese Art der Theilung des Randes an den dreieckigen Seitenlappen zu, um an dem Mittellappen die höchste Entwickelung zu erreichen. Dieser Theil endet mit einem Gewirr durcheinandergeschlungener Haare. Es fehlt der Blüte nur die nöthige Grösse und Farbe, um ein weit abenteuerlicheres Aussehen zu haben als selbst Dendrobium Brymerianum. Sehr sonderbar ist die Säule. Ungefähr unter der Narbenhöhle sind 2 sich nach unten verlaufende schmale parallele lineale Zipfel befestigt und unterhalb dieser hat die Säule jederseits eine lange schmale taschenähnliche Vertiefung, in der Mitte aber eine lange glänzend gelbe, bis auf das Ende des Säulenfusses verlaufende Leiste. Die Anthere haftet sehr fest an dem dorsalen Zahn des Androcliniums, welcher in eine Vertiefung der Anthere tief hineinpasst. Reichenbach stellt die Art zwischen D. M'Carthiae Hooker u. D. revolutum Lindl. Mit der ersten dieser Arten hat sie nicht die entfernteste Aehnlichkeit, mit der zweiten nur in dem negativen Merkmal der unbedeutenden weissen Blumen, die indess bei D. sphegidiglossum doch noch etwas Charakter haben. Eine gärtnerisch werthvolle Art ist es natürlich trotzdem nicht. Der Verf. erhielt frische Blüten aus der Sammlung des Herrn Alfred van Imschoot zu Mont St.-Amand, Gent.

Tafel 270. I. 1. Blüte nat. Grösse. 1a etwas vergrössert. 2. Blüte ohne Labellum, gespreizt. 3. Labellum. 4. Säule. 5. Kopf der Säule ohne Anthere. 6. Anthere von vorn. 7. von der Seite. 8. von hinten. (Alles vergrössert.)

Tafel. 270. II. 9—15.

Angraecum

Listrostachys Metteniae *Kränzlin.*

Radicibus pro plantae magnitudine crassis, caule brevi distichophyllo; foliis linearibus apice inaequaliter bilobis basi arctissime compressis ad 10 cm longis 1 cm latis vel vix latioribus; racemis capitatis 1 ad 3 ex axillis foliorum basilarium orientibus basi bracteis magnis inanibus vestitis, in bracteas floriferas decrescentibus. Sepalis petalisque paulo minoribus obovatis obtusis labello conchoideo (lobis lateralibus omnino obsoletis) explanato transverse ovali antice retuso emarginatove, calcari recto a dimidio ampliato ovarii ne quartam partem quidem aequantibus; gynostemio brevi, anthera plana denti androclinii postico satis firme adhaerente, glandula oblongo-lineari, caudiculis 2, linearibus (apice non cupulatis); rostello tripartito, parte intermedia majore omnibus linearibus.

Angraecum cephalotes Kränzlin. Mittheilungen aus den deutschen Schutzgebieten, II, 4 (1889).

Eine Listrostachys mit kurzem Stamm und 6—10 schmallinealen Blättern. Die Blüten erscheinen wie bei der von J. Lindley beschriebenen Listrostachys (Angraecum) capitata (Lindl.) Rchb. fil. in dichtgedrängten Köpfen, die an Miniaturformen der südamerikanischen Elleanthus-Arten erinnern, denn sie sind gleich jenen am Grunde mit grossen trockenhäutigen Bracteen umgeben. Die Blütenstiele sind ziemlich lang und so abgestuft, dass die Blüten sub anthesi annähernd auf gleicher Höhe stehen. Die Sepalen und Petalen sind nahezu gleich gross, das Labellum ist breit muschelförmig und vorn etwas ausgerandet, der Unterschied zwischen Seitenlappen und Mittellappen ist völlig verwischt, der Sporn ist gerade, kurz d. h. kaum $^1/_4$ und bei den unteren Blüten kaum $^1/_6$ so lang als das Ovarium und nach der Spitze zu aufgetrieben. Die Säule ist sehr kurz, die Narbenhöhle nimmt die ganze Vorderseite ein, die Anthere ist flach und einfächrig, die Klebscheibe ausserordentlich lang, die Stielchen bis zum Grunde getrennt.

Die ganze Blüte hat einen Durchmesser von 3 bis 4 mm, sie ist mit Ausnahme eines grünlichen Fleckes auf dem Labellum reinweiss. Es ist dies die dritte Art einer kleinen sehr scharf umschriebenen Gruppe westafrikanischer Listrostachys, die man nach der ältesten Art die Capitata-Gruppe nennen kann. Es gehören hierher ausser dieser Art Listrostachys cephalotes Rchb. fil. und Listrostachys capitata Rchb. fil. (Angraecum capitatum Lindl.). Als der Verf. vor einigen Jahren die Orchidaceen bearbeitete, welche unser unglücklicher Landsmann Johannes Braun aus dem südlichen Kamerun-Gebiet heimgebracht hatte, beschrieb er diese Art als Angraecum cephalotes und benutzte einen bereits von Reichenbach gebrauchten Speciesnamen, ohne zu wissen, dass eine Listrostachys cephalotes bereits 1872 von Reichenbach in Gard. Chron. beschrieben war.

Die Beibehaltung von Listrostachys, welche dem Verf. damals nur die Rolle einer Section von Angraecum zu verdienen schien, als selbständige Gattung macht auf alle Fälle eine Aenderung des Speciesnamens nöthig, da die von Reichenbach beschriebene Pflanze mit der hier vorliegenden keineswegs identisch ist. Es stammen aber die Exemplare zu unsrer ersten Diagnose (1889) und zu der hier publicirten, die nur wenig geändert ist, aus einer und derselben Sammlung Braun'scher Originalexemplare, die in den Botanischen Gärten zu Berlin und Herrenhausen cultivirt werden. Der Unterschied zwischen Listrostachys cephalotes Rchb. fil. und dieser Art beruht hauptsächlich auf dem Labellum, welches bei L. cephalotes dreilappig ist, deutlich abgesetzte halb eiförmige Seitenlappen, einen zungenförmigen (ligulaten) Mittellappen und einen Sporn von der Länge des Fruchtknotens besitzt, alles Merkmale, die hier absolut nicht zutreffen; ausserdem ist das Rostellum obwohl 3theilig, doch in seinen feineren Détails gänzlich abweichend.

Der Verf. erhielt eine Zeichnung nach der Natur und Herbarmaterial von Herrn Oberhofgärtner Wendland zu Herrenhausen, unter dessen Leitung die Pflanze regelmässig blüht; ausserdem stand das von Joh. Braun eingesandte Alkoholmaterial zur Verfügung.

Die Pflanze erhielt ihren neuen Namen nach Frau Prof. Mettenius, der Schwester des der Wissenschaft zu früh entrissenen Johannes Braun, welche der gute Genius ihres Bruders war.

Tafel 270. II. Habitusbild, etwas verkleinert. 9. Blütenstand. 10. einzelne Blüte. 11. Labellum und Säule. 12. Labellum und Sporn von der Seite. 13. Anthere, von vorn und hinten gesehen. 14. Säule von vorn ohne Anthere (r=Rostellum). 15. Pollinium von vorn. — Mit Ausnahme von 9 alles vergrössert.

Tafel 271.

Bolbophyllum mandibulare *Rchb. fil.*

Floribus maximis! Sepalo dorsali e basi ovata lanceolato acuminato dorso praesertim apicem versus carinato, lateralibus similibus fere omnino in scapham utrinque argute carinatam medio sulcatam conglutinatis; petalis oblongis acuminatis tertia vel quarta brevioribus non carinatis tenerioribus; labelli hypochilio e basi paulo latiore angustato medio umbonato, epichilio (seu labello ipso) e basi cordato oblongo obtuso disco densissime piloso apice infra in mentum producto medio sulcato; gynostemio brevissimo supra in brachiis 2 dolabriformibus infra acuminatis instructo, androclinio postice obtuse dentato, anthera, polliniis generis. Flores subclausi inter maximos (fortasse maximi) generis, sepalum dorsale 5 cm, lateralia 5,5 cm longa, intermedium 1,8 cm lateralia 2 cm lata vel etiam latiora, petala 3,8 cm longa, 1,7 cm lata, labellum fere 2 cm longum. Totus flos extus viridis (praesertim carinae), ceterum sordide purpureo suffusus, intus (praesertim petala) obscure viridi-purpureus, labellum luteolum, setis creberrimis purpureis vestitum.

Bolbophyllum mandibulare Rchb. fil. Gard. Chron. 1882, March 18.

Diese Pflanze ist eine der grössten Bolbophyllen, und die Blüten sind die grössten z. Z. bekannten aus dieser Gattung. Reichenbach's Vergleich dieser Blüten mit denen von Lycaste tetragona ist nicht sehr glücklich, denn die Blüten sind hier länger und mehr nickend und höchstens die scharfen Kiele der untern Sepalen mögen von fern her an jene Art erinnern. Bezüglich der Petalen mag ein Merkmal erwähnt werden, welches schwer in der Diagnose unterzubringen war. Am Grunde beider Petalen findet sich eine an den Rändern etwas freie dreieckige Platte, welche völlig den Eindruck eines angewachsenen, den Petalen superponierten Blattes macht, dessen Ränder in das Ovarium verlaufen. Es ist fast genau dieselbe Bildung wie bei Bolbophyllum bracteolatum Lindl. (Bolbophyllaria bracteolata Rchb. fil.) und ein weiterer Beitrag zu dem von Prof. Pfitzer begründeten Satz, dass das Ovarium der Orchidaceen als Axengebilde aufzufassen sei. Sonderbar ist es, dass gerade wieder eine Art dieser Gattung ein Beispiel liefert. Die Farbe der Blumen ist ein Gemisch von Grün und Braunrot, an den Sepalen herrscht mehr die erstere, an Petalen und Labellum mehr die letztere Farbe vor. Die Lippe hat die übliche Sigmaform der Bolbophyllen, das herzförmige Epichilium oder Labellum im engern Sinne ist mit festen stacheligen Wärzchen besetzt. Die Beweglichkeit dieses Theiles ist bei der Enge der Blüte nicht so gross wie bei andern Bolbophyllen. Die Säule hat jederseits einen Flügelfortsatz, der im allgemeinen wie eine Beilklinge aussieht, mit einer spitz vorgezogenen untern Ecke; die übrigen Theile, Anthere, Pollinien u. s. w. zeigen nichts Besonderes.

Bolbophyllum mandibulare wurde von Herrn Burbidge auf Borneo entdeckt und blühte zuerst bei den Herren Veitch & Sons in Chelsea. Wir sahen die Pflanze 1891 blühend im Berggarten zu Herrenhausen und verdanken frisches Material Herrn Oberhofgärtner Wendland.

Tafel 271. I. II. Habitusbild. 1. und 2. Blüten. 3. Labellum und Säule von oben. 4. Beides von der Seite. 5. Epichilium von oben. 6. Pollinien.

Tafel 272.

Lissochilus Graefei *Kränzlin.*

Planta speciosissima maxima. Bulbis maximis ovoideis magnitudine pugni robustissimi, ad 6—10 cm altis. Foliis sub anthesi evolutis e petiolo longo lanceolatis acuminatissimis plicatis; scapo elato 2 m alto valido basi 1 cm crassitie excedente, cataphyllis distantibus satis parvis instructo, racemum longissimum pleistanthum gerente; bracteis basi cuneatis lanceolatis quam ovaria sublongioribus. Sepalis cuneato-obovatis obtuse acutatis arctissime reflexis, petalis ter latioribus subaequilongis oblique ovatis antice rotundatis; labelli lobis lateralibus ligulatis obtusis erectis, lobo intermedio verticali adeo arctissime compresso, ut vi nequaquam explanari possit, a latere viso semiovato acuto, linea elevatula a basi apicem usque decurrente, calcari brevissimo carinato; gynostemio crasso, anthera antice acuminata, polliniis profunde sulcatis, caudicula lineari lata, glandula transverse rhombea. — Sepala viridia extus et intus praesertim fusco-purpureo suffusa, petala extus straminea intus vitellina, labellum infra albidum supra lobi laterales violacei, lobus intermedius luteus. Totus flos 5,5 cm diametro.

Lissochilus Graefei Kränzlin in Gardener's Chronicle June 11, 1892, p. 749. — Huc certissime Lissochilus Krebsii Rchb. fil. var. purpurata N. E. Ridley Gard. Chron. 1885, I, p. 107 et Veitch, Manual, IX, p. 5.

Lissochilus Graefei ist eine der wenigen zur Zeit in Cultur befindlichen afrikanischen Erdorchideen, und glücklicherweise haben wir in ihr eine Prachtpflanze erhalten, welche nur dem L. giganteus Welwitsch und L. Horsfallii Rchb. fil. nachsteht und selbst kaum diesen. Wir geben hier eine Beschreibung der Pflanze, wie sie in der letzten Saison aussah. Die Bulben oder Sprosse zweiten Grades hatten die Grösse einer starken Männerfaust und trugen Blätter, welche sich am besten mit denen einer gewaltigen Curculigo recurvata vergleichen lassen. Die Blütenstände entspringen basal und erreichen die kaum je übertroffene Höhe von 2 Metern, von welchen die obersten 50—60 cm den einfachen sehr reichblütigen Blütenstand bilden. Die Blüten haben über 5 cm im Durchmesser; die ziemlich kleinen Sepalen sind dunkelgrün mit rothbraunen Flecken, die bedeutend grösseren Petalen sind aussen blass strohgelb, innen aber leuchtend dottergelb. Das ziemlich kleine Labellum hat 2 steil aufsteigende Seitenlappen, welche vorn stumpf abgerundet sind und einen ganz eigenartigen Mittellappen, auf dessen besonderer Form trotz aller sonstigen Uebereinstimmungen mit verwandten Arten die specifische Abweichung beruht. Diese nächstverwandten Arten sind Lissochilus streptopetalus Lindley and Lissochilus Krebsii Rchb. fil. Erstgenannte Art hat Blüten, welche wenig hinter denen eines kleinblütigen Lissochilus Graefei zurückbleiben, aber viel schmalere und stark gedrehte Petalen haben. An eine etwas luxuriante Form dieser Art dachte ich zuerst, als ich das erste Exemplar dieser Pflanze erhielt. Dass auch Anklänge an Lissochilus Krebsii Rchb. fil. vorliegen, war mir sofort klar, aber diese Species, von welcher mir in den letzten Jahren aus unseren Colonien ein sehr reichliches Material zufloss, ist stets bedeutend kleiner, hat stets Blüten, welche um die Hälfte kleiner sind als die eines Lissochilus streptopetalus, und last not least der Mittellappen des Labellum ist eine nahezu flache, rundliche, vorn seicht ausgerandete Platte, welche sich leicht zu einer Fläche ausbreiten lässt, statt des einer Messerklinge ähnlichen, nahezu massiven Mittellappens von Lissochilus Graefei, welcher sich nur unter völliger Zerreissung einer Ausbreitung fügt. Der Unterschied zwischen diesen beiden Arten verdient um so mehr betont zu werden, als Lissochilus Graefei in England wahrscheinlich unter dem Namen Lissochilus Krebsii var. purpurata cultiviert und augenscheinlich mit letztgenannter Art verwechselt ist. Wie oben bemerkt, beschrieb Mr. N. E. Ridley diese Varietät, welche von Mr. E. A. Heath 1885 in Natal entdeckt wurde, in Gard. Chron. 1885, I, p. 102.

Bei dieser Varietät sollen die Sepalen direct tief dunkelbraun sein, was bei Lissochilus Graefei nicht zutrifft, aber freilich ein untergeordnetes Merkmal ist; die ganze übrige Beschreibung macht den Eindruck, als hätte Herr Ridley ein Exemplar unsrer Art vor sich gehabt. Eine Angabe über den Bau des Labellum fehlt leider gänzlich und grade diese Angabe wäre so sehr wünschenswerth gewesen. Nachdem ich 1892 recht viele Originalexemplare von Lissochilus Krebsii in Kew untersucht hatte, kam ich zu dem Entschluss, diese meine kurz vorher publicirte Art nicht zu cassiren, denn ausnahmslos stimmten sie in ihren allgemeinen Grössenverhältnissen wie in der Grösse der Blüte und dem Bau des Labellum mit den bisher gegebenen Beschreibungen und der Abbildung im „Botanical Magazine“ tab. 5861 sehr gut überein, während sogar die schwächsten Exemplare von Lissochilus Graefei die stärksten derer von Lissochilus Krebsii weit übertreffen; und selbst von Habitus und Dimensionen ganz abgesehen, bleibt schliesslich immer noch die Abweichung im Labellum, einem Theile, welcher grade bei Lissochilus ein Unterscheidungsmerkmal ersten Ranges liefert. Wer sich jemals ernsthaft mit dieser Gattung beschäftigt, wird bei der Unterscheidung der einander oft so ähnlichen Arten stets mit dem Labellum beginnen.

Die in der Diagnose angegebenen Dimensionen sind bei weitem grösser als diejenigen, welche ich in meiner ersten Beschreibung in Gard. Chron. l. s. c. mittheilte, da das in Besitz des Herrn Dr. Graefe befindliche Exemplar sich von 1892 zu 1893 in überraschender Weise verstärkte, und es macht den Eindruck, als ob der diesjährige Trieb selbst den von 1893 übertreffen sollte. Die Vorgeschichte der Pflanze und ihre zufällige Importation sind sehr eigenthümlich. Herr Dr. Graefe kaufte von den Herren Seeger und Tropp, East-Dulwich, London, Lordship Lane, eine Collection verschiedenartiger Cattleyen und Laelien. Unter den Bulben von Cattleya citrina befand sich eine an Grösse, Form und Farbe ähnliche aber geringelte Bulbe, welche zunächst gleich den übrigen in der für Cattleya citrina üblichen Art, d. h. Kopf unten, cultivirt wurde. Die Bulbe trieb in dieser für sie sehr unbequemen Lage auch aus, zeigte nun aber sofort, dass sie nicht in diese Kategorie von Gewächsen gehöre. Sie wurde zum Glück bald aus ihrer Zwangslage, von der Verpflichtung als Epiphyt zu wachsen, erlöst und eingetopft. Der Umstand, dass in den Häusern des Herrn Dr. Graefe viele Wasserpflanzen cultivirt werden, scheint auf die Entwicklung der Pflanze höchst günstig eingewirkt zu haben, grade wie dies bei Lissochilus giganteus der Fall ist, welcher in der Orchideensammlung des Herzogs von Massa direct im Aquarium cultivirt wird und dort Blütenstände von 3 m Höhe entwickelt.

Es verdient bemerkt zu werden, dass diese Pflanze jährlich zwei Triebe macht; der erste blüht unter gleichzeitiger Entwickelung seiner Bulbe, treibt aber aus einem seiner Niederblätter gleichzeitig einen Laubtrieb hervor, welcher im Laufe des Sommers einige Blätter und eine kräftige Bulbe entwickelt, aber — bisher wenigstens — keinen Blütenstand brachte. Da sich diese Erscheinung jetzt (während des Druckes) zum dritten Male wiederholt, glaubte ich sie erwähnen zu müssen. Unmöglich wäre es nicht, dass die Pflanze zwei Mal im Jahre zum Blühen zu bringen wäre, was ihren Werth natürlich wesentlich erhöhen würde.

Es ist dringend zu wünschen, dass die Cultur der Lissochilus-Arten — wenn auch nicht bei Handelsgärtnern, so doch bei den Amateuren — eifriger betrieben wird, und es ist schlechterdings nicht einzusehen, weshalb die grossen und stattlichen ostasiatischen Phajus wie Ph. Blumei, Wallichii, grandifolius überall beliebt sind, die viel stattlicheren und oft wahrhaft imposanten Lissochilus aber nicht. Unsere ostafrikanischen Besitzungen, ein an ornamentalen Orchideen nicht grade hervorragend reiches Land, enthält, wie mir der leider zu früh verstorbene Reisende Johannes Braun mittheilte, viele z. T. noch ungenügend bekannte, sehr schöne Lissochilus-Arten, und es wäre bei unseren jetzigen Verbindungen ein Leichtes, sich von dort Bulben zu verschaffen.

Auf ein verkleinertes Habitusbild glaubte ich verzichten zu können, da für diejenigen, welche die „Xenien“ zu lesen pflegen, dies überflüssig ist und den Riesendimensionen dieser Pflanze kein bisher übliches Format genügen würde.

Tafel 272. I. Oberer Theil des Blütenstandes von 1892. II. Mittlerer Theil des Blütenstandes desselben Exemplares von 1893. 1. Blüte von I von vorn gesehen. 2. Labellum und Säule von der Seite. 3. Pollinium von vorn. 4. dasselbe von hinten gesehen. 5. Anthere von hinten. 6. dieselbe von vorn gesehen. 1 und 2 in natürlicher Grösse, 3—6 wenig vergrössert.

Tafel 273. I. 1—5.

Cirrhopetalum delitescens *(H. F. Hance) A. Rolfe.*

Caulibus primariis tenuibus procurrentibus, secundariis ovi passerini magnitudine oblongis obtusis monophyllis, folio oblongo-lineari basi cuneato acuto laete viridi ad 20 cm longo ad 4 cm lato, scapo subaequilongo bi-trifloro, bracteis quam pedicelli bene brevioribus anguste triangulis subulatis. Sepalo dorsali oblongo acuto cucullato in aristam ipsi fere aequilongam producto, lateralibus basi mentulum rectangulum efformantibus deinde linearibus sensim angustatis acuminatis, petalis multo minoribus linearibus basi crassioribus antice abruptis nervo mediano in setam producto, labelli hypochilio brevi lineari, epichilio a basi latiore cordata angustato antice obtuso valde curvato disco leviter sulcato; gynostemio utrinque in brachium bisetosum lineare producto; anthera, polliniis generis.

Bulbophyllum delitescens H. F. Hance in Journal of botany 1876, p. 44.

Cirrhopetalum delitescens A. Rolfe in Gard. Chron. 1882, II, p. 461.

Cirrhopetalum delitescens ist eine der seltensten Orchidaceen unserer Sammlungen und auf dem Festland wohl nur in dem an Seltenheiten so reichen Berggarten zu Herrenhausen bei Hannover vorhanden, wo sie in den letzten Jahren regelmässig blühte. Die Heimat sind die Schluchten der Insel Hongkong. Der Habitus der Pflanze ist insofern eigenthümlich, als die dünnen Stämmchen und winzigen Bulben ein aussergewöhnlich grosses Blatt tragen. Der Blütenstand trägt nur 2 oder 3 Blüten von höchst absonderlicher Form. Die Petalen, das dorsale Sepalum und die Säule endigen alle mit feinen haarähnlichen Borsten, die Petalen sind innen an der Basis verdickt; die seitlichen Sepalen, welche nach Art der Cirrhopetalen excessiv verlängert sind, bilden am Grunde eine Art von Kinn und sind dort fast quadratisch verbreitert. Die Farbe aller Theile ist ein gesättigtes Weinroth mit einem ganz leichten Stich ins Bräunliche. — Herr Allen Rolfe vergleicht die Pflanze ganz richtig mit Cirrhopetalum Macraei Lindl. (= Cirrhopet. Walkerianum Rob. Wight, Icon. Plantar. Indiae Orient., V, tab. 1657); bei dieser Art sind indessen die seitlichen Sepalen nicht kinnbildend, das dorsale Sepalum ist grösser und alle 3 sind gelb gefärbt, während die Petalen und Lippe scharlachroth sind. Auffällig ist, dass auch diese Art einer Insel angehört, denn sie ist bisher nur auf Ceylon gefunden worden. Von einer Identität beider Arten kann nach den obenangegebenen Merkmalen keine Rede sein. Cirrhopet. Macaei Lindl. ist übrigens längst bekannt und u. a. auch im Botan. Mag., tab. 4422 abgebildet.

Die Gattung Cirrhopetalum ist von Reichenbach, wie bekannt, mit Bolbophyllum vereinigt worden; es empfiehlt sich jedoch, sie beizubehalten, erstens weil Bolbophyllum sensu restrictiore an und für sich es schon zu einer Anzahl von Arten gebracht hat, welche eine Übersicht immer mehr erschwert, sodann weil Cirrhopetalum sowohl die ihm speciell zukommenden langen Sepalen, wie auch andere Perigontheile oft in einer so eigenartigen Weise entwickelt hat, dass sich darauf ganz gut Gruppencharaktere begründen lassen.

Tafel 273. I Stück einer Pflanze in natürlicher Grösse. 1 und 2. Blüten in natürlicher Grösse. 3. Säule von der Seite. 4. Labellum von vorn. 5. linkes Petalum von innen.

Tafel 273. II. 6—13.

Angraecum Eichlerianum *Kränzlin.*

Caulibus elongatis ancipitibus distanter foliatis, radicibus crebris longissimis cortici arborum affixis, foliis longe (5 cm) vaginantibus, lamina elliptica 9—12 cm longa 2—3 cm lata, basi subobliqua canaliculata apice inaequilatera utrinque obtusa, racemis paucifloris (2—3) foliis suboppositis, basi vaginis 2—3 vestitis, bracteis parvis ovatis acutis 5 mm longis. Sepalo dorsali recto, lateralibus subfoliatis ovato-lanceolatis acuminatis, petalis similibus paulo latioribus, labello (expanso) fere quadrato antice retuso medio in apiculum satis longum producto, calcari basi extinctoriiformi leviter genuflexo apice obtuso sepalis aequilongo, disco labelli lineis 2 elevatulis parce pilosis ex fundo paulo ultra medium decurrentibus instructo; gynostemio perbrevi, rostello furcato brachiis divergentibus, glandula ovata acuta, caudicula latissima, anthera antice emarginata. Totus flos 9—10 cm diam., sepala petalaque viridia, labellum album, basis et ostium calcaris viridia.

Angraecum Eichlerianum Krzl. in Garten-Zeitung 1882, p. 434 c. xylograph.

Die Stengel der Pflanze sind lang gestreckt, zweikantig und liegen der Baumrinde meist fest an. die Blätter selbst sind nicht sehr lang aber breit und fest, der ganze Aufbau ist demnach von dem der sonst in Cultur befindlichen Angraecum-Arten sehr verschieden. Die Blütenstände sind wenigblütig, die Blüten aber sehr ansehnlich. Die Sepalen und Petalen sind hellgrün, gespreizt und etwas nach hinten gebogen, das Labellum, welches mit Ausnahme des Schlundes rein weiss ist, ist vom Rande her etwas eingerollt. Da das Grün nicht stumpf grasähnlich ist, sondern einen seidigen Glanz hat, so ist trotz der einfachen Farbe das Aussehen der Blüten ein sehr gutes, zumal da die Grösse von beinahe 10 cm eine ansehnliche ist. Die Säule zeigt wenig bemerkenswerthes, sie beweist nur die Zugehörigkeit der Pflanze zu Angraecum und nicht zu der in West-Afrika so verbreiteten Gattung Listrostachys. Betreffs der Verwandtschaft habe ich schon bei der ersten Publikation vor nunmehr 12 Jahren auf die Ähnlichkeit mit Angraecum Galeandrae Lindl. und ganz besonders mit Angraecum infundibulare Lindl. hingewiesen und habe dem, was ich l. supra c. gesagt habe, nichts hinzuzufügen. Angraecum infundibulare Lindl. hat denselben vegetativen Aufbau wie Angraecum Eichlerianum, aber abgesehen von noch grösseren Abmessungen der Blüten einen mehr als doppelt so langen Sporn „labello subrotundo basi infundibulari in calcar incurvum filiforme pedunculo duplo longius (!) producto". Ferner: „the lip is about $2^1/_4$ inches long and broad, from the lip to the point of the spur it measures 6 inches (!), the sepals and petals are $2^1/_4$ inches long." Selbst angenommen, dass das Exemplar Lindley's ein aussergewöhnlich üppiges gewesen und dass die sämtlichen mir zur Verfügung stehenden lebenden und getrockneten Exemplare alle sehr dürftig gewesen seien, was kaum glaublich sein dürfte, so blieben immer noch die ganz anderen Längenverhältnisse des Spornes und der Lippe übrig, und dieses Merkmal allein rechtfertigt bei Angraecum die Aufstellung einer neuen Art hinlänglich. Auf jeden Fall wird Angraecum Eichlerianum bei einer bald zu erhoffenden Neubearbeitung der Orchidaceen seinen Platz neben Angraecum infundibulare Lindl. finden müssen.

Die Pflanze stammt aus dem südlichen Theil unseres Kamerun-Gebietes, von wo sie seit der Besitzergreifung mehrfach in getrockneten Exemplaren in das Herbar des botanischen Museums zu Berlin kam und von dem der Orchideographie zu früh entrissenen Johannes Braun lebend nach Deutschland gebracht wurde. Von den wenigen mir bekannten Exemplaren hat bisher nur das zu Herrenhausen befindliche geblüht, und nach diesem wurde von mir die hier vorliegende Revision des Textes gegeben. Nach diesen Blüten ist auch die Abbildung der Tafel 273 entworfen, welche insofern kein ganz getreues Conterfei ist, als die getrockneten Exemplare fast immer grössere Abmessungen zeigten. als diese Erstlingsblüten; ich habe es indessen vorgezogen, die Blüten mathematisch genau so darzustellen, wie ich sie fand. — Eine Schönheit ersten Ranges ist Angraecum Eichlerianum nicht, aber immerhin von wohlthuender Abwechslung unter anderen Arten dieser nur im Bau des Gynostemiums variabeln, sonst aber so aussergewöhnlich langweiligen Gattung. Zudem — wir Deutschen haben auf diesem Gebiet der ornamentalen Orchidaceen wenig aufzuweisen, wovon zu reden sich lohnt. Mit einziger Ausnahme einiger Standorte im alleräussersten Osten unserer Colonien, an welchen zum Glück eine Anzahl hervorragend brillanter Arten gefunden worden sind, ist die gesamte bisherige Ausbeute aus den Colonien gärtnerisch werthlos und auch nicht annähernd so gut wie dies Angraecum. Was Ost-Afrika geliefert hat, und es ist sehr viel gesammelt worden, erhebt sich an Schönheit nicht auch nur über das allerbescheidenste Niveau. — Leider ist die weitere Einführung dieses Angraecum sehr in Frage gestellt. Derjenige, welcher den genauen Standort kannte, Herr Johannes Braun, ruht zu Antananarivo auf Madagascar, und von ihm erfuhr ich vor Jahren, dass die Tour, auf welcher er Angraecum Eichlerianum fand, zu den schwersten gehört habe, und dass selbst die Eingeborenen nur ungern in diese Waldsümpfe zu bringen seien, in denen die Pflanze einigermassen häufig sei. Die Cultur ist demnach diejenige einer hochtropischen Orchidacee. In Herrenhausen, wo die Pflanze blühte, war sie mit anderen Angraecen und Phalaenopsis zusammen in einem hochtropischen Hause untergebracht und gedieh unter dieser Behandlung sehr gut. Hält man sie kühler, so vegetiert sie, blüht aber nicht. Lebendes Sphagnum, Selaginellen und kleine Farne an dem (natürlich senkrecht aufzuhängenden) Block sind ihr sehr zuträglich, die Wurzeln dringen rasch und leicht in die feuchte Umhüllung ein.

Tafel 273. II. Blüte von vorn. 6. von der Seite. 7. Labellum von vorn (alle 3 Figuren in natürlicher Grösse). 8. Säule ohne Anthere von vorn. 9. Anthere von innen. 10. dieselbe von aussen. 11—13. Pollinien. 8—13 vergrössert.

Tafel 274. I. II. 1—3.

Epidendrum Wendlandianum *Kränzlin.*

[Osmophytum.]

Caule primario repente v. ascendente firmo 3—4 mm diametro, caulibus secundariis seu bulbis ovatis subcompressis sub anthesi nondum evolutis cataphyllis 5—6 grandescentibus vestitis, foliis 2 linearibus acutis laete viridibus, racemo ancipite paucifloro (2—3) bracteis minutis angustis. Sepalis lateralibus quam dorsale paulum majoribus his et sepalo dorsali petalis aequimagnis ovatis acuminatis radiantibus, labelli lobis lateralibus minutis auriculaeformibus rotundatis, intermedio maximo cordato acuminato acutove, disco piloso inter lobos ipsos laterales medio elevato lineisque tribus elevatis a basi apicem usque decurrentibus; gynostemio libero lato apice in dentes tres exeunte, quorum laterales oblongi obtusi dorsalis latior ligulatus apice rotundatus. — Flores 5 cm diametro, sepala petalaque viridia labellum 2 cm longum candidum 1,3 cm latum, folia ad 25 cm longa 1,5 cm lata. Caules secundarii s. bulbi 2—3 cm inter se distantia, ipsi 5 cm longi 1,5 cm lati 1 cm crassi.

Epidendrum Wendlandianum Kränzlin in Gardener's Chronicle 1893, II, p. 58 (July 15).

In einigen Gattungen von Orchideen, über welchen seit langer Zeit keine ordnende Hand gewaltet hat, sieht es wüst genug aus, und es gehört eine Summe von Zeit dazu, die leider nicht immer zur Verfügung steht, um die zersplitterte Literatur daraufhin durchzusehen, ob eine Art bereits beschrieben ist oder nicht. Wenn diese Schilderung vielleicht mehr oder minder auf die ganze Familie passt, so sind doch einige Genera gradezu verrufen und zu diesen gehört in erster Linie Epidendrum, welches seit dem Erscheinen des sechsten Bandes von Walper's Annalen in 1856 nie wieder einer Revision unterzogen worden ist.

Die hier beschriebene Art haben ausser mir noch einige andre Leute, welche keine Neulinge in orchideographischen Arbeiten sind, vergeblich aufzufinden gesucht, unter ihnen Reichenbach's alter Freund und Berather Herr Oberhofgärtner Wendland. Trotz aller Bemühungen und alles Widerwillens gegen n. sp. seitens der zumeist Betheiligten sah ich mich schliesslich genöthigt, dieses Epidendr. Wendlandianum als neue Art aufzustellen, denn die Pflanze, welche stattlich und schön genug ist, um aufzufallen, wäre sonst doch wohl inzwischen beschrieben worden. — Die Bulben sowohl wie die schmal lineal-lanzettlichen Blätter sind frisch grün, die scharf zweischneidigen Blütenschäfte sind etwas länger und tragen an der Spitze 2 — 3 ziemlich grosse Blüten, deren Sepalen und Petalen hellerbsengrün sind, während das Labellum rein weiss ist. Das letztere hat 2 winzige henkelähnliche Seitenlappen und einen sehr viel grösseren herzeiförmigen mittleren Theil; die Säule ist verhältnissmässig breit und am oberen Ende etwas flügelähnlich verbreitert, diese Verbreiterungen sowohl wie die Seitenlappen der Lippe sind bisweilen schwach purpurroth gesäumt. Die Heimat unserer Pflanze ist Mexico, von wo sie F. Sander & Co., St. Albans, durch ihren Sammler Herrn Abel einführen liessen; der Fundort muss jedenfalls in den oberen Gebirgsgegenden liegen, denn die Pflanze verträgt eine kühle Cultur sehr gut, wie sie überhaupt gar keine Schwierigkeiten zu machen scheint. — Von allen bisher beschriebenen Arten ist allenfalls Epidendrum tripunctatum Lindl. die am nächsten verwandte. — Ich erhielt die Pflanze mehrere Male nacheinander von Herrn Oberhofgärtner Wendland zu Herrenhausen bei Hannover, unter dessen Händen sie jedes Jahr reich und willig blüht.

Tafel 274. I und II. Blütenstand und ganze Pflanze in natürlicher Grösse. 2. Säule von vorn. 3. Labellum. 2 und 3 etwas vergrössert.

Tafel 274. III. 4—10.

Maxillaria galeata *Scheidweiler.*

Caulibus secundariis s. bulbis aggregatis ovalibus ovatisve subcompressis angulis obtusis 3—4 cm altis 1 ad 1,2 cm crassis, diphyllis, foliis ovato-oblongis acutis scapis ter brevioribus cataphyllis paucis sese fere attingentibus vestitis, bractea ovarium pedicellatum longe non aequante cucullato acuto. Sepalis ringentibus lanceolatis acutis lateralibus deflexis reflexisque falcatis petalis subsimilibus minoribus cum sepalo dorsali excavato galeam formantibus saepius plus minusve cruciatis, labelli lobis lateralibus minutis erectis curvatis, intermedio lanceolato acuto callo plano bisulcato inter ipsos lobos laterales; gynostemio humili, anthera galeata supra energice cristata glandula transversa caudicula latissima polliniis 2 profunde sulcatis. — Flores pallide purpurei punctis in series plus minusve regulares dispositis decori labellum atro-purpureum. Flores ad 5 cm alti ex adverso visi angusti, labellum porrectum.

Maxillaria galeata Scheidweiler in Berlin. Garten-Zeitung 1843, p. 101. — Reichenbach in Walper's Annal. VI, p. 526.

Eine sehr wenig bekannte Art, für welche ich Herrn Oberhofgärtner Wendland verpflichtet bin. Die Blüten sind sehr schmal und hoch gebaut, was ihnen ein ganz sonderbares Aussehen giebt. Der Name „galeata" ist passend, was aber nicht viel heissen will, denn Maxillarien mit helmförmig zusammengeneigten Petalen und dorsalem Sepalum sind nicht selten, und wenn auch die Anthere in diesem Falle einem Helm mit hohem Kamm sehr ähnlich sieht, so ist auch dies Merkmal für eine Maxillaria nicht von grossem Belang. An den frischen Blüten fiel mir auf, dass sich die Petalen immer etwas kreuzten, und dieses Merkmal schien mir der Erwähnung werth. Die Diagnose Walper's l. c. ist in allen Punkten, welche erwähnt sind, gut und zutreffend. Umsomehr ist es zu verwundern, dass der bei Maxillaria stets vorhandene Callus der Lippe absolut unerwähnt geblieben ist. Dieser Callus ist flach, mit 2 flach eingetieften Furchen; der vordere Theil des Mittellappen ist leicht gerunzelt, wie ich dies auf Tafel 274, Fig. 6 wiederzugeben gesucht habe. — Eine gärtnerische Schönheit ist diese Art nicht; die Färbung der Blüten — hellpurpur mit dunkleren Fleckchen und Punkten — ist ja ganz ansprechend, es wird die Pflanze aber stets auf botanische Sammlungen beschränkt bleiben.

Tafel 274. III. Blüte mit Schaft von der Seite. 4. dieselbe ganz geöffnet. 5. dieselbe von vorn. 6. Mittellappen des Labellum. 7. Labellum von der Seite. 8. Anthere direct von vorn. 9. dieselbe schräg von unten. 10. Pollinarium. 6—10 vergrössert.

Tafel 275. II. 8—13.

Pleurothallis nemorosa *Barb. Rodrig.*

[Lepanthiformes.]

Caule secundario terete gracili cataphyllis 2 v. 3 acutis vestito, folio ovato oblongo apice minutissime tridentato a basi fere apicem usque purpureo-maculato, spatha acuminata. Floribus succedaneis. Sepalo dorsali obovato-oblongo obtuso, lateralibus per 3 partes connatis oblongis acutis mentulum parvum efformantibus, petalis nanis petiolatis linearibus v. subrhombeis margine ciliatis, labello cuneato-obovato obtuso v. retuso lobis lateralibus minutis basi labelli quodammodo impositis; gynostemio gracili, androclinii magni margine fimbriato-dentato, rostello brevi.

Tota planta 10—12 cm alta, folium 4—5 cm longum medio 2,5 cm latum; flores 8 mm longi flaveoli sepala lateralia et petala pallide purpureo-punctulata, labellum luteum purpureo-suffusum.

Pleurothallis nemorosa Barb. Rodriguez Gen. et spec. Orchidearum novar. I (1877), p. 11. Huc pertinet certe Pleurothallis punctata Barb. Rodrig. l. c. p. 11.

Die Pflanze gehört zu den specifisch brasilianischen Pleurothallis-Arten, welche sich neben den andinen Arten dieser Gattung schlecht einrangiren lassen. Die von Herrn Barb. Rodriguez l. c. beschriebenen Exemplare stammten aus Minas Geraes vom Rio Verde und Rio das Antas und blühten im Januar resp. December. Ich habe die beiden Arten, Pleuroth. nemorosa Barb. Rodr. und Pleuroth. punctata Barb. Rodr.; unter dem Namen der ersteren Art vereinigt, da ich thatsächlich keinen tiefgreifenden Unterschied in den Diagnosen entdecken kann. Sollte schliesslich doch ein specifischer Unterschied zwischen beiden vorhanden sein, so muss auf alle Fälle der Name geändert werden, da es bereits eine Pleuroth. punctata Lindl. gibt, welche sehr viel kleiner ist, übrigens sehr ähnlich zu sein scheint.

Tafel 275. II. Habitusbild. 8. Blüte von oben. 9. von der Seite. 10. untere Sepalen. 11. Petalum. 12. Labellum von oben. 13. Säule von vorn. 8—13 alles vergrössert.

Tafel 275. III. 14—19.

Pleurothallis tribuloides *Lindl.*

[Apodae. B. Pedunculi nani, saepius pluriflori.]

Planta pusilla. Caule secundario basi cataphyllis 3 vaginantibus vestito monophyllo, folio petiolato oblongo (si mavis longe spathulato) obtuso bilobove, florem unicum multo superante, pedunculo brevi ovario crasso tuberculis hyalinis omnino echinato. Sepalo dorsali obovato obtuso, lateralibus ad tertiam partem coalitis forcipatis v. falcatis acutis apice scabriusculis, petalis lineari-oblongis, labello ovato recurvo simplice obtuso apice piloso linea una elevatula in disco; gynostemio curvato gracili, androclinii margine postice praesertim dentato. — Flores 6—8 mm longi, subclausi albidi, densissime purpureo-picti (adeo ut omnino purpurei videantur).

Pleurothallis tribuloides Lindl. Gen. et Species Orch. p. 6. — Idem Folia Orchidacea p. 39 No. 243. Epidendrum tribuloides Swartz, Prodrom. p. 123. Dendrobium tribuloides Swartz Flor. Ind. Occid. p. 1525. Pleurothallis spathulata A. Rich. Annal. Science Natur. Ser. III., Tom. 3, p. 16. Huc secundum Lindl. v. cl. Pleuroth. fallax Rchb. fil. Bonplandia III (1855), p. 224. No. 103.

Eine ausserordentlich zierliche kleine Art, deren Blüten auf weisser resp. heller Grundfarbe eine so dichte purpurrothe Zeichnung tragen, dass sie vollständig purpurroth erscheinen. Die Fruchtknoten sind dicht mit cylindrischen hyalinen Wärzchen besetzt und ähnliche Wärzchen, nur niedriger, finden sich an den Sepalen. Die ganze Pflanze ist im Durchschnitt 6—8 cm hoch und eine Menge derselben in einem Topfe zusammengepflanzt macht einen sehr ansprechenden Eindruck. Wie das Synonymenverzeichniss beweist, ist sie schon den ersten Botanikern aufgefallen, welche die Flora Westindiens erforschten. Die bisher bekannt gewordenen Fundorte sind Cuba, Jamaica, Costa Rica und Mexico. Es ist demnach anzunehmen, dass sie auch noch an anderen Standorten aufgefunden werden wird und möglicherweise zu den Orchidaceen zu rechnen sein wird, welche um das ganze Antillen-Meer herum verbreitet sind. Die Diagnose Reichenbach's von Pleuroth. fallax lautet allerdings in allen wichtigen Punkten übereinstimmend mit unserem Text, und da diese Art auch vom Berge Irasú in Mexico stammt, wo auch Pleuroth. tribuloides wächst, so hat Lindley jedenfalls Recht, wenn er Pleuroth. fallax Rchb. fil. zu seiner Pleuroth. tribuloides einzog.

Ich erhielt sehr reichliches Material dieser interessanten Art aus dem Königl. Botanischen Garten zu Berlin.

Tafel 275. III. Pflanze in natürlicher Grösse. 14. ganze Blüte. 15. Seitliche Sepalen. 16. Oberes Sepalum. 17. Petalum. 18. Labellum. 19. Säule. — Alles vergrössert.

Tafel 275. I. 1—7.

Stauropsis fasciata *Benth.*

Planta elata vandaeformis. Radicibus crebris longissimis, caule vaginis foliorum subancipite monopodiali in speciminibus cultis 50 cm altis; foliis oblongis obtusis inaequaliter bilobis 8—10 cm longis; racemis quam folia paulo longioribus paucifloris erectis, bracteis minutis. Sepalis obovato-oblongis acutis, lateralibus subfalcatis, petalis paulo minoribus similibus, labelli trilobi lobis lateralibus minutis triangulis divergentibus, intermedio multo majore basi auriculis 2 ovatis acutis instructo ceterum compresso dolabrato; disco basin versus longius piloso lineisque tribus paulisper elevatulis et ligula in fundo; gynostemio cum labello arcte connato, supra utrinque falcato, glandula profunde sinuata, caudicula medio paulum dilatata, polliniis ovalibus, anthera plana extus et margine scabriuscula, ovario acute trigono. — Flores 6 cm diametro, sepala petalaque extus albida intus viridi-lutea, maculis maximis castaneis decora, labellum albidum apicibus luteis.

Stauropsis fasciata (Rchb. fil.) Benth. Genera Plant. III, p. 572, et Veitch*), Manual VII, p. 2. Trichoglottis fasciata Rchb. fil. Gard. Chron. 1872, p. 699. — William's Orchid Album V, tab. 208.

Um es kurz auszudrücken, so ist diese Pflanze eine Renanthera im Habitus mit den Blüten einer Phalaenopsis sumatrana. Der Aufbau zeigt eine starke vandoide Pflanze mit mächtigen Wurzeln und kräftiger Belaubung, und in diesem Falle straft der Aufbau die Blüten nicht Lügen. Während nur zu oft aus einer stattlichen Vanda-Form irgendeine unschöne Sarcanthus-Blüte herausschaut, hat diese Pflanze grosse strahlig gebaute Blumen, deren Farbencontraste höchst angenehm wirken. Die Sepalen und die sehr ähnlichen Petalen bieten in ihren Formen kein Merkmal von besonderem Werthe, desto mehr dagegen die Formen der Lippe. Diese ist ziemlich grade vorgestreckt und fest mit der Säule verbunden; ihre Seitenlappen sind nur klein und ziemlich senkrecht aufgerichtet, der Mittellappen dagegen hat 2 seitliche horizontale Ausbreitungen und einen senkrecht gestellten, scharfen und spitzen Mitteltheil; alle 3 Theile sind an Grösse und im Umriss nahezu gleich, vielleicht dass der vorgestreckte mittlere Theil etwas grösser ist. Da wo die aufgerichteten Seitenlappen eine Art Schlund bilden, stehen lange Haare, nicht auf 3 erhabene Längsleisten vertheilt, wie Reichenbach angibt, sondern die Behaarung überzieht den ganzen Basaltheil der Lippe. Auf dieses Merkmal hin gründete Reichenbach den Gattungsnamen Trichoglottis. An der Lippe wäre ausserdem die zarte behaarte Lamelle am Grunde zu bemerken. Zur Bildung eines eigentlichen Sporns hat es die Lippe nicht gebracht, obschon die Vertiefung zwischen den steil aufgerichteten Seitenlappen der Säule bei der starren Unbeweglichkeit aller Theile eine Höhle bilden hilft, welche wie die Mündung eines Sporns aussieht. — Die Art gehört noch immer zu den gärtnerischen Seltenheiten, sie stammt zweifellos aus Hinterindien; eingeführt wurde sie schon vor 20 Jahren. Das Exemplar, nach welchem die Analysen gezeichnet wurden, verdanke ich Herren F. Sander & Co. in St. Albans.

Über die Verwandtschaft wäre Folgendes zu bemerken: Die nächstverwandte Art ist Stauropsis philippinensis Rchb. fil. (= Trichoglottis philippinensis Lindl.), deren Diagnose auf eine ganz ähnliche Pflanze, nur mit kleineren und kürzer gestielten Blüten schliessen lässt. Eine im Herbarium Lindley zu Kew befindliche Analyse zeigt ein verhältnissmässig langgestrecktes Labellum mit Seitenlappen, welche wie bei allen echten Stauropsis-Arten steil aufgerichtet und an die Säule angewachsen sind, die Seitenlappen sitzen sehr weit nach vorn gerückt, und der vorderste Theil ist im Umriss ziemlich ähnlich dem von Staur. fasciata. Auch diese Art war einst als Trichoglottis beschrieben, es empfiehlt sich jedoch, diesen Namen nur auf die Arten mit kreuzförmig gestaltetem Mittellappen anzuwenden, welche an der Basis eine zarte Lamelle haben. Bei Stauropsis philippinensis ist ausserdem die Säule (nach Lindley's Analyse) kurz behaart; das Pollinarium ist bei beiden Arten nahezu identisch.

Über die sonst noch zu Stauropsis zu stellenden Arten hier in eine Discussion einzutreten, ist z. Z. kaum möglich. Jede solcher Fragen über die Umgrenzung indischer Vandeen streift so viele andere Fragen, dass es für den Augenblick am besten ist, von Fall zu Fall nur über den absolut sicheren Bestand der Gattungen zu reden, die unabweisbare Neuordnung aber bei einer anderen Gelegenheit zu versuchen.

Tafel 275. I. Blüte von vorn. 1. von der Seite. 2. Labellum von der Seite. 3. dasselbe von vorn. 4. Anthere von oben. 5. dieselbe von unten. 6. Pollinarium von vorn. 7. dasselbe von hinten gesehen. I. 1—3. natürliche Grösse. 4—7. schwach vergrössert.

*) Das „Manual of Orchidaceous Plants" von Veitch ist jetzt bekanntlich abgeschlossen. Die seitens des Herausgebers nachträglich vorgeschlagene Anordnung der einzelnen Abtheilungen ist so unpraktisch als möglich. Ich citire nach wie vor jede Abtheilung unter der Nummer, unter welcher sie zuerst erschien. So ist jeder Irrtum unmöglich, und die einzelnen Citate lassen sich kürzer ausdrücken.

Tafel 276. I. 1—6.

Pleurothallis leptotefolia*) *Barb. Rodriguez.*

[Apodae prorepentes.]

Sepalo dorsali lineari-oblongo obtuse acuto, lateralibus subsimilibus tertia parte inferiore connatis; petalis lateralibus duplo brevioribus ovatis obtusissimis hyalinis; labello toto circuitu fere rhombeo angulis lateralibus obtusatis, antice retuso ibique denticulato basi bilamellato petalis duplo longiore sepalis plus duplo breviore; gynostemio gracili leviter curvato, anthera ab auctore felicissime „mitraeformis" dicta. — Caulis primarius tenuissimus repens, squamis acutis carinatis scariosis omnino tectus, caulis secundarius brevissimus folio unico eis Lepanthidis simili multo tamen minore instructus. Folium 1—2 cm longum, 2—3 mm diametro teres, antice sulcatum acutum viride maculis purpureis numerosis bicolor. Racemus basi vagina carinata vestitus folium paulum excedens saepissime (forsan semper) biflorum. Bracteae ochreatae acutae. Florum inferior non resupinatus superior resupinatus. Flores (sc. sepala) 3 mm longi pallide crocei.

Pleurothallis leptotefolia Barb. Rodr. Gen. et spec. Orchid. novar. I, p. 15. „Différents endroits de la province de Minas Geraes; fleurit en Juin."

Eine sehr charakteristische Art dieser so polymorphen Gattung. Der horizontale Stamm kriecht auf dem Substrat und trägt von einem aufsteigenden Spross bis zum nächsten einige wenig charakteristische Schuppenblätter; aus der Achsel eines derselben entspringt ein Spross mit sehr kurzem Achsenglied und 1 Laubblatt, welches ein Lepanthes-Blatt en miniature ist. Der Blütenstand ist etwas länger als das meist 1 cm hohe Blatt und trägt in allen bisher in Europa cultivirten Exemplaren 2 Blüten. Die Deckblätter sind tutenförmig und in eine Spitze ausgezogen. Die beiden Blüten haben die Eigenart (auf welche Herr Wendland zuerst aufmerksam machte, dass stets die untere Blüte nicht resupiniert ist, wohl aber die obere. Die Blüten stehen also mit den Labellen gegen einander gewendet.

Die Blüte ist hell safrangelb und für eine Pleurothallis-Blume auffallend schlank; am meisten präsentieren sich die 3 ziemlich gleichen Sepalen. Die Petalen sind hyalin und bestehen nur aus einer einzigen Schicht sehr zartwandiger Zellen. Die übrigen Details sind wenig charakteristisch. Die Anthere ist im Vergleich zum Gipfel der Säule sehr gross. Herr Barbosa Rodriguez nannte sie „mitraeformis", ein im ganzen glücklich gewählter Ausdruck.

Tafel 276. I. Pflanze in natürlicher Grösse. 1. Säule und Lippe von der Seite. 2. die beiden seitlichen Sepalen. 3. dorsales Sepalum. 4. Petalum. 5. Säule von vorn und von hinten gesehen. 6. Labellum von oben gesehen. Nr. 1—3 ungefähr zweifach. Nr. 4—6 stärker vergrössert.

Tafel 276. II. 7—14.

Saccolabium Sanderianum *Kränzlin.*

Caule subancipite radicibus longis instructo, foliis oblongis seu obovatis basi arcte compressis apice bilobis valde obliquis utrinque obtusis 10—12 cm longis ad 4 cm latis laete viridibus; racemis

*) Sic scripsit Barb. Rodrig. v. cl. loco infra citato.

quam folia paulo longioribus rigidis erectis multifloris capitatis aut ovatis, bracteis minutis subulatis ovarium vix aequantibus. — Sepalis petalisque paulo minoribus obovatis fere orbicularibus fornicatis conniventibus, labelli cochleati lobis lateralibus marginem implicatum efformantibus, lobo intermedio excavato acuto, toto labello sepala vix excedente postice in calcar vix curvatum apice paulo inflatum obtusum producto; gynostemio brevi supra utrinque latissime dolabrato, androclinio plano, anthera antice in rostrum producta, polliniis bipartitis, caudiculo lineari medio paulum dilatata, glandula cordato antice paulum producta, rostello subalato, fovea stigmatica latissima. Flores 8 mm diametro, cum calcari 1 cm longi.

Eine entschieden sehr hübsche „botanical Orchid". Der Aufbau verspricht weniger als die Blüten nachträglich halten, denn die dichtgedrängten rosaroten Blüten und Knospen übertreffen die der meisten Verwandten bedeutend. Der Aufbau ist, wie bei allen Arten dieser Gruppe, streng monopodial; die Blätter sind breit, kräftig grün und, da die Pflanze an senkrechten Baumstämmen wächst, an der Basis stark gedreht. Die Blütenstände entspringen in den oberen Blattwinkeln und überragen die noch nicht völlig ausgewachsenen oberen Blätter, eine Eigenthümlichkeit, die wesentlich zu dem guten Aussehen der Pflanze beiträgt. Die Blütenstände sind bei schwachen Exemplaren kopfförmig, bei stärkeren eiförmig. Die Sepalen und Petalen sind flach muschelförmig; das Labellum ist im Umriss eiförmig. Die Seitenlappen sind zu 2 etwas vorspringenden stumpfen Ecken verkümmert, der ganze Saum ist nach innen eingeschlagen. Die Textur der ganzen Blüte ist ungemein saftig. Die Säule hat zwei sehr grosse Flügel, welche oben und unten spitzwinkelig ausgezogen sind, die ganze Säule ist stark vornübergeneigt.

Die systematische Stellung dieser Art ist ziemlich leicht zu bestimmen; sie gehört trotz ihres wenig gekrümmten Sporns und ihrer linearen Caudiculae zu den „Uncifera" und erinnert in mehreren Einzelheiten an Saccolabium obtusifolium Hook. fil. und S. acuminatum Hook. fil.; ganz besonders an letzteres. An diese Art erinnern die stark entwickelten Säulenflügel, die Anthere und der Habitus der Blüte im Ganzen, dagegen sind Labellum und Sporn, das Pollinium und der vegetative Aufbau stark abweichend, die Caudiculae sind bei den beiden Hooker'schen Arten so eigenartig, dass eine Trennung derselben von Saccolabium sich rechtfertigen liesse. Bei unserer Art fehlt die enorme flügelartige Verbreiterung am oberen Ende der Caudicula, wir haben nur eine leichte Ausbreitung etwas über der Mitte. Der Sporn ist wenig gekrümmt, dagegen ist die trichterförmige Mündung, die Einschnürung in der Mitte, sowie die blasige Erweiterung von der Mitte bis zur Spitze wiederum wie bei den verwandten Arten. Wir haben also dieselben Merkmale, wie die Uncifera-Arten sensu restrictiore sie zeigen, nur in minder auffälliger Form. Über die Herkunft dieser Art wissen wir z. Z. nicht viel. Sie scheint aus Hinterindien importirt zu sein, und wurde durch Sander & Co., St. Albans, mit anderen Orchideen nach dem Festlande verkauft. Der Verf. erhielt frisches Material von Herrn W. Lauche, Gartendirector des Fürsten Johannes Liechtenstein zu Eisgrub, ferner von Herrn Oberhofgärtner Wendland zu Herrenhausen und vom Importeur, Herrn Sander, selbst.

Tafel 276. II. Oberer Theil einer Pflanze in natürlicher Grösse. 7. Blüte von der Seite. 8. von vorn. 9. von unten gesehen. 10. Ovarium und Säule von der Seite gesehen. 11. Labellum von oben. 12. von der Seite gesehen. 12a. Anthere von oben. 13. oberer Theil der Säule mit Anthere von hinten. 13. und 14. Pollenmassen mit Caudicula und Klebscheibe. Alles vergrössert.

Tafel 277.

Stanhopea connata *Klotzsch.*

Pedunculo bifloro, squamis in bracteas ovariis aequilongas vito grandescentibus. Sepalo dorsali oblongo, lateralibus latissime ovatis omnibus acutis, petalis non vel vix reflexis oblongis apice undulato-plicatis. Labello basi saccato, sacco ter latiore quam longo, carinis 2 utrinque a basi gynostemii ad hypochilium mesochilio cum epichilio confluente, cornubus latissimis falcatis lanceolatis, canali nullo, epichilio proprio latissimo antice retuso crasse-apiculato; gynostemio recto infra tumore oblongo instructo angusto crasso alis vix evolutis, alulis crassis acutis forcipatis. — Flores textura robusta insolita, 10 cm diametro. Sepala petalaque flavida purpureo-adspersa, hypochilium, praesertim intus, atroviolaceum, epichilium, mesochilium, gynostemium flavida.

Stanhopea connata Klotzsch. Otto & Dietr. Allg. Garten-Ztg. 1854, 226. — Rchb. fil. Xen. Orchid. I, p. 118 und Walper's Annales VI, p. 584. (Beide Citate sind identisch und wiederholen auch die Originaldiagnose von Klotzsch.)

Wenn ich von dieser Art noch eine Diagnose publicire, obwohl Reichenbach sie schon im ersten Bande dieses Werkes sehr genau behandelt hat, so geschieht dies, weil die letztere für den praktischen Gebrauch zu lang ist. Ich habe hier in Berlin und Umgegend ganz ausserordentlich viel Stanhopeen gesehen, darunter uralte Exemplare aus nun längst verschollenen, einstmals berühmten Sammlungen; ihre unverwüstliche Natur hat diese zählebigsten aller Orchideen den Tod aller ihrer Geschwister und den der Besitzer überdauern lassen. Beim Durchbestimmen fast aller dieser Pflanzen kam ich zu dem Schluss, dass viele der bisher überlieferten Diagnosen als zu lang und theilweise nichtssagend anzusehen seien, und das gilt nicht zum wenigsten von der Beschreibung dieser Art in Xenia I, l. c. Es ist ein Gemisch wesentlicher und unwesentlicher Merkmale, und es macht mir den Eindruck, als ob Reichenbach die Blüten nicht im ersten Augenblick nach dem Aufblühen, sondern etwas angealtert gesehen habe, und das ist bei allen Arten der Eborilingues stets ein grosser Übelstand. Meine Diagnose enthält das schlechthin Nothwendige und nur dies. Die Bemerkung über den Blütenstand rechne ich auch dahin. Es ist sicher, dass wir den Blütenstand der Stanhopeen als mehrblütige Traube aufzufassen haben, aber ebenso sicher, dass eine recht grosse Anzahl nie anders als zweiblütig beobachtet worden ist. Die Bracteen sind im allgemeinen kein Merkmal ersten Ranges, es verdient aber bei Stanhopea der Unterschied Beachtung, ob sich dieselben allmählich oder rasch aus den ersten Schuppenblättern des Blütenstandes entwickeln. An der Blüte selbst ist die ausserordentliche Breite der seitlichen Sepalen beachtenswerth, sodann die eigenthümliche Kräuselung des Randes an der Spitze der Petalen. Am Labellum wäre der streng rechte Winkel zu erwähnen, unter welchem das Hypochilium von der Säule abbiegt. Die Leisten oder Kiele, wie man sie auch nennt, sind hier nicht bedeutend entwickelt, da das Hypochilium kurz ist. Der Hauptzweck dieser Bildung ist augenscheinlich der einer Versteifung, um einem starken Seitendruck bei dem Besuch durch Insekten entgegenzuwirken, unter gleichzeitiger Verminderung des Gewichtes des ohnehin sehr schweren Labellum. Wir finden deshalb diese Kiele lang und hoch ausgearbeitet bei den Stanhopeen mit langem und schmalem Labellum und minder entwickelt bei den compact gebauten Formen. Der breite Flügelrand der Säule fehlt hier ganz. Der Raum zwischen Labellum und Säule und der Eingang zum Hypochilium sind ohnehin eng genug, die Säule ist in aussergewöhnlicher Weise grade gestreckt, sie hat aber auf ihrer Unterseite eine längliche, fast bis zur Narbenhöhle verlaufende Verdickung, welche auch darauf berechnet zu sein scheint, der Durchbiegung zu begegnen, welche durch ein sehr grosses und starkes Insekt (und nur solche können Besucher von Stanhopeen sein) ausgeübt werden könnte. Der Pollenapparat zeigt nichts wesentlich Abweichendes.

Tafel 277. I. Blütenstand. 1. Säule und Labellum von der Seite. 2. dieselben von oben. 3. dieselben von unten gesehen. 4. Labellum im Längsschnitt. 5. Säule von vorn gesehen. Alles in natürlicher Grösse.

Tafel 278.

Selenipedium Lindleyanum *Rchb. fil.*

Foliis linearibus acuminatis 60 cm longis 5—7 cm latis laete viridibus, luteo-marginatis, scapo 100 cm alto supra rufo-villoso, racemo distichantho plurifloro vaginis perpaucis vestito, bracteis magnis cymbiformibus acutis quam ovaria paullum brevioribus 5—8 cm longis. Sepalo dorsali v. superiore ovato obtuso, inferiore latiore oblongo concavo obtuso, petalis lineari-oblongis obtusis marginibus, praesertim superiore, undulatis paulo longioribus quam sepala his omnibus villosis, labello calvo toto circuitu obovato obtuso, margine inflexo basin versus contiguo; staminodio tridentato hirsutissimo. — Flores c. 9 cm diametro virides sepala petalaque rubro-venosa, labellum eodem colore rubro-venosum et -reticulatum.

Cypripedium Lindleyanum Schomburgk, Versuch einer Flora von Britisch Guiana, III, p. 1069. — Lindley, Genera & Spec. p. 530. — Veitch, Manual IV, p. 64.

Selenipedium Lindleyanum Rchb. fil. Xen. Orchid. I, p. 3 (nur der Name); Idem in Gard. Chron. 1886. I, p. 680. Huc sec. Rchb. fil. Selenipedium Kaieteurum N. E. Brown.

Erst in den letzten Jahren ist diese seit 1845 bekannte Orchidee etwas häufiger in unseren Sammlungen geworden und hat an den verschiedensten Orten in England, dann auch in Deutschland und Belgien geblüht. Sie stammt aus Britisch-Gŭiana, wo sie Sir Robert Schomburgk's Bruder Richard entdeckte. Sie gehört, wenn nicht zu den farbenprächtigsten, so doch zu den stattlichsten ihrer Gattung und erreicht in gut cultivirten Exemplaren eine Höhe von 1 m mit Blättern von 50—60 cm Länge. Die Blüten sind grün mit rothbraunen Adern, das Labellum ist etwas heller und netzartig geadert; die ganze Blüte ist mit Ausnahme des Labellum dicht weichhaarig, die Säule ist sogar steifhaarig oder borstig. Einen eigenthümlichen und nicht unschönen Farbencontrast bringen die grossen braunbehaarten Deckblätter mit den grünen Blüten hervor. Den Blütenstand, welcher gelegentlich an der Basis verzweigt sein soll, war bei den ziemlich zahlreichen Exemplaren, welche ich sah, stets einfach. Während der sehr lange dauernden Blütezeit streckt sich die Axe beträchtlich. — Das Exemplar, von welchem nur der oberste Theil hier abgebildet werden konnte, blühte in der Sammlung des Herrn Commerzienrath Spindler zu Spindlersfeld bei Coepenick unter der geschickten Hand meines verehrten Correspondenten, des Herrn Friedr. Weber, welchem ich auch die Abbildung verdanke.

Ich habe dem Namen die Fassung gelassen, unter welchem Reichenbach ihn in die Botanik einführte und schreibe Selenipedium und ebenso Cypripedium und nicht, wie vor Jahren vorgeschlagen und in einem wichtigen neueren systematischen Werke zu lesen steht, Selenipedilum resp. Cypripedilum. Dass die Bildung des Wortes Cypripedium incorrect ist, haben seit Linné's Zeiten einige tausend Botaniker gewusst, es ist aber niemand eingefallen, an dem einmal angenommenen und zu Recht bestehenden Namen etwas zu ändern. So wünschenswerth es ist, neue Wortbildungen etymologisch correct zu gestalten, so ist es ebenso geboten, bestehende Namen bestehen zu lassen. Wenn der Autor solcher Namen sich vor philologisch gebildeten Botanikern blamiert, so ist es diesen unbenommen, den sprachlichen Unsinn in Kritiken so scharf zu geisseln, als sie irgend wollen, aber vor den Namen selbst, welche einmal wissenschaftliches Bürgerrecht haben, muss Halt gemacht werden. Sint, ut sunt.

Nach Prof. Pfitzer's Ansicht, wäre die Gattung Selenipedium nur auf die beiden z. Z. nicht in Europa cultivirten Arten Seleniped. palmifolium Rchb. fil. und Seleniped. Chica Rchb. fil. zu beschränken, unsere hier beschriebene Art aber nebst allen anderen mit lederigem Laube zu der in 2 Gruppen zerspaltenen neuen Gattung Paphiopedilum zu ziehen, der alte Name Cypripedium endlich wäre auf die krautigen Arten der gemässigten Zone zu beschränken, Arten mit weichen eingerollten Blättern und zarten Blüten, deren oberirdische Sprosse jährlich absterben. Die Merkmale des Perigons, welches bei allen Arten dieser Gattung eine für die grosse Anzahl von Species nicht erhebliche Variabilität zeigt, sind somit zur Diagnose einer Gruppe von Gattungen gemacht und die Gattungen dieser Gruppe selbst auf Merkmale des vegetativen Aufbaues, des Fruchtknotens und der Samenschale gegründet. Wenn schon die Aufstellung von Selenipedium auf das dreifächerige Ovarium hin ein bedenklicher Schritt Reichenbach's war, da er das Gefüge einer gut abgerundeten Gattung durchbrach, so hatte diese seine Gattung wenigstens noch das eine für sich, dass sie alle südamerikanischen Arten einbegriff und somit auch geographisch abgerundet war. Reichenbach brachte aber als weiteres Kennzeichen von Selenipedium die „semina Vanillae“ dazu und im wesentlichen auf dieses Merkmal hin trennte neuerdings Prof. Pfitzer Selenipedium mit den obengenannten beiden Arten von dem Gros dieser Gattung ab. Diese Eintheilung ist aus mehr als nur einem Grunde anfechtbar. Es ist zunächst in der Systematik der Orchidaceen unbedingt abzuweisen, dass Gattungen auf rein oder vorwiegend vegetative Merkmale gegründet werden oder auf solche, welche der Untersuchung des meist schwer und oft gar nicht erhältlichen reifen Samens bedürfen. Wenn man nun aber die Abtrennung dieser beiden, auch habituell sehr stark abweichenden Formen allenfalls verstehen kann, so ist um so schwerer einzusehen, warum nun das Gros der übrigen Arten in 2 Gattungen getrennt werden musste. Dadurch, dass in Paphiopedilum Arten mit einfächerigem, mit theilweise dreifächerigem und mit ganz dreifächerigem Ovarium zusammengestellt wurden, hat dies Merkmal seine Wichtigkeit unbedingt verloren und die Frage hinsichtlich der Eintheilung ist ganz und gar auf rein vegetative Merkmale hinausgespielt, welche für den Systematiker darum noch lange nicht wichtig zu sein brauchen, weil sie es für den Morphologen sind. Zudem war eine Trennung der Cypripedien mit convolutiven und zarten Laubblättern von denen mit duplicativen und lederigen Blättern von Lindley längst vollzogen, nur dass er angesichts der Übereinstimmung in allen wichtigen Blütencharakteren es für überflüssig erachtete, zwei Gattungen aufzustellen. — Es ist das Arbeiten mit Merkmalen, welche nur ausnahmsweise gut zu erkennen sind oder selten zur Verfügung stehen, überhaupt wenig erfreulich und vom Standpunkt eines an rasches Arbeiten gewöhnten Botanikers möglichst zu vermeiden. Dass Querschnitte von Ovarien getrockneter Pflanzen irrthümliche Bilder geben können, ist bekannt und ebenso, dass reife Samen selten zur Verfügung stehen. Reichenbach selbst hat einen nicht nachzuahmenden Schritt in der Verwendung wichtiger, aber difficiler Merkmale gethan, als er die Grenzen zwischen Angraecum, Listrostachys und Aeranthus auf die Pollinarien hin feststellte. Es ist sicherlich ganz gut zu verstehen, dass er bei der Untersuchung der habituell so überaus eintönigen Angraecen und sonstigen Angraecoiden schliesslich beim Pollinium und Rostellum als dem einzig Variablen in dieser Monotonie langweiliger Pflanzen ankommen musste, und doch musste es gerade ihm passieren, dass er einen regelrechten Aeranthus (Aer. Leonis) vorläufig zu Angraecum stellen musste, weil seinem Exemplar der Pollenapparat fehlte. (Dass er in derselben Abhandlung — Flora 1885, p. 380—381 sub Angraeco Leonis — sich selber sehr böse persiflirt hat, scheint ihm völlig entgangen zu sein.) Nun aber ist der Pollenapparat für die Systematik denn doch wichtiger als die Blätter und der vegetative Aufbau, sodann ist der Fall, welcher Reichenbach passierte, ein vergleichsweis seltener, da die Angraecoiden in der Regel reichblütige Inflorescenzen haben, welche mit einem kleinen Aufwand von Material die gewünschten

Aufschlüsse bald ermöglichen. Ich meine, man muss die Unterscheidung der Orchidaceen-Gattungen und -Arten mit Merkmalen zu bewältigen suchen, welche kein besonders reichliches Material voraussetzen, man soll so lange als möglich mit den Blüten allein und nöthigenfalls auch ohne Pollenapparat auszukommen suchen, und man soll die Diagnosen dementsprechend abfassen. Es schliesst dies nicht aus, dass diese Organe der Säule so genau und eingehend als möglich untersucht und beschrieben werden müssen, und ich glaube, für mich selber diese Aufgabe hoch gestellt zu haben und sie so eingehend, als ich konnte, gelöst zu haben. Es ist aber nöthig — wenn anders die Orchideographie nicht ein Buch mit sieben Siegeln werden soll — alle in ihren Hauptcharakteren leicht erkennbaren Gattungen wie Cypripedium ganz und ungetheilt zu lassen oder sie nur in Abtheilungen zu spalten, welche ebenfalls leicht erkennbar sind.

Tafel 278. I. Habitusbild, sehr stark verkleinert. II. Oberer Theil des Blütenstandes. 1. Labellum von oben, natürliche Grösse. 2. Säule von vorn. 3. Säule von hinten. 2, 3 etwas vergrössert.

Tafel 279.

Luisia Amesiana *A. Rolfe.*

Caule stricto scopario, foliis teretibus strictis obtusis 15—20 cm longis, racemis uni vel paucifloris quam folia multo brevioribus, basi squamis perpaucis vestitis. Sepalo dorsali ovato latissimo acuto, sepalis lateralibus multo longioribus lanceolatis acutis basi plus minusve coalitis; petalis quam sepalum dorsale paulo longioribus ceterum aequalibus latissime oblongis acutis; labelli lobis lateralibus minutis quadratis rotundatis, lobo intermedio obcordato retuso medio, apiculato vix expanso fere quadrato orbiculatove, toto labello sepalis lateralibus subaequilongo, margine sub anthesi plus minusve crispato; gynostemio perbrevi, anthera uniloculari acuto antice retuso, alulis gynostemii minutis rotundatis, polliniis ovatis postice leviter sulcatis, caudicula oblonga latissima, glandula triangulo margine repando, fovea stigmatica satis ampla. — Totus flos 2,5 cm diametro, sepala petalaque pallide flavida apicibus purpurascentibus, labellum eodem colore macula maxima atro-purpurea in disco.

Luisia Amesiana A. Rolfe. Kew Bulletin 1893, p. 173 und Orchid Review p. 267.

Die Luisia-Art ist die stattlichste der gesammten Teretifolia-Gruppe dieser Gattung. Sie steht durch die kleinen Seitenlappen des Labellum der Luisia macrotis Rchb. fil. sehr nahe, unterscheidet sich aber durch die Grösse der Blüten auf den ersten Blick. Während der habituelle Aufbau nichts besonderes bietet, sondern die gewöhnliche Kettenform der Blätter und Stengel zeigt, haben die Blüten einen gewissen Reiz besonders durch den grossen purpurbraunen Fleck auf dem grossen Mittellappen des Labellum. — Die Pflanze wurde erst neuerdings durch Hugh Lowe & Co. und F. Sander aus den Shan-Staaten Ober-Burmahs eingeführt und blühte zuerst bei Sir Trevor Lawrence zu Dorking, welcher sie auf der Ausstellung der Royal Horticultural Society vom 20. Juni 1893 vorstellte und ein Zeugniss der Anerkennung dafür erhielt. Auf dem Continent ist sie z. Z. wohl nur im Königl. Berggarten zu Herrenhausen bei Hannover, von wo ich sie mehrfach erhielt. Die Pflanze wurde mit Vanda Kimballiana Rchb. fil. zusammen importiert und vermuthlich für identisch mit ihr gehalten. Reichenbach erwähnt im ersten Bande dieses Werkes S. 204 unter L. zeylanica Lindl., dass diese letztere „betrügerischer Weise“ statt der Vanda teres verkauft würde. Verwechselungen der rundblätterigen Vanda mit den Luisien dieser Gruppe sind nun so überaus leicht, dass sie dem gewiegtesten Orchideenkenner passieren können, ohne dass man deshalb sofort an betrügerische Absicht zu denken berechtigt wäre.

Tafel 279. Habitusbild des oberen Theiles der Pflanze. 1. Blüte von vorn, das Labellum etwas gespreizt. 2. Blüte von hinten. 3. von der Seite. Alles in natürlicher Grösse. 4. Labellum gespreizt. 5. oberer Theil der Säule. 6. und 7. Pollinarien. 8. und 9. Anthere. 10. oberer Theil der Säule mit gewaltsam abgespreizten Öhrchen. Fig. 4 bis 10 vergrössert.

Tafel 275, IV und Tafel 280.

Stanhopea tricornis *Lindl.*

Planta inter maximas sed omnino more generis. — Scapis semper bifloris, floribus sese oppositis. Sepalis late oblongis brevi-acutatis petalis vix minoribus aequalibus sub anthesi deflexis labellum involventibus; labelli hypochilio fere globoso margine ex utraque parte prosiliente et angulum efficiente, mesochilio vix sejuncto, bicorni non sulcato v. canaliculato, cornubus rectis acutis, epichilio late-lineari margine leviter inflexo, antice gibboso retuso et in apiculum crassum obtusum producto; gynostemio basi lineari deinde subito late alato (fere quadrato) antice in alulas obtusas vix sejunctas attenuato; anthera antice retusa, pollinariis generis. — Flores inter majores generis, persicini sepala pallida, petala et labellum intensiora, 12 cm diametro.

Stanhopea tricornis Lindley Journ. Hort. Society IV, 263. Lindl. Flower Garden I, p. 31 xyl. 24. — Reichenbach, Xenia Orchid. I, p. 117 et Walper's Annales VI, p. 584.

Die Pflanze, welche in allen Punkten eine typische Stanhopea ist, bildet einen Übergang zwischen den Arten mit dreigliederigem Labellum zu denen, bei welchen diese Theile mehr oder minder verschmelzen. Das Hypochilium ist beinahe kugelig; es geht ohne Übergang in die beiden seitlichen Hörner über; auf dem Grunde des Labellum steht, einem Ambos vergleichbar, ein solider, vorn in ein Horn ausgehender Körper. Das Epichilium bildet eine flache, viereckige Schale mit wenig erhabenem Rande, welche am vorderen Ende unten etwas aufgetrieben ist. Die Säule ist dadurch bemerkenswerth, dass sie aus schmalem Grunde sich plötzlich fast quadratisch verbreitert. — Die bisher publicirten Beschreibungen dieser Pflanze sind alle (auch die im Bd. I, p. 117 dieses Werkes) die wörtliche Wiederholung von Lindley's sehr kurzer Originaldiagnose. Reichenbach selber hatte nur trockenes Material zur Verfügung. Es ist deswegen, und weil die Pflanze ausser dem Holzschnitt in Paxton's Flower Garden l. c. noch nie abgebildet ist, jedenfalls wünschenswerth, sowohl eine etwas ergänzende Beschreibung, wie auch eine nach dem Leben gezeichnete Abbildung zu veröffentlichen; letztere ist von Herrn Oberhofgärtner Wendland gezeichnet, bei welchem die Pflanze schon oft blühte.

Tafel 275. IV. Blüte etwas verkleinert. Tafel 280. I. Blütenstand. 1. Fruchtknoten mit Deckblatt, Säule und Labellum. 2. Labellum von oben. 3. dasselbe im Längsschnitt. 4. Säule von unten 4. Pollinarium. 5. Anthere. — Alles in natürlicher Grösse.

Tafel 281.

Bifrenaria aurantiaca *Lindl.*

Bulbis obtuse-tetragonis ovoideis monophyllis ad 4 cm altis basi 3 cm diametro, laevibus; foliis cuneatis oblongis v. oblongo-lanceolatis acutis junioribus plicatis adultis ad 15 cm longis ad 3,5 cm latis scapo paulum longiore paucifloro, bracteis minutis tertiam ovariorum aequantibus acutis. Sepalo dorsali lanceolato acuto cucullato, lateralibus bene majoribus ovato-oblongis acutis pedi gynostemii longe producto tota basi adnatis, petalis sepalo dorsali subaequalibus oblongis acutis; labello e basi angusta dilatato lobis lateralibus dolabratis erectis, callo (nectar exsudente?) inter ipsos lobos laterales lobo intermedio lato triangulo deflexo antice bipartito, gynostemii parte libera inflexa supra dilatata, anthera plana, biloculari, caudiculis 2 rectis, basi inter se conjunctis, polliniis 4 per paria cohaerentibus, glandula hyalina transverse oblonga. — Flores 2 cm diametro, pallide aurantiaci maculis purpureis decori.

Bifrenaria Lindl. als Gattung. Lindl. Gen. et Spec. Orchidacearum, p. 152 (1832), sub Bifrenaria atropurpurea Lindl. (= Maxillaria atropurpurea Lodd., Botan. Cabinet, tab. 1877) et Bentham et Hooker, Genera Plant. III, 546 cf. Reichenbach f. Walper's Annalen VI, 546. Bifrenaria aurantiaca Lindl., Botan. Register 1836 tab. 1875 (ic. opt.!). Walp. Annalen VI, 550.

Die Pflanze ist in unsern Sammlungen nicht so häufig, als sie es verdient. Die Blütenstände sind reichlich so schön als die von manch einem Oncidium und die Blüten sind besser gefärbt als die vieler Oncidien. Schwierigkeiten in der Cultur sind bisher nicht beobachtet, was allerdings nicht viel heissen will, denn es ist kaum anzunehmen, dass sich die Welt der Gärtner jemals um diese Pflanze gekümmert hat. Im allgemeinen gelten aber die Orchideen des nördlichen Brasilien nicht für besonders spröde Blüher. Die auffälligste Eigenthümlichkeit dieser Art liegt in dem weit hinab verlängerten Fuss der Säule, den breiten und breit angehefteten Sepalen, der Lippe mit den beiden steil aufsteigenden Seitenlappen und den weit hinauf inserierten Petalen, also in Merkmalen, die sehr stark an Gongora-Arten erinnern, welche diese Merkmale nur in noch stärkerm Maasse zeigen. Gegen die Vereinigung mit dieser Gattung sprechen die Merkmale der Säule und des Pollenapparates; sonst jedoch sind es nur graduelle, aber nicht principielle Unterschiede, welche eine Pflanze wie diese von Gongora trennen. Eine Pflanze dieser Art ist die alte Maxillaria atropurpurea Loddiges, welche Lindley im Jahre 1832 zum Typus seiner Gattung Bifrenaria erhob, und hierhin gehört auch Bifr. aurantiaca Lindl. Die beiden „frena", d. h. die getheilten Caudiculae waren es, welche der Gattung zu ihrem Namen verhalfen; sie haben in der Folge dazu beigetragen, den Gattungsbegriff zu verwirren, ebenso wie die Worte in Lindley's Originaldiagnose „lateralia (sepala) cum basi producta columnae adnata *vix basi obliqua*" eine andere Lücke offen liessen, durch welche mancherlei Arten in die Gattung Einlass finden mochten, welche mit den typischen Formen sehr wenig gemeinsam haben. Die buntscheckige Gesellschaft, welche Reichenbach in seiner Zusammenstellung von „Bifrenaria" in Walper's Annalen VI, 546 fg. aufzählt, bietet ein gutes Bild der Confusion, welche hinsichtlich dieser Gattung zu seiner Zeit herrschte und welche aufzuhellen er selber nicht nur verzichtete, sondern welche er noch dadurch vermehrte, dass er die scharf gefassten Ausdrücke der Originaldiagnose Lindley's verallgemeinerte, nämlich (sepala) „lateralia cum basi producta columnae connata", was auf Lycaste, Maxillaria und die gesammten Maxillarien passt; „glandula oblonga", was viel zu unbestimmt lautet, um mit der Phrase zu enden: „Folia terminalia subsolitaria (?!) plicata, cartilaginea. Pedunculi radicales, 1-flori vel racemosi, saepius elongati", Merkmale, welche sich unmöglich noch unbestimmter und unklarer fassen lassen. Das Einzige, was sich von dieser „Gattung" rühmen lässt, ist, dass sie ein bequemer Unterschlupf für alle möglichen Arten wurde, welche zwischen den Maxillarien und den Eborilingues stehen. Es ist zu beklagen, dass Lindley selbst die klare Fassung des Gattungscharakters preisgab, Arten aufnahm, deren Säulenfuss statt rechtwinkelig schräg umbog und deren Sepalen stark nach hinten zu einem Scheinsporn verlängert waren. Reichenbach zog die Consequenz hieraus und schrieb in Walper's Annalen VI, 546 eine Gattungsdiagnose, unter welche beinahe alle Maxillarien passen, nur dass er die beiden „stipites" beibehielt. Eine kritische Sichtung der Arten nahm er nicht vor, sondern stellte zusammen, was damals (1854) für Bifrenaria galt.

Will man aus dem Wirrwarr herauskommen, so muss man die Originaldiagnose Lindley's vom Jahre 1832 wiederherstellen, mit dem Unterschiede, dass man die Worte „vix basi obliqua" (sepala sc.) ändert in „basi rectangula"; alles andere bleibt bestehen. Gemeint hat Lindley damals nur Formen, bei welchen von einer Pseudocalcar-Bildung keine Rede war. Hiermit werden auszuschliessen sein ausser Bifr. Hadweni Lindl., welche schon früher zu Scuticaria gerechnet wurde, alle die Arten mit stark nach hinten verlängertem Säulenfuss und schräg nach hinten verlängerten Sepalen. Da man diese Arten nicht wohl zu Maxillaria und Lycaste stellen kann, so ist am besten Stenocoryne Lindl. wiederherzustellen. Diese Gattung stellte Lindley auf eine nord-brasilische Art hin auf, welche die äusseren Merkmale von Bifrenaria hatte, die aber getrennte Pollenmassen haben sollte. Bentham und Hooker zeigten jedoch, dass sie bei einem aus Panure stammenden Exemplare die Caudiculae getrennt, aber *einer* Klebscheibe aufsitzend gefunden haben (vergl. Benth. et Hook., Gen. pl. III, 546). Hiermit würde die Aufzählung jetzt folgendes Aussehen gewinnen:

Bifrenaria atropurpurea Lindl. Bifr. aurantiaca Lindl. Bifr. Bicornaria Rchb. fil.

Stenocoryne longicornis Lindl. St. Harrisoniae (Rchb. fil.) Krzl. St. inodora (Rchb. fil.) Krzl. St. Wageneri (Rchb. fil.) Krzl. St. racemosa (Lindl.) Krzl. (Ich enthalte mich hier eines abschliessenden Urtheils, ob die beiden unter dem Namen Bifrenaria racemosa Lindl. publicierten Abbildungen Bot. Register 1566 und Bot. Mag. 2789 zu derselben Art gehören, was mir äusserst unwahrscheinlich vorkommt, oder ob nicht die eine derselben Stenocor. [Bifren.] clavigera ist.) St. vitellina (Lindl.) Krzl. St. leucorhoda Rchb. fil. (Krzl.) St. aureofulva (Lindl.) Krzl. St. mellicolor (Rchb. fil.) Krzl.

Scuticaria Hadweni (Lindl.) Benth.

Tafel 281. Habitusbild. 1. Blüte von der Seite. 2. Säule und Lippe von vorn. 3. Pollinium.

Tafel 282.

Cypripedium Wolterianum *Krzl.*

Foliis basi complicatis lineari-lanceolatis acutis supra obscure vel vix reticulato-tessalatis infra pallide-viridibus ad 20 cm longis ad 3,5 cm latis; pedunculis ad 40 cm altis uni- vel bifloris purpureo-brunneis pilosis, bractea lanceolata acuta basin tantum ovarii tegente. Sepalo dorsali cucullato toto circuitu oblongo acuto apice inflexo margine pone basin reflexo, laete viridi margine albo, linea mediana in ipsa basi brunnea, sepalo inferiore ovato acuto quam labellum fere duplo breviore albo-viridi, viridi striata; petalis cruciatis e basi lineari obovato-oblongis acutis antice leviter deflexis margine superiore neque undulatis nec ciliatis basin versis purpureo-brunneis papulis magnis nigro-purpureis punctulisque numerosis ejusdem coloris; dimidio inferiore basi viridi, a medio apicem usque sepalis petalis pallide purpureis; labello pro floris magnitudine magno, margine basi utrinque inflexo contiguo papulis nitidis instructo; sacco labelli pone orificium utrinque acutangulo, toto labello omnino pallide purpureo-brunneo infra et postice pallidiore, infra densissime purpureo-punctulato; gynostemio parvo, staminodio supra bipartito antice late emarginato, umbone in denticulum interpositum elongato; toto gynostemio viridi margine albo (neque marmarato). — Flores 12 cm lati, 8—9 cm alti.

Cypripedium Wolterianum Krzl. in Gardener's Chronicle 1895, I, 166.

Die Blätter dieser, dem Cypripedium Lowii Lindl. sehr nahestehenden neuen Art sind auf der Oberseite mit undeutlicher netzartiger Zeichnung versehen, auf der Unterseite einfach hellgrün. Der Blütenschaft ist 30—40 cm hoch, dunkelbraun behaart und trägt oben zwei ungleich grosse Deckblätter, welche viel kürzer als der Fruchtknoten sind. Durch das eigenthümlich dorsale Sepalum gehört unsere Pflanze zu einem seltenen Typus unter unseren Cypripedien; dies Blatt ist nämlich kapuzenförmig mit scharf nach unten gebogener Spitze, hat aber am Grunde einen scharf zurückgebogenen Rand. Diese eigenthümliche Bildung ist bisjetzt bei Cypripedien nicht beobachtet. Die beiden unteren Sepalen bilden hier dasselbe ziemlich bedeutungslose Blatt wie bei den meisten anderen Arten. Die Petalen sind bis zum ersten Drittel lineal, dann verkehrt eiförmig; bis zur Mitte stehen sie wagerecht ab wie bei Cyprip. cruciforme mit derselben Neigung nach abwärts wie bei Cyprip. Lowii Lindl. Die Färbung erinnert an Cyprip. callosum, die Form an Cyprip. Lowii, das dorsale Sepalum ist, wie schon bemerkt, ganz eigenartig; das Gynostemium ist verhältnissmässig klein, sein Buckel verläuft allmählich in den Zahn des vorderen Ausschnittes. Da die Petalen am Grunde sehr schmal sind, so erscheinen die Warzen am oberen Rande um so grösser und lassen ihn gewellt erscheinen, was er in Wirklichkeit kaum andeutungsweise ist.

Die Heimat der Pflanze ist wahrscheinlich irgendwo auf den grossen Sunda-Inseln. Sie kam mit einer Sendung einer ganz anderen Art in wenigen Exemplaren in den Besitz des Herrn Paul Wolter zu Magdeburg, von dem ich zwei Mal frische Blüten und eine Photographie der Pflanze erhielt. — Angesichts der in den Beschreibungen niedergelegten Merkmale denkt man unwillkürlich an eine Pflanze aus der Verwandtschaft von Cypr. Lowii und callosum. Ich bin nicht geneigt, überall da einen natürlichen Bastard zu sehen, wo Anklänge an entfernt ähnliche Arten zu finden sind; ich enthalte mich also zunächst eines abschliessenden Urtheils. Was ich, ohne die Phantasie frei ausgreifen zu lassen, feststelle, ist, dass sehr starke Anklänge an die beiden genannten Cypripedien vorhanden sind. Die Grösse und der Habitus neigen mehr zu Lowii, die Färbung mehr zu callosum. Es ist im allgemeinen nicht wohlgethan, auf Erstlingsblüten hin neue Arten zu beschreiben oder gar abzubilden; wenn ich von dieser Regel abwich, so geschah es, weil beide Blüten, welche ich erhielt, so identisch waren wie möglich und ganz und gar das charakteristische Aussehen normal entwickelter Blüten zeigten. Es ist aber wol erlaubt, anzunehmen, dass die Blüten noch nicht ihre definitive Grösse erreicht haben und dass sie unter einer ihnen zusagenden Cultur beträchtlich grösser werden können. Dann wird die Pflanze zweifellos zu den besseren Erwerbungen der letzten Jahre zählen.

Tafel 282. Blütenstand und Blatt. 1. Labellum. 2. Staminodium von oben. 3. Säule von der Seite.

Tafel 283.

Vanda vitellina *Krzl.*

Affinis Vandae coerulescenti et varietati Boxalli. Caule foliisque omnino Vandae coerulescentis foliis sat crassis anguste-linearibus apice inaequali bilobis utrinque obtusatis; racemo erecto laxifloro pauci- plurifloro (10—16); bracteis minutis triangulis; ovariis cum pedicellis 3 cm longis tenuibus erectis; sepalo dorsali cuneato-obovato lateralibus unguiculatis spathulatis, petalis minoribus ceterum aequalibus; labelli lobis lateralibus cuneatis antice retusis erectis, lobo intermedio multo majore cuneato antice subbilobulo, disco tumido sulcis 2 in medio antice confluentibus tripartito, margine labelli subreflexo (s. mavis labello callis 3, quorum medius multo minor, totam superficiem occupantibus instructo calcari arcuato subulato gracili apice acuto); gynostemio omnino Vandae coerulescenti pro floris magnitudine minuti. — Sepala petalaque vitellina, labellum album callis minutissime amethystinolineatis. Totus flos fere 1,5—1,8 cm diametro.

Vanda vitellina Krzl. in Gard. Chron., 1892, II, 206 (20. Aug.).

Die Beschreibung, welche ich vor 4 Jahren entwarf und in Gardener's Chronicle publicierte, habe ich mit einigen fast nur den Ausdruck betreffenden Aenderungen hier wiederholt. Die Pflanze hat regelmässig geblüht und alle in der ersten Diagnose niedergelegten Merkmale sind permanent geblieben. Es ist somit die Annahme ausgeschlossen, dass eine reine Modification von Vanda coerulescens vorläge, welche durch den Transport oder sonstige störende Einflüsse kleinere und abnorm gefärbte Blüten hervorgebracht hätte. Die Pflanze gleicht einer der kleineren Vanda-Formen und gehört zweifellos neben Vanda coerulescens. Das einzige im Botanischen Garten zu Berlin befindliche Exemplar hat eine Stammhöhe von ungefähr 25 cm, bei ungefähr 16 Blättern von 10—12 cm Länge. Der Blütenstand steht aufrecht und überragt die oberen Blätter um ein Geringes. Die Blüten sind auffallend lang gestielt und unterscheiden sich, ganz abgesehen von der Farbe, auch dadurch von den verwandten Arten, dass die Sepalen sowol wie die Petalen eine Neigung haben, sich im Basaltheil zu drehen. Ob hierbei die Belichtung massgeblich gewesen ist, konnte ich nicht entscheiden; sicher ist nur, dass die starke Textur dieser Blätter einer solchen Beeinflussung durch das Licht weniger Widerstand leistet als das Knorpelgewebe anderer Vanda-Arten; ich habe es deshalb unterlassen, diese Drehung der Sepalen und Petalen unter die Artmerkmale aufzunehmen. — Die dottergelben Blumen sind nicht gerade first rate, aber in einer Rispe von 10—20 Stück machen sie sich recht gut. Es ist ohnedies wohlgethan, dass wir uns wieder einmal auf die gute alte Zeit der Orchideenkunde erinnern, in welcher man nicht auf die Grösse der Blüten in Quadratcentimetern sah, sondern auf ihre interessante Form; in welcher es nicht die Decorationswirkung war, sondern die feine Structur, welche das Nachdenken der scharfsinnigsten Botaniker erregte, eine Zeit, in welcher die Epitheta a great thing, a marvellous plant, astonishing etc. sammt ihren mehr oder minder geschmackvollen Uebertragungen in andere Sprachen noch unbekannt waren. Um nicht misverstanden zu werden, erkläre ich ausdrücklich, dass ich vor den brillanten Resultaten unserer Gärtner, welche aus einer importierten Pflanze dürftigen Aussehens oft ein Prachtexemplar machen mit Blüten, welche die der wilden Exemplare übertreffen, jeden nur möglichen Respect habe; wogegen ich mich an dieser Stelle auflehne, ist der Standpunkt, dass die beiden Argumente „Schaupflanze" und „Schnittblume" über den Werth oder Unwerth einer Orchidee absolut zu entscheiden haben. Wenn die Gärtner oder Importeure glauben, diesen Standpunkt als den für sie allein massgeblichen aufrecht erhalten zu müssen, so ist es, da bekanntlich nichts über klare Verhältnisse geht, gut, wenn man sich seitens der Gärtner sowol wie der Botaniker möglichst rasch darüber klar wird, ob beide noch dieselbe Sprache sprechen oder nicht. Wollen die Gärtner und die Besitzer grösserer Sammlungen eben nur Pflanzen ziehen, welche auf den Effect berechnet sind, gut, so ist das ein Standpunkt für sich, aber dann sollen diese Herren auch unter sich bleiben und ihre Pflanzen ganz und gar nach ihrem Belieben nennen. Ich bin überzeugt, dass dies unausbleiblich ist. Sie sollen aber auf die Zumuthung verzichten, dass eine Pflanze, wie Vanda vitellina oder eine beliebige Sarcanthus sp., in den Orchideenwerken keinen Platz hat, im Vergleich mit einem Cypripedium Miss Brown, Smith oder Robinson, einem Bastard zweiten, dritten bis soundsovielten Grades. Ich meine, dass eine klare glatte Scheidung vollzogen werden muss. Eines der Werke, welches nach beiden Seiten das Beste zu leisten versucht, ist die 7. Auflage von Williams' Orchid. Grower's Manual; wer sie mit der sechsten vergleicht, wird finden, dass der ganze, fast um das Doppelte gesteigerte Umfang des Buches zu neun Zehnteln diesen neuen Kunstproducten oder sogenannten neuen Varietäten zufällt, welche botanisch ganz und gar werthlos sind, und dabei ist das Buch mit einer gewissen Zurückhaltung geschrieben, es enthält nur die gut festgestellten Formen. Die Sache wird dadurch schlimmer, weil nach dem bekannten Satze, dass das Bessere stets der Feind des Guten ist, die älteren entweder wirklich werthlosen oder nach jeweiliger Mode für werthlos erklärten Varietäten, Hybriden etc. in ihrer Mehrzahl aus den Sammlungen auch der Amateure verschwinden und sehr leicht der Fall eintreten kann, dass irgendein etwa von Reichenbach irgendwo in Gardener's Chronicle beschriebenes Odontoglossum, welches par courtoisie als Species bezeichnet wurde, im Grunde genommen aber nur eine abweichende Form einer längst bekannten Art war, welches aber inzwischen auf den Namen seines Autors hin ein botanisches Bürgerrecht erlangt hatte, für eine künftige Bearbeitung der Gattung unauffindbar ist. Mit der Phrase „species mihi non visa" ist die persönliche Verantwortlichkeit eines Monographen, welcher wünscht, dass man ihn und seine Arbeit ernsthaft nimmt, doch nur zum Theil auf den Autor dieser Art abgewälzt, selbst dann, wenn dieser Autor durch ein in übler Stunde verfasstes Testament es unmöglich gemacht hat, zu controlliren, was an seinen Arten ist. — Dieser scheinbar sehr wenig zur Sache gehörige Excurs mag aufgefasst werden als eine Apologie gegen die Vorwürfe, welche den Xenien mehrfach gemacht sind, dass sie nicht auf der Hochflut der jetzigen in der Orchideographie beliebten Strömung ständen. Dies ist richtig, denn die Xenien werden nie und nimmer ein illustrirter Katalog irgendeiner Firma werden, wie es die z. Z. existierenden grösseren Orchideenwerke ausnahmslos sind. Zweitens ist hier der Platz, festzustellen, dass die Hybriden und die ihr gewidmeten Artikel in der wissenschaftlichen Botanik überhaupt niemals Bürgerrecht verdienen, auch nicht in der Orchideographie, so gross auch ihre Anzahl und so gross der gärtnerische resp. Handelswerth vieler dieser Züchtungen gerade hier sein mögen. Neben diesem Protest gegen die herrschende Richtung möchte der Verfasser alle, welche ein Auge auch für die bescheideneren Schönheiten haben, bitten, die Cultur dieser so interessanten Formen zu fördern und selber zu treiben, wo immer sie können. Zu den besten orchideographischen Werken, welche je geschrieben sind, gehört der von Reichenbach verfasste zweite Band von Wilson Saunder's Refugium botanicum, welcher nur und ausschliesslich kleinblütigen Orchideen gewidmet ist, und wer je sich die Mühe genommen hat, den Orchideenkranz auf dem Titelblatt von John Lindley's Sertum Orchidaceum zu studieren, wird die freilich nicht auf den ersten Blick ansprechende eigenartige Schönheit dieser Pflanzen nie vergessen.

Tafel 283. Habitusbild. 1. Blüte in natürlicher Stellung von vorn. 2. mit heruntergebogenem Labellum. 3. Labellum und Sporn von der Seite. 4. Mittlerer Theil des Labellum von vorn.

Tafel 284.

Cypripedium Chamberlainianum *O'Brien.*

Sepalo dorsali late ovato obtuso inflexo margine basi revoluta, sepalo inferiore oblongo cucullato fere duplo minore utroque hirsutissimo; petalis e basi paulo latiore linearibus acutis semel v. sesquitortis rectangulariter divergentibus, margine distanter glandulosis setosis; labello pro floris magnitudine magno ventricoso, lobis lateralibus alte descentibus antice rotundatis, rima angustissima inter ipsos, orificio transverso satis amplo; staminodio crasso laevi umbone omnino destituto obscure pentagono antice vix emarginato; cicatrice maxima staminodio fere aequali circuitu fere orbiculari, staminibus minutis.

Planta egregia! Folia lorata antice utrinque obtusa ad 20 cm longa ad 2,5 cm lata laete viridia unicoloria. Scapus ad 40 cm altus supra distichanthus fractiflexus; bracteae equitantes arcte compressae a latere visae semioblongae obtusae; scapus, bracteae, ovaria dense pilosa, pili basi atro-purpurei a medio apicem usque hyalini. Sepala petalaque viridia atro-purpureo-striata vel (petala) maculata, labelli basis viridis, calceolus pallide roseus, punctulis numerosissimis intensioribus decorus.

Totus flos 8—9 cm latus, 4—5 cm altus. Labellum 4 cm longum, 2,5 cm latum. Staminodium atro-viride, nitidum.

Cypripedium Chamberlainianum O'Brien, Journ. of Horticult. 1892, XXIV, p. 294, fig. 49. — Idem Gard. Chron. 3 Ser. 1892, XI, p. 241, fig. 34 (xylogr. opt.!). — Revue Horticole 1892, p. 104, fig. 27, 28; 1893, p. 141, c. tabula. — The Garden 1893, tome 44, p. 304. — Revue Horticole Belge 1893, p. 142. — Williams' Orchid. Grow. Manual 7th edition, p. 242.

Diese brillante Art wird auf immer den Namen ihres Entdeckers W. Micholitz und den seines weitblickenden Chefs, des Herrn F. Sander, unsterblich machen. Die genaueren Angaben über die Heimat der Pflanze müssen selbstverständlich vorläufig geheim gehalten werden. Dass sie ein Kind des fernsten Ostens ist und auf den Inseln wahrscheinlich auf dem äussersten Grenzposten der Gattung steht, ist in Sachen der Pflanzengeographie hinreichend genau.

Der vegetative Aufbau der Pflanze ist nicht ganz unpassend mit dem mancher angraecoider Pflanzen verglichen worden, und sie hat allerdings in dem rein grünen Colorit der Blätter ohne Färbung selbst an den Insertionsstellen und dem breiten schweren Falle derselben mancherlei Eigenartiges, wenn schon sich die Zugehörigkeit zu Cypripedium nicht verleugnet. Der Blütenschaft jedoch hat mehr noch als alles andere, ja sogar mehr noch als die Blüten selbst, das Interesse erregt und stellt einen völlig neuen Typus dar. Es ist im allgemeinen nicht wohlgethan, auf Merkmale hin, wie Bracteen sie darbieten, auch nur Unterabtheilungen zu machen — bei den Orchidaceen wenigstens wird niemand daran denken — aber trotzdem sind die blossen Blütenstandsspindeln ohne Blätter, ohne Blüten und nur mit ihren Bracteen bekleidet, so charakteristisch, dass sie allein genügen, die Art als solche zu erkennen; und dies lässt sich von keinem andern Cypripedium sagen. — Die Blüten an und für sich würde man am besten dem Typus der „Hirsutissima" zuweisen. Sehr intim ist die Verwandtschaft auch mit diesen nicht, aber es gibt doch einige Anklänge. Nehmen wir an, dass diese altbekannte, aber noch immer begehrenswerthe und in guten Exemplaren höchst wirksame Pflanze sich aufraffte und einen Blütenstiel mit mehreren Blüten machte, statt deren 1 oder höchstens 2 zu tragen, so hätten wir etwas ähnliches, wie Cypr. Chamberlainianum es bietet. Ganz eigenartig ist das wie ein glatter schwarzgrüner Knopf vorspringende Staminodium, unter welchem eine nahezu ebenso grosse knopfförmige Narbe sitzt. Der Vergleich mit einem doppelten Knopf ist vielleicht recht banal, aber er trifft zu, denn thatsächlich ist die Operation, durch welche man die Narbe aus dem Labellum herausholt, ganz und gar dieselbe, wie das Herausziehen eines Manschettenknopfes aus einem etwas engen Knopfloch. Das Labellum ist gross und sehr stark aufgeblasen, zeigt aber äusserlich keine Besonderheiten, dagegen sind die eng zusammenschliessenden tief abwärts gehenden und sehr breiten Seitenlappen der Erwähnung werth. Die Farben der Blüten sind ebenso düster wie die des Cyp. hirsutissimum, und der Contrast der rosarothen Lippe mit den grünen purpurbraun gestreiften oder gefleckten Sepalen und Petalen ist eigenartig, aber absolut nicht schön. Die Petalen sind schmal und ein- bis anderthalbmal gedreht; sie erinnern dadurch an die Formen der Stonei-Gruppe, während ihr stark gewellter Rand wiederum an C. hirsutissimum erinnert.

Betreffs der Cultur ist wenig zu sagen; soweit bisjetzt bekannt ist, gedeiht sie bei derselben Pflege wie die andern malaiischen Cypripedien. Die Blüten öffnen sich sehr nach und nach, und die Spindel zieht sich lang und immer länger aus wie bei allen mehrblütigen Cypripedien, sodass zwischen der letzten Blüte der einen Saison und der ersten Blüte der nächsten keine grosse Zwischenzeit liegt.

Tafel 284. Blütenstand. 1. Labellum von vorn. 2. von der Seite. 3. Säule von der Seite. 4. Staminodium von oben. 5. Narbe von unten. (3—5 wenig vergrössert.)

Tafel 285.

Phalaenopsis antennifera *Rchb. fil.*

Caule crassiusculo polyrhizo folioso, foliis intense viridibus nec roseo-adspersis, foliis ovato-lanceolatis acutis ad 20 cm longis ad 3 cm latis apice bilobulis; racemo (vel interdum panicula) plurifloro, bracteis brevibus oblongis obtusis. Sepalo dorsali oblongo, lateralibus brevioribus ovato-oblongis obtuse acutatis; his omnibus reflexis pulcherrime lilacinis; labelli ungue aureo lineari satis longo dentibus vel antennis 2 in ungue, lobis lateralibus oblique spathulatis rotundatis erectis, callo humili tripartito inter ipsos lobos, lobo intermedio oblongo acuto vel apiculato, toto labello intense purpureo; gynostemio infra angulato gracili, anthera antice acuta, loculis antherae pollinis massulis, androclinio parvis, caudicula supra dilatata infra angustata, glandula rostello lineari apice bifido, fovea stigmatica magna ovali. — Flos compressus 2,5 cm altus.

Phalaenopsis antennifera Rchb fil. in Gardener's Chronicle 1879, I, p. 398 und 1882, III, p. 520.

Die Pflanze hat einen dichtbeblätterten Stamm und länglich lanzettliche dunkelgrüne Blätter ohne irgendwelche Zeichnung. Die Blütenstiele sind für gewöhnlich einfach, können aber bei starken Exemplaren verzweigt sein. Die Sepalen und Petalen sind schön lila oder rosa, die Lippe hat einen schmalen, in der Regel goldgelben Basaltheil, auf welchen 2 zarte hyaline Blättchen stehen; die eiförmigen Seitenlappen stehen aufrecht (spatelförmigen oder schief verkehrt) und haben zwischen oder dicht hinter sich einen niedrigen oben schwach dreitheiligen Callus, der Mittellappen ist abwärts gebogen und vorn zugespitzt. An der Säule ist die grosse Narbenfläche bemerkenswerth, welche vorn durch das ziemlich lange lineare an der Spitze gespaltene Rostellum gewissermassen getheilt ist; die Antherenfächer, die Pollenmassen sowie das Lager derselben sind auffallend klein. Die Farbe der Lippe und in der Regel auch der Säule ist ein schönes tiefes Purpurroth. — Es ist auffallend, dass in modernen englischen Werken diese Art mit Phalaen. Regnieriana Rchb. fil. zu Phalaen. Esmeralda Rchb. fil. gezogen wird, trotzdem Reichenbach in Gardener's Chronicle 1887, II, p. 746 die Unterschiede dieser 3 Arten auf das sorgfältigste auseinandersetzte. Wenn Sir Joseph Hooker in Flora of Brit. India VI, p. 31, diesen Missgriff machte, so lässt sich das verstehen, denn mit Herbarmaterial allein, und wäre es das des Royal Herbarium, lässt sich solchen Fragen schwer beikommen; eine genaue Untersuchung mit genügendem Material hätte aber auch dann noch Anhaltspunkte genug geboten, um die 3 Arten auseinander zu halten, und es gibt schwerere Fragen als diese, welche auch mit Herbarmaterial gelöst worden sind. Immerhin ist dieser Missgriff zu verstehen. Was jedoch den Verfasser von Veitch Manual veranlasste, in denselben Fehler zu verfallen, ist völlig unerfindlich. Reichenbach und ganz unabhängig von ihm Godefroy-Leboeuf hatten längst festgestellt, dass die echte Phalaen. Esmeralda Rchb. fil. in europäischen Sammlungen zur Zeit nicht mehr existiere; es war also mindestens leichtsinnig, die Identität zweier Arten mit einer dritten, welche man nicht kannte, auszusprechen. Die Art und Weise wie in Veitch Manual, VII, p. 28, die 3 Arten Ph. Esmeralda, antennifera und Regnieriana auf die Aehnlichkeit in der Färbung hin zusammengezogen und die Unterschiede im Labellum einfach ignoriert werden, ist denn doch etwas gar zu leichtfertig, um es milde zu bezeichnen. Die Art stammt wie alle dieser Gruppe aus den Wäldern der hinterindischen Halbinsel. Ich erhielt sie lebend aus Herrenhausen, wo sie jährlich in grosser Ueppigkeit blüht.

Tafel 285. Blütenstand und Blatt. 1. Blüte von der Seite. 2. Lippe von unten. 3. Lippe gerade von vorn. 4. Anthere von oben. 5. von unten. 6. Pollinium. 7. Säule mit Pollinium. 8. Säule ohne Pollinium, stärker vergrössert.

Tafel 286. 5—10.

Habenaria Schlechteri *Krzl. in litt.*

Planta omnino Habenariae occultanti Welw. simillima, 50—60 cm alta, cataphyllis basilaribus parvis, foliis angustis linearibus adpressis vaginantibus fere bracteaeformibus et in bracteas foliaceas transeuntibus. Racemo paucifloro (ad 6) laxifloro, bracteis ovaria longe pedicellata supra valde curvata aequantibus v. superantibus. Sepalo dorsali maximo cucullato acuto, lateralibus e basi lata ligulatis acutis deflexis paulo longioribus; petalis simplicibus erectis e basi latiore angustatis deinde lanceolatis acutis; labelli lobo intermedio petalis subaequali, lobis lateralibus circuitu oblongis margine ad tertiam partem superiorem pectinatis v. fissis, calcari longissimo filiformi quam ovarium cum pedicello fere duplo longiore; anthera satis alta acuta, canalibus antherae caudiculisque longissimis erectis hamatis, staminodiis parvis obtusis; processubus stigmaticis brevibus rectis antice retusis ibique profunde excavatis extus dente uncinato instructis, rostello parvo triangulo. — Flores albi carnosuli illis Hab. occultantis Welw. paulo majores, 2—2,5 cm diametro calcar ad 14 cm longum, ovarium cum pedicello 7 cm longum. Tota planta (ut Hab. occultans) sicca nigra.

Südost-Afrika, Transvaal. In Sümpfen zwischen Wilge Rivier und Middelburg in 4600 Fuss Höhe. R. Schlechter, Januar 1894, N. 4121.

Die Diagnose, welche ich zuerst entwarf, war nach ein paar Blüten aufgestellt, welche ich in einem Briefe von Herrn R. Schlechter erhielt. Die Untersuchung der Blüten zweier vollständiger Exemplare, welche mir erst viel später zugingen, ergeben die hier mitgetheilte in zwei Punkten stark modificierte Beschreibung, aus welcher einerseits die starke Aehnlichkeit mit Hab. occultans, andererseits aber die Abweichung im Bau des Gynostemiums hervorgeht. Die Neigung, die Perigonblätter, zumal die inneren, zu spalten, ist bei Habenaria bekanntlich sehr gross, es ist somit nicht gerade überraschend, dass dieser Trieb zur Theilung sich auch auf das Gynäceum der Blüte ausdehnt. Auf die Theilung der Narbenfortsätze gründete, wie bekannt, Reichenbach seine damals aus 2 Arten bestehende Gattung Roeperocharis, denen ich 2 weitere hinzufügen konnte, alle 4 ostafrikanischer resp. abessinischer Herkunft. Alle diese bisher beschriebenen Arten haben einen etwas compacten, Orchis-ähnlichen Habitus gemeinsam und breite getheilte Narbenfortsätze; es ist jedoch klar, dass der Habitus nichts und die Form der Narbenfortsätze sehr wenig bedeuten kann gegenüber der Thatsache, dass dies systematisch so wichtige Organ thatsächlich getheilt ist. Da die Theilung alle möglichen Uebergänge zeigen kann, da ferner die Neigung zur Theilung der inneren Blütentheile etwas für Habenaria allein Charakteristisches ist, so empfiehlt es sich zunächst, die Gattung Roeperocharis Rchb. zu cassieren und die wenigen bisher beschriebenen Arten zu Habenaria zu stellen, was mit einer erfreulich geringen Vermehrung der Synonyma abgethan ist. Schwieriger ist die Frage, was mit den Habenaria-

Arten geschieht, welche bisher Roeperocharis hiessen, und denjenigen, bei welchen die Untersuchung frischer Blüten eine an Herbarexemplaren bisher übersehene Spaltung der Narbenfortsätze zeigen sollte, denn es ist doch klar, dass selbst die schwache Andeutung einer Theilung hier, ebenso wie bei den Petalen, als de facto-Theilung anzusehen ist. In solchen Fällen entscheidet die Summe der Merkmale. Für den vorliegenden Fall ergibt dies erstens die Stellung der Habenaria Schlechteri Krzl. neben Habenaria occultans Welw. und zweitens die Einziehung der bisherigen Roeperocharis-Arten zu Habenaria als Gruppe „Roeperocharis", welche am besten auf Grund des stets einfachen Labellum als III A_1, 30_1 hinter die (gleichfalls Habesch angehörigen Anomalae [Habenaria anomala Lindl.]) einzureihen sind, während Hab. Schlechteri Krzl. ihren Platz unmittelbar hinter Hab. occultans Welw. findet, mit welcher sie viel Aehnlichkeit hat. Angesichts der Thatsache, dass diese Theilung der Narbenfortsätze bisher nur bei afrikanischen Habenarien beobachtet wurde, empfiehlt es sich nicht, auf diese paar Fälle hin eine Eintheilung umzustossen, welche sich im grossen und ganzen als natürlich bewährt hat.

Tafel 286. 5. Blüte. 6. Labellum. 7. Säule von vorn. 8. von der Seite. 9. Rostellum und Narbenfortsätze. 10. Labellum von Hab. occultans Welw. (Alles schwach vergrössert.)

Tafel 286. I. 1—4.

Habenaria Medusa *Krzl.*

Sepalo dorsali cucullato acuto recto (a latere viso semioblongo) compresso, sepalis lateralibus deflexis late ovatis acutis basi gynostemio adnatis; petalis linearibus acutis galeae s. sepalo dorsali non agglutinatis, margine minutissime glandulosis; labelli basi longa integra sigmoideo-flexa compressa antice tripartita, partitionibus lateralibus a basi ipsa in lacinias numerosas radiantes simplices v. partitas dissolutis (superficie minutissime scaberulis), partitione intermedia bis v. ter breviore lineari-lancea simplice, calcari a basi infundibulari angustato cylindraceo quam ovarium longe rostratum tertia longiore; processubus stigmaticis crassis retusis parallelis deflexis, antherae canalibus duplo longioribus rectis leviter ascendentibus, caudiculis aequilongis glandulis sat magnis oblongis, rostello minuto triangulo.

Planta mediocris 20 cm alta. Tuberidia nucem avellanam aequantia. Folia in basi 3—4 lanceolata acuta ad 10 cm longa ad 2 cm lata, supra subito decrescentia. Racemus pauciflorus (8—10) subnutans. Bracteae ovatae acuminatae cristataeve ad 2 cm longae ovariis breviores vel ea aequantes margine microscopice glandulosae (nec fimbriatae). Flores inter mediocres generis, sepalum dorsale 5 mm, lateralia 7 mm longa, labelli laciniae 1,5 cm longae, calcar 3 cm, ovarium cum rostro 2,5 cm longa.

Java?

Habenaria Medusa Krzl., Engler's Jahrb. (Beiträge zur Gattung Habenaria, II. Theil). Bd. XVI, p. 203.

Die Pflanze ist, wenn auch nicht eine der stattlichsten, so doch unzweifelhaft eine der auffallendsten Arten dieser grossen Gattung. Während sie in allen sonstigen Merkmalen der rein indischen Abtheilung der „Plantagineae" zuzuzählen ist, könnte man geneigt sein, sie nebst Habenaria trichosantha Lindl.) auf Grund der stark zertheilten Seitenlappen des Labellum zu den „Multipartitae" zu stellen, dieser auf den Gebirgen von Habesch wie auch auf dem Himalaya vorkommenden Gruppe einander sehr ähnlicher Arten. Die Neigung, stark zerschlitzte Labellen zu bilden, ist jedoch bei vielen Habenarien amerikanischer wie altweltlicher Herkunft vorhanden und kein Charakteristikum für Habenaria allein; ich erinnere an Platanthera Susannae Lindl., welche im tropischen Asien weit verbreitet ist und an die Platanthera-Arten aus der Verwandtschaft von Platanthera psychodes Lindl. nordamerikanischer Herkunft. Es ist somit nicht zulässig, diesem Merkmal eine gar zu grosse Bedeutung zuzuschreiben. Die nächstverwandte Art ist Habenaria trichosantha Wall. aus Burmah. Hier die Unterschiede: Die Sepalen sind bei Habenaria trichosantha Wall. schmaler und weiter zurückgeschlagen, bei Hab. Medusa, wo sie mit der ganzen Breite der Basis angewachsen sind, sind sie einfach herabgeschlagen. Bei Hab. trichosantha ist der Mittellappen des Labellum den Fetzen der Seitenlappen gleich, bei Hab. Medusa ist er kaum halb so lang. Der lineare Basaltheil der Lippe ist bei Hab. Medusa länger als bei Hab. trichosantha. Die Petalen sind bei Hab. trichosantha gewimpert, bei Hab. Medusa erkennt man erst bei ziemlich starker Vergrösserung sehr winzige Randdrüsen. Bei Hab. trichosantha sind die Narbenfortsätze den Antherenkanälen gleich und gleich diesen nach vorn ausgestreckt; bei Hab. Medusa sind sie kaum halb so lang und nach unten — dem Labellum zu — herabgebogen. Während die erstgenannten Merkmale mehr die Physiognomie der Blüte beeinflussen, gehört das letztere zu den systematisch sehr schwerwiegenden, und alle zusammen machen es wünschenswerth, Habenaria Medusa als selbständige Art anzuerkennen. Das hier abgebildete Exemplar ist dasselbe, nach welchem ich die Diagnose l. c. entworfen habe und welches dem Königlichen Reichs-Museum zu Leyden gehört. Ueber die Farbe der Blüten erlaubt das Aussehen der Pflanze keinen Schluss und gibt das Etikett Blume's keine Auskunft. Die hier veröffentlichte Diagnose ist in manchen Einzelheiten übereinstimmend mit meiner ursprünglichen, hebt jedoch einige Merkmale schärfer hervor.

Tafel 286. I. Habitusbild in natürlicher Grösse. 1. Blüte von der Seite. 2. Labellum von vorn. 3. Petalen und Säule von der Seite. (p = Petalum, a = Anthere, ca = Antherenkanäle, g = Klebscheibe, pc = Narbenfortsätze.) 4. Ein Pollinium. Fig. 2—4 mehr oder weniger stark vergrössert.

Tafel 287. I. 1—4.

Polystachya Holstii *n. sp. Krzl.*

Caulibus secundariis s. bulbis pyriformibus nitidis internodiis 3 compositis, foliis 2 lineari-lanceolatis ad 15 cm longis 2 cm latis apice minute bilobis, pedunculo breviore ancipite racemo paucifloro, bracteis ovatis ovaria aequantibus acuminatis, floribus inter mediocres generis extus (sicut scapus, rhachis, bracteae, ovaria) pubescentibus. Sepalo dorsali ovato acuminato, lateralibus majoribus triangulis dorso carinatis; petalis lineari-obovatis apice acutis, labelli valde curvati lobis lateralibus erectis semiorbicularibus intermedio ovato-triangulo acuto, disco inter lobos laterales dense piloso (pilis capitatis) ceterum omnino calvo, callo v. tuberculo omnino nullo; gynostemio generis. — Flores 1,2 cm diam. sepala viridia intus rubro-striata, petala viridi-alba, labellum album intus purpureo-striatum et punctulatum.

Ost-Afrika. Usambara leg. Holst.

Eine Art, welche in getrocknetem Zustand leicht mit den verwandten Polystachyen der „Capensis"-Gruppe verwechselt werden kann. Habituell gleicht sie völlig einem mittelstarken Exemplar von Polyst. capensis und hat starke Anklänge an Polystachya Ottoniana Rchb. fil., besonders aber an Polystachya pachyglossa Rchb. fil. Von besonderer Wichtigkeit ist bei allen Polystachya-Arten das

Labellum. Dies hat bei Polyst. Ottoniana cf. Xen. III, tab. 207, einen Callus, welcher hier absolut fehlt, ferner ist die Behaarung nicht furfuraceo-pilos zu nennen, sondern einfach behaart. Die Seitenlappen der Lippe sind nicht „subquadrat", sondern bogig gekrümmt, halbmondförmig oder halbkreisförmig, der Mittellappen ist bei Polyst. pachyglossa annähernd rhombisch, hier dreieckig eiförmig. Dies die Unterschiede von Polyst. pachyglossa. — Polyst. capensis hat im Gegensatz zu unserer Art aussen kahle Blüten und obovate Petalen, während sie hier direct lineal sind. Polyst. Ottoniana Rchb. fil. hat endlich rechteckige Seitenlappen und einen abgestutzten Mittellappen des Labellum; auch sind die Petalen nicht identisch und stimmt die Blütenfarbe nicht überein. Der Umstand, dass die von Reichenbach in Walper's Annalen VI, 638 beschriebene Polystach. Ottoniana einblütig sein soll, fällt wenig oder gar nicht in das Gewicht, da einerseits die Diagnose das Bild einer ähnlichen Pflanze schildert, als wir sie hier haben, und da ferner, wie aus derselben Stelle hervorgeht, J. Lindley Polyst. Ottoniana mit Polyst. capensis verwechselte, was bei getrocknetem Material sehr leicht passiren kann.

Ob diese 3 süd- resp. ostafrikanischen Arten nicht eines Tages als Formen einer und derselben Art betrachtet werden, ist eine Frage, welche uns zunächst nicht weiter beschäftigen kann. Trotz der habituellen Aehnlichkeit sind die Merkmale des Labellum so distinct, dass eine Zusammenziehung dieser 3 Arten eine übel angebrachte Vereinfachung sein würde; sie mögen also als „Capenses" zunächst weiter bestehen. Botanikern, welchen ausser kritischem Blick ein reicheres Material zur Verfügung steht, mag es vorbehalten sein, wie in so vielen anderen Fragen, so auch in dieser das letzte Wort zu sprechen.

Tafel 287. I. Habitusbild. 1*a* Blüte von vorn (gespreizt); 1*b* von oben. 2*a* Lippe von der Seite; 2*b* von oben. 3*a* Anthere von oben; 3*b* von unten. 4. Pollinium. (Die Analysen alle vergrössert.)

Tafel 287. II. 5—8.

Habenaria Soyauxii *Krzl.*

Sepalo dorsali ovato acuto, cucullato, lateralibus deflexis ovali-lanceolatis subobliquis, petalorum parte postica lineari-lanceolata acuta acuminatave sub sepalo dorsali fere omnino abscondita, parte anteriore deflexa lanceolata acuta; labelli partitionibus et inter se et partitioni anticae petalorum simillimis, intermedia paullo breviore latiore, calcari longissimo, ovarium longe petiolatum duplo superante non in bractea floris proprii abscondito sed bracteam floris secundi ad quarti inferioris descendente; processubus stigmaticis carnosis clavatis apice infra cochleatim excavatis canalibus antherae e basi latissima angustatis paulum uncinatis; rostello angusto acuto cucullato.

Planta valida ad 75 cm alta. Tuberidia ovata 2—3 cm longa. Caulis omnino foliis bracteaeformibus vaginantibus appressis vestitus. Racemus laxus pauciflorus (2—5) bracteae maximae foliaceae acutae ovaria longe pedicellata non aequantes. Flores inter majores generis. Sepala, petalorum et labelli partitiones 2—2,5 cm longae, ovarium 8—11 cm longum, calcar 12—15 cm longum filiforme.

Habenaria Soyauxii Krzl., Engler's Jahrbücher XVI, 93. (Kränzlin, Beitr. Habenaria II.)

Tropisches West-Afrika. Kitamba, Sumpfniederung, leg. H. Soyaux, 8 Dec. 1880.

Die Pflanze gehört zu der kleinen Gruppe der „Macrurae" d. h. der Habenarien mit auffallend langen Spornen, deren älteste Art Hab. occultans Welw. ist. Die hier vorliegende Art zeigt die grösste Aehnlichkeit mit der abessinischen Hab. perbella Rchb. fil., diese unterscheidet sich aber durch die

Petalen, deren hinterer dreieckiger Abschnitt sichelförmig, deren vorderer lanzettlicher gerade nach vorn gestreckt ist, beide machen also einen spitzen Winkel mit einander; bei Hab. Soyauxii ist der Winkel sehr stumpf, beide Abschnitte sind gerade und von einander wenig verschieden. Dazu kommt, dass bei Hab. perbella die Blüten kleiner und die Sporne im Verhältniss noch etwas länger sind. Die Unterschiede von Hab. Walleri Rchb. fil., ostafrikanischer Herkunft, beruhen in den Dimensionen der (kleineren) Blüten und in den (eiförmig-dreieckigen) Sepalen und dem Bau des Gynostemiums, dessen Antherenkanäle gerade vorgestreckt sind. Von Hab. occultans Welw. ist sie leicht zu unterscheiden, denn diese Art hat am Labellum zerschlitzte Seitenlappen, anderer Unterschiede zu geschweigen. Die Pflanze wird bei Trocknen nicht schwarz, sondern behält einen auffallend hellen Farbenton, besonders in den — wahrscheinlich weissen — Blüten. Durch die einfachen Petalen und die getheilten Narbenfortsätze ist sie nach kurzer Untersuchung auch von Hab. Schlechteri Krzl. zu unterscheiden. Alle diese Arten sind habituell ungemein ähnlich, an Grösse einander gleich; alle scheinen weiss zu blühen, aber alle besitzen Merkmale, welche ihre Vereinigung zu einer einzigen weitverbreiteten Art unbedingt untersagen. Es fehlt an Orchideen von ausserordentlich weiter Verbreitung im tropischen Afrika durchaus nicht, wo immer sie aber vorkommen, ist der Betrag an Variabilität bei allen nicht hoch genug, um den Gedanken an eine Trennung in Arten ernsthaft aufkommen zu lassen. Ich nehme hier Gelegenheit, zu erklären, dass ich zum Verständniss der Arten, welche sich um Ansellia africana gruppiren sollen, noch nicht einzudringen vermochte. Alles, was ich lebend oder getrocknet gesehen habe, von den Abbildungen zu geschweigen, ist allenfalls als Varietät von Ansellia africana anzusehen, aber nimmermehr als distincte Art. Ich rechne hierher Ansellia nilotica Baker, congoensis Rodigas, natalensis Rodigas und — gigantea Rchb. fil., denn auch diese Art ist nichts weiter als eine — keineswegs riesige — Ansellia africana.

Tafel 287. II. Oberer Theil einer Pflanze etwas verkleinert. 5. Gynostemium von vorn. 6. von der Seite. (*mp* = Pollenmassen, *r* = Rostellum, *ca* = Antherenkanäle, *pc* = Narbenfortsätze.) 7. Petalum. 8. Labellum. Fig. 5 und 6 schwach vergrössert. Fig. 7 und 8 natürliche Grösse.

Tafel 288. I. 1—7.

Trichopilia multiflora *Krzl.*

Caulibus secundariis s. bulbis gracilibus oblongis sulcatis subcompressis ad 5 cm longis basi 1 cm latis, folio lanceolato acuto ad 15 cm longo ad 3 cm lato; racemo pendulo multifloro subsecundifloro; bracteis triangulis acuminatis ovarium subaequantibus. Sepalis petalisque paulum minoribus oblongo-lanceolatis acutis labelli basi ipsa excavati lobis lateralibus magnis semiovatis acutis antice acutis, lobo intermedio lineari acuminata paulum producta, linea carnosa crassa medio in disco, callositate antice libera pentadactyla in utroque lobo laterali! gynostemio gracili generis, androclinii limbo tripartito, partitione postica breviore omnibus margine laceris, androclineo profundo, anthera uniloculari valde elongata antice rotundata rostellum angustatum valde productum omnino tegente; glandula minuta; caudicula e basi tenui valde producta supra dilatata. Totus flos 1,5—1,8 cm diametro sepala petalaque sordide viridi-purpurea. Labellum album pulchre purpureo-pictum.

Hort. Sander. September 1895.

Die Pflanze ist eine Miniaturausgabe einer Trichopilia, ausgezeichnet durch einen Blütenstand von ungefähr 25 für eine Trichopilia kleinen Blüten. Die Sepalen und Petalen sind einander ziemlich gleich, weder diese noch jene haben die bei Trichopilia so oft vorkommende Kräuselung. Das Labellum ist ganz abweichend; seine beiden grossen Seitenlappen tragen je eine, vorn fünftheilige Erhebung, welche in der Mitte (im Verlauf des Mittellappens) unterbrochen ist. Die Bildung erinnert an Vorkommnisse bei Zygopetalum. Der Mittellappen ist schmal linealisch, etwas vorgezogen und mit einer erhabenen Längsleiste versehen. Die Säule ist in allen ihren Einzelheiten die einer typischen Trichopilia, und damit ist die Zugehörigkeit zu dieser Gattung entschieden. Die Pflanze nimmt eine ganz isolierte Stellung in der Gattung ein. Die einzige bisher bekannte mehrblütige Art ist Tr. hymenantha Rchb. fil., und diese ist, abgesehen von den Gattungscharakteren, eine ganz und gar abweichende Pflanze. — Es ist keine Gartenorchidee ersten Ranges, aber eine der interessantesten Neuheiten, welche wir seit längerer Zeit erhalten haben. Ueber die Zugehörigkeit zu Trichopilia kann kein Zweifel bestehen, denn dagegen spricht eigentlich nur die Callusbildung auf der Lippe, und wenn man sehr scharf ins Gericht gehen will, der schmale Mitteltheil der Lippe, alle anderen Merkmale sind ganz und gar die einer echten Trichopilia, angefangen vom Habitus als dem mindest wichtigen bis zur Säule, dem wichtigsten von allen. Die hellbraunrothen Sepalen und Petalen sind nicht gerade schön zu nennen, dagegen ist das Labellum mit zart purpurrother Zeichnung auf weissem Grunde entschieden hübsch gefärbt.

Tafel 288. I. Habitusbild. 1. Labellum in natürlicher Lage. 2. dasselbe gespreizt. 3. Labellum und Säule. 4. Säule von vorn. 5. Kopf derselben von der Seite. 6. Anthere schräg von vorn. 7. Pollinium.

Tafel 288. 8—16.

Catasetum ferox *Krzl.*

Planta habitu omnino Catasetorum. Racemo elongato multifloro laxifloro, bracteis triangulis quam ovaria multo brevioribus, sepalis lanceolatis vix 2 cm longis 6 mm latis acuminatis, petalis aequilongis paulum latioribus cum sepalis galeam efformantibus omnibus viridibus; labello profunde excavato crasse-carnoso v. cartilagineo circuitu brevi-obovato retuso infra mentum efformante, lobis lateralibus subnullis margine utrinque incrassato infra multituberculoso (quasi dentes molares referente) dentibus 6 elongatis erectis quorum mediani longissimi et partim connati post marginem anteriorem, gynostemio alto sepala fere aequante anthera longe mitrata, cirris longissimis ad marginem anteriorem sacci decurrentibus; polliniis generis, glandula mediocri, caudicula postice profunde excavata. — Flores inter minores generis 2,8—3 cm alti, sepala sordide- petala laete-viridia purpureo-punctulata, labellum laete- viride, albo-marginatum.

Catasetum ferox Krzl. in Gardener's Chronicle, 1895, II, 262.

Die Pflanze ist ein typisches Catasetum ohne irgendwelche charakteristische Merkmale im Aeussern. Im blühenden Zustande gleicht sie am meisten dem Catasetum purum Nees & Sinning (Catas. semiapartum Hook.), neben welche sie im System zu stellen ist. Die Blüten haben bei beiden Arten eine ähnliche Färbung und nahezu dieselbe Grösse, sodass ich auf Wiedergabe eines Habitusbildes glaubte verzichten zu können. — Die Sepalen und Petalen sind grün, die ersteren etwas trüber gefärbt als die letzteren und beide purpurroth gefleckt. Wie bei allen Cataseten ist es auch hier das Labellum, welches die greifbarsten Unterschiede darbietet und gleichzeitig den fratzenhaften Charakter der Blüte bedingt, durch welche diese Gattung beinahe berüchtigt geworden ist. Das Labellum ist ein kurzer nahezu knorpeliger ausgehöhlter Körper, welcher die Aehnlichkeit mit einem Unterkiefer weiter treibt, als er bisher selbst bei Catasetum beobachtet ist. Die Seitenlappen der Lippe sind zu ein paar dicken, oben dickwarzigen Schwielen verkümmert, welche an stumpfhöckerige Backenzähne erinnern, hinter dem Vorderrand stehen nebeneinander 6 spitze weisse Zähne, von denen die beiden mittleren die höchsten und von unten her zum Theil verwachsen sind. Es gehört sehr wenig Phantasie dazu, sich unter dem ganzen Labellum einen Unterkiefer vorzustellen, und sollten ähnliche Cataseta beschrieben werden, so würde man zum Aufstellen von Zahnformeln genöthigt werden können. Augenscheinlich ist der Zweck dieser grimmig dreinschauenden Zahnreihe nicht der zu beissen, sondern gebissen zu werden. Unmittelbar hinter ihnen liegen die ungemein weit vorgestreckten Cirrhi der Säule, und ein Insekt, welches auch nur den oberen Theil dieser fleischigen Spitzen abnagt, berührt unfehlbar diese äusserst empfindlichen Organe und bekommt die Pollenmasse zugeschleudert. Die übrigen inneren Theile der Blüte sind sehr ähnlich jenen der anderen männlichen Cataseten; die Anthere hoch und spitz, die Pollenmasse wohl entwickelt, die Narbenfläche dagegen sehr undeutlich und wol kaum empfängnissfähig. — Die Pflanze blühte im Juli und August 1895 zu St. Albans bei Herren F. Sander & Co. Die Heimat ist mit höchster Wahrscheinlichkeit das mittlere Brasilien.

Tafel 288. 8. Blüte von der Seite. 9. und 10. von vorn. 11. Labellum von oben. 12. Säule von der Seite. 13. von vorn. 14. Anthere. 15. Pollinium. 16. Pollinium von vorn und von hinten. 8—10 natürliche Grösse, das Uebrige schwach vergrössert.

Tafel 289. I. 1—5.

Bifrenaria

Stenocoryne Wendlandiana *Krzl.*

Bulbis aggregatis ovalibus obtusis monophyllis 3—4 cm longis, 1—2 cm medio diametro; folio oblongo acuto basi complicato ad 4 cm longo ad 2 cm lato; pedunculo filiformi unifloro, squamis et bractea minutis acutis. Sepalo dorsali petalisque paulum minoribus cuneato-obovatis obtusis apiculatis, sepalis lateralibus lineari-oblongis obtusis apiculatis pedi gynostemii producto adnatis postice pseudocalcar bilobum formantibus; labello cuneato obsolete trilobo antice retuso margine crenulato erosulo, toto disco praesertim antice in lineis radiantibus setoso, callo brevi erecto supra subtripartito in medio disci; gynostemio minutissime puberulo, anthera plana apiculata postice anguste marginata. — Flos expansus 2,5 cm diametro, dilute albido-roseus, maculis striisve intensioribus in disco labelli.

Ueber die Nothwendigkeit, dass die Gattung Stenocoryne wiederherzustellen sei, habe ich mich unter Bifrenaria aurantiaca Lindl. geäussert. Die hier abgebildete Pflanze ist mir nicht neu; ich erhielt die ersten Blüten vor einigen Jahren aus Herrenhausen unter der Bezeichnung Bifrenaria sp. Dass sie keine Bifrenaria im eigentlichen Sinne des Wortes sei, war mir sofort klar, aber ich trug Bedenken, die radikale Aenderung zu vollziehen, zu welcher ich mich nun doch entschlossen habe. — Die Pflanze ist anspruchslos, aber die Blüten, ungefähr von der Grösse eines etwas grossen Veilchen, sind hübsch geformt, das Labellum ist geradezu zierlich zu nennen. Zu beklagen ist, dass die Färbung keine lebhaftere ist; die blassrothe Färbung der Sepalen und Petalen ist zu unbestimmt, um irgendwie zu wirken, nur die Lippe ist etwas lebhafter gefärbt. Die Pflanze gleicht ganz und gar einer kleineren Ausgabe der typischen Stenocoryne longicornis, nur dass die nach hinten gerichtete Verlängerung nicht so übertrieben lang ist. Die Sepalen und Petalen sind oblong zusammengeneigt und vorn etwas spreizend, die Lippe ist undeutlich dreitheilig und am Rande sehr fein gewellt, mit einem kurzen fleischigen dreitheiligen Tuberkel auf der Mitte. Die strahligen Linien, welche sich nach dem Rande hin erstrecken, sind entschieden elegant ausgeführt. Die Pollenmasse war bei der Blüte, welche ich bei grosser Hitze erhielt, so stark geschrumpft, dass ich kein gutes Bild davon zeichnen konnte, ich kann jedoch versichern, dass es 4 zu 2 Paaren vereinte Pollinien waren mit 2 Stielchen und 1 Klebscheibe; zumal die Form der letzteren war absolut nicht mehr festzustellen. Die Heimat ist jedenfalls Brasilien. Alle bisher erhaltenen Blütenstände waren einblütig, es ist somit anzunehmen, dass dies bei dieser Art die Regel ist.

Tafel 289. I. Habitusbild. 1. Blüte von vorn; 1 *a* mit herabgebogenem Labellum. 2. Blüte von der Seite. 3. Labellum von der Seite. 4. Labellum von oben; 4 *a* stärker vergrössert. 5 *a* Anthere von oben; 5 *b* von unten.

Tafel 289. 6—11.

Gongora cassidea *Rchb. fil.*

Habitu omnino Gongorae galeatae, plantae vulgatissimae. — Sepalo dorsali cucullato acuto late oblongo fere orbiculato, sepalis lateralibus latis oblique oblongis irregulariter reflexis subundulatis basi ovario curvato longissimo insertis; petalis multo minoribus oblique rhombeis utrinque leviter repandis supra aristatis basi (v. uno latere breviore) gynostemio affixis; labelli ungue v. hypochilio longo lineari, lobis lateralibus cuneato-obovatis supra retusis reflexis antice basi in dentem productis. callo crasso carnoso apice bilobo ante ipsos lobos, lobo intermedio v. epichilio e basi lata gibbosa angustato a medio bipartito, partitionibus linearibus obtusis; gynostemio quam petala paulum longiore supra utrinque in alulas rotundatas ampliato, anthera plana antice emarginata uniloculari, polliniis anguste clavatis caudicula lineari glandulam versus angustata, glandula minuta ovata, rostello filiformi longe producto. — Flores 4,5 cm diametro, pallide brunnei-s. vitellini obscure purpureo-suffusi, labellum vitellinum infra album purpureo-punctulatum, gynostemium infra eodem colore.

Gongora cassidea Rchb. fil., Gardener's Chronicle 1874, II, 322.

Nicaragua. Neu-Granada.

Die Pflanze gleicht in ihrem Habitus durchaus der seit vielen Jahren cultivirten Gongora galeata Rchb. fil. oder Acropera Loddigesii Lindl., wie sie noch immer genannt wird. Die Blütenstände haben ungefähr 10—12 Blüten, welche sich von denen der Gongora galeata sofort durch ihre bedeutendere Grösse, sowie durch klarere Färbung auszeichnen, ihnen aber im ganzen sehr ähnlich sehen. Die genauere Betrachtung zeigt dann die in der Diagnose angegebenen Merkmale, von denen besonders folgende beachtenswerth erscheinen: die Sepalen sind doppelt so gross, die seitlichen stark zurückgeschlagen; die Petalen sind am besten als nahezu rhombisch zu bezeichnen, mit der einen Kurzseite fest an die Säule angewachsen und oben in eine haarfeine Spitze ausgezogen; das Labellum hat einen schmal linealischen Unguis oder Hypochilium, wie man diesen Theil auch zu nennen pflegt, das Mesochilium trägt die 2 Seitenlappen der Lippe von keilförmig spateliger Gestalt, welche oben stumpf, etwas ausgerandet sind (nahezu zweilappig zu nennen) und unmittelbar vor ihnen einen schräg nach hinten gerichteten schwach zweitheiligen Callus, zwischen diesen Seitenlappen und hinter diesem Callus ist das Mesochilium schwach ausgehöhlt. Das Epichilium endlich ist im wesentlichen linear-ligulat zu nennen und von der Mitte an tief zweispaltig. — Dies der Befund bei allen Blüten, welche ich untersucht habe, und welche gut entwickelt waren. Es ist mir in der Diagnose Reichenbach's die häufige Anwendung des Wortes ligulat nicht recht verständlich. Er nennt die Petalen, die Seitenlappen des Mesochilium und die beiden Abschnitte des Epichilium alle drei ligulat, und alle drei sehen völlig verschieden aus, die ersteren rhombisch, die zweiten keilförmig, die dritten linear; bei letzteren wäre die Bezeichnung ligulat allenfalls am Platze. Unverständlich ist mir ferner der Ausdruck „transverso-ovato" für das dorsale Sepalum. Dasselbe ist kappenförmig, im Umriss oval oder nahebei kreisförmig; von einer Eiform ist aber keine Rede und schliesslich ist der Ausdruck „labelli ungue lato" anfechtbar, denn bei einer Grösse der Blüte von nahebei 5 cm ist ein „unguis" von höchstens 1,5 mm Breite doch nimmermehr breit zu nennen. — Die Blütenfarbe ist besser als die der Gongora galeata und ähnelt mehr der der Gongora armeniaca Rchb. fil. (Acropera armeniaca Lindl.), welche auch sonst noch Anklänge an diese Art zeigt. — Die Heimat ist Central-Amerika; sie blüht im Mittsommer und ist leicht zu cultiviren. Eine Gartenschönheit ersten Ranges ist es nicht, aber der Cultur immerhin werth und entschieden besser als Gongora galeata. Ich erhielt die Pflanze lebend aus Herrenhausen von Herrn Oberhofgärtner H. Wendland.

Tafel 289. 6. Blüte von hinten. 7. Blüte von der Seite, ein Petalum abgeschnitten. 8. Säule und Lippe von der Seite. 9. Säule und Petalen von vorn. 10*a*. Anthere von oben; *b* von unten. 11. Pollinium. 8—11 schwach vergrössert.

Tafel 290. I. 1—5.

Bolbophyllum sessiliflorum *Wendl. et Krzl. (Diphylla.)*

Caule primario v. rhizomate repente valido caulibus secundariis s. bulbis ovatis obscure tetragonis valde rugosis 3—4 cm altis basi 2 cm diam. foliis brevi petiolatis oblongis apice bilobis obtusis firmis crassis 6 cm longis 3 cm latis, pedunculo vix longiore squamis 3—4 vestito stricto paucifloro (3 in specimine meo), bracteis latis acutis basin floris sessilis omnino tegentibus. Sepalo dorsali oblongo obtuso, lateralibus multo majoribus oblique ovatis obtusis dimidium usque connatis, petalis brevibus ellipticis rotundatis, labelli ungue longo lineari, labello ipso ovato antice obtuso valde incrassato, lamellis 2 antice evanescentibus in disco, gynostemio latissimo utrinque acutato. — Floribus inter majores generis 2 cm diametro (labellum 1 cm longum), sordide virides dilute rubro-striati.

Tropisches West-Afrika. Kamerun leg. Johannes Braun 1891. Bolbophyllum N. 20.

Eine ganz eigenartige Pflanze ohne nähere Verwandtschaft unter den anderen afrikanischen Formen. Die lang hinkriechenden Stämme haben die Dicke eines mässig starken Bindfadens und tragen in Abständen von 2—3 cm die eiförmigen schwach vierkantigen stets zweiblätterigen Bulben. Die Blätter sind sehr fest und lederig. Die Blütenstände sind ebenfalls ungemein fest und ganz geradlinig gewachsen. Der Schaft trägt mehrere Scheidenblätter und oben dicht aneinander gedrängt einige wenige, ziemlich grosse Blüten, deren Fruchtknoten völlig von dem breiten Deckblatt umgeben wird, ein Blütenstiel fehlt gänzlich. Die Blüten sind von sehr fester Textur, besonders das Labellum. Durch ihre Grösse, von nahebei 2 cm, übertreffen sie die der meisten anderen afrikanischen Bolbophyllen. An der Blüte erscheinen die stumpfen Enden aller Blätter als hervorragendes Kennzeichen, besonders aber der auffallend lange und stark nach innen gekrümmte Säulenfuss, an welchem das Labellum eingelenkt ist. Dieses liegt noch stärker zurück, als es sonst bei Bolbophyllum der Fall zu sein pflegt und schnellt stets mit einiger Gewalt wieder in diese Lage zurück, wenn man es nach vorn und abwärts gebogen hat. Die Blüte erscheint dadurch vorn stets geschlossen, und es wird sehr kräftiger Insekten oder möglicherweise anderer Thiere bedürfen, um in das Innere zu gelangen. Die Farbe der Blüten ist ziemlich düster, ein nicht sehr klares Gelbgrün mit schwach röthlicher Zeichnung. Der Entdecker dieser seltsamen Pflanze ist unser der Orchideenkunde viel zu früh entrissener Landsmann Herr Johannes Braun; sie blühte im Sommer 1895 in Herrenhausen.

Tafel 290. I. Habitusbild mit jungem Blütenstand (rechts). 1. Blütenstand. 2. und 3. Blüten von der Seite und von vorn. 4. Labellum. 5. Säule und Labellum. 1 und 2 in natürlicher Grösse, 3—5 schwach vergrössert.

Tafel 290. 6—11.

Dendrobium glomeratum *A. Rolfe.* Kew Bull. 1894. not Veitch Gard Chron. '92

[Pedilonum.]

Pseudobulbis gracilibus ad 60 cm altis leviter in articulis incrassatis, foliis (sub anthesi nullis) lanceolatis acuminatis teneris, caulibus floriferis leucophaeis; floribus non glomeratis in racemos paucifloros 3—5 laxifloros dispositis. Sepalo petalisque aequalibus dorsali oblongis sepalis lateralibus fere semilunatis antice et praesertim postice elongatis acutis, labello cortilagineo lineari spathulato margine involuto serrulato apice obtuse acutato, pseudocalcari leviter curvato antice omnino aperto; gynostemii parte libera brevi lata anthera plana margine anteriore fimbriata pede gynostemii antice omnino glabra. — Flos pulcherrimus ad 4 cm longus antice fere 3 cm diametro, sepala petalaque rosea, labellum cinnabarinum 1,2 cm longum antice 2—3 mm latum.

Dendrobium glomeratum A. Rolfe. Kew Bulletin 1894, p. 155, N. 73.

Der Aufbau dieser wirklich sehr hübschen Art ist der eines etwas schlanken Dendrobium, wie sie sich zu Dutzenden finden. Die Blätter sind sehr zart und vergänglich; die blühenden Bulben sind zart hellgraugrün. Die Blütenstände, welche Herr A. Rolfe mit dem denkbar unpassendsten Ausdruck als „glomerat" bezeichnete, sind absolut nicht geknäuelt, sondern ganz im Gegentheil locker und schlaff. Die Blüten gehören zu den grössten der Pedilonum-Gruppe; die Sepalen und Petalen sind wunderschön rosenroth, das kleine knorpelige Labellum ist zinnoberroth. Die von Herrn Rolfe angegebenen Maasse sind zu klein; sie wurden von den Erstlingsblüten genommen, und erst die später im Juli dieses Jahres blühenden Exemplare zeigten die wahren Dimensionen. Die Pflanze scheint mit Vorliebe im Hochsommer zu blühen. Ich sah sie in Blüte in St. Albans bei F. Sander & Co. und bei Herrn Baron Schröder, the Dell-Egham; ausserdem verglich ich die Originalexemplare im Royal Herbarium zu Kew. Die Pflanze wurde von den Herren James Veitch & Sons, Chelsea, eingeführt.

Tafel 290. 6. Blüte von der Seite in natürlicher Grösse. 7. Labellum; *a* natürliche Grösse, *b* vergrössert. 8. Sepalum dorsale. 9. Petalum. 10. Anthere; *a* von vorn, *b* von hinten. 11. Pollenmassen.

Tafel 291.

Epistephium Regis Alberti *Krzl. n. sp.*

Caule tenui volubili certissime satis longo, foliis oblongis s. oblongo-lanceolatis acutis siccis pergameneis 3—7-nerviis sessilibus 10—11 cm longis, inferioribus ad 4 cm superioribus 1,5 cm latis, floribus paniculatis, rhachi laevi v. in axillis ramulorum sparsim puberula, bracteis minutis triangulis glabris, ovariis elongatis cylindraceis ipsis alabastris sepalis modo Eriae dense fuliginoso-velutinis, calyculo vix evoluto. Sepalis late oblongis obtusis nervo mediano sepali dorsalis ad $^1/_3$ totius longitudinis in apiculum exeunte, petalis aequalibus multo tenerioribus in linea mediana lata extus more sepalorum villosis, labelli lobis oblongis obtusis lateralibus semilongis et paulo minoribus quam intermedius, disco labelli ab ipsa basi medium usque lamellulis compluribus seriatis supra 3- v. quadridentatis more Vanillarum reflexis instructo; gynostemio quam labellum semilongo in omnibus floribus quos examinare licuit plus minus destructo. — Flores sub anthesi semiaperti 2 cm diam., sepala 2,5 cm longa, extus purpureo-brunnea pilisque fuliginosis dense vestita intus ipsa et petala et labellum intense violaceo-purpurea, lamellulae labelli aureae.

Neu-Caledonien. (Hodgson 1887!)

Dieses letzte Heft der Xenien enthält eine grosse Anzahl von Originalexemplaren, welche der verewigte Begründer des Werkes seinem ältesten und liebsten Freunde Herrn H. Wendland in Herrenhausen gab oder für ihn bestimmte; also specimina typica autoris. Ich habe deshalb Reichenbach noch einmal fast ganz zu Worte kommen lassen. Ich habe ferner in seinem Sinne gehandelt, wenn ich die schönste hier abzubildende Art Epistephium Regis Alberti nannte. Als Reichenbach vor mehr als 40 Jahren das erste Heft der Xenia Orchidacea publicirte, nannte er die erste darin abgebildete Art Epistephium Friderici Augusti zu Ehren seines hohen Gönners und huldreichen Landesherrn. Mich, dem Vollender des Werkes, freut es, mit dieser schönen und botanisch sehr interessanten Pflanze als Veteran den Feldherrn zu ehren, unter dessen Oberbefehl ich in schweren ruhmreichen Tagen gefochten habe.

Die Pflanze ist unter den Epistephium-Arten durch ihre an Eria erinnernde Behaarung ausgezeichnet. Der Calyculus auf dem Fruchtknoten ist zu einem undeutlich gelappten Ring reducirt, die zahlreichen kleinen Lamellen auf der Lippe erinnern absolut an ähnliche Bildungen bei Vanilla, an Vanilla erinnern auch in etwas die Kapseln und sogar der Wuchs. Von Vanilla abgesehen gibt es keine eigentlich kletternden Orchideen. Galeola — bekanntlich auch eine Neottiee — und diese Gattung sind die einzigen, bei welchen die ganze Pflanze im Gebüsch Stützpunkte sucht, um sich emporzuhelfen und die Blüten der Sonne darzubieten. Von Epistephium-Arten hat noch das ebenfalls aus Neu-Caledonien stammende Epist. smilacifolium Rchb. fil. einen derartigen anlehnenden Wuchs. Ich bedaure ausserordentlich, dass ich die essentiellen Theile der Gynostemiumi nicht habe untersuchen können, aber das obere Ende derselben war bei allen Blüten abgebrochen; auch bei Epist. smilacifolium hat Reichenbach die specielleren Merkmale der Säule nicht beschrieben; es ist demnach nicht ausgeschlossen, dass hier eine neue, zwischen Vanilla und Epistephium einzuschaltende Gattung vorliegt, jedenfalls aber eine Tribus von Epistephium, welche ich Anastephium nenne, mit dem Vorbehalt, dass, falls sie den Rang einer Gattung erhält, der jetzige Tribusname zum Gattungsnamen wird. Alle andern Arten von Epistephium sind bekanntlich südamerikanisch.

Tafel 291. Habitusbild in natürlicher Grösse. 1. Labellum. 2. Sepalum von aussen. 3. Sepalum von innen. 4. Petalum von aussen. 5. Ein Theil der Lamellen von der Mittellinie der Lippe. (Alles in natürlicher Grösse, Fig. 5 schwach vergrössert.)

Tafel 292.

Lycaste costata *Lindl.*

Bulbis aggregatis oblongis transsectione rhombeis multicostatis rugosis 10 cm altis 5 cm: 3,5 cm crassis, foliis brevi-petiolatis oblongo-lanceolatis acutis plicatis infra energice costatis cum petiolo 50—60 cm longis ad 8 cm latis, pedunculis ad 4 ex cataphyllo basilari ad 20 cm altis squamis bracteiformibus ovati-lanceolatis acutis quam internodia bene brevioribus tectis, bractea paulo majore ovarium bene superante. Sepalo dorsali late lineari (basi vix angustato), lateralibus lanceolatis obtuse acutatis falcatis deflexis in mentum sibimet fere semilongum cylindraceum obtusum elongatis ovarium necnon pedunculum brevem aequante, petalis lanceolatis apice obtusis quarta brevioribus, labello toto circuitu oblongo lobis lateralibus parvis antice rotundatis, lobo intermedio late ovato obtuso v. rotundato apice deflexo margine fimbriato antice serrulato, callo lato quinquesulcato per totum discum ante lobos laterales desinente antice dilatato ibique emarginato; gynostemio dimidium labelli aequante basi et partim dorso crinito, alulis minutis utrinque juxta foveam stigmaticam retusis, polliniis manifeste sulcatis, caudicula brevi antice angustata, glandula minuta. — Flores magni extus viriduli intus albidi, labellum et gynostemium alba, sepala 7,5 cm longa 2,5 cm lata, mentum et ovarium 2 cm longa, petala 5 cm longa 1,8 cm lata, labellum 3 cm longum 2 cm latum. —

Lycaste costata Lindl. Bot. Reg. XXIX (1843) 15 et in Gard. Chron. 1854, 663; Rchb. fil. in Walp. Ann. VI, 605; Maxillaria costata Lindl. l. c. XXIV (1838) Misc. 174; huc Lycaste lanipes Lindl. Bot. Reg. XXIX (1843) 15; Rchb. fil. in Walp. Ann. VI, 606; Lycaste mesochlaena Rchb. fil. in Bonplandia II, 98.

Peru.

Die Unterschiede zwischen L. costata Lindl. und lanipes Lindl. sind ganz unerheblich; es handelt sich um reine Formen; auch Reichenbach's Beschreibung bringt nichts Neues bei, und eine der Arten, also die jüngere, muss unter die Synonyma fallen.

Die Pflanze hat den allgemeinen Habitus der grossen Lycasten. Die älteren Bulben sind stark gefurcht und haben sehr bedeutende Abmessungen. Die Blätter haben auf der Unterseite 5 starke und 2 dem Rande genäherte schwächere Längsrippen. Die Blütenschäfte sind mit wenigen grossen, sehr bald braun werdenden Schuppen besetzt, deren oberste das Deckblatt bildet. Ob dies das Ovarium um ein weniges überragt oder um eine Kleinigkeit kürzer ist, ist kein Speciescharakter. Die Blüten sind gross und im Bau bei dieser Art und der sehr ähnlichen L. barbifrons Lindl. ganz gleich gebaut. Was diese Art angeht, so hat mich einzig und allein das Merkmal „auriculis (sc. columnae) apice falcatis“ veranlasst, sie nicht zu cassiren. Lindley sagt l. c. von ihr „very near lanipes but twice as large and with long stalked leaves“; was für Dimensionen die Blüten von L. barbifrons haben, ist nicht gesagt; es heisst nur, dass sie grösser als die von lanipes seien. Diese Art und L. costata haben aber, wie aus den Angaben von Lindley und Reichenbach hervorgeht, ganz gleiche Dimensionen, nämlich $2^1/_2$ engl. Zoll lange Sepalen und die anderen Theile proportionaliter kleiner. Die Maassangaben stimmen mit frischem Material, welches ich mehrfach untersuchen konnte, ganz genau überein. Die Form der Lippe ist bei beiden Arten dieselbe, d. h. kleine, vorn abgerundete Seitenlappen, ein grosser breiter Mittellappen, dessen Randzähne von der Basis nach vorn kleiner werden und ein bei beiden ganz gleicher Callus. Ebensowenig ist die Behaarung als Unterscheidungsmerkmal zu gebrauchen. Lindley sagt unter L. costata ganz richtig: „As usual in this genus the lower face of the column is shaggy with white hairs.“ Weniger klar drückt sich Reichenbach aus. Er sagt bei L. mesochlaena in Bonplandia II, 98: „gynostemii frons superior et infima nuda pars suprabasilaris dense lanata" (sic!). Ich bekenne, dass meine Kunst, Reichenbach'sche Texte zu entziffern, hier gescheitert ist; gemeint ist der vordere untere Theil der Säule und der ist, wie Lindley sehr richtig sagt, bei allen Arten dieses Formenkreises „shaggy". Bliebe die Färbung übrig. Diese geht von beinahe Grasgrün an den Knospen in eine etwas an ältliches Elfenbein oder Crême erinnernde Farbe im Innern der Blüten über, welche zumal bei abgeschnittenen Blüten rasch noch stärker nachdunkelt; meist behalten die Sepalen etwas von dem ursprünglichen Grün an der Aussenseite; die Lippe ist oft reinweiss, dunkelt aber während des Blühens ebenfalls nach. — Ich bin für meinen Theil überzeugt, dass auch L. barbifrons Lindl. eingezogen werden muss, aber ich möchte mich zunächst nicht dazu entschliessen, bevor ich nicht mehr über die Pflanze weiss.

Tafel 292. 1—3. Blüten in verschiedenen Stellungen. 4. Labellum von oben. 5. Labellum von der Seite. 6. Säule von vorn. 7. Ältere Bulbe. (Alles in natürlicher Grösse.)

Tafel 293. I. 1—4.

Sophronitis militaris *Rchb. fil.*

Bulbis gracilibus subcylindraceis lagenaeformibus ad 5 cm altis paulo supra basin 7—8 mm diam. monophyllis, folio oblongo v. elliptico obtuso coriaceo brevi-petiolato ad 7 cm longo medio fere 2 cm lato, scapo unifloro folium subaequante, floribus ringentibus, coccineis. Sepalis oblongi-lanceolatis 1,8 cm longis 5—6 mm latis acutis, petalis ellipticis apice rotundatis obtusis aequilongis sed plus duplo latioribus (1,5 cm), labelli lobis lateralibus erectis complicatis semiorbicularibus v. semiobovatis, lobo intermedio triangulo apice obtuse acutato callo minuto hippocrepico in ima basi disci 1,5 cm longo (expanso) 1,7 cm lato; gynostemio 6 mm longo et apice fere aequilato, androclinio utrinque rotundato anthera profunde dimidiata biapiculata.

Sophronitis militaris Rchb. fil. in Walp. Ann. VI, 465; Sophronitis grandiflora Lindl. Sert. Orch. t. 5 fig. 2; Cattleya coccinea Lindl. Bot. Reg. t. 1919 in texto; Epidendre ponceau „Descourtilz Drawings" pl. 10 p. 27.

Brasilien, Sta. Catarina, bei Brusque, gesammelt von E. Boettger; ausserdem zwischen Bananal und Ilha grande.

Diese Art ist von Sophronitis grandiflora Lindl. in allen Punkten abweichend. Die Bulben sind länger und schlanker, ebenso ist das Blatt schmäler und wesentlich von den oft beinahe kreisförmigen und dickeren Blättern von Sophronitis grandiflora verschieden. Die Blüten sind kleiner, aber von brennend rother Farbe; der von Reichenbach gewählte Vergleich mit der Farbe der englischen Uniformen ist sehr passend. Ganz und gar abweichend ist die Lippe; sie ist ausgesprochen dreilappig, die Seitenlappen stehen aufgerichtet, der vordere ist flach ausgebreitet und gerade vorgestreckt. Am Grunde der Lippe findet sich ein kleiner hufeisenförmiger Callus, welcher nach vorn in eine sich bald gänzlich verlierende Linie verschmälert ist. Die Anthere ist durch ihre weitgetriebene Zweitheilung merkwürdig; jede Hälfte hat 4 gut entwickelte Fächer und oben eine Spitze, beide Hälften hängen nur durch ein sehr dünnes Connectiv zusammen.

Ich möchte die Art, welche auch im Index Kewensis wieder mit Sophronitis grandiflora vereinigt ist, aufrecht erhalten. Sie hat etwas an sich, was an die kleineren Bletien erinnert und weicht schon durch den blossen Habitus ganz wesentlich von Sophronitis grandiflora ab. Von den anderen Arten kann keine in Betracht kommen, da sie entweder racemose Blütenstände haben oder völlig verschiedene Labellen oder beides.

Tafel 293. I. Habitusbild in natürlicher Grösse. 1. Labellum, ausgebreitet und schwach vergrössert. 2. Säule von der Seite stärker, 3. und 4. Anthere noch stärker vergrössert.

Tafel 293. II. 5—9.

Pogonia (Cleistes) macrantha *Barb. Rodr.*

Tuberibus fusiformibus oblongis obtusis 4—10 cm longis fasciculatis, caule valido 30—50 cm alto distanter foliato, cataphyllis plus minus vaginaeformibus 2, foliis 4—6 oblongis obtuse acutatis quam internodia subaequilongis 6—8 cm longis 3—5 cm latis glaucis carnosulis, bractea floris (ut videtur semper) unici omnino foliacea paulo minore. Sepalis lineari-lanceolatis acuminatis 8—8,5 cm longis, intermedio 7 mm, lateralibus 12 mm latis, petalis aequilongis lanceolatis apice paullulum reflexis fere 2 cm latis, labello cuneato sensim dilatato antice subito contracto et in lobulum anticum subrhombeum acutum protracto, margine lobuli illius crenulato undulato, lamellis 2 grandescentibus a basi labelli in medium disci ibique in papillas numerosas proclives bi- tri- quadriseriatas dissolutis, toto labello 8 cm longo et antice quo latissimum 3 cm lato; gynostemio dimidium gynostemii aequante e basi angustissima ad triplicem latitudinem aucto apice vario modo lacero dilatato (acuratius investigare non licuit apice gynostemii insectis destructa). — Flores pulcherrimi odoratissimi, sepala extus viridi-suffusa intus purpurea, petala et labellum purpurea sed intensiore, papillae labelli aureae, labellum venis etiam intensioribus decorum.

Pogonia macrantha Barb. Rodr. in Rev. de Engen. III, 144 cum icone (1884) ex Barb. Rodr. Gen. et Spec. Orch. Nov. II, 285 (1882); A. Cogn. in Flor. Bras. III, p. 4, 119 tab. 24, II.

Brasilien. Prov. Sta. Catarina, bei Brusque auf sehr trockenem und felsigem Erdreich (Böttger!).

Die Farbenskizze, welche auf Tafel 293 abgebildet ist, eine ergänzende Beschreibung und eine bis auf den oberen Theil des Gynostemiums vortrefflich conservirte Blüte waren das mir zur Verfügung stehende Material. Die Umrisse der Lippe stimmen nicht völlig mit der Abbildung Cogniaux' in der Flora Brasiliensis, aber es wäre Haarspalterei, angesichts der übrigen gut stimmenden Charaktere eine neue Art aufzustellen. Als Standort für Pogonia macrantha finden wir bisher nur die Umgegend von Rio de Janeiro angegeben, während unser Exemplar aus Sta. Catarina stammt, wo auch die Blüte nach dem Leben colorirt wurde. Soweit wir bisjetzt über die Orchideen-Flora Brasiliens Bescheid wissen, gibt es eine ganze Anzahl von Arten, welche nur dem Küstenlande angehören und dort in einem langen schmalen Streifen stets der Küste folgend vorkommen; es würde also die Verschiedenheit des Standortes noch lange kein Hinderniss für die Identität sein. — Der Sammler der Pflanze ist ein Deutscher, der Apotheker Herr Georg Boettger in Brusque (Sta. Catarina). Eine an mich gerichtete Anfrage, ob es lohnend sei, diese übrigens auch in ihrer Heimat keineswegs häufige Pflanze nach Europa zu importiren, habe ich ablehnend beantwortet. Die Cultur dieser Erd-Orchideen der Küste ist noch viel schwieriger als die aus anderen Gebieten. Es ist ausserdem sehr schwer, die Knollen aus dem Schiefergeröll, in welchem die Pflanzen dort wachsen, völlig unbeschädigt herauszuheben; zudem ist die Dauer dieser Blüten, nach einigen bekannten Beispielen zu urtheilen, eine sehr kurze. Dieses alles zusammen ist nicht ermuthigend, so schön die Pflanze auch sein mag. Die Liste der durch die europäische Cultur ganz oder nahezu vernichteten Orchideen ist ohnehin lang genug, auch ohne neue Opfer.

Tafel 293. II. Blüte (das linksseitige Petalum ist entfernt). 5. Habitusbild. 6. Labellum ausgebreitet von oben. 7. Labellum halb durchschnitten. 8. Säule von hinten. 9. Blatt aus dem mittleren Theil einer Pflanze nach Cogniaux Fl. Brasil. III, 4 t. 24. (Alles in natürlicher Grösse.)

Tafel 294. I. 1—7.

Pleurothallis glanduligera *Lindl.*

[§ VII. Brachystachyae A. 1. * *]

Caule secundario ancipite ad 8 cm alto leviter sulcato vagina 1 mox emarcida vestito, folio oblongo acuto apice triapiculato margine (sicco) reflexo nervo mediano valde prominente ad 5 cm longo ad 2 cm lato, spatha racemi pauciflori quam folium brevioris (s. bractea floris inferioris?) albida emarcida, bracteis ceteris minoribus. Sepalo dorsali ligulato obtuso leviter concavo, sepalis lateralibus in unum concavum apice distincte biapiculatum infra bicarinatum connatis, petalis multo minoribus cuneatis antice (subrhombeis retusis?) apice irregulariter denticulatis, labello illis aequilongo vel vix longiore e basi paulo latiore ligulato v. oblongo antice obtuso margine leviter medio incurvo, disco labelli glanduloso; gynostemio e basi lineari valde dilatato supra denticulato, medio in lobulum terminalem denticulatum aucto. — Flores luteoli 6—7 mm longi, sepala sparsim purpureo-punctulata, petala 2,5 mm longa, labellum 3 mm luteum.

Pleurothallis glanduligera Lindl. in Hook. Comp. Bot. Mag. II, 355; in Bot. Reg. XXVIII (1842) 79; Folia Orch. Pleuroth. N. 145, S. 25; A. Cogniaux in Fl. Brasil. III, p. IV, 433.

Brasilien. — Blühte im Botanischen Garten zu Berlin; von dort erhielt es Herr Hofgartendirector Wendland. Nach den Exemplaren, welche in Herrenhausen blühten, ist Tafel und Text verfasst worden.

Von Herrn Cogniaux' genauer Beschreibung weiche ich in zwei Punkten ab. Erstens der Ausdruck „caulibus .... inarticulatis nudis“ ist nicht richtig; der Stamm hat sowohl zwei Internodien wie auch ein Scheidenblatt, aber dies ist äusserst hinfällig und mag an Herrn Cogniaux' Exemplar gefehlt haben. Zweitens stimmt mein Exemplar mit Lindley's Beschreibung, welcher sagt; „folio racemis .... triplo longiore“, wogegen Herr C. sagt; „racemis fasciculatis .... folio multo longioribus“. Diese Abweichung verstehe ich nicht recht. Möglicherweise hat Herrn C. ein Exemplar mit einem sehr dürftigen Blatt vorgelegen. Ich möchte bei dieser Gelegenheit bemerken, dass Herrn O. Kuntze's Vorschlag, die Gattung Pleurothallis in Humboldtia umzutaufen, durchaus verfehlt ist. Herr O. K. citirt als Autorität für die Priorität des Namens Humboldtia die Tafel 27 aus Bd. I von Ruiz und Pavon's Prodromus Florae Chilensis etc., die dort abgebildete Pflanze ist aber, soweit die Analysen überhaupt zu verstehen sind, ganz zuverlässig gar keine Species von Pleurothallis, sondern von Stelis. Will man auf ein z. Th. recht anfechtbares Document, wie diese Tafel es ist, überhaupt eine Umtaufung vornehmen, was ein sehr bedenkliches Verfahren sein dürfte, so käme allenfalls Stelis Sw. (1799) in Gefahr, an Humboldtia R. u. P. (1798) zu fallen. Dass man der Wissenschaft damit keinen Dienst leistet, braucht nicht erst erörtert zu werden, und ich gedenke diese Umtaufung nicht vorzunehmen.

Tafel 294. I. Habitusbild (nat. Gr.). 1. Blüte von der Seite. 2. Oberes Sepalum, 3. Unteres Sepalum von hinten gesehen. 4. a u. b Petalum. 5. Labellum. 6. Säule von vorn. 7. Säule von der Seite. (Alles vergrössert, besonders 4 b, 6 und 7.)

Tafel 294. II. und Tafel 297. 11—17.

Pleurothallis immersa *Lindl. et Rchb. fil.*

[§ X. Apodae caespitosae. ** Piliferae.]

Caule breviusculo univaginato 3 cm alto, folio obovato-oblongo obtuso firmo, more generis triapiculato ad 12 cm longo ad 4 cm lato a basi medium usque profunde canaliculato, racemo longo et tenui-pedicellato quam folium plus duplo longiore pauci-plurifloro, laxifloro, squamulis paucis distantibus in scapo, toto racemo circiter 30 cm alto, bracteis ochreatis acutis quam ovaria multo brevioribus. Sepalo dorsali oblongo-lanceolato acuto dorso argute carinato ibique calvo intus piloso, sepalis lateralibus in unum cymbiforme biapiculatum dorso bicarinatum coalitis medio intus callo instructis et ut dorsale pilosis, petalis subrhombeis utrinque et apice obtusis rotundatis cartilagineis medio intus carinatis, labello oblongo v. subrhombeo obtuso margine utrinque elevato triangulo apice deflexo disco minute papilloso, gynostemio supra tridentato, margine minute denticulato. — Sepala 1 cm longa fusca, petala sanguinea, labellum pallide luteum, gynostemium pallide viride.

Pleurothallis immersa Lindl. et Rchb. fil. in Bonpl. III, 223; Rchb. fil. in Walp. Ann. VI, 177: Lindl. Fol. Orch. Pleuroth. N. 236 p. 38. Bot. Mag. t. 7189.

Die Pflanze gehört zu den verhältnissmässig schönen Arten der Gattung und hat in neuerer Zeit mehrfach in Europa geblüht. Das Habitusbild ist nach einem Aquarell hergestellt, welches Herr F. C. Lehmann nach der Natur, d. h. nach einem in der Wildniss gewachsenen Exemplar, gemalt hat, die Analysen sind nach einem in Herrenhausen cultivirten Exemplar gezeichnet.

Tafel 294. II. Habitusbild in natürlicher Grösse. Tafel 297. 11. Petalum. 12. Seitliche Sepalen. 13. Labellum von der Seite. 14. Säule von der Seite. 15. Oberes Sepalum. 16. Säule von vorn. 17. Lippe von oben gesehen.

Tafel 294. 8—13.

Pleurothallis lonchophylla *Cogn.*

Cataphyllis 3 caulis secundariis pilosis paulum ringentibus, caulis validis 15—18 cm altis, folio continuo e basi paulum dilatato lanceolato triapiculato apiculo mediano multo minore, cauli subaequilongo 1—1,5 cm lato satis crasso carnoso, racemis 1-floris (an semper?) pedicellis tenuibus floribus igitur nutantibus, bractea minuta quam pedicellus multo breviore. Sepalo dorsali oblongo-lanceolato obtuse acutato supra convexo, sepalis lateralibus in unum multo latius oblongum dimidium usque liberum basi concavum connatis, petalis antennae instar divergentibus lineari-spathulatis obtusis quam sepala $^1/_3$ brevioribus, labello brevi-unguiculato pone basin utrinque auriculo minuto instructo toto circuitu late ovato margine minute fimbriato antice autem subtus papilloso dorso manifeste carinato, lamellis 2 obscuris in disco laevi; gynostemii basi et apice utrinque obtuse triangule protracto, androclinii margine serrulato. Sepalum dorsale 1 cm longum 3 mm latum, inferius 9 mm longum 7 mm latum utrumque pallide lutea minute purpureo-punctulata, petala 10 mm longa $^1/_2$ mm lata apice ad 1 mm dilatata albida basi et apice citrina basi purpurei-punctulata, labellum 5 mm longum 3 mm latum viridi-luteum apice sanguineum ibique infra papillosum, anthera purpurea papillosa utrinque trisetosa.

Pleurothallis lonchophylla A. Cogn. in Fl. Brasil. III pt. 4, 589 t. 117, II; Pleurothallis Warmingii Rchb. fil. Otia II (1881) 93 et Warming Symb. Fl. Bras. Centr. pt. XXIX, 842 t. 4 fig. 1; Restrepia lonchophylla Barb. Rodr. Gen. et Sp. Orch. Nov. I (1877) 35; Chaetocephala lonchophylla Barb. Rodr. Orch. Nov. II (1882) 39.

Brasilien. Prov. Minas Geraes (Barb. Rodriguez, Regnell, Warming). Das Exemplar für diese Diagnose und Analyse stammt aus Gothenburg und blühte in Herrenhausen.

Die hier mitgetheilte Analyse und Beschreibung deckt sich nicht völlig mit der des Herrn Cogniaux und deshalb habe ich sie publicirt. Die hauptsächlichste Abweichung besteht in dem Aussehen des Labellum. An dem von mir untersuchten Exemplar ist auch nur von einer Andeutung einer Dreitheilung keine Spur zu sehen; das Labellum ist im ganzen Umkreis vollständig „integrum", allerdings bringen die beiden niedrigen und dem Rande stark genäherten Leisten den Eindruck hervor, als wenn dort eine Einbuchtung wäre. Herr Cogniaux hat dies im Text „leviter trilobatum" genannt und dementsprechend abgebildet. Wenn man nicht annehmen will, dass zwei verschiedene Arten vorliegen, was ausgeschlossen ist, da Herr C. die Originalexemplare Warming's hatte, so liegt eine Abweichung vor, welche mich hauptsächlich veranlasst hat, diese Frage noch einmal zu behandeln. Alle anderen Merkmale stimmen vorzüglich überein, es kann sich also nicht um zwei verschiedene Arten handeln. Herrn Wendland's Zeichnung trägt am unteren Rande die Notiz „Gothenb.", ausserdem gehört das Exemplar zu denen, welche Reichenbach noch persönlich gekannt und bestimmt hat. In Reichenbach's Originaldiagnose steht allerdings „labello trilobo", in Herrn Prof. Warming's Symbolae ist nur die Farbe beschrieben. Meine Ansicht zur Frage ist trotzdem die, dass es sich nicht um 2 Arten, sondern um einen aus Herbarmaterial leicht erklärlichen Beobachtungsfehler handelt und dass die Diagnose in der von mir mitgetheilten Fassung abzuändern sein wird.

Fig. 294. 8. Blüte von der Seite in natürlicher Grösse. 9. Blüte von vorn (2mal vergrössert). 10. Labellum von vorn. 11. Petalum. 12. Blütenstiel mit Deckblatt, Fruchtknoten und Säule von der Seite. 13. Säule von vorn gesehen. (Alles vergrössert.)

Tafel 295.

Dendrobium brachythecum *F. v. Müll. et Krzl.*

(Dendrocoryne.) Caulibus secundariis s. bulbis subcompressis subtetragonis sulcatis oblongis infra attenuatis mono- v. diphyllis 6—10 cm altis 1—1,5 cm crassis, foliis (siccis) papyraceis acutis obtusisve (siccis) 9-nerviis, 6 ad 15 cm longis 1—2,5 cm latis, racemo simplice pauci-plurifloro (6—10), squama 1 bracteiformi satis magna in medio scapo, bracteis oblongis acutis quam ovaria laete viridia densissime setosa semilongis v. ea aequantibus. Sepalis ovato-triangulis acutis acuminatisve extus omnino muricatis lateralibus falcatis deflexis mentum obtusum omnino apertum formantibus, petalis tenerioribus spathulato-oblongis v. rhombeis acutis margine plus minusve undulatis, labelli lobis lateralibus maximis flabellatim-cuneatis antice retusis, lobo intermedio transverse rhombeo antice apiculato, callo pone basin crasso supra leviter sulcato; gynostemii parte libera perbrevi tridentata, anthera plana. — Flores pallide flavi, labellum flavum lineis pallide purpureis notatum, sepalum dorsale et petala 2 cm longa, lateralia 2,5 cm, labellum aequilongum vi expansum 3 cm latum, ovarium laete viride 2,5—3 cm longum.

Dendrobium brachythecum F. v. Müll. et Krzl. in Oesterr. Bot. Ztg. Jahrg. 44 (1894) 161.

Die Pflanze blühte im April dieses Jahres im Grossherzoglichen Botanischen Garten zu Jena unter der Pflege des Herrn Rettig in 2 Exemplaren, welche beide vor einigen Jahren aus Nord-Australien importirt waren. Da ich die Art zuerst nach Material beschrieben hatte, welches nach den Notizen des inzwischen verstorbenen Barons F. von Müller im englischen Antheil von Neu-Guinea gesammelt war, so trage ich kein Bedenken, die Pflanzen von beiden Standorten trotz einiger Abweichungen für identisch zu erklären. Ich habe den lateinischen Text der ursprünglichen Diagnose nur in ein paar Punkten abzuändern gehabt. Meine Herbarexemplare hatten nur einblätterige Bulben, hier sind sie stets zweiblättrig; eine zweite Abweichung liegt in der Länge der Deckblätter, welche bei den Jenenser Exemplaren kürzer sind als bei den wilden. Drittens zeigen die lebenden Exemplare auf dem Labellum eine sehr schwach angedeutete Zeichnung von ein paar mattpurpurnen Linien, welche bei meinen Herbarexemplaren in Folge des Trocknens völlig verschwunden waren. Alles andere konnte aus der ursprünglichen Diagnose unverändert übernommen werden. Die Pflanze gehört in die nächste Verwandtschaft von Dendrob. macrophyllum A. Rich., bekannter unter dem Namen Dendrob. Veitchianum Lindl. und Dendrob. atroviolaceum A. Rolfe, ist aber die unansehnlichste von allen. Der Name der Pflanze ist durch mein Versehen falsch abgedruckt; ich hatte im Manuscript „trachytheca" geschrieben mit Anspielung auf die stark borstige Behaarung des Fruchtknotens, ein zweifellos passenderer Name als „brachytheca"; aber „littera scripta manet", ein Satz, welchen ich entgegen den Neuerern auf dem Gebiet der Namenschreibung selbst dann aufrecht erhalte, wenn es sich um einen offenbaren Schreibfehler handelt.

Tafel 295. I. Habitusbild, etwas verkleinert. 1. Blüte. 2. Labellum von der Seite. 3. Labellum ausgebreitet. 4. in natürlicher Haltung. 5. Petalum. 6. Säule ohne Anthere. Alles in natürlicher Grösse.

Tafel 296. I. II. 1—6.

Pleurothallis hartwegiaefolia *Wendl. et Krzl. n. sp.*

[Sicariae. 3**]

Caule secundario transsectione triangulo ancipite 15 cm alto 8 cm lato univaginato, folio cum caule continuo stricto oblongo obtuso apice biapiculato carnoso crassissimo more folii Hartwegiae reticulato-sulcato 10—11 cm longo ad 4 cm lato, spatha 1 compressa acuta carinata, floribus compluribus coaetaneis fasciculatis, bracteis minutis basi ochraceis antice longo productis acuminatis quam ovaria muriculata brevioribus. Sepalo dorsali ligulato obtuso basin versus fimbriato postice muriculato intus glabro, supra paulo reflexo, sepalis lateralibus in unum late oblongum apice tantum biapiculatum coalitis ut dorsale extus muriculatum intus glabrum, petalis multo minoribus ellipticis obtusis margine minutissime crenulatis, labello obovato margine inflexo concavo antice rotundato; gynostemio supra valde dilatato margine serrulato. — Flores subclausi vix 4 mm longi, sepala extus luteo-brunnea, petala 2,5 longa 1,2 mm lata aurantiaca, labellum 2,8 mm longum, 1,8 mm latum fuscum.

Mexico. (Berge!) Blühte in Herrenhausen.

Die nächstverwandten Arten sind Pl. cubensis Lindl. und rubroviridis Lindl., besonders die erstere. Diese unterscheidet sich hauptsächlich durch die Lippe, welche nach Lindley's Diagnose (und seiner Zeichnung) „ovatum acutum bilineatum" ist. Alle 3 Charaktere treffen hier nicht zu. Ebensowenig bei Pl. bicristata Lindl., wo es heisst „labello oblongo bicristato". Die Abweichungen in der Form der Deckblätter, welche hier auffallend spitz sind und die bei beiden Arten geringeren

Abmessungen erwähne ich nur beiläufig. Die 3 alsdann nächststehenden Arten Pl. circumplexa Lindl., chrysantha Lindl. und Pantasmi Rchb. f. sind bereits sehr verschieden und ein gleiches gilt von einigen anderen nicht in den Folia Orchidacea enthaltenen Arten. Der Speciesname ist von der Aehnlichkeit des Blattes mit dem von Hartwegia purpurea entlehnt.

Tafel 296. I. Oberer Theil einer Pflanze von vorn. II. Eine ganze Pflanze schräg von hinten (beide in natürlicher Grösse). 1. Blüte von der Seite. 2. Oberes Sepalum. 3. Seitliche Sepalen. 4. Petalum. 5. Labellum. 6. Säule von der Seite. (Alles, besonders 6, vergrössert.)

Tafel 296. III. 7—13.

Pleurothallis pachyglossa *Lindl.*

Diese Pflanze ist auf Tafel 259 dieses Bandes bereits abgebildet und auf Seite 106 und 107 ausführlich beschrieben worden. Die hier dargestellte Abbildung ist nach einem kräftigeren Exemplar und mit Zuhülfenahme der mir damals nicht bekannten Lindley'schen Analysen gezeichnet und bildet somit eine gute Ergänzung der Zeichnungen auf Tafel 259. Wenn irgendeine Gattung, so vertragen die der Pleurothallideen eine möglichst ausführliche Illustrirung und allenfalls auch eine Wiederholung. Es ist bei diesen in der Cultur so seltenen und kurzlebigen Pflanzen erwünscht, ein möglichst reichliches Material auch an Abbildungen zu haben.

Tafel 296. III. Habitusbild. 7. Ganze Blüte in natürlicher Grösse. 8. Oberes Sepalum. 9. Untere Sepalen. 10. Petalum. 11. Labellum von oben. 12. Labellum von der Seite. 13. Säule. (Vergrössert.)

Tafel 297. I. 1—7.

Pleurothallis Wendlandiana *Rchb. fil.*

[Aggregatae B. 2.]

Caule secundario ad 20 cm alto paucivaginato, folio brevi-petiolato e basi cuneata ovato-oblongo acuminato triapiculato, floribus solitariis v. paucis e vagina ovato-oblonga satis magna orientibus. Sepalo dorsali incurvo ovato oblongo acuminato, sepalis lateralibus omnino in unum ovatum coalitis apice vix biapiculatis, petalis linearibus acuminatis deflexis quam sepala lateralia connata aequilongis, labello minuto subquadrato retuso subito apiculato in utroque latere dente brevi triangulo instructo medio in disco leviter umbonato; gynostemio leviter incurvo acuto, androclinio magno plano. — Sepala luteo-alba fere aquea 8—9 mm longa, petala 7 mm longa, labellum 2 mm longum et latum, luteum macula viridi-coerulea (s. massulis punctulorum illius coloris) ornata.

Pleurothallis Wendlandiana Rchb. fil. Ms.

Habitat?

Die Zeichnung ist nach einem der seltenen Originalexemplare des Gartens von Herrenhausen gemacht. Die Zugehörigkeit dieser Pflanze zur Gruppe der „Aggregatae", zu welcher Reichenbach sie stellte, erfolgt nur auf die Form des Blattes hin, hiervon abgesehen hat sie alle Merkmale der „Macrophyllae fasciculatae". Es ist bei dem Wirrwarr der Pleurothallis-Arten sehr verführerisch, die Gruppen mit Zuhülfenahme der Blätter zu bilden, aber es wird in der Folgezeit doch kaum möglich sein, zwei Gruppen getrennt zu halten, bei welchen die Trennung nur auf die Blätter hin möglich ist.

Tafel 297. I. Habitusbild in natürlicher Grösse. 1. Blüte von der Seite. 2. Blüte von vorn. 3. Petalum. 4. Labellum von unten. 5. Labellum von oben gesehen (die Punkte bedeuten die blaugrünen Fleckchen). 6. Säule von der Seite. 7. Säule von vorn gesehen. (Alles schwach vergrössert.)

Tafel 297. II. 8—10.

Pleurothallis Cardium *Rchb. fil.*

[§. III. Macrophyllae fasciculatae. B. Parviflorae.]

Caule secundario ad 30 cm alto vagina una magna purpureo punctulata vestito supra vaginam calvo monophyllo, folio basi profunde cordato ovato acuto acuminatove apice bi-v. triapiculato apiculo mediano minore, ad 10 cm longo 3,5—4 cm lato, floribus succedaneis e spatha oblongo orientibus. Sepalis (antico et postico) aequalibus v. antico paulo latiore ovatis acutis acuminatisve petalis linearibus acuminatis recurvis, labello basi profunde cordato ovato oblongo utrinque leviter repando apice obtuso, linea elevatula per discum antice in tuberculum minutum exeunte, disco ceterum minutissime granuloso; gynostemio perbrevi. — Sepala 1,5—1,8 cm longa extus fusco-lutea, posticum trinerve, anticum binerve illud fusco-marginatum, petala hyalina, labellum fusco-purpureum 5 mm longum 2—2,5 mm latum.

Pleurothallis Cardium Rchb. fil. in Bonpl. II (1854) 26 und in Walp. Ann. VI, 50; Lindl. Fol. Orch. Pleuroth. N. 47 p. 10.

Venezuela.

Die Beschreibung nach einem authentischen Exemplar zu Herrenhausen, desgleichen die Zeichnung. Das Exemplar war nicht ganz so üppig, wie dasjenige, nach welchem Reichenbach seine Originaldiagnose in der Bonplandia entwarf. Im Botanischen Garten zu Berlin scheint die Pflanze nicht mehr zu existiren.

Tafel 297. II. Habitusbild in natürlicher Grösse. 8 u. 9. Blüte in verschiedenen Stellungen. 10. Labellum. (Alles schwach vergrössert.)

Tafel 298. I. 1—7.

Pleurothallis Hoffmannseggiana *Rchb. fil.*

Caule secundario ancipite 3—5 cm alto per totam fere longitudinem vagina una angusta apice acuta vestito, folio sessili oblongo obtuso apice? (biapiculato fortasse denticulo interposito?) crasso carnoso ad 10 cm longo ad 3 cm lato, floribus paucis fasciculatis brevi-pedicellatis pro genere satis conspicuis. Sepalo dorsalo obovato-oblongo acuto, lateralibus carinatis per tres quartas liberis oblongis acutis dorsali subaequilongis omnibus leviter concavis extus tomentosis intus calvis, petalis oblongis v. obscure rhombeis acutis margine obscure denticulatis, labello brevi-unguiculato recto explanato ovato basi utrinque acutangulo (lobulis lateralibus erectis) apice obtuso, lamellulis 2 in medio fere disci; gynostemio fere recto, apice utrinque acutangulo. — Sepala 1—1,2 cm longa, lateralia 4 mm, dorsale medio 3 mm latum lutei-brunnea, dorsale intus purpureio-punctulatum parte tertia anteriore atro-purpureum, petala lutei aquea minutissime rubro-punctulata, labellum sanguineum.

Pleurothallis Hoffmannseggiana Rchb. fil. in Linnaea XXII (1849) 827, par in Rchb. fil. in Walp. Ann. III, 518; Lindl. Fol. Orch. Pleuroth. N. 130 p. 23; A. Cogn. in Flor. Brasil. III pars IV, 528.

Brasilien. Von Reichenbach bestimmtes Originalexemplar. Stammt aus Dublin und blühte mehrmals in Herrenhausen.

Dem äussern Aussehen nach, zumal in nichtblühendem Zustande, von Pl. ophiocephala Lindl. schwer zu unterscheiden. Die aussen zottigen Blüten und die beinahe schwarz erscheinende Spitze des oberen Sepalum sind leicht auffindbare, sehr charakteristische Merkmale. Ueber die Spitze des Blattes kann ich nichts Genaues sagen, bei dem von mir untersuchten Exemplar war gerade dieser Theil abgebrochen.

Tafel 298. I. Habitusbild in natürlicher Grösse. 1. Blüte von hinten. 2. Die seitlichen Sepalen. 3. Oberes Sepalum. 4. Petalum. 5. Labellum. 6. Säule von der Seite. 7. Säule von vorn. (1—3 schwach, 4—7 stärker vergrössert.)

Tafel 298. II. 8—12.

Pleurothallis tridentata *Klotzsch.*

Caule secundario tenui ad 10 cm alto, folio sessili oblongi-lanceolato acuto triapiculato circiter 5 cm longo 1—1,3 cm lato pro magnitudine satis firmo, vagina minuta bivalvi brunnea 2—3 mm longa, floribus paucis succedaneis. Sepalo dorsali obovato fere orbiculari apiculato concavo trilineato, sepalis lateralibus in unum minutissime biapiculatum subrotundum concavum coalitis utrinque bilineatis, petalis anguste linearibus fere filiformibus acutis, labello valde reflexo late oblongo obtuso apice vix emarginato, margine utrinque paulum elevato; gynostemio brevissimo. Flores omnino viridi-lutei. — Sepala 5 mm longa, dorsale 2,5 mm, inferius 3 mm latum, petala 2 mm longa labelium paulo brevius.

Pleurothallis tridentata Klotzsch in Allg. Gart. Ztg. VIII, 1840, 289; Lindl. Fol. Orch. Pleuroth. N. 50 p. 11.

Venezuela.

Die Diagnose und Zeichnung sind nach einem authentischen Exemplar gemacht, welches aus dem Botanischen Garten zu Berlin und zwar von der Originalpflanze von Klotzsch stammte. Es blühte in Herrenhausen.

Dass der Name „tridentata“ schlecht gewählt sei, bemerkte bereits Lindley, denn alle Pleurothallis haben dreispitze Blätter. In diesem Falle ist er ganz besonders verfehlt, da gerade hier die mittlere Spitze sehr klein ist. Im Uebrigen lässt sich über die Pflanze nichts beibringen, was nicht schon in der Diagnose gesagt wäre.

Tafel 298. II. Habitusbild in natürlicher Grösse. 8. Oberes Sepalum. 9. Unteres Sepalum. 10. Petalum. 11. Labellum von der Seite. 12. Labellum von hinten (x Anheftungspunkt). — Alles vergrössert.

Tafel 298. III. 13—19.

Pleurothallis acutangula *Wendl. et Krzl. n. sp.*

Caule secundario ad 10 cm alto ancipite vaginis 2 acutis vestito ancipite, folio oblongo obtuse acutato apicem versus attenuato, rigido crasso ad 10 cm longo 2,5—3 cm lato, racemo subnutante ad 12 cm longo ancipite, squamis 2 bracteiformibus in scapo, floribus paucis (in nostro specimine 4) bracteis late ovato-triangulis acutis infra carinatis flores semiaequantibus 1 cm longis apice introrsis. Sepalis lanceolatis acutis acuminatisve carinatis lateralibus basi leviter cohaerentibus vix connatis omnibus intus pilosis, petalis lineari-lanceolatis acutis, labello persimili subrhombeo acuto convoluto sulcato; gynostemio leviter flexo supra paulum dilatato supra androclinium producto acuto apice serrulato, ovario triquetro antice profunde sulcato (transsecto in dimidio superiore fere sagitato dicendo). — Sepala lateralia 1 cm, dorsale 1,2 cm longa viridi-lutea, petala 7—8 mm longa alba, omnia minutissime rubro-punctulata, labellum album purpureo-punctulatum.

Brasilien? Shuttleworth imp. Blühte in Herrenhausen.

Die Pflanze hat die grösste Aehnlichkeit mit Pl. endotrachys Rchb. fil., aber sie unterscheidet sich von dieser sehr genau beschriebenen Art hinlänglich durch beinahe alle Merkmale von Werth. Der Blütenstand ist kürzer, die Blüten selbst sind kleiner (beides um nicht sehr viel). Die Petalen sind hier spitz und nicht abgestutzt, ebenso das Labellum, welches hier einfach und nicht dreilappig ist, gerade und nicht sigmaförmig. Die Säule hat hier keine „auriculae“, und schliesslich ist die Farbe völlig verschieden. Dagegen passt die Beschreibung im allgemeinen sehr gut; die beiden leeren Bracteen unter dem Blütenstand sind vorhanden, dieser hat auch hier 4 Blüten und die Sepalen sind im Innern rauh behaart. — Ueber die Herkunft fehlen genauere Angaben.

Tafel 298. III. Habitusbild (natürliche Grösse). 13. Blüte (natürliche Grösse). 14. Blüte. 15. Petalum. 16. Labellum. 17. Fruchtknoten durchschnitten. 18. Fruchtknoten und Säule von der Seite. 19. dieselben von vorn. Alles vergrössert, besonders 14.

Tafel 299. I. 1—5.

Dendrochilum

Platyclinis bistorta *Wendl. et Krzl. sp. n.*

Bulbis aggregatis fusiformibus junioribus cataphyllis 2 vaginatis, ad 3 cm longis basi fere 1 cm diametro monophyllis, foliis basi in petiolum 2,5—3 cm longum contractis ceterum lanceolatis, 12 cm longis 3 cm latis acutis carnosulis, spica folia juniora superante (floret enim planta e bulbis nondum maturis) densiflora multiflora bistorta nutante fere 10 cm longa per 3—6 cm florifera, bracteis illis Pholidotae cujusdam similibus explanatis fere orbicularibus apiculatis pergameneis quam ovaria pedicellata fere duplo longioribus siccis punctulatis. Sepalis petalisque paulo latioribus lanceolatis acutis, labello simillimo obovati-lanceolato acuto omnino integro et omnino ecalloso; gynostemio brevissimo, androclinio fere quadrato margine superiore paulum dilatato obscure bilobulo medio apiculato, brachiis lateralibus aequilongis late linearibus apice oblique retusis, polliniis 4 omnino inappendiculatis infra acutatis ibique cohaerentibus, anthera infra dilatata margine lobulata, supra in appendicem recurvum mitraeformem elongata. Flores minuti pallide fusci 1,2—1,5 mm longi.

Indischer Archipel. Insel Maschate (?) leg. W. Micholitz. imp. F. Sander.

Von den bisher beschriebenen Arten steht Platyclinis edentula (Bl.) Pfitzer = Dendrochilum edentulum Bl. dieser neuen Art am nächsten, aber die Lippe ist bei jener Art mit einer Längsschwiele versehen, von welcher hier jede Andeutung fehlt. Die Blüten sind bei Platycl. edentula grünlich gelb, hier hellbraun. Was unserer Pflanze ein besonderes Aussehen verleiht, ist der schraubig gedrehte Blütenstand; er ist bei kürzeren Aehren 1 1/2mal, bei längeren 2mal gedreht. Die Säule hat 2 wohl als Staminodien zu deutende Seitenarme, deren Länge derjenigen der Säule selbst gleichkommt. Die Anthere zeigt unten eine schwache Andeutung einer Viertheilung — je 1 undeutliches Fach für jedes Pollinium — und oben einen wunderlichen Fortsatz, welcher einer persischen Mitra ähnlich ist.

Tafel 299. I. Habitusbild. 1. Blüte von vorn. 2. Säule. 3. Labellum. 4. und 5. Anthere (Alles vergrössert.)

Tafel 299. II. 6—8.

Pleurothallis cardiocrepis *Rchb. fil.*

Caule secundario subancipite ad 15 cm alto, folio unico rite cordato ovato acuto illi Syringae persimili ad 8 cm longo ad 5 cm lato subcoriaceo, floribus brevissime pedicellatis succedaneis semper unicis. Sepalo dorsali ovato acuto, sepalis lateralibus in unum omnino integrum connatis illo ovato basi leviter cordato obtuso quam dorsale subduplo latiore aequilongo, petalis brevibus e basi paulo latiore linearibus acutis, labello triangulo quam sepala paulo breviore ovato-triangulo acuto basi utrinque postice acutato; gynostemio lato ac longo. — Flores 8—10 mm diam. longitudinali, sepala 4,5—5 mm longa, dorsale 3—4 mm, inferius 5—6 mm latum, labellum 3 mm longum 2 mm latum, ovarium 4 mm longum. Flores viridi-lutei minutissime purpureo-punctati, sepala basi hyalini-papillosa v. fimbriata, labellum fuscum. (Descriptio et analyses ex specimine typico authentico a Reichenbachio v. beat. determinato!)

Habitat? Im Jahre 1881 von Williams importirt, blühte mehrfach in Herrenhausen.

Es ist zu beklagen, dass Reichenbach keine genaue Analyse seiner Pl. cardiostola (cf. Xenia I, tab. 28) publicirt hat, um die Abweichungen von dieser Art besser zu präcisiren. Pl. cardiocrepis hat ein Blatt, welches im Umriss ganz und gar an das von Syringa vulgaris erinnert, und durchaus herzförmige Blütentheile. Schwach herzförmig sind die beiden Sepalen, herzförmig ist von vorn gesehen auch das kurz genagelte Labellum, welches hier deutlich kleiner ist als in Pl. cardiostola, wo es dem unteren Sepalum gleichkommt. Uebrigens passt auch für diese Art die Bemerkung Lindley's: „Several species of the «Fasiculatae macrophyllae» are so much alike that if it were not for the different structure of their flowers, they would be considered identical.“ Zu den im Blütenbau ähnlichen Arten dürften auch Pl. bivalvis Lindl. und macrocardia Rchb. fil. gehören, von welchen beiden das Labellum unbekannt ist, aber beide gehören zur Sippe der „pedicellis filiformibus multo (quam flores) longioribus“, was hier absolut nicht zutrifft.

Tafel 298. II. Habitusbild in natürlicher Grösse. 6. Blüte von vorn. 7. von hinten. 8. Labellum. (Alles schwach vergrössert.)

Tafel 299. III. 9—13.

Pleurothallis Archidonae *Lindl.*

Caule secundario terete interdum 30—40 cm alto, folio lanceolato 12 ad 20 cm longo 2,5—3 cm lato firmo carnoso lanceolato, apiculo mediano longiore, squamis nonnullis brevibus in caule, floribus satis magnis semper solitariis succedaneis quasi bilabiatis pendulis, bractea minuta. Sepalo dorsali oblongo-lanceolato acuto, lateralibus in unum multo latius concavum apice vix biapiculatum connatis petalis ovato-lanceolatis acutis margine minutissime crenulatis quam sepalum dorsale paulo brevioribus, labello minuto oblongo apiculato basi profunde exciso utrinque oblique manubrio quasi obscure bipartito auctis; gynostemio quam labellum paulo longiore, polliniis basin versus longe attenuatis. — Sepalum dorsale 1,8 cm longum 3 mm latum, sepalum inferius 1,5 cm longum 1,3 cm latum, petala fere 1,5 cm louga, labellum 2,5 mm longum, gynostemium 3 mm altum. Flos extus viridi-purpureum, intus purpureum.

Pleurothallis Archidonae Lindl. Fol. Orch. Pleuroth. N. 74 S. 15.

Peru. In Wäldern bei Archidona Hartweg, ex Lindl. Neu importirt durch Herrn Shuttleworth, blühte in Herrenhausen und neuerdings im Königlichen Botanischen Garten zu Berlin.

Die mir zur Bestimmung zugesandte Pflanze aus dem Botanischen Garten zu Berlin zeigte die frischen Farben einer eben geöffneten Blüte und nach dieser habe ich die Farbe beschrieben. Das Habitusbild unserer Tafel ist bei weitem unter der mittlern Grösse. Ich finde unter den Notizen, welche ich mir beim Studieren von Lindley's Herbar machte, unter dieser Art die Bemerkung: Stamm 22—24 Zoll hoch, Blatt 1—1 1/4 Zoll breit. — Ich weiss augenblicklich zu wenig über die zunächststehende Pl. geniculata Lindl., welche ebenfalls von Hartweg in Peru entdeckt wurde. Das Material in Lindley's Herbar ist zu dürftig, aber ich kann nicht umhin, zu erklären, dass ich beide Arten für identisch halten möchte. Das Labellum ist an der Basis tief zweilappig, und jeder Lappen ist noch einmal undeutlich zweitheilig und um ein weniges dicker als das umgebende Gewebe der Lippe; dies sind die „humps", welche Lindley bei Pl. geniculata und Archidonae beschreibt. Das was ich an der Pflanze gefunden habe, hat wohl eine allgemeine Aehnlichkeit mit Lindley's Analyse und Beschreibung dieser „humps", aber ich muss dennoch sowohl die Beschreibung wie auch die Analysen Lindley's für übertrieben erklären. Sollte es eines Tages unabweisbar werden, Pl. geniculata mit Archidonae zu vereinigen, so muss der Name Pl. Archidonae fallen, da Pl. geniculata vor ihr steht und da diese Pflanze schon früher — allerdings unter dem inzwischen ebenfalls cassirten Namen Pl. Hartwegii Lindl. — beschrieben war; zunächst warte ich auf mehr Material. Die Grössenverhältnisse allein haben einen sehr fraglichen Werth. Es ist nicht empfehlenswerth, sie besonders bei der Aufstellung der Bestimmungstabellen in der einseitigen Weise zu benutzen, wie das in einigen neuerdings erschienenen tropischen Floren geschehen ist. Pl. geniculata hat nach Lindley's Zeichnung ein Labellum, welches von unserer Figur nur durch die Zähnelung des vorderen Randes unterschieden ist, welche ich nicht gefunden habe, während alle andern Merkmale auffallend gut stimmen. Es ist somit kaum noch ein Schritt zur Cassirung des Namens Pl. Archidonae; wenn ich diesen Schritt zunächst nicht thue, so geschieht dies nur aus Rücksicht auf die Spärlichkeit meines, resp. Lindley's Materials.

Tafel 299. III. Habitusbild in natürlicher Grösse. 9. Labellum in gewöhnlicher Stellung. 10. Labellum, etwas flach gedrückt, um die basale Partie zu zeigen. 11. Untere Sepalen. 12. Oberes Sepalum. 13. Petalum. (Alles vergrössert.)

Tafel 300. I. 1—7.

Hexisea tenuissima *Wendl. et Krzl.*

Caulibus gracillimis 12 cm altis 0,5 mm crassis, foliosis, foliis circiter 10 anguste linearibus canaliculatis apice obtusis 4 cm longis vix 1/3 mm latis, vaginis foliorum granulosi-hirtis, racemo perbrevi paucifloro (1—2), bracteis magnis (pro planta scil.) amplis quam ovarium breve longioribus argute carinatis in apiculum productis. Sepalis lateralibus late ovatis acutis basi lata gynostemio et ipsi labelli ungui adnatis, sepalo dorsali simili sed angustiore, petalis oblongis obtusioribus, labello postico cum basi gynostemii continuo a latere viso sigmoideo simplice pandurato antice profunde emarginato; gynostemii alulis obsoletis vix prominentibus, polliniis 4 triangulis, filis granulosis sat longis. — Flores albi subclausi 3 mm diametro.

Eingeführt von L. Linden, blühte mehrfach in Herrenhausen.

Die nächststehende Art ist Hexisea reflexa Rchb. fil. aus Surinam; diese hat aber „sepala ligulata“, was unmöglich mit breit eiförmig zu verwechseln ist, ferner ist das Labellum hier regelrecht geigenförmig, aber nicht fächerförmig ausgebreitet, und von den 3 Schwielen, welche Reichenbach beschreibt, ist nichts zu sehen. Jede Blüte hat hier ein grosses tutenförmiges Deckblatt, bei H. reflexa sind die Blüten von trockenhäutigen Scheiden umgeben, aber bei diesem Merkmal kann mit verschiedenen Ausdrücken annähernd dasselbe gemeint sein. Der Habitus scheint bei beiden Arten ähnlich zu sein, und die Blätter sind es auf jeden Fall.

Die Pflanze wurde von Herrn Wendland in Brüssel erworben. Sie ist von der Firma Linden importirt; der genaue Fundort ist wohl kaum noch zu ermitteln, da seither Jahre vergangen sind.

Tafel 300. I. Habitusbild, natürliche Grösse. 1. Blüte von der Seite. 2. Säule mit Lippe 3. Lippe von vorn. 4. Säule von vorn. 5. Pollenmassen. 6. Stück eines Stengels, um die Körnelungen der Blattscheiden zu zeigen. 7. Deckblatt. (Alles vergrössert.)

Tafel 300. II. 8—12.

Oeonia Brauniana *Wendl. et Krzl.*

Caule 6—8 cm longo ancipite radicibus numerosis longis, foliis 6 (in specimine nostro) obovato-oblongis apice inaequalibus (lobulo longiore acuto) ad 6 cm longis ad 2 cm latis laete viridibus; racemis paucifloris folia vix excedentibus, unifloris in specimine nostro, bracteis minutis triangulis, ovario pedicellato 1,5 cm longo. Sepalo dorsali oblongo obtuse acutato, lateralibus longioribus basi angustioribus ceterum aequalibus, petalis obovato-oblongis obtusis aequilongis, omnibus reflexis, labelli longioris lobis lateralibus brevibus gynostemium arcte amplectentibus intus puberulis pilosis margine erosulis (explanatis), oblique triangulis, lobo intermedio quadrilobo, lateralibus obovato-oblongis obtusis rectangule-divergentibus, anticis oblongis falcatis forcipatis, calcari brevi compresso lato apice obtuso; gynostemio perbrevi, latiore quam longo polliniis compressis, caudiculis 2, glandulam non vidi, anthera bilobula plana fere reniformi antice profunde sinuata. — Sepala petalaque citrina, labellum et gynostemium alba. Flos 2,5 cm diametro.

Madagascar, Ankor Jan. 1893 leg. Joh. Braun vir beatus.

Eine kleine angraecoide Pflanze mit zweischneidigem Stengel, umgekehrt eiförmigen oder oblongen, oben stumpfen Blättern von ungefähr 4—6 cm Länge und 2 cm Breite. Der Blütenstiel oder -Schaft ist etwas länger und jedenfalls nicht immer einblütig wie an meinem Exemplar, dem einzigen, welches unser verewigter Landsmann Joh. Braun auffand. Die Blüte ist annähernd so gross wie die der meisten Oeonia-Arten, etwas gespreizt hat sie 2,5—3 cm im Durchmesser. Die Sepalen und Petalen zeigen alle die gewöhnliche mehr oder weniger umgekehrte, etwas oblonge Eiform, das Labellum ist dagegen ganz eigenthümlich. Es hat im ganzen 6 Abschnitte, nämlich 2 basale, die eigentlichen Seitenlappen, welche die Säule eng umfassen, innen behaart und am Aussenrande gezähnelt sind, 2 mittlere oblonge, welche direkt seitlich abstehen, und 2 vordere, ebenfalls oblonge, welche sichelartig oder zangenartig einwärts gekrümmt sind. Die Sepalen und Petalen sind nach Angabe des Sammlers citronengelb (citrin), Lippe und Centrum der Blüte weiss.

Bei der geringen Anzahl von Oeonia-Arten ist die Frage, ob die Art neu sei oder nicht, kaum aufzuwerfen; die Frage nach der Affinität fällt ebenfalls fort, da eine Art mit streng sechstheiligem Labellum z. Z. noch nicht beschrieben ist. Bemerkenswerth für Oeonia scheint es zu sein, dass das Labellum eine andere Farbe hat wie die Sepalen und Petalen, wenigstens berichtet Deans Cowan von Oeonia rosea Ridley dasselbe.

Ich erhielt eine Pflanze in Alkohol, von Herrn Joh. Braun gesammelt, durch die Güte des Herrn Oberhofgärtner Wendland in Herrenhausen, welcher in ihr sofort eine neue Art erkannte und unter dessen Autorschaft ich sie hiermit unserem verstorbenen Landsmann widme.

Tafel 300. II. Habitusbild, natürliche Grösse. 8. Blüte von vorn. 9. dieselbe von der Seite. 10. Anthere von aussen. 11. dieselbe von innen. 12. Pollenmassen.

Berichtigungen.

Dendrobium listeroglossum Krzl. S. 108, t. 260 II = Dendrobium parcum Rchb. fil.

Saccolabium Sanderianum Krzl. S. 134, t. 276 II = Saccolabium Mooreanum Rolfe Kew Bulletin 1893, 64.

GENERALREGISTER ZU BAND I—III.

Synonyma sind durch *Cursivschrift* bezeichnet. Die eingeklammerten Zahlen geben die Tafeln an, die in den drei Bänden durchlaufend numerirt sind.

Uebersicht über die Tage der Ausgabe der Hefte des III. Bandes.

1. Heft:	Tafel	201—210	Text	Bogen	1— 3	10. Mai 1878.
2. „	„	211—220	„	„	4— 6	15. Oct. 1881.
3. „	„	221—230	„	„	7— 8	1. März 1883.
4. „	„	231—240	„	„	9—10	16. Dec. 1890.
5. „	„	241—250	„	„	11—12	21. Jan. 1892.
6. „	„	251—260	„	„	13—14	25. Nov. 1892.
7. „	„	261—270	„	„	15—16	28. Dec. 1893.
8. „	„	271—280	„	„	17—18	31. Juli 1894.
9. „	„	281—290	„	„	19—20	12. Aug. 1896.
10. „	„	291—300	„	„	21—25	27. Febr. 1900.

Das 1.—3. Heft des dritten Bandes sind von Dr. Heinrich Gustav Reichenbach fil. herausgegeben, die folgenden von Dr. F. Kränzlin.

Druck von F. A. Brockhaus in Leipzig.

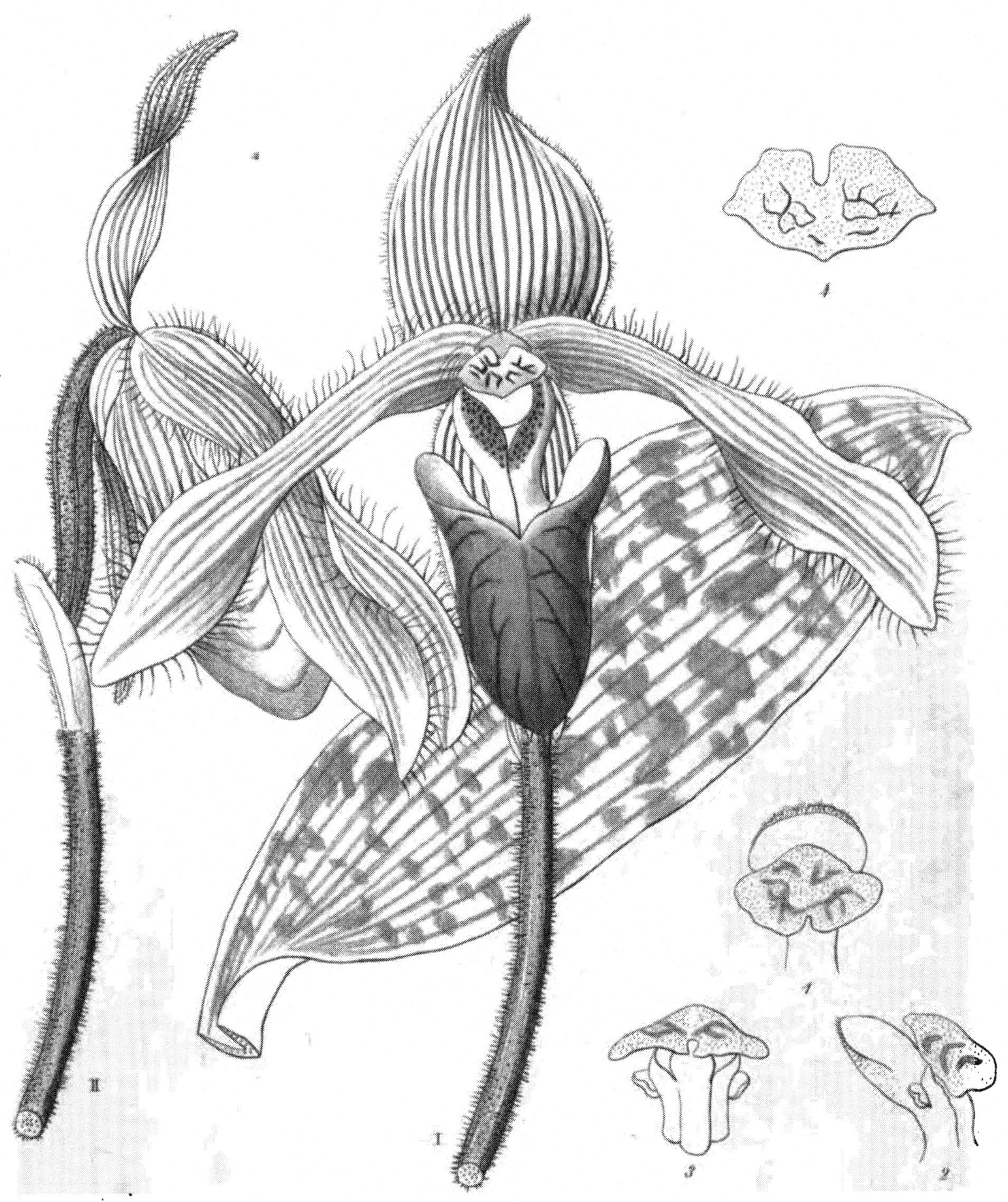

Rchb. f. del. Maj 1877 vivo

Cypripedium Dayanum Rchb. f.

M. Berthold sc.

Dendrobium suavissimum Rchb. f.

Chrysotoxum

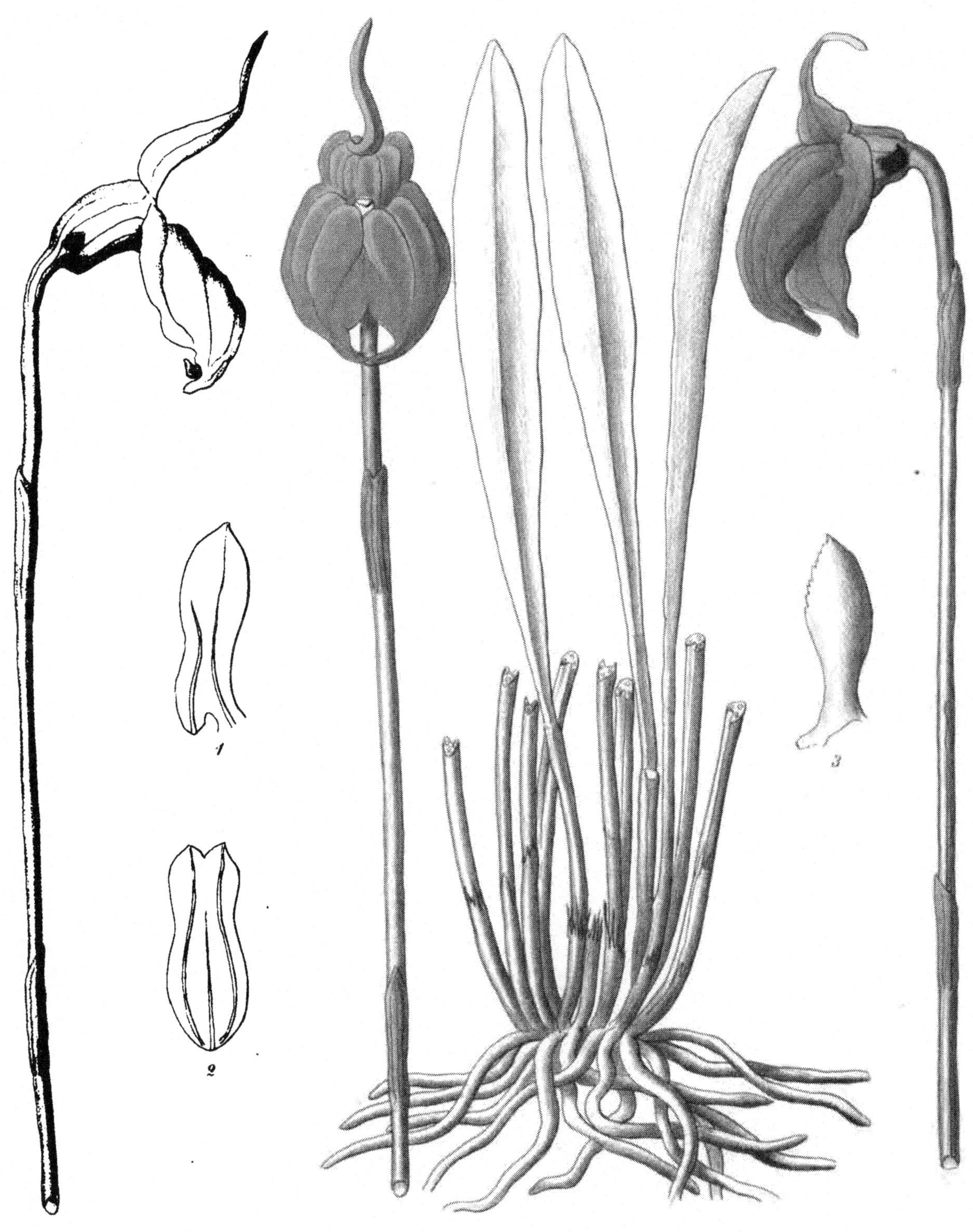

Masdevallia Davisii Rchb. f.

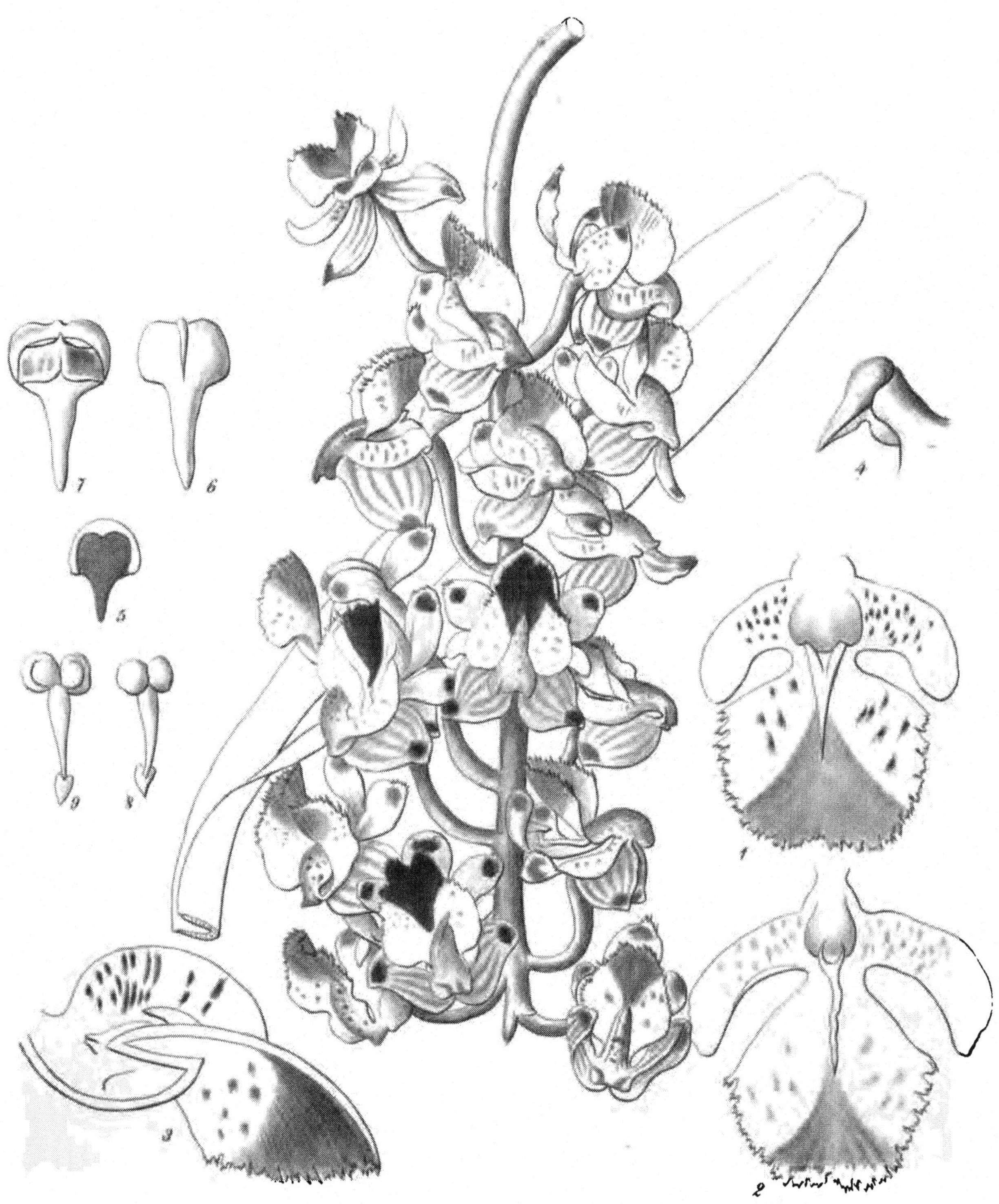

Aërides Houlletianum Rchb. fil.

Rchb. f. del. ete. M. Berthold

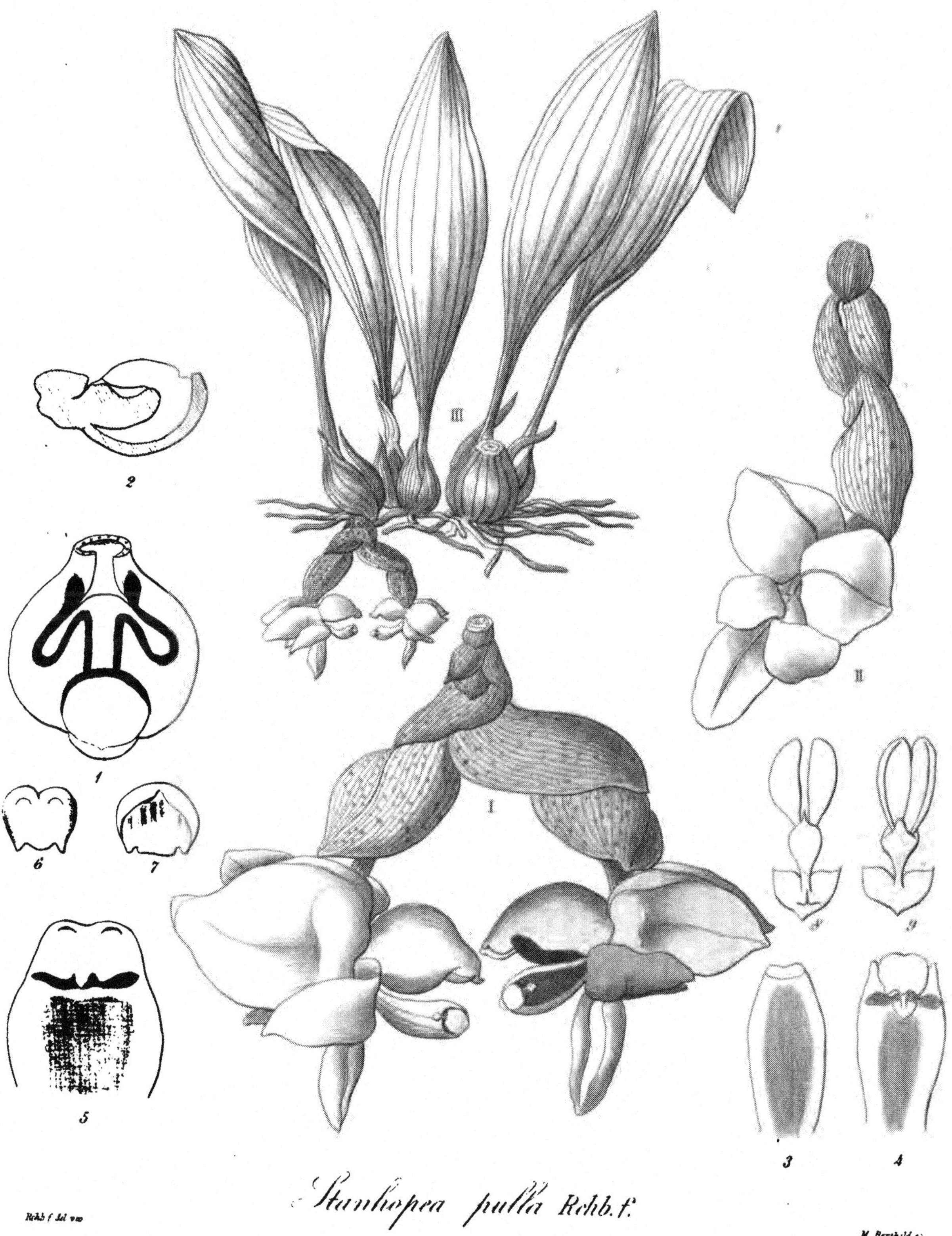

Stanhopea pulla Rchb. f.

Rchb. f. del. viv.

M. Berthold sc.

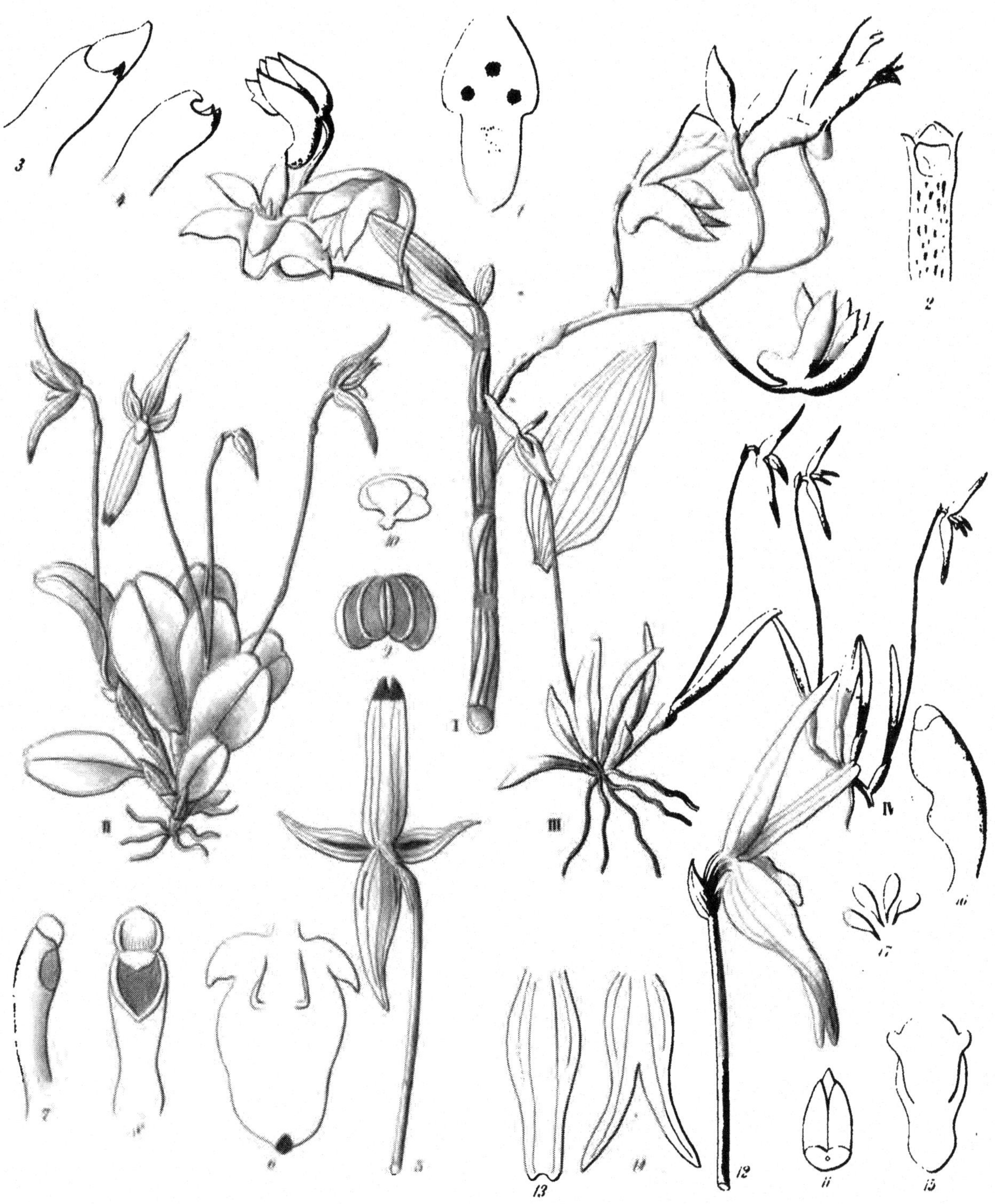

I. 1-4. Dendrobium Stricklandianum Rchb. f. II. 5-10. Restrepia Reichenbachiana Endres.

III. IV. 11-17. R. pandurata Rchb. f.

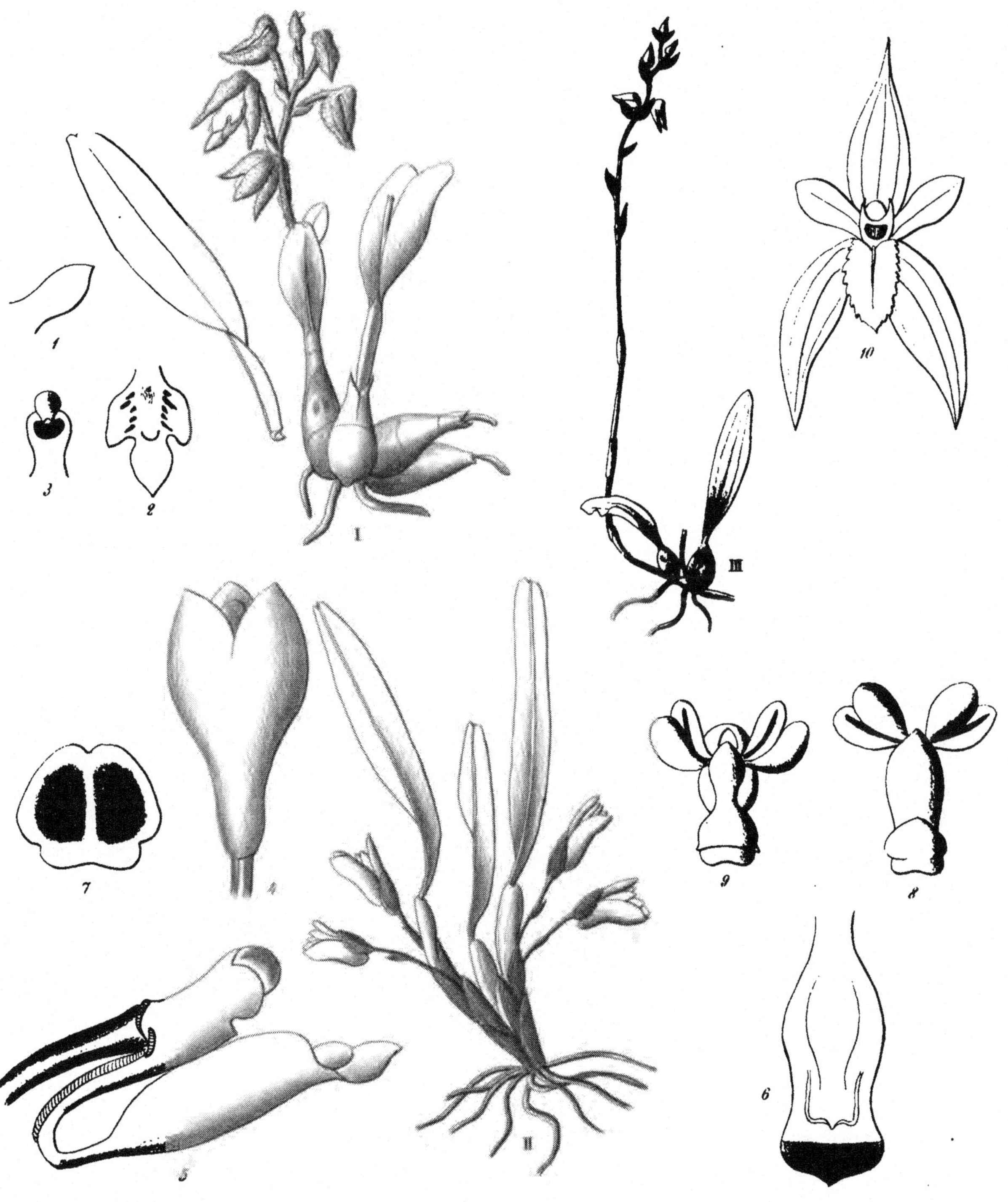

I 1-3 *Polystachya pachyglossa* Rchb. f. II. 4-9. *Ornithidium strumatum* Rchb. f.
III. 10. *Bulbophyllum Seychellarum* Rchb. f.

M. Berthold sc.

I. II. 1-5. *Epidendrum phyllocharis* Rchb. f. III. 6-8. *E. microcharis* Rchb. f.

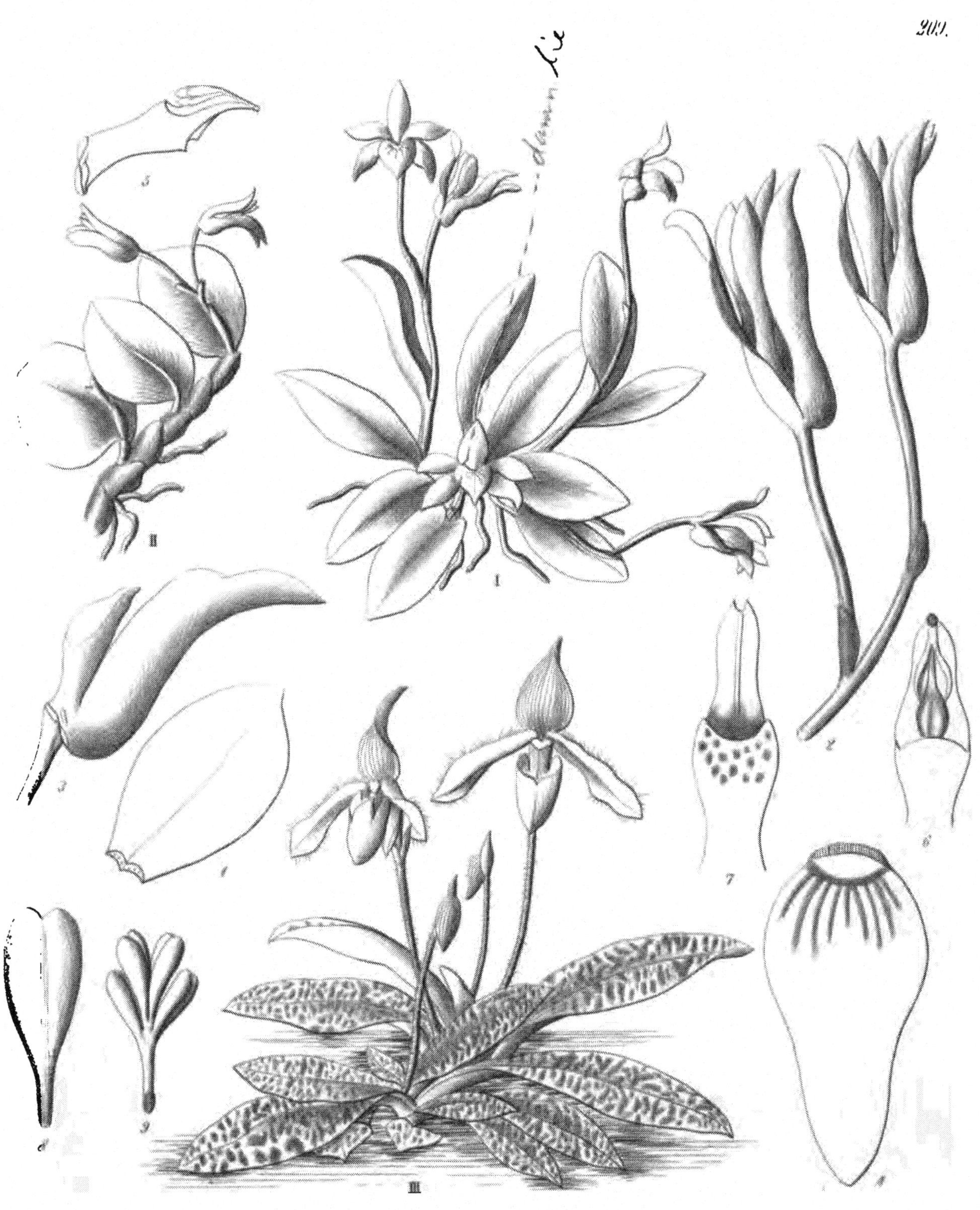

I II. 1-9. Meiracyllium gemma Rchb. f. III. Cypripedium Dayanum Rchb. f.

I. 1-9. Pleurothallis leucopyramis Rchb. f. II. 10-17. Pl. luctuosa Rchb. f.

Rchb. f. del. vio

M. Berth... sc.

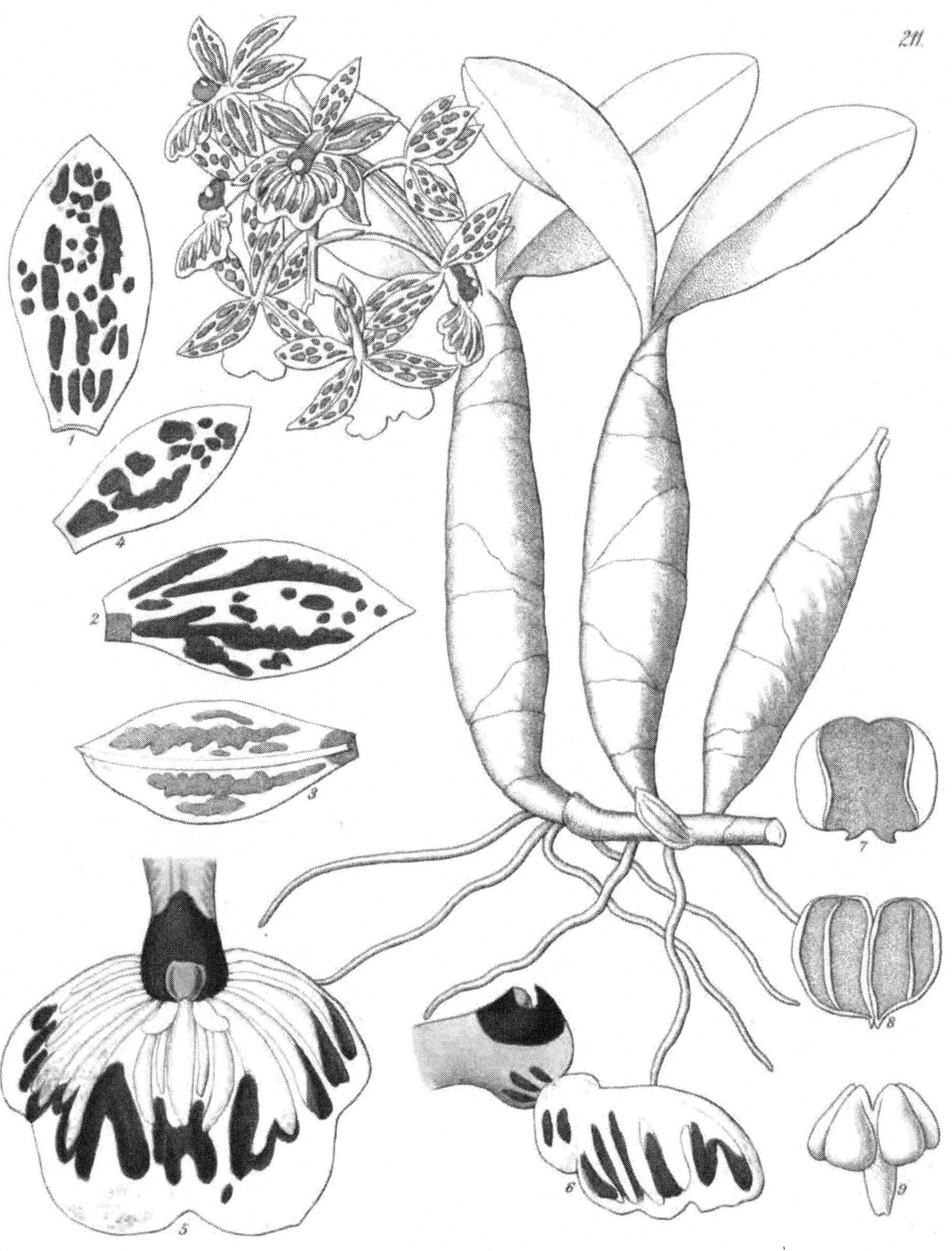

Epidendrum marmoratum A. Rich. Gal.

Rchb. fil. ad viv. del. Werner sc.

212.

Cypripedium Haynaldianum Rchb. f.

Rchb. fil. del. ad viv. — Werner sc.

Pachystoma Thomsonianum Rchb. f.

Rchb. f. ad viv. del.

Werner sc.

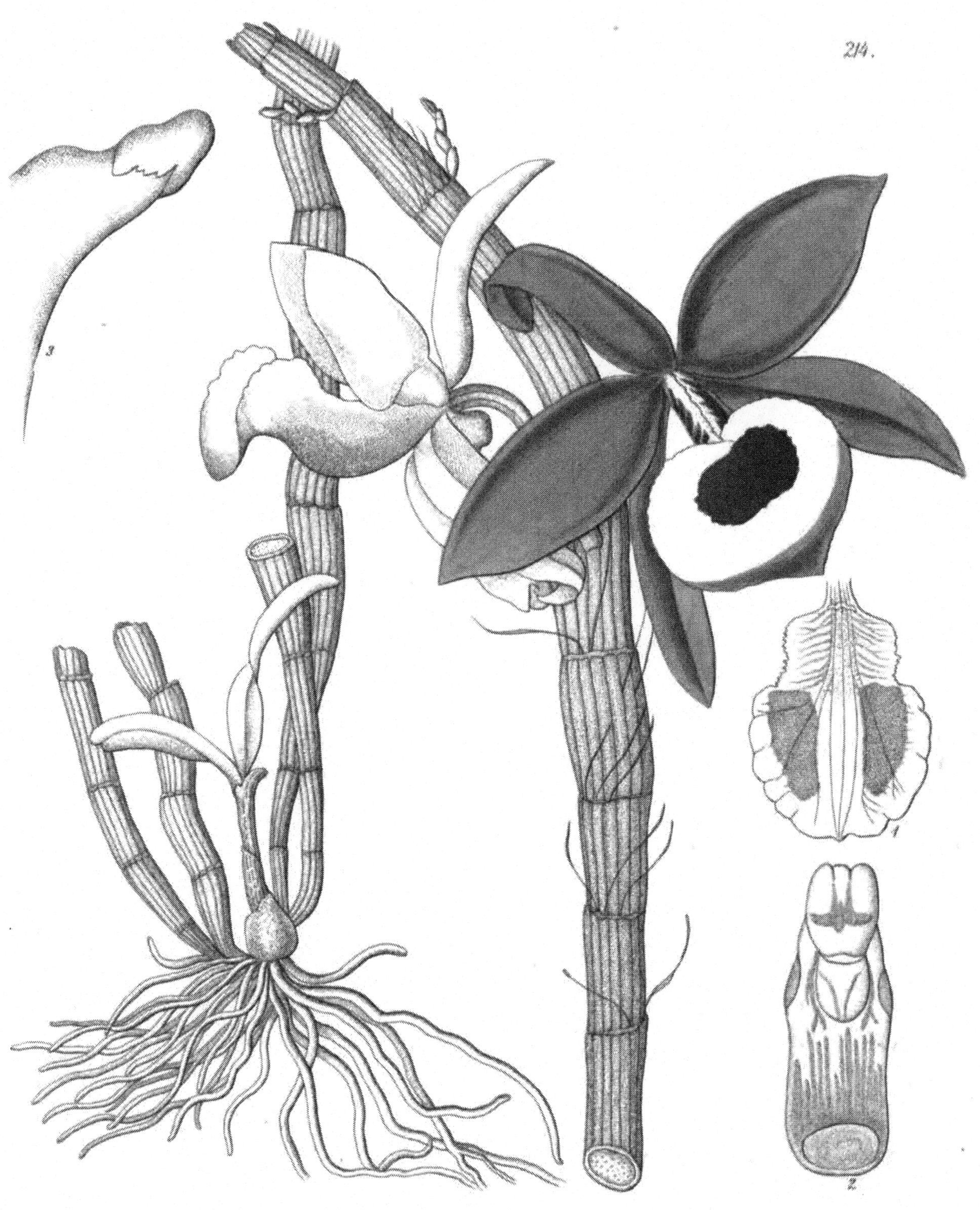

Dendrobium lituiflorum Lindl. robustius. Rchb. f.

Rchb. f. del. sc. Werner sc.

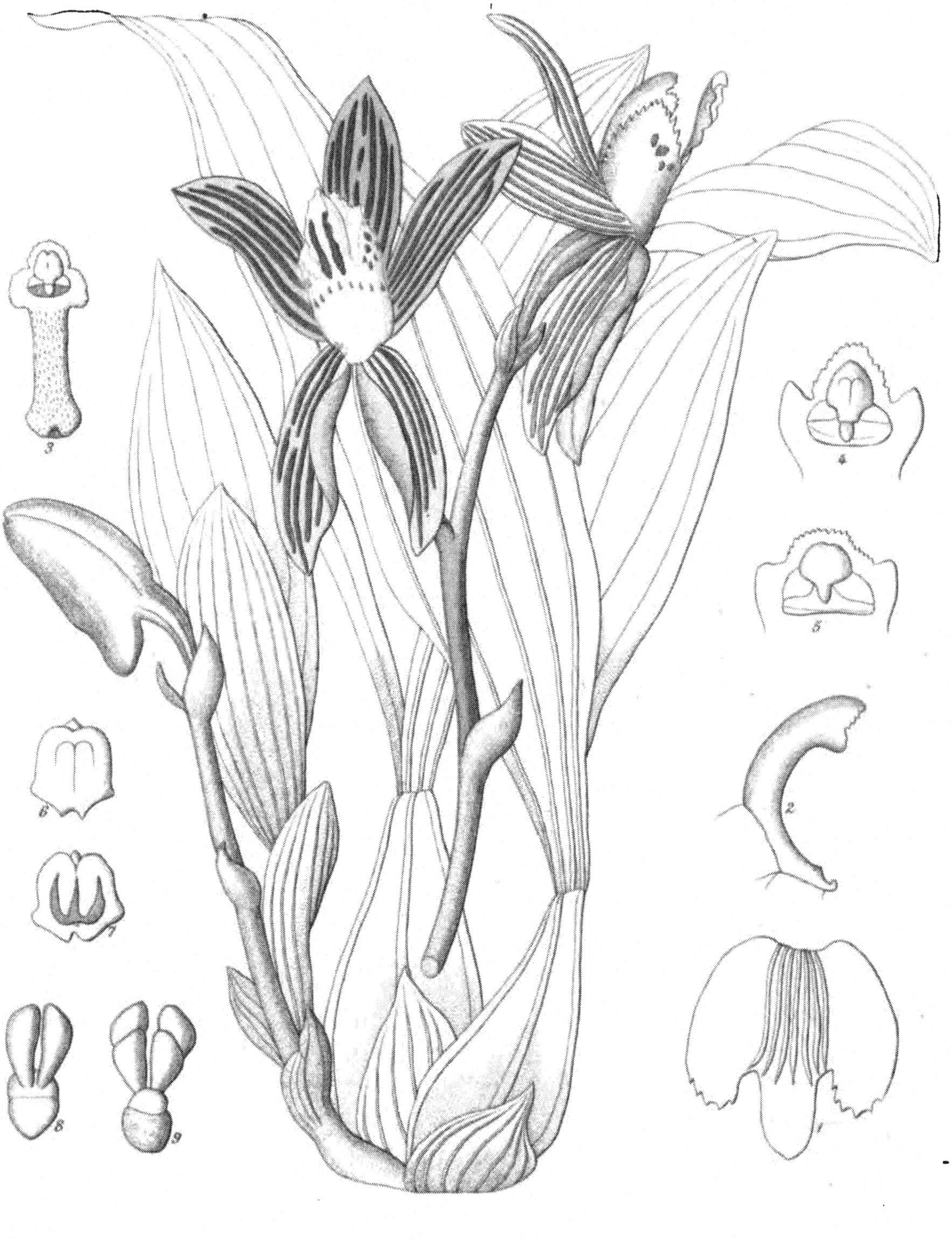

Batemania Beaumontii. Rchb. f.

Rchb. f del. ad viv. Werner sc.

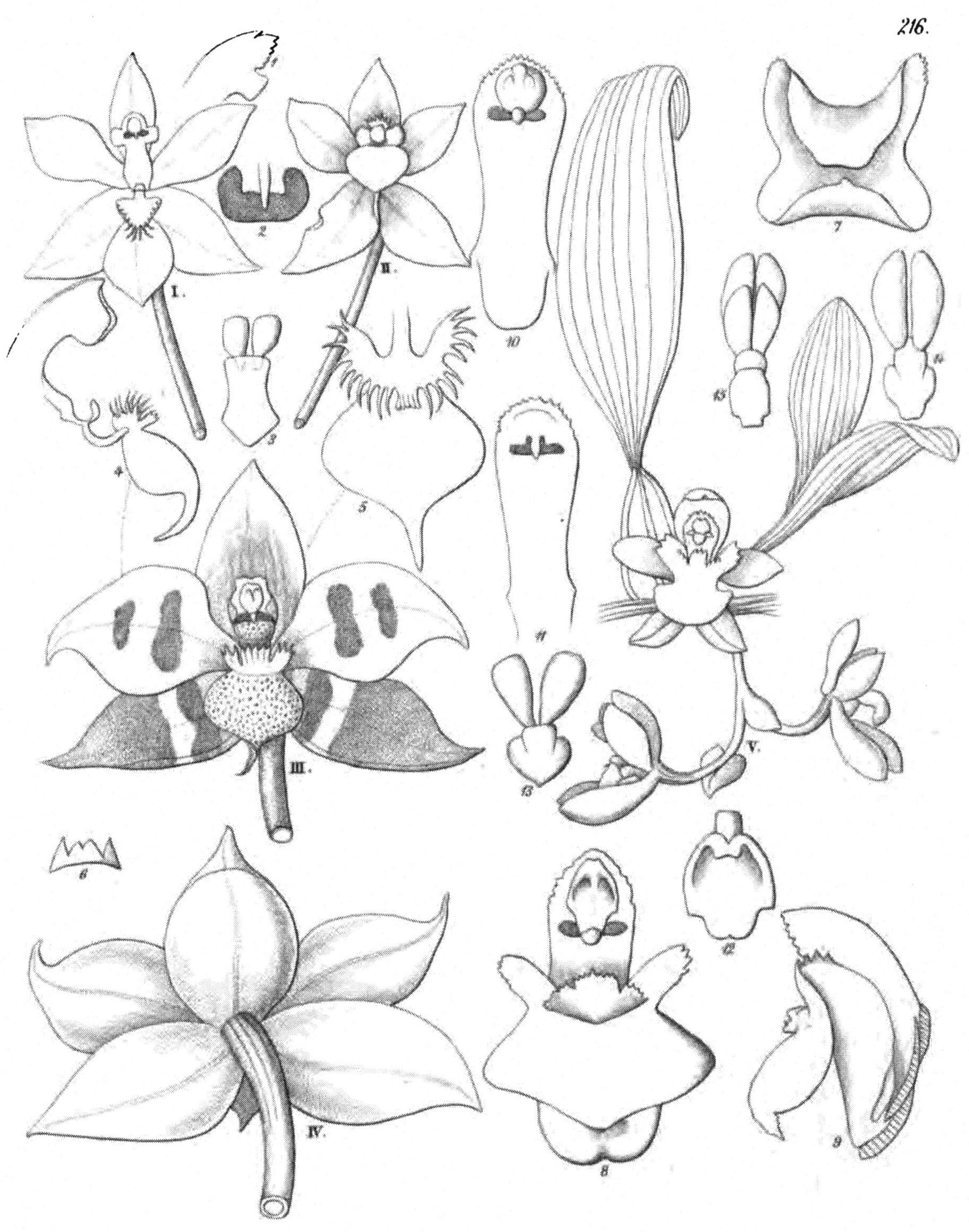

I. II. 1-3. *Batemania apiculata*. Rchb. f. III. IV. 4-6. *B. Gustavi*. Rchb. f.
V. 7-15. *B. armillata*. Rchb. f.

Rchb. fil. del. V. 7-15 ad viv.

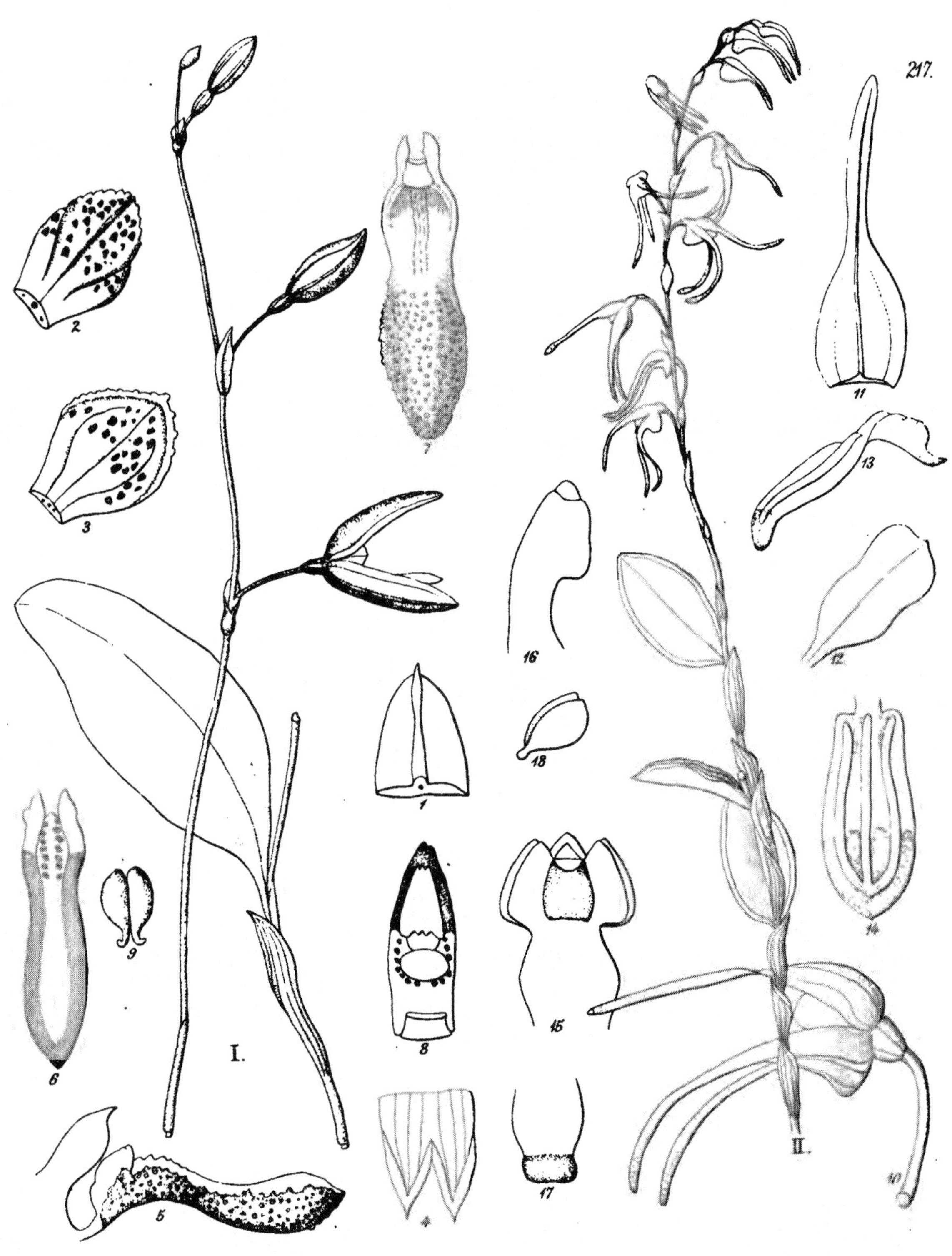

I. 1–9. *Pleurothallis conanthera* Rchb. f. II. 10–18. *P. moschata* Rchb. f.

Rchb. f. ad viv. Werner sc.

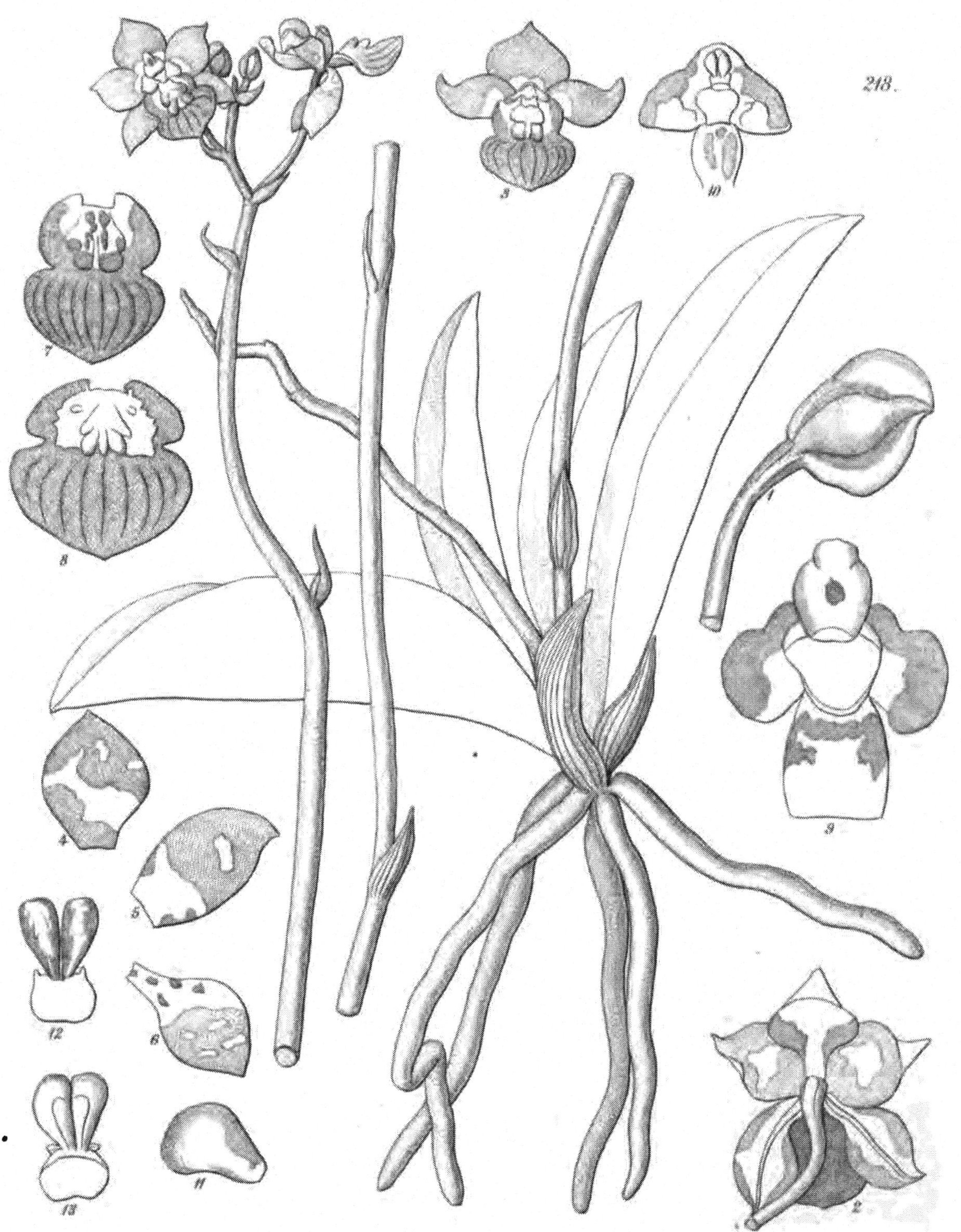

Oncidium Retemeyerianum Rchb. f.

Rchb. f. del. ad. viv.

W... sc.

I. 1-6. *Bulbophyllum rufinum* Rchb. f.
II. 7-13. *B. pipio*. Rchb. f.

Rchb. f. li. ad. na. Werner sc.

Govenia mutica. Rchb. f.

Rchb. fil. del. ad viv. Werner sc.

Zygopetalum Lawrenceanum. Rchb. f.

Rchb. f. del. excl. II — Wolff Werner sc.

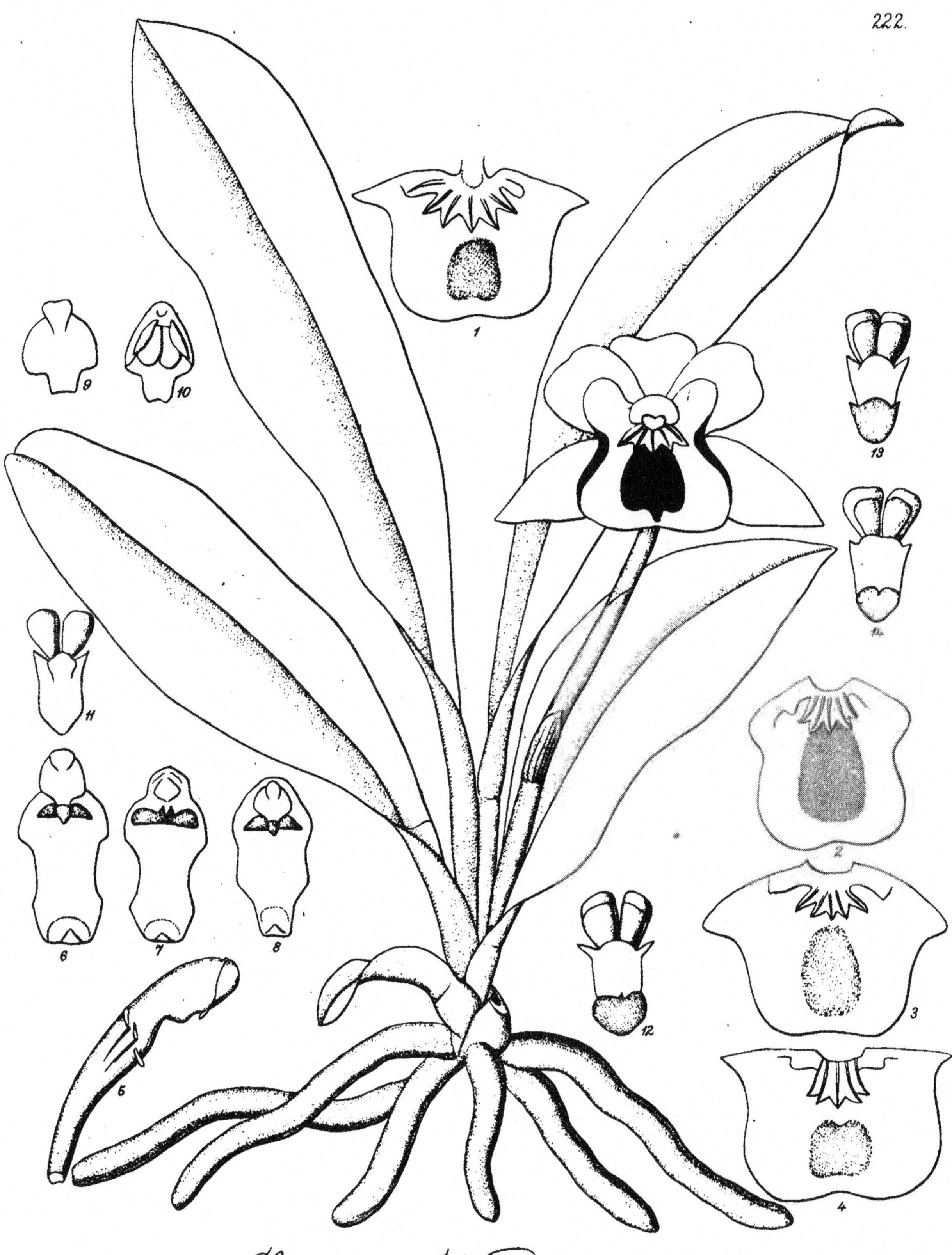

Zygopetalum Wailesianum. Rchb. f.

Rchb. f. del. Wolff Werner sc.

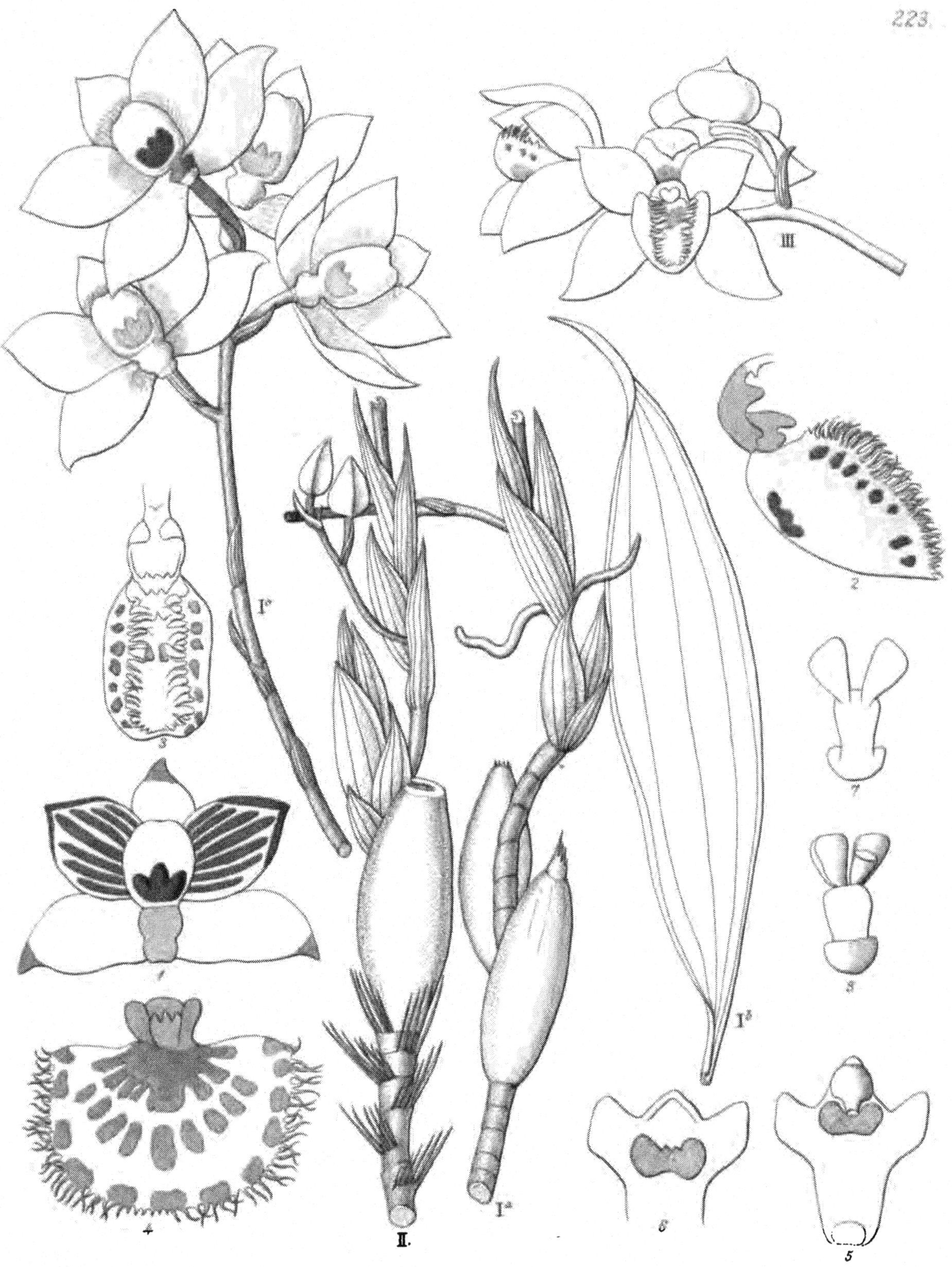

Aganisia Oliveriana. Rchb. f.

Rchb. f. Wolff Werner sc

224

Parish I. rel. *Cymbidium Parishii*: Rchb. f. Wolff Werner sc.
Rchb. f. del. eburneum.

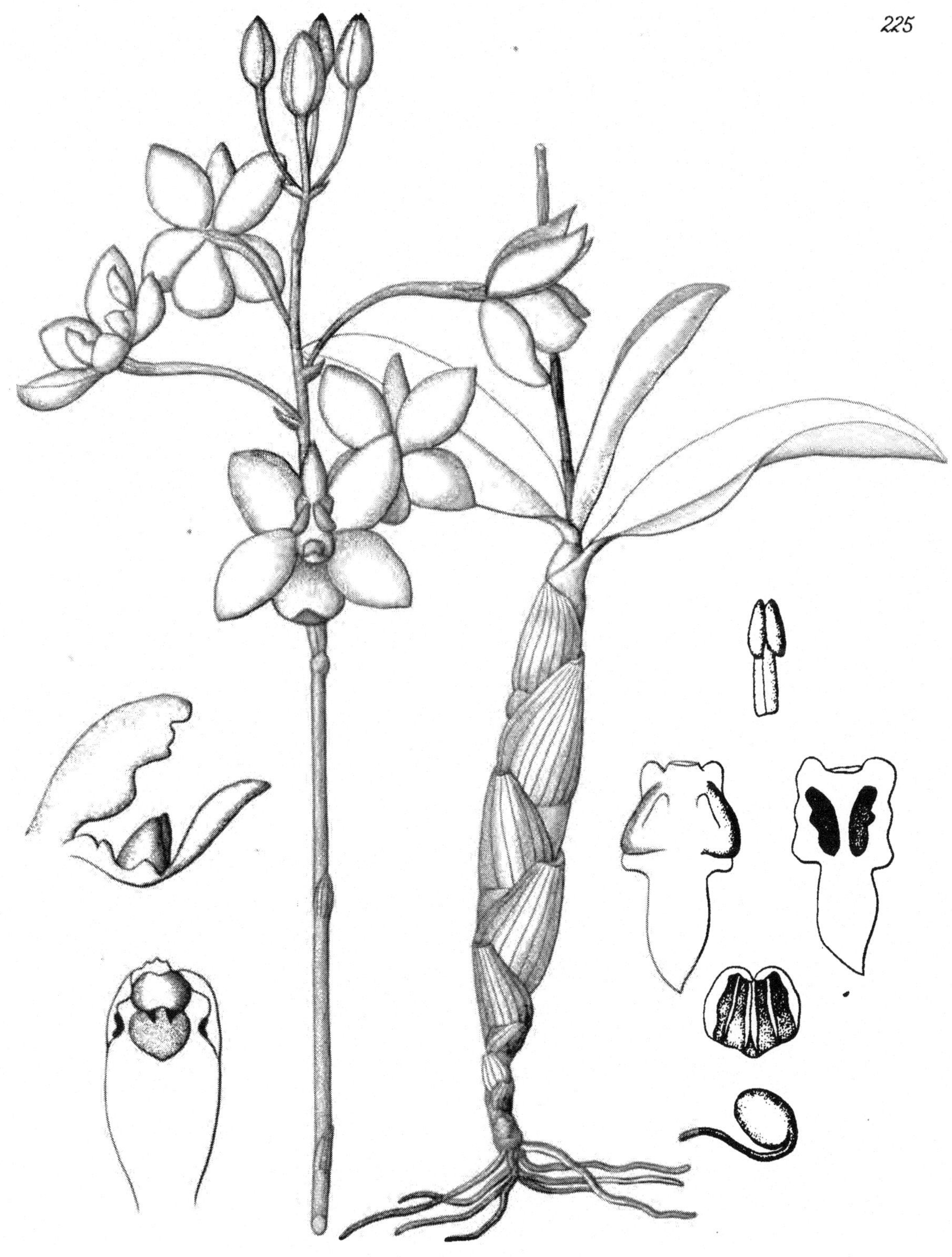

Diacrium
Epidendrum bilamellatum Rchb.f.

Rchb f del.　　　　Wolff Werner sc.

226.

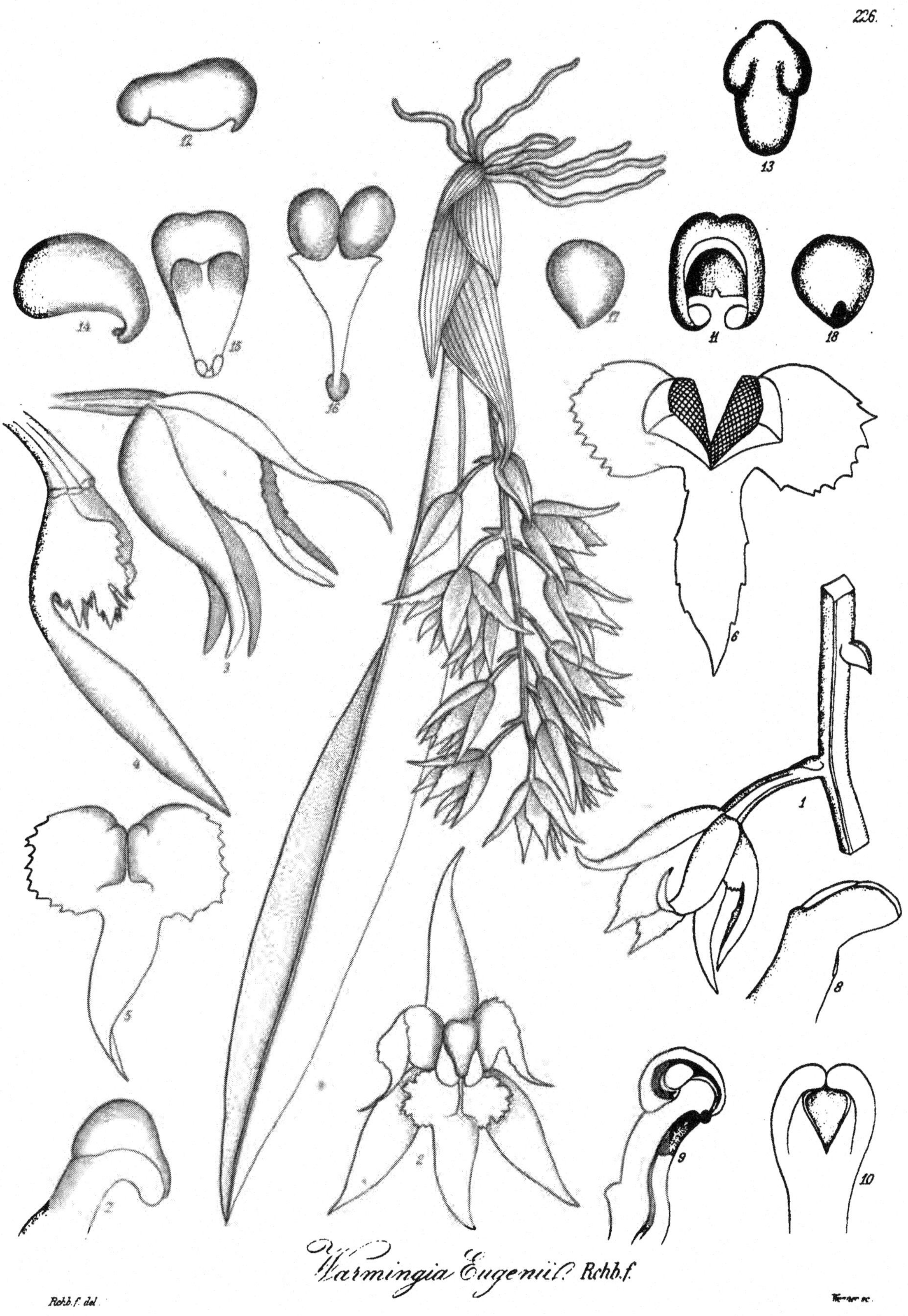

Warmingia Eugenii Rchb. f.

Rchb. f. del.

Thrixspermum muriculatum Rchb. f.

Rchb. f. del.

Werner sc.

228.

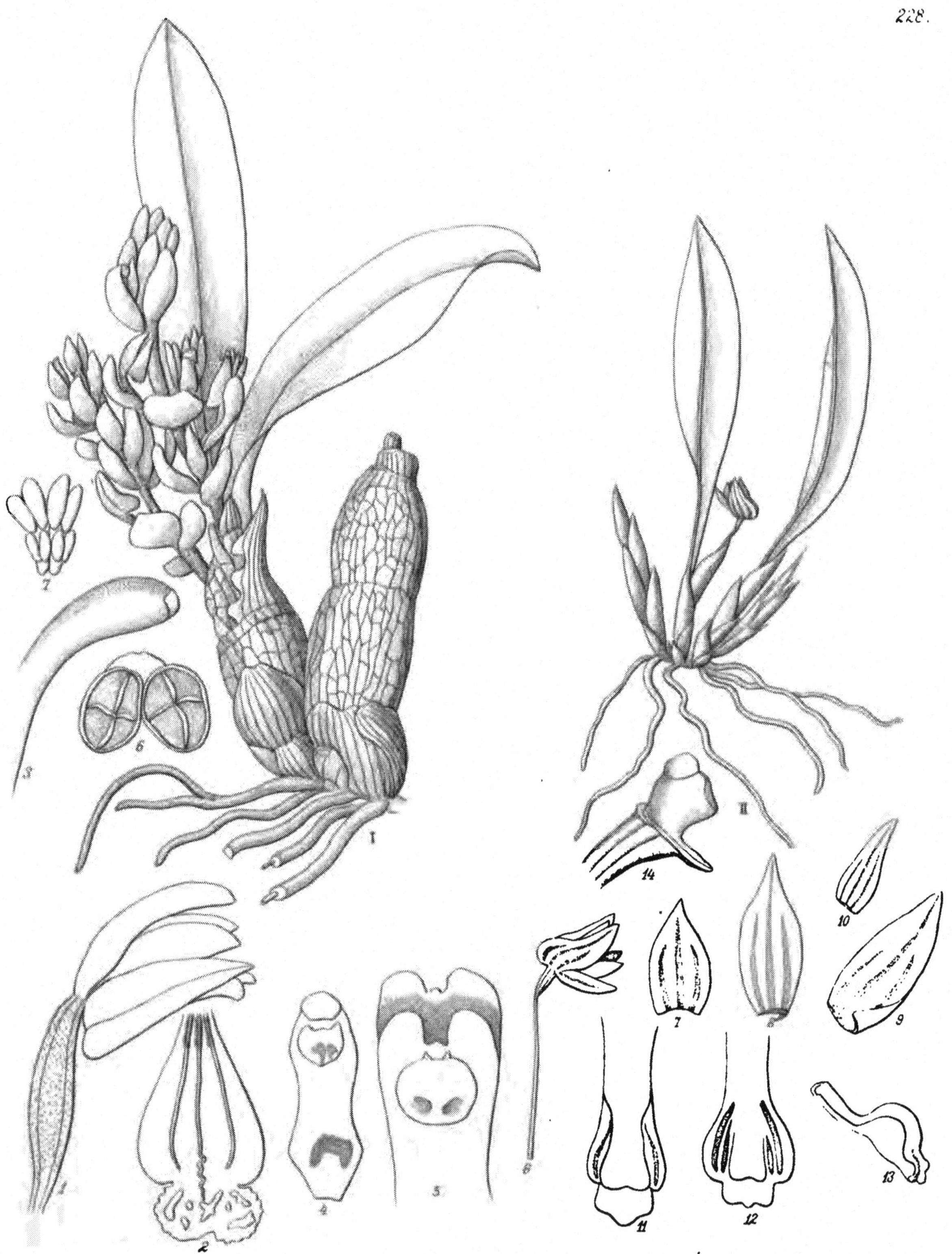

I. 1-7. *Eria Curtisii* Rchb. f. II. 8-14. *E. Pleurothallis.* Par. Rchb. f.

E. Parish et Rchb. f. del. Werner sc.

I. 1-3. *Chloraea penicillata*: Rchb. f. II-III. 4-5. *Bipinnula Giberti*: Rchb. f.

Rchb. f. del. Werner sc.

Trichopilia

I. 1-4. *Oliveriana egregia.* Rchb. f. (*Benthamio Trichopilia.*)

II. 5-8. *Trichopilia dasyandra.* Rchb. f.

Rchb f. del. Werner sc

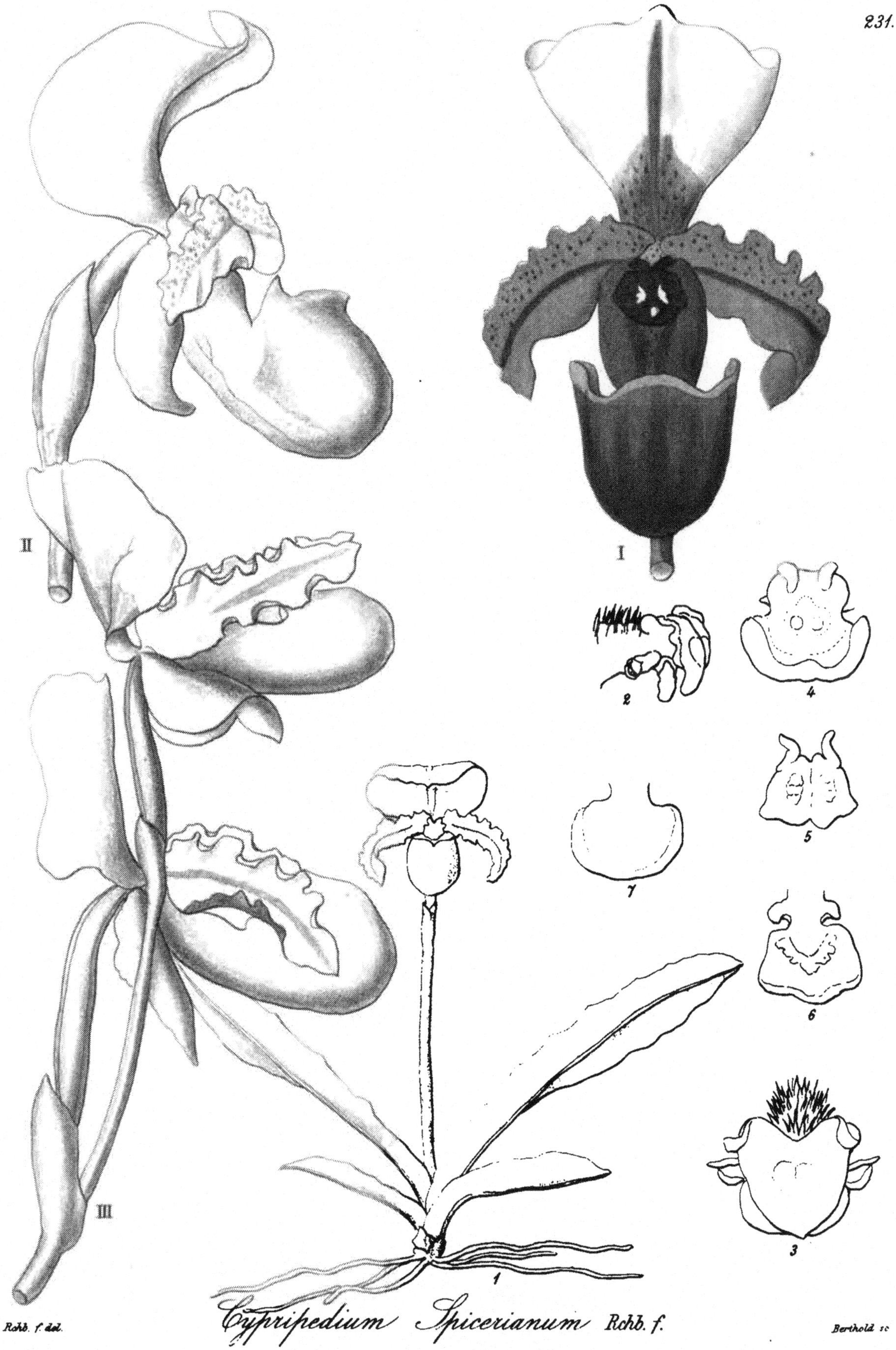

Rchb. f. del. *Cypripedium Spicerianum* Rchb. f. Berthold sc.

Oncidium (Miltonia) festivum Rchb. f.

Saunders del. Berthold sc

Epidendrum selligerum Bat.

Rchb. f. del. Berthold sc.

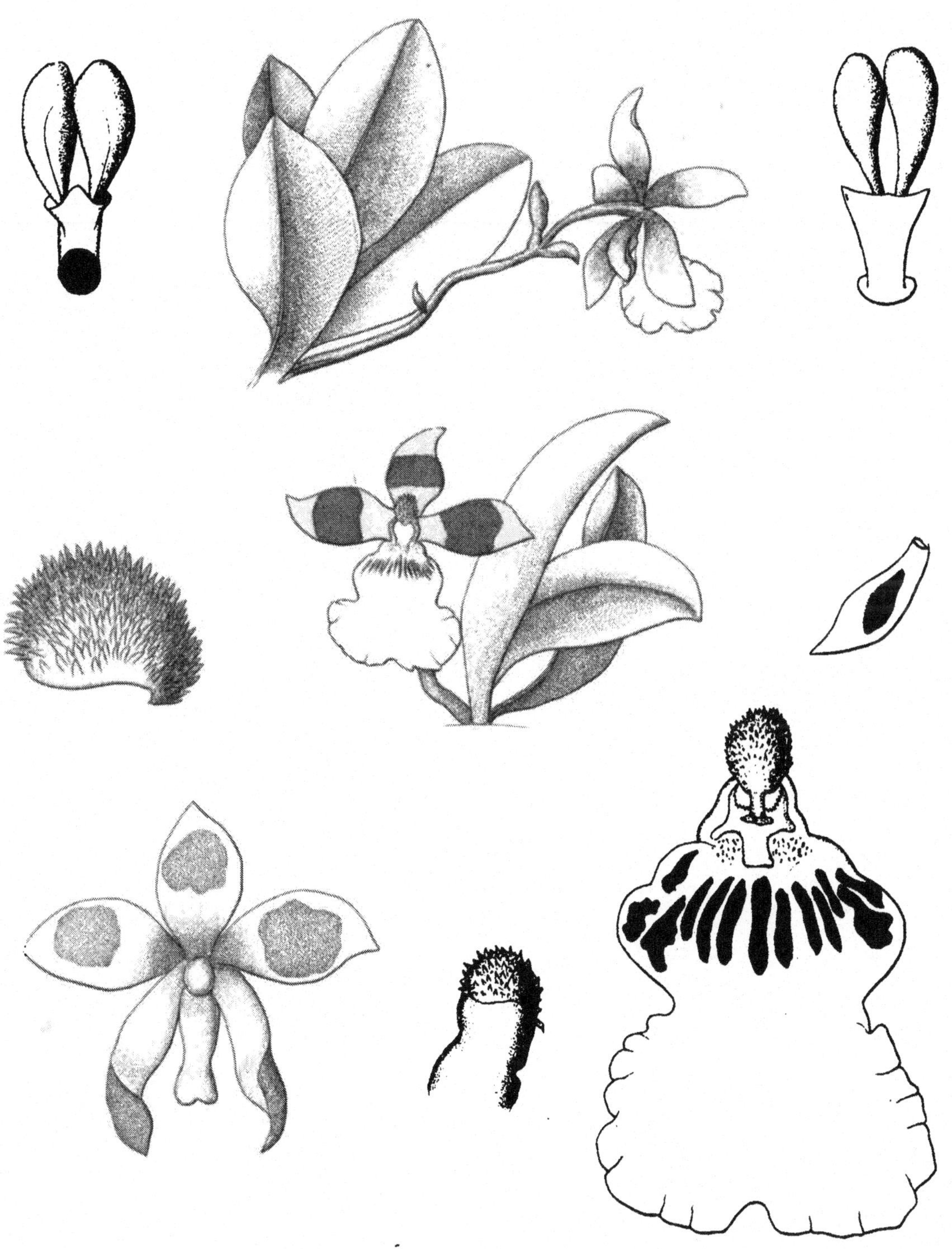

Trichocentrum Hoegei Rchb. f.

Rchb. f. del

Berthold sc

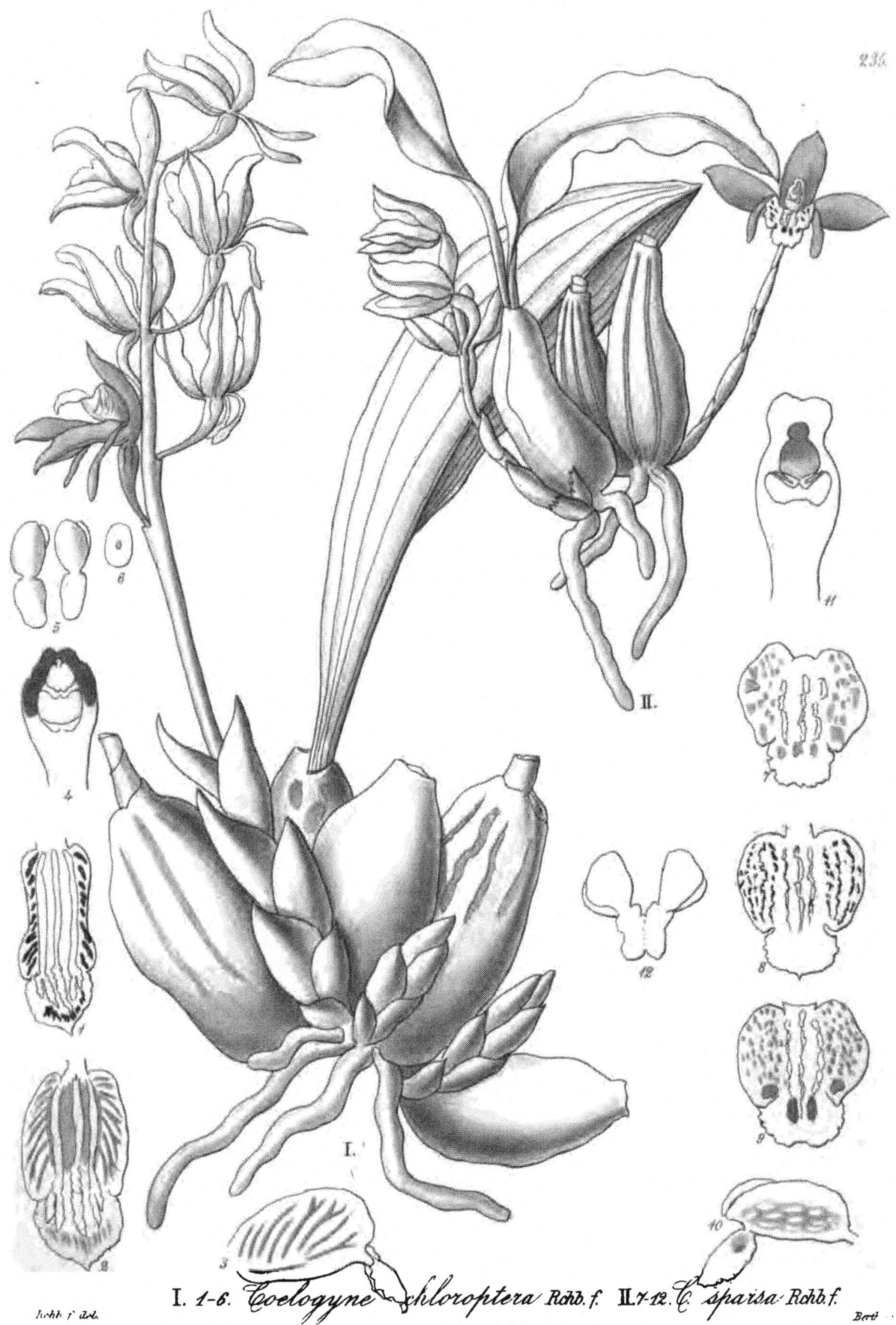

I. 1-6. *Coelogyne chloroptera* Rchb. f. II. 7-12. *C. sparsa* Rchb. f.

Rchb. f. del. Berl.

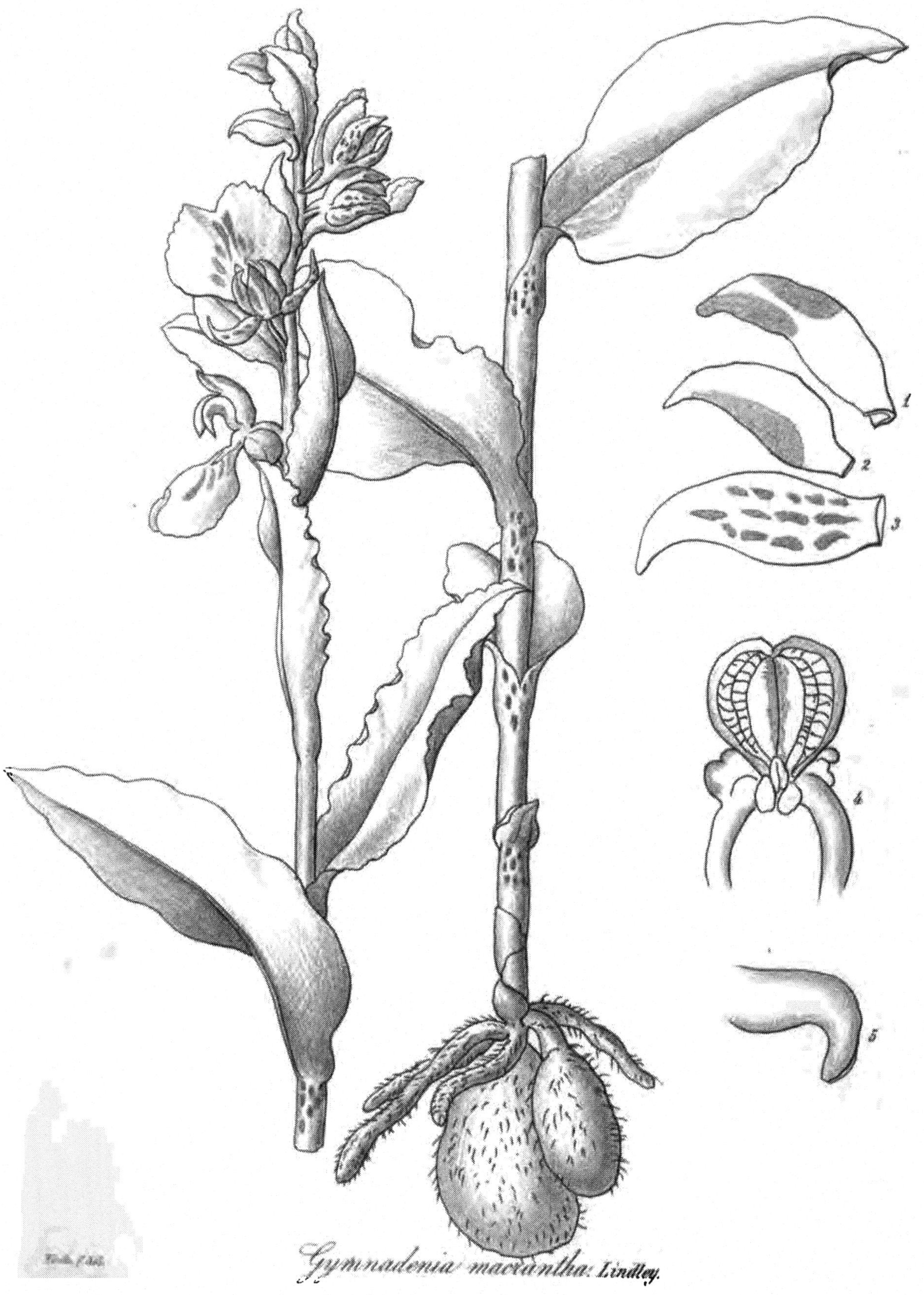

Gymnadenia macrantha: Lindley.

I. 1. 2. *Polystachya rigidula* Rchb. f. II. 3-7. *Gymnadenia macrantha* Lindl. b. *punctulata* Rchb. f.

Rchb. f. del.

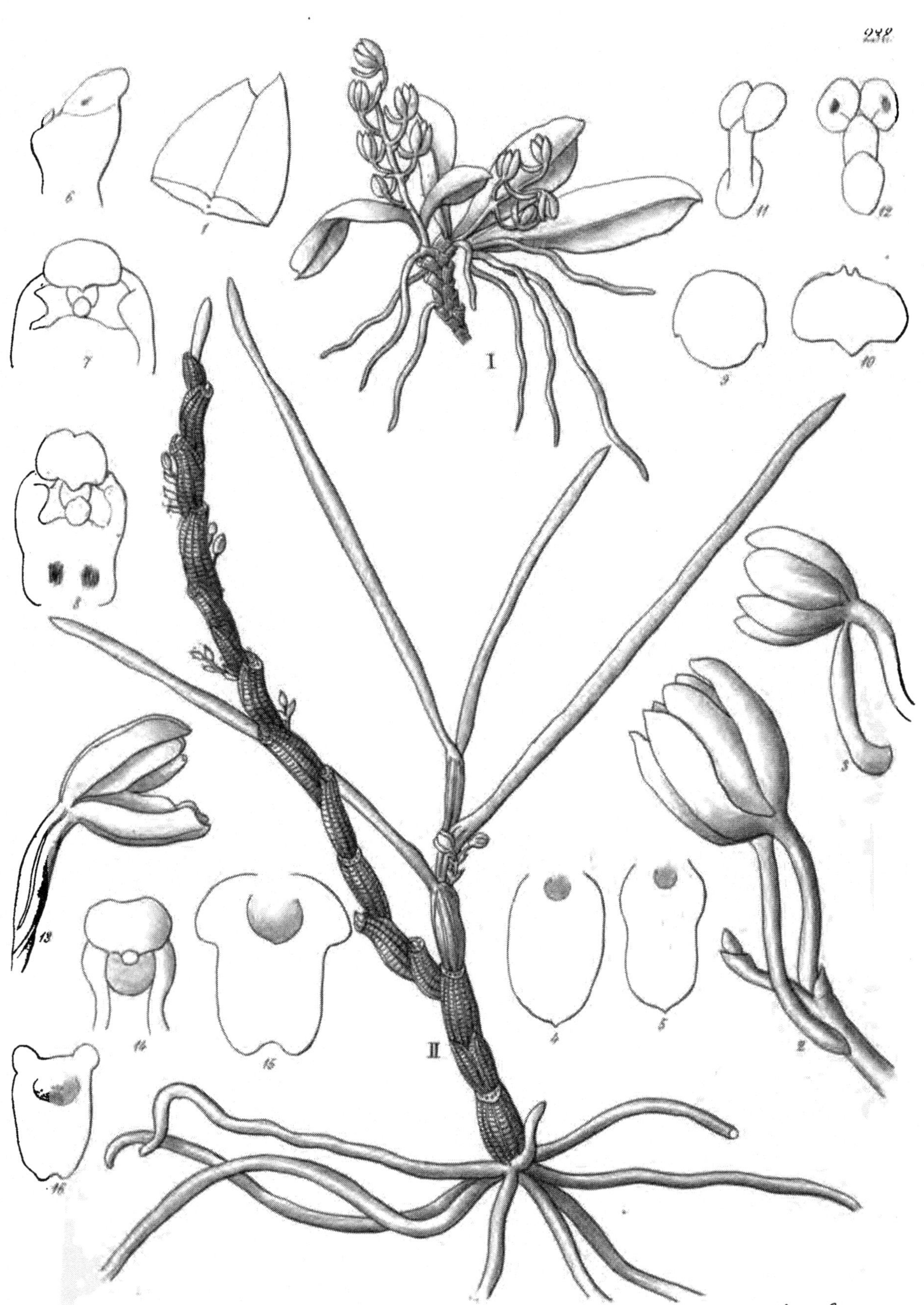

I. 1-12. *Angraecum hyaloides* Rchb. f.   II. 13-16. *Luisia occidentalis* Lindl.

I. 1-3 *Angraecum Reichenbachianum.* Kränzlin. II. III. 4-8 *Angr. Scottianum.* Rbch. f.

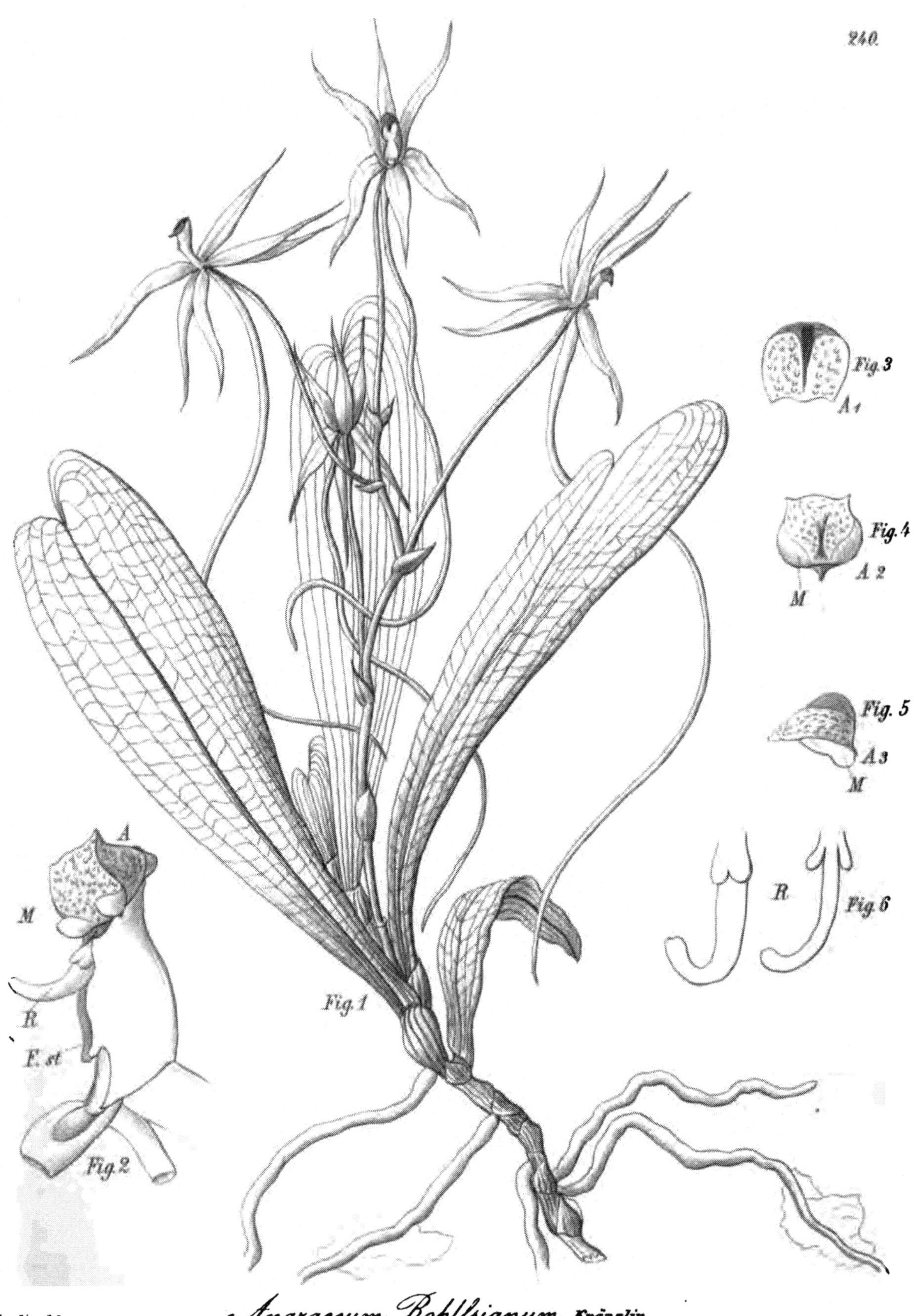

Kränzlin del.

Angraecum Rohlfsianum Kränzlin.

Lycaste xytriophora Linden u. Rchb. f.

Kränzlin del.

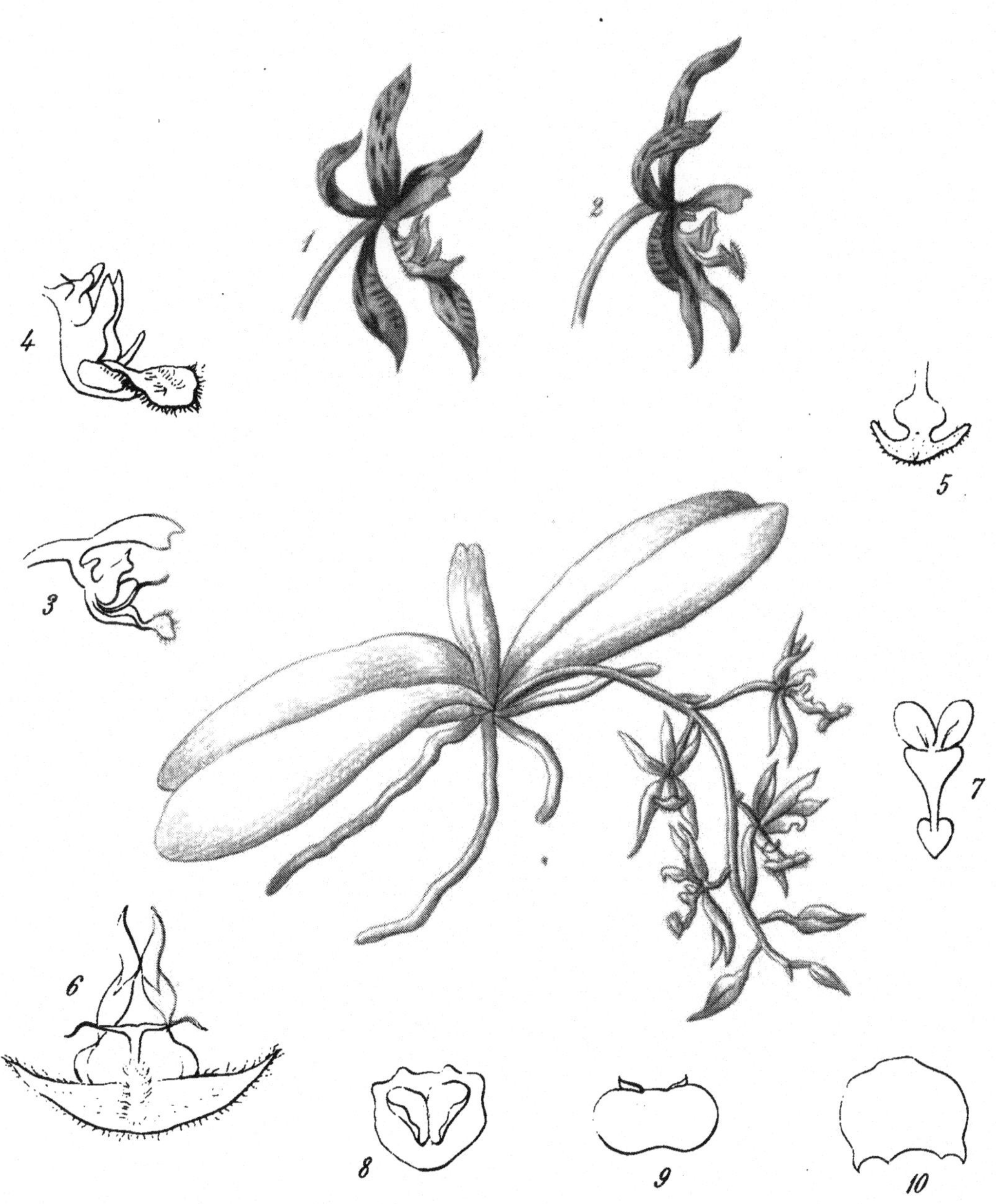

Phalaenopsis Mannii. Rchb. f.

Kränzlin del.

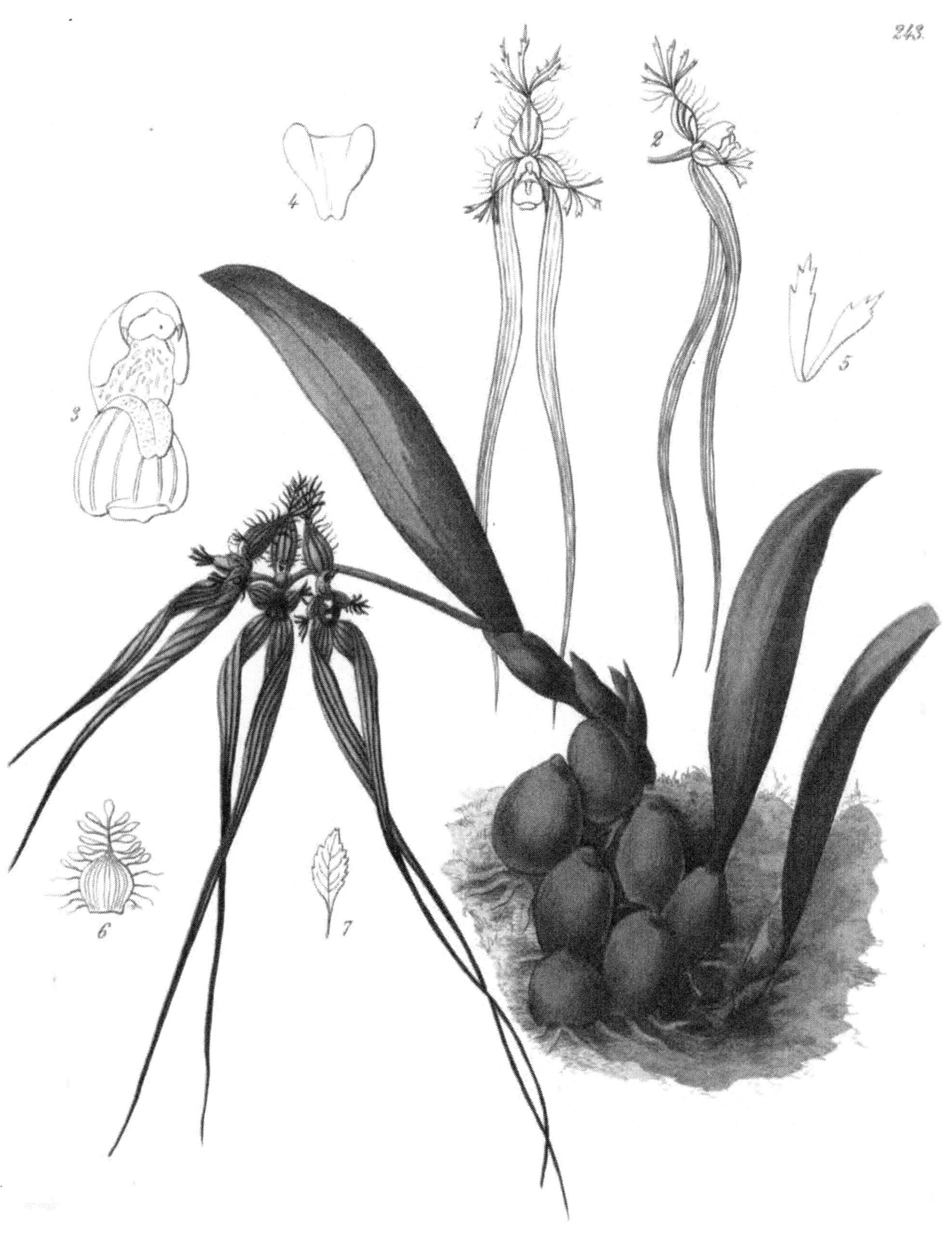

Cirrhopetalum Wendlandianum. Kränzlin.

Habitusbild del. Vogt.
analyses Kränzlin

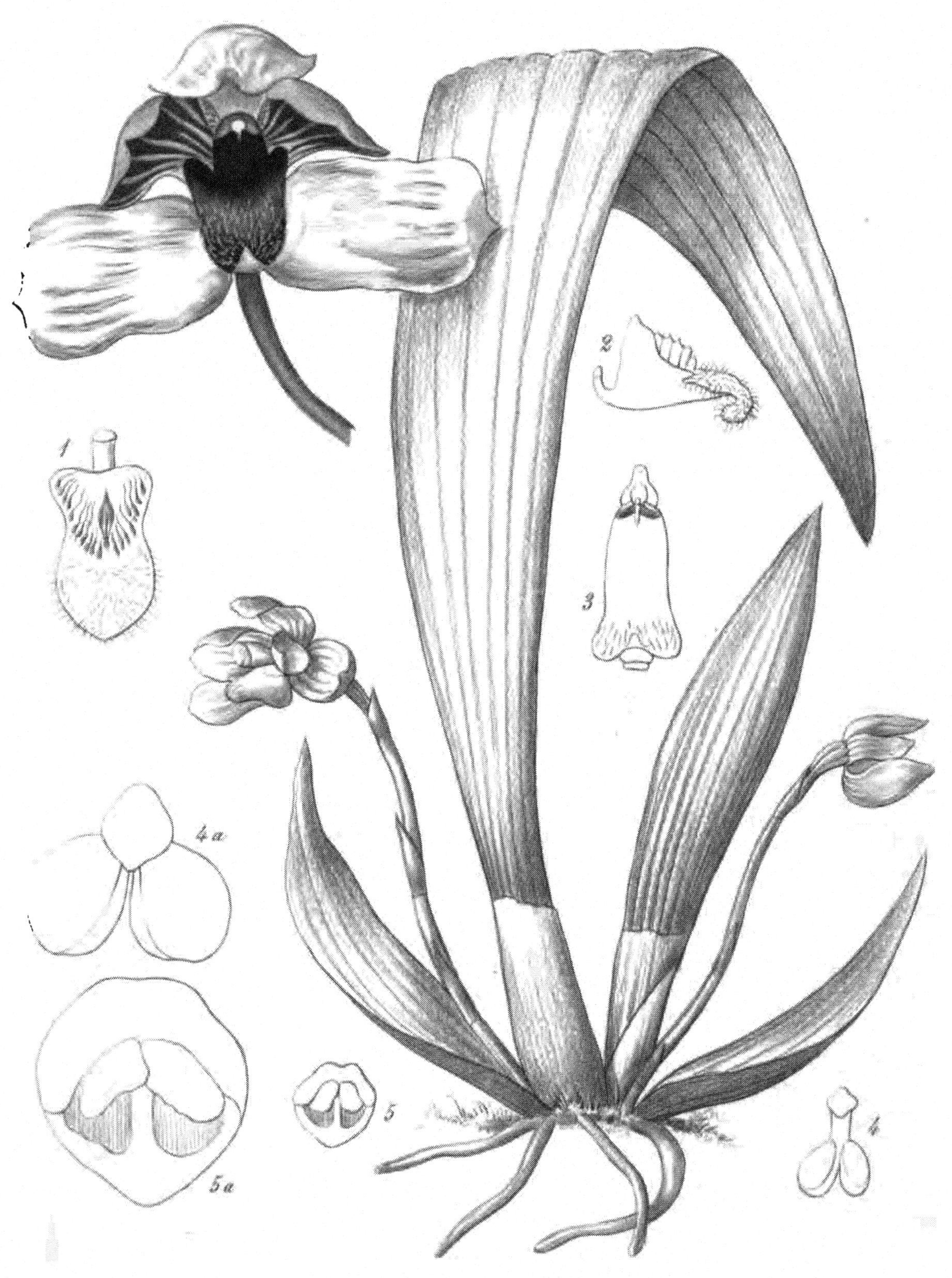

Pescatorea Lehmanni Rchb. f.

Zygopetalum

Kränzlin del.

Cattleya Skinneri var. Bowringiana. Kränzlin.

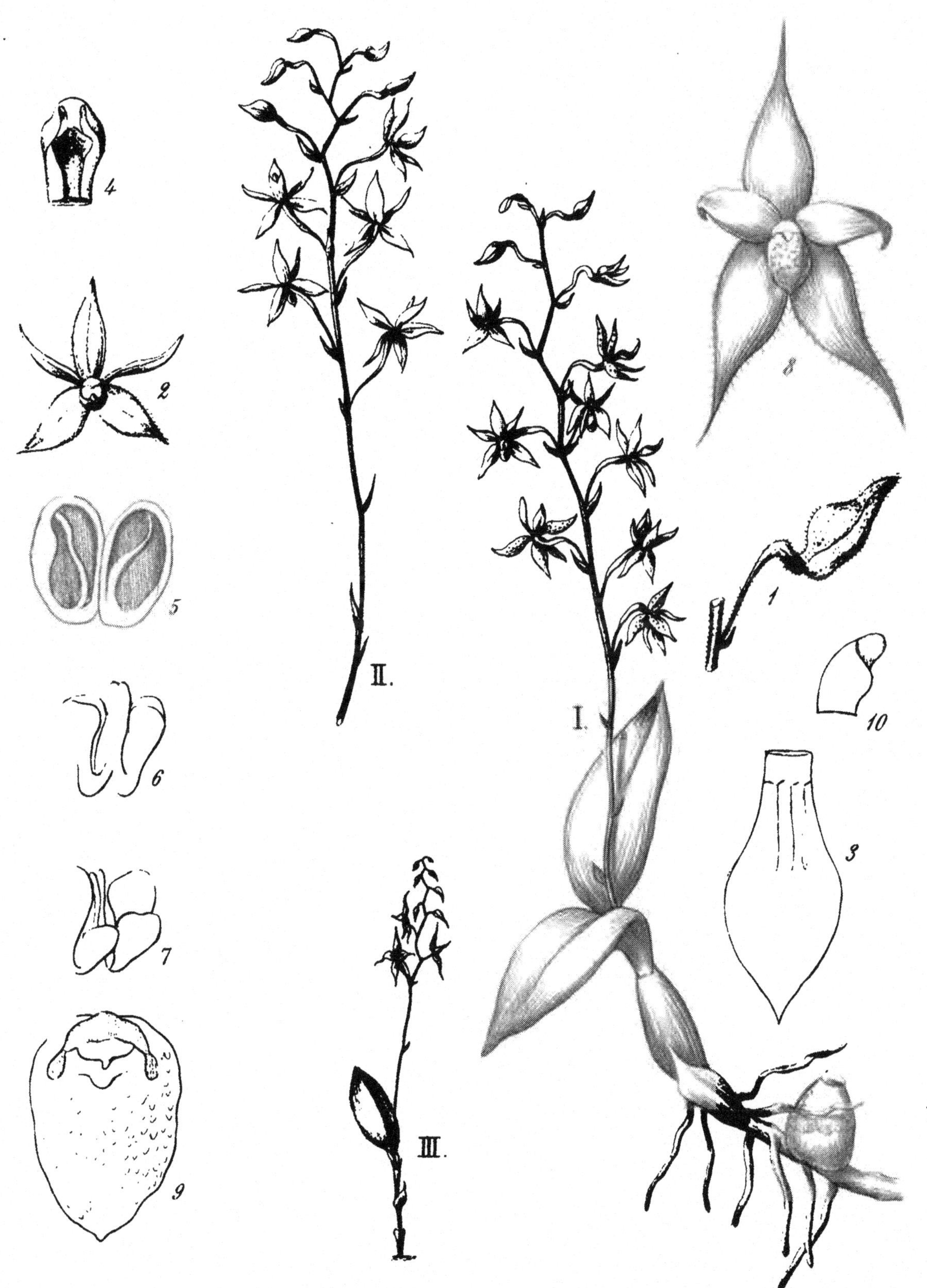

I. II. 1–7. *Epidendrum Avicula.* Lindl. III. 8–10. *Pleurothallis astrophora.* Rchb. f.

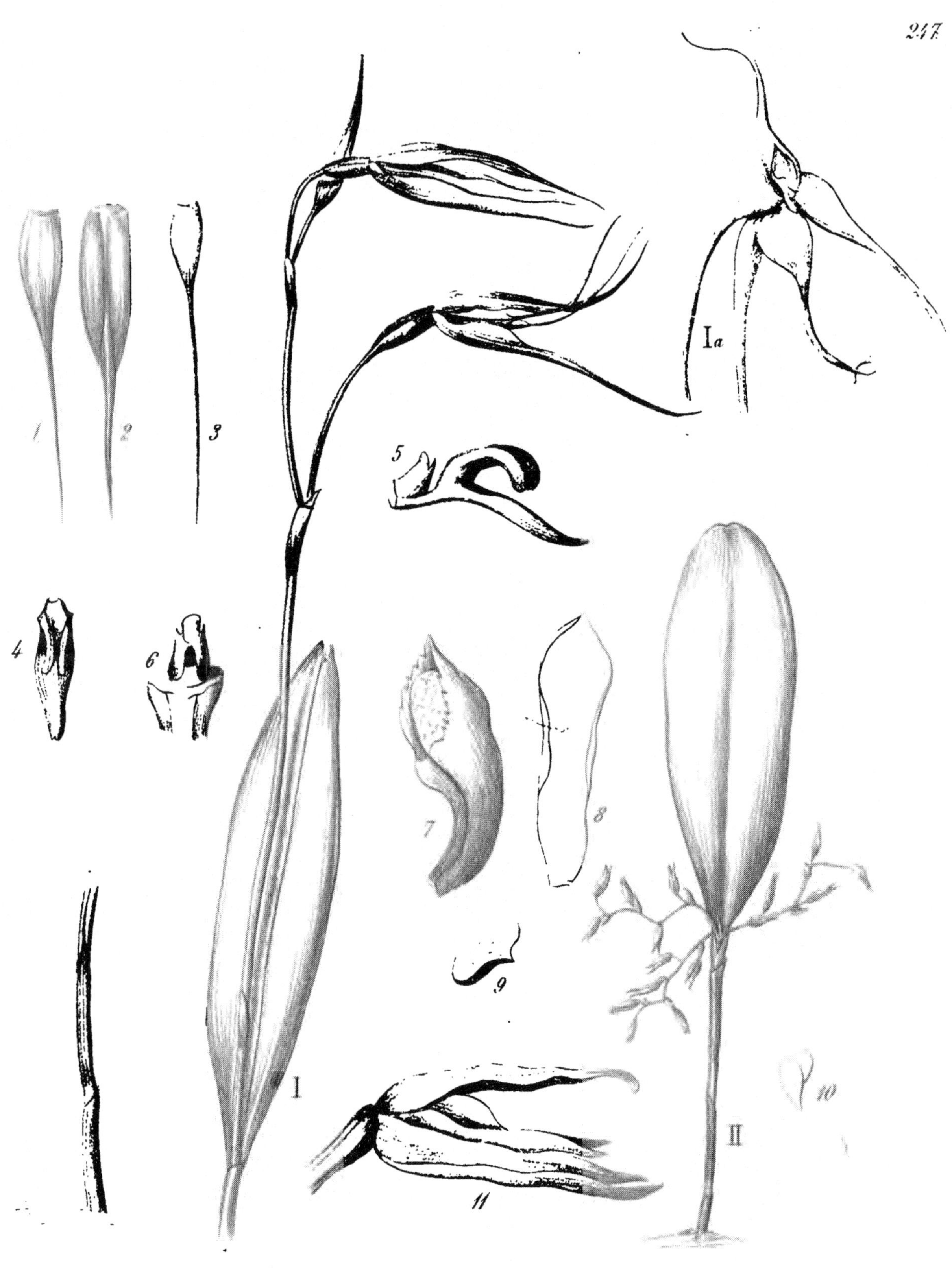

I. 1-6. *Pleurothallis scapha* Rchb. f. II. 7-11. *Pleuroth. obovata* Lindley.

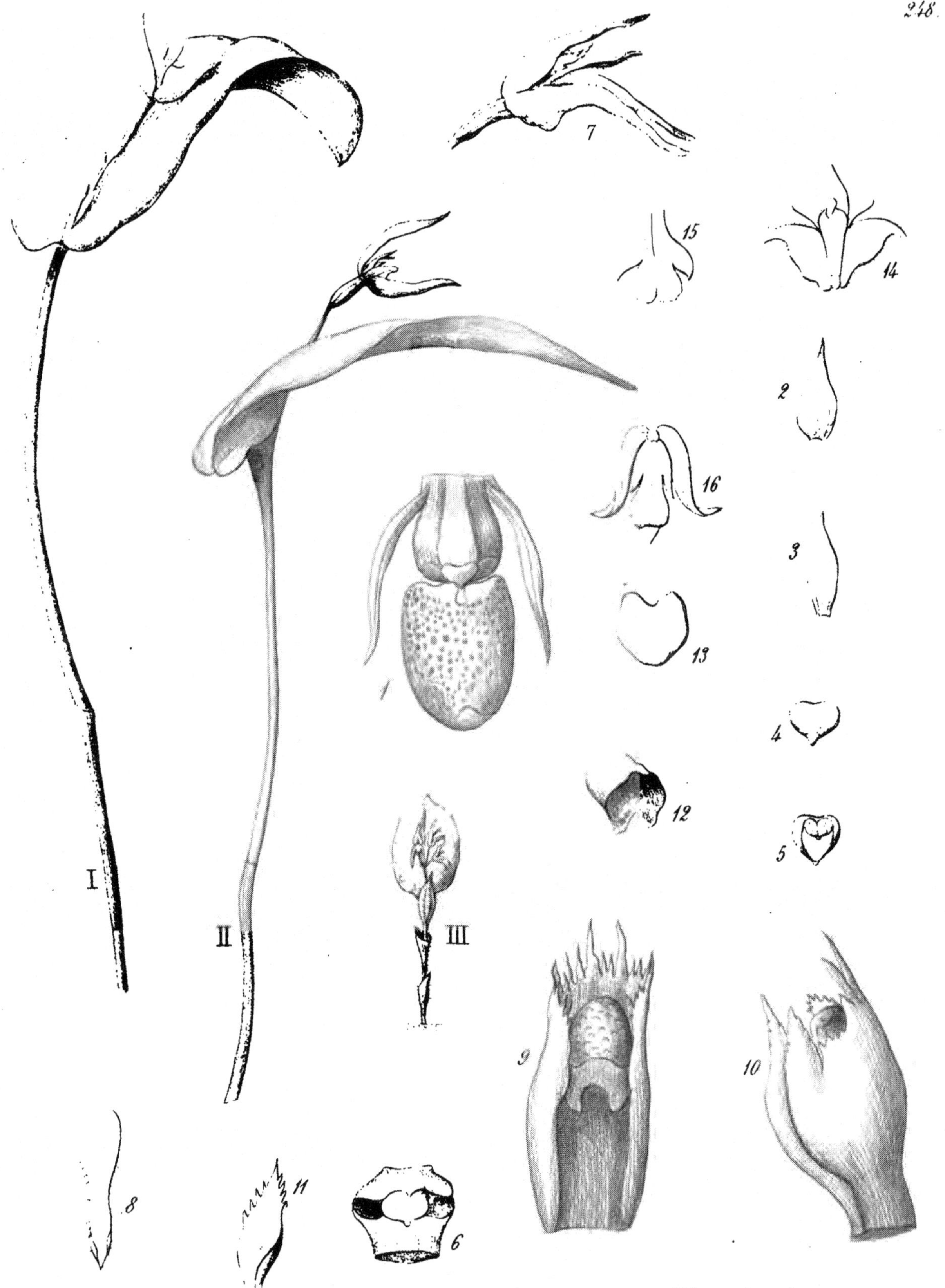

I. II. 1–6. *Pleurothallis Lansbergii* Regel. III. 7–13. *Pl. orbicularis* Lindley.
14–16. *Polystachya odorata* Lindl.

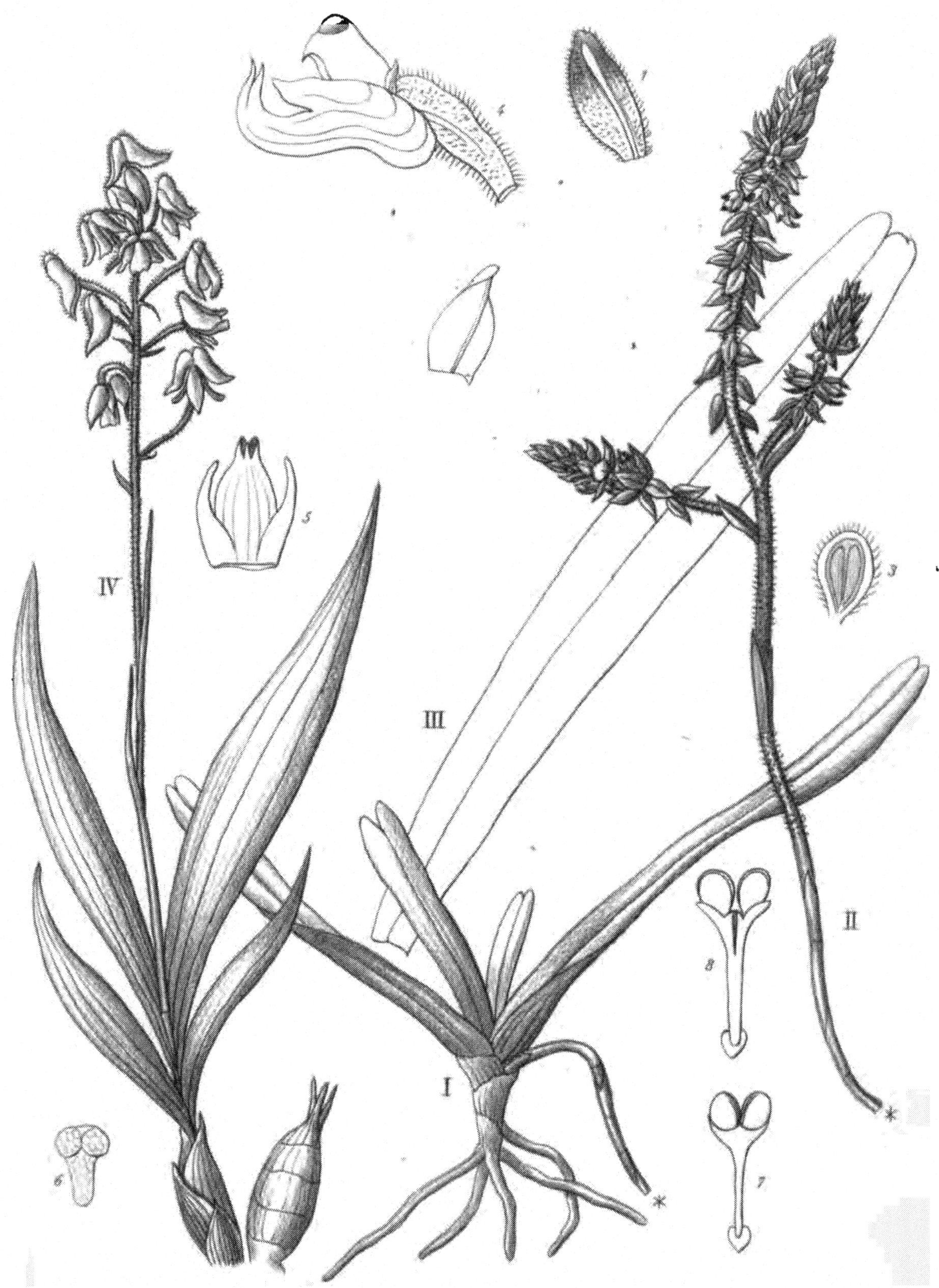

I. II. III. 1-8. *Cleisostoma lanatum* Lindl. IV. *Polystachya odorata* Lindl.

del. F. Kräuslin

250.

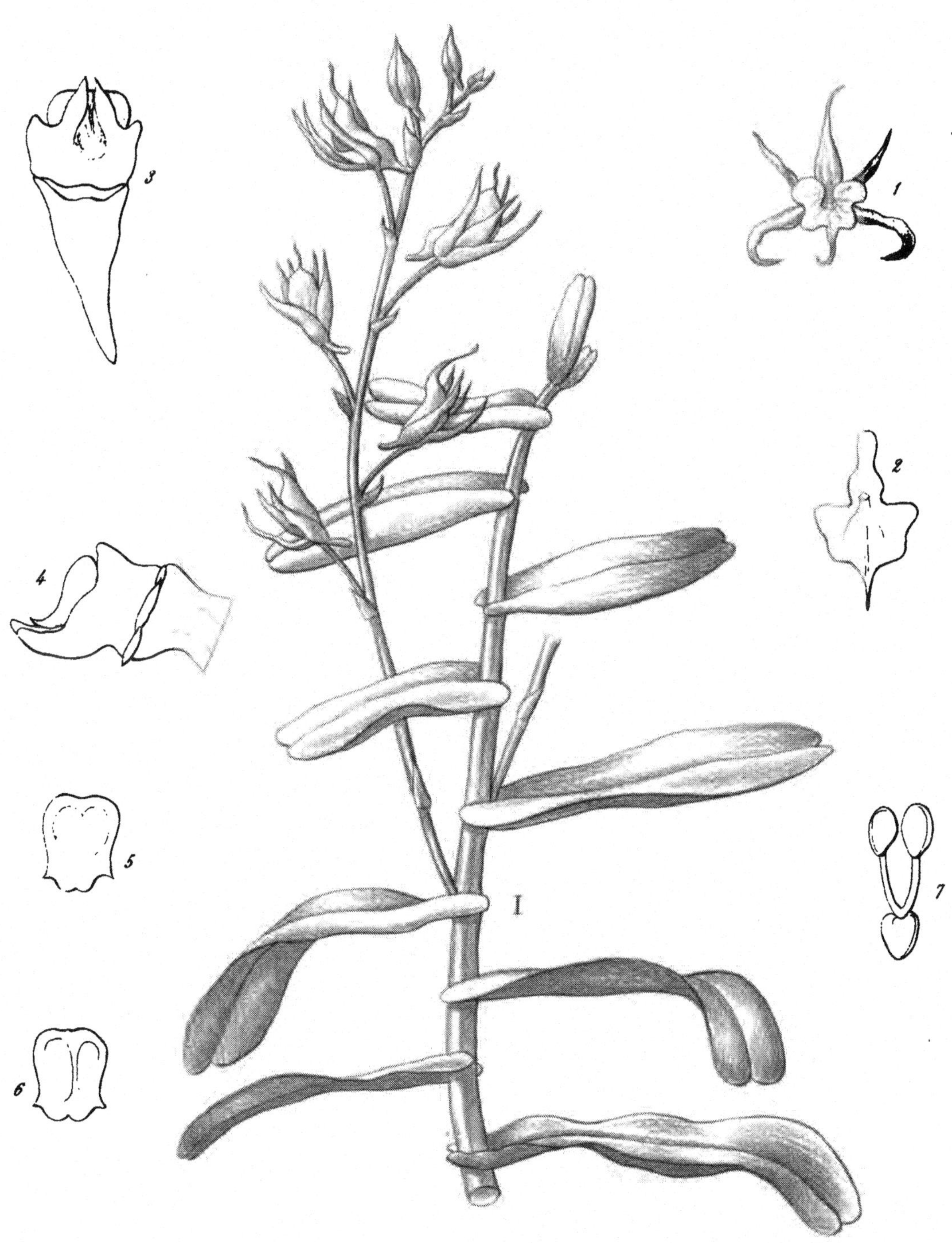

Listrostachys polystachys. Rchb. f.

F. Kränzlin del.

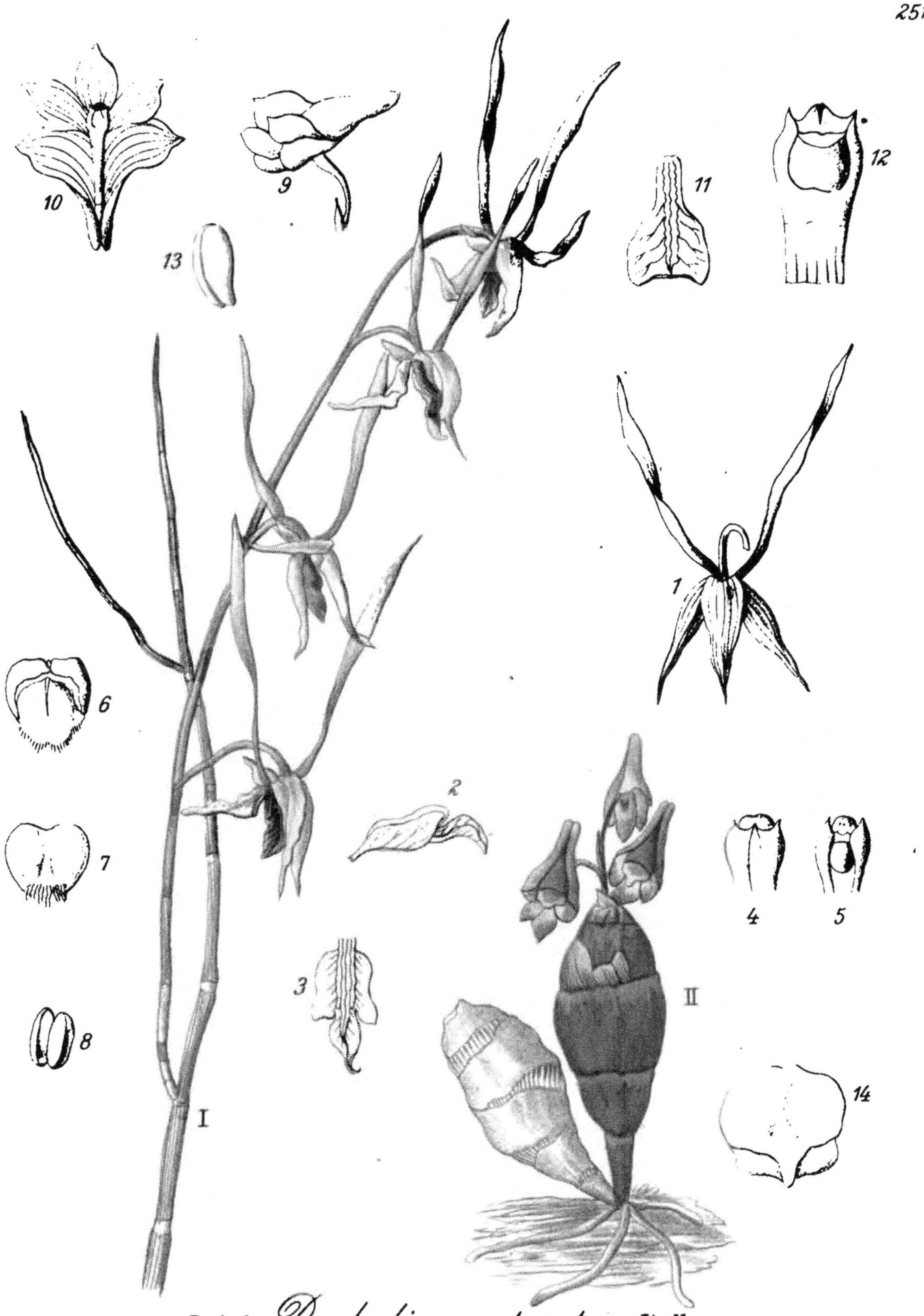

I. 1-8. *Dendrobium antennatum* Lindl.

II. 9-14. *Dendrobium* lamellatum *compressum* Lindl.

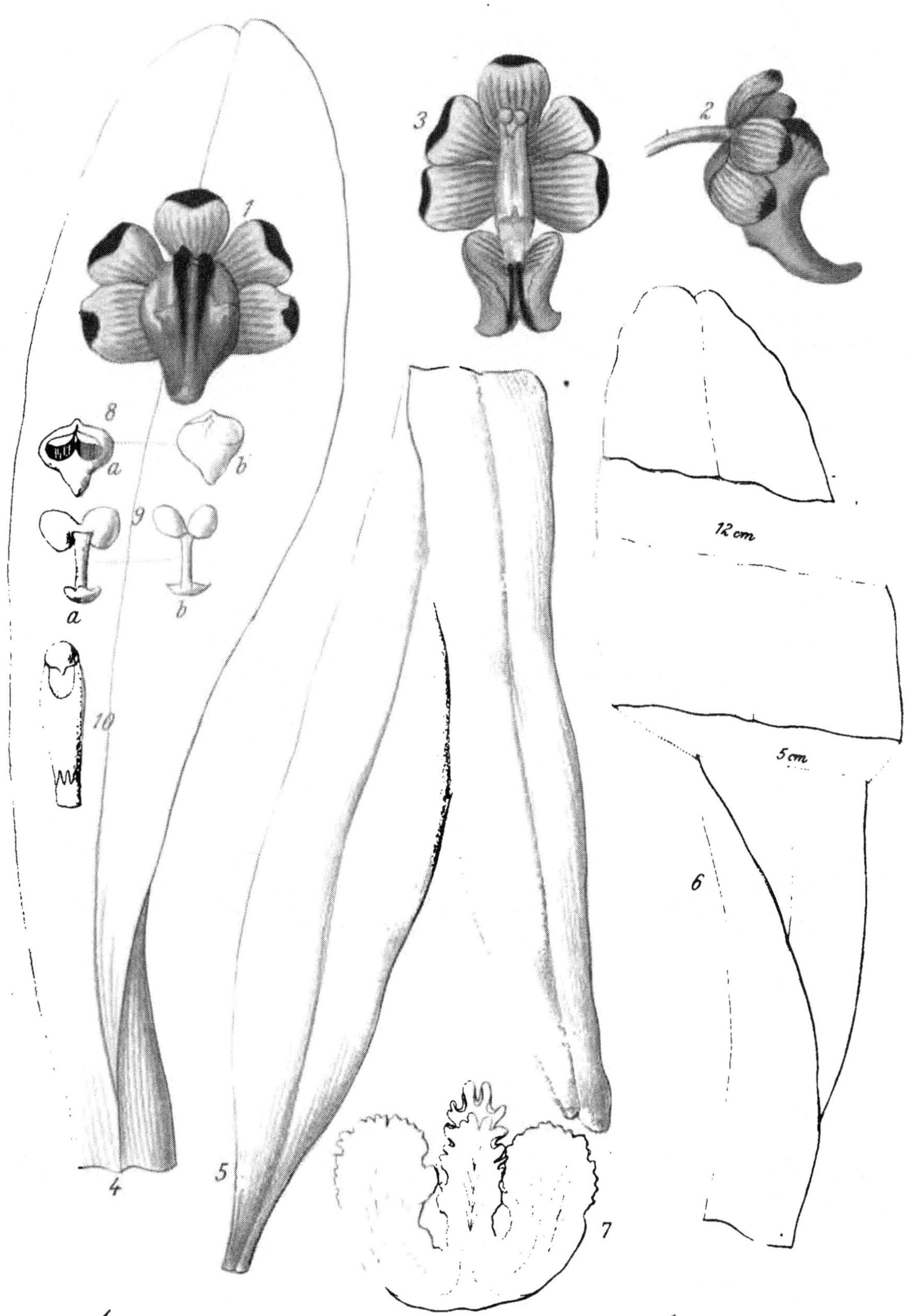

Aerides Lawrenceae Rchb. fil. und var. *Amesiana* Kränzlin.

del. Kränzlin

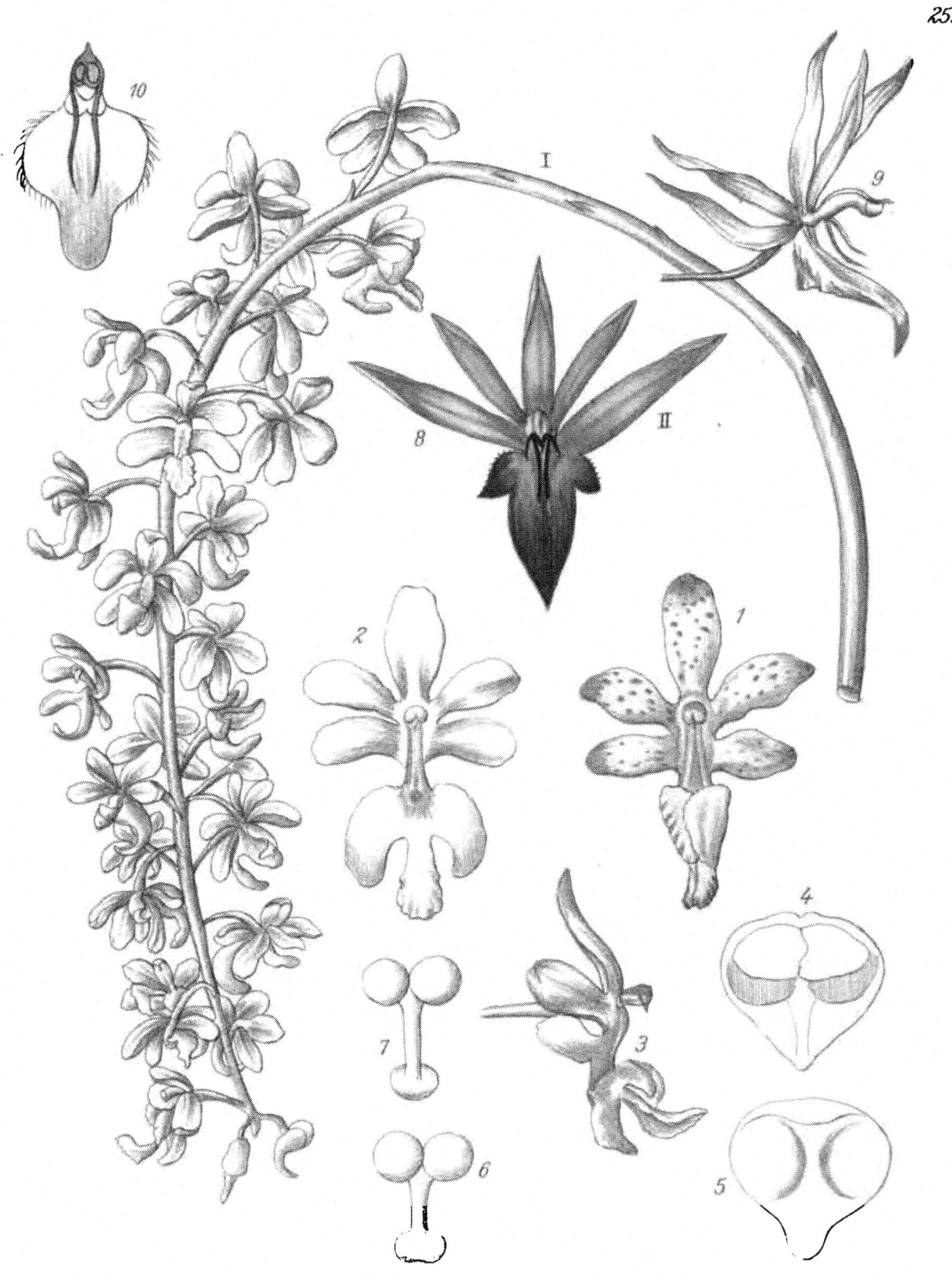

I. 1-7. *Aerides Ortgiesianum* Rchb. f.

II. 8. *Catasetum Liechtensteinii* Kränzlin. 9-10. *Catasetum Trulla* Lindl. del. Kränzlin

I. 1–7. *Laelia Reichenbachiana* Wendland u. Kränzlin. II. *Catasetum Liechtensteinii* Kränzlin.

I del. Kränzlin, anal. Wendland
II del. Laucke.

Paphinia grandis Rchb. f.

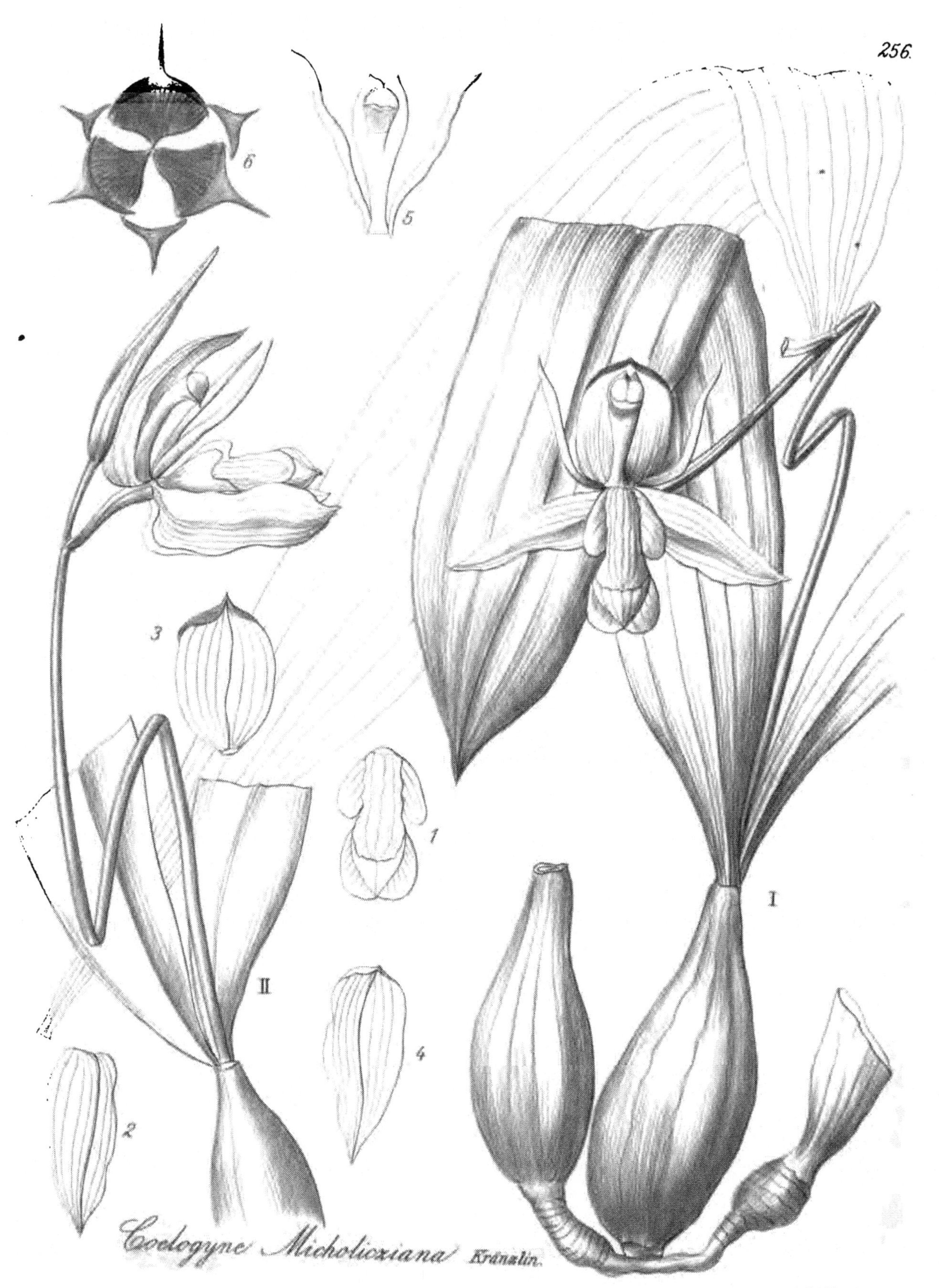

Coelogyne Micholicziana Kränzlin.

del. Kränzlin.

I. 1-6. *Octomeria Seegeriana* Kränzlin.
II. 7-14. *Pleurothallis cryptoceras* Rchb. f. del. Wendland

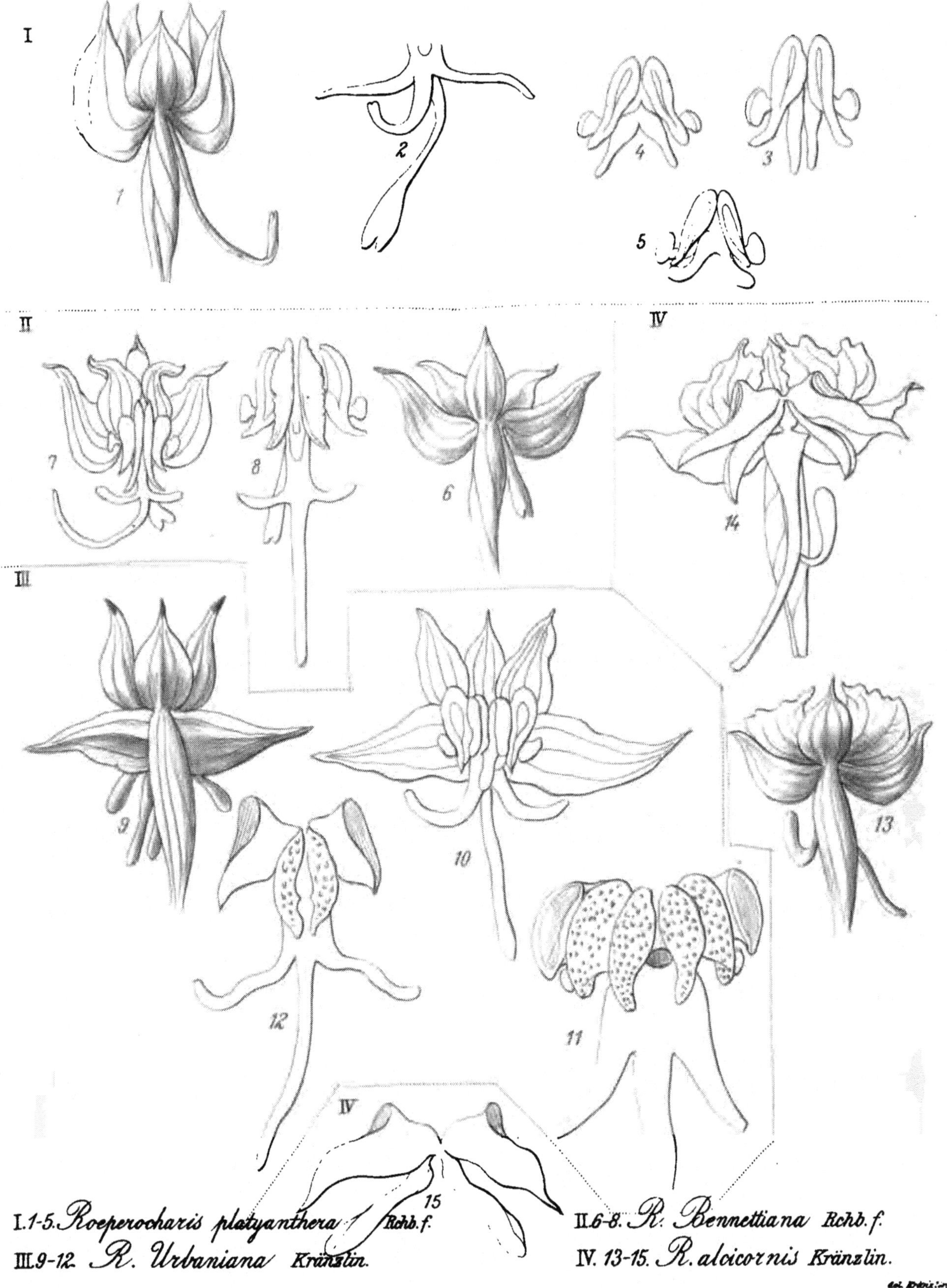

I. 1-5. *Roeperocharis platyanthera* Rchb. f.
II. 6-8. *R. Bennettiana* Rchb. f.
III. 9-12. *R. Urbaniana* Kränzlin.
IV. 13-15. *R. alcicornis* Kränzlin.

del. Kränzlin.

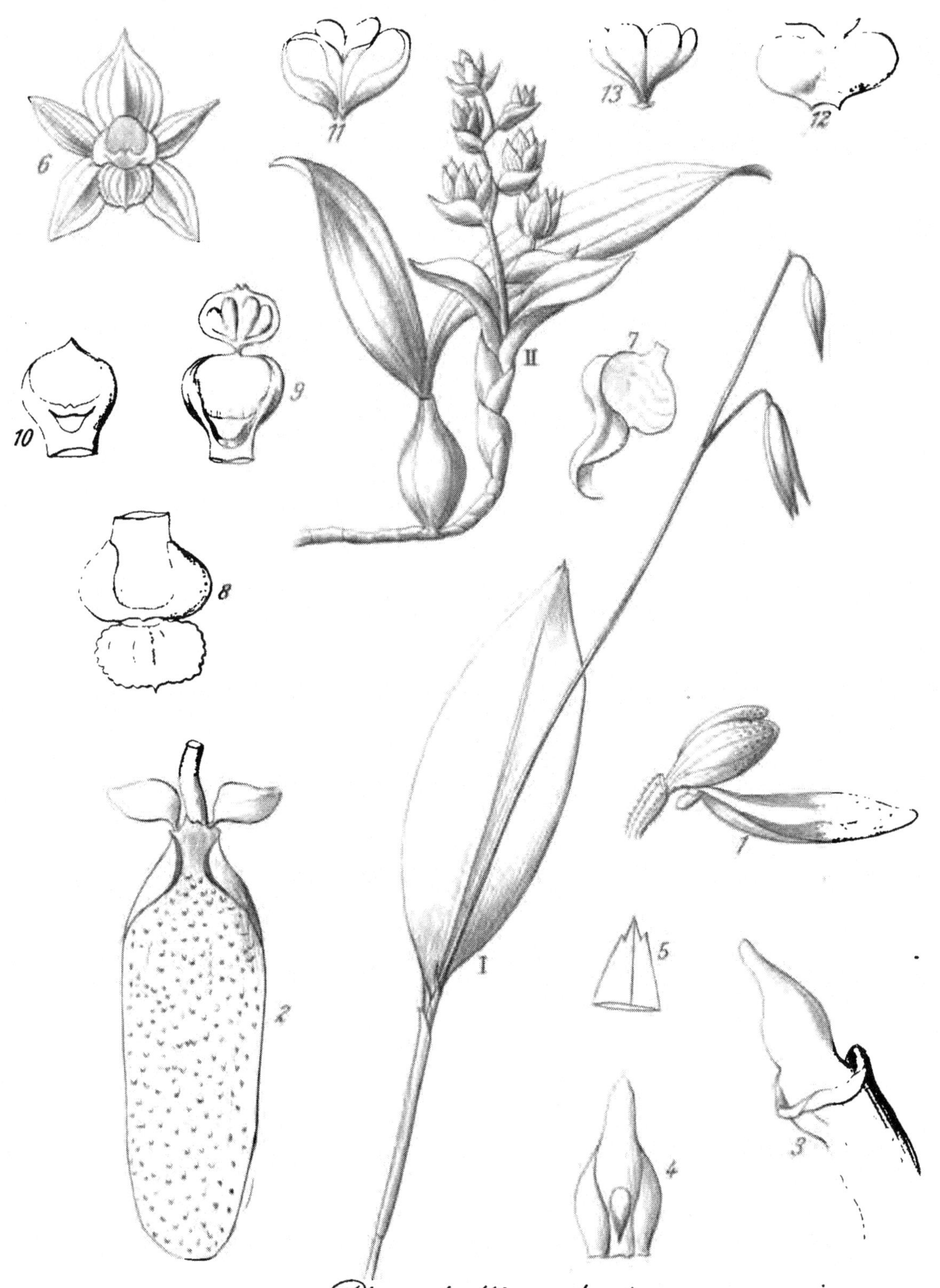

I. 1-5. *Pleurothallis pachyglossa* Lindl.
II. 6-13. *Pholidota Laucheana* Kränzlin.

del. Kränzlin

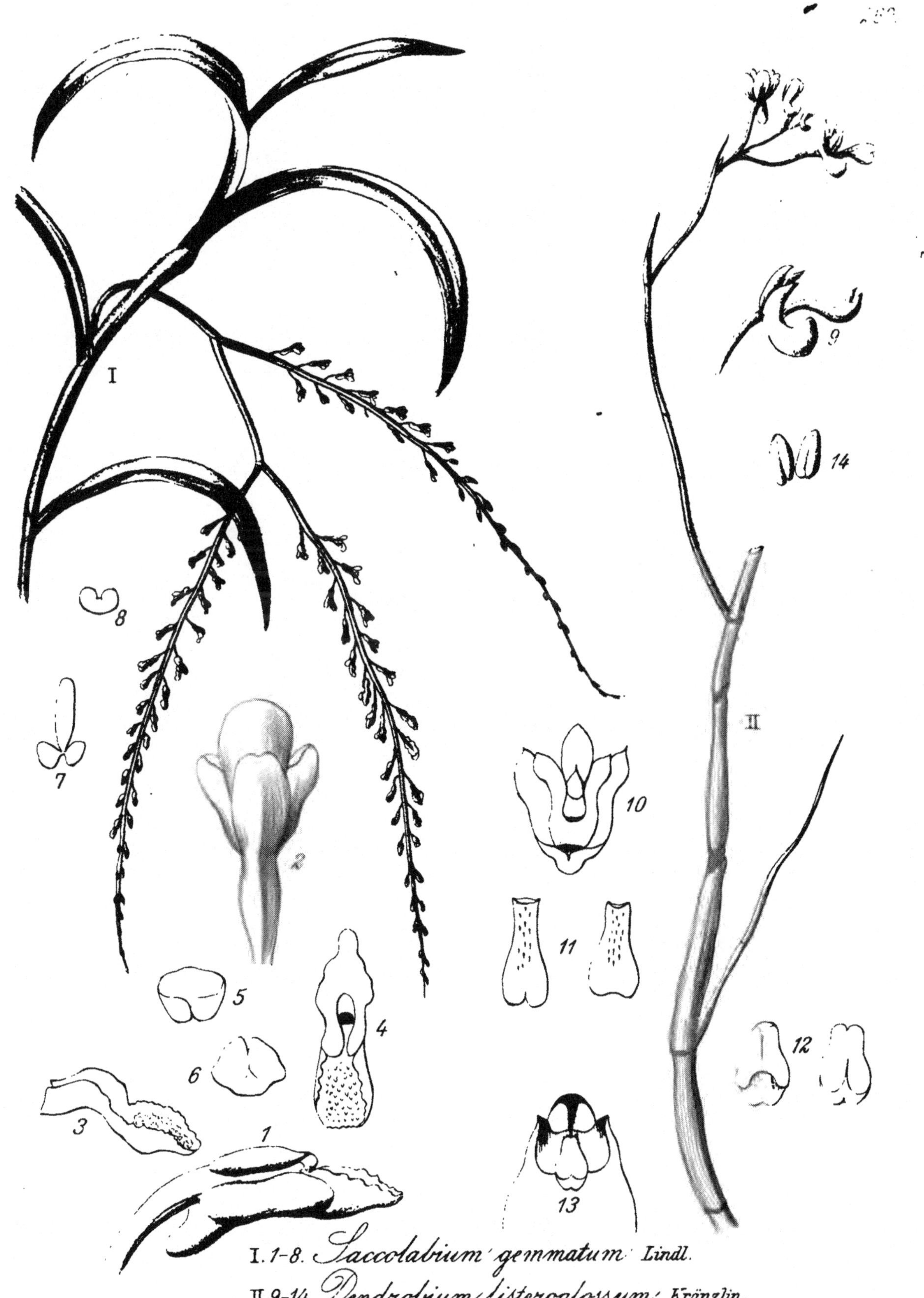

I. 1–8. *Saccolabium gemmatum* Lindl.
II. 9–14. *Dendrobium listeroglossum* Kränzlin.

Trichopilia Kienastiana. Rchb. fil.

del Ortowe, analys Kranzlin.

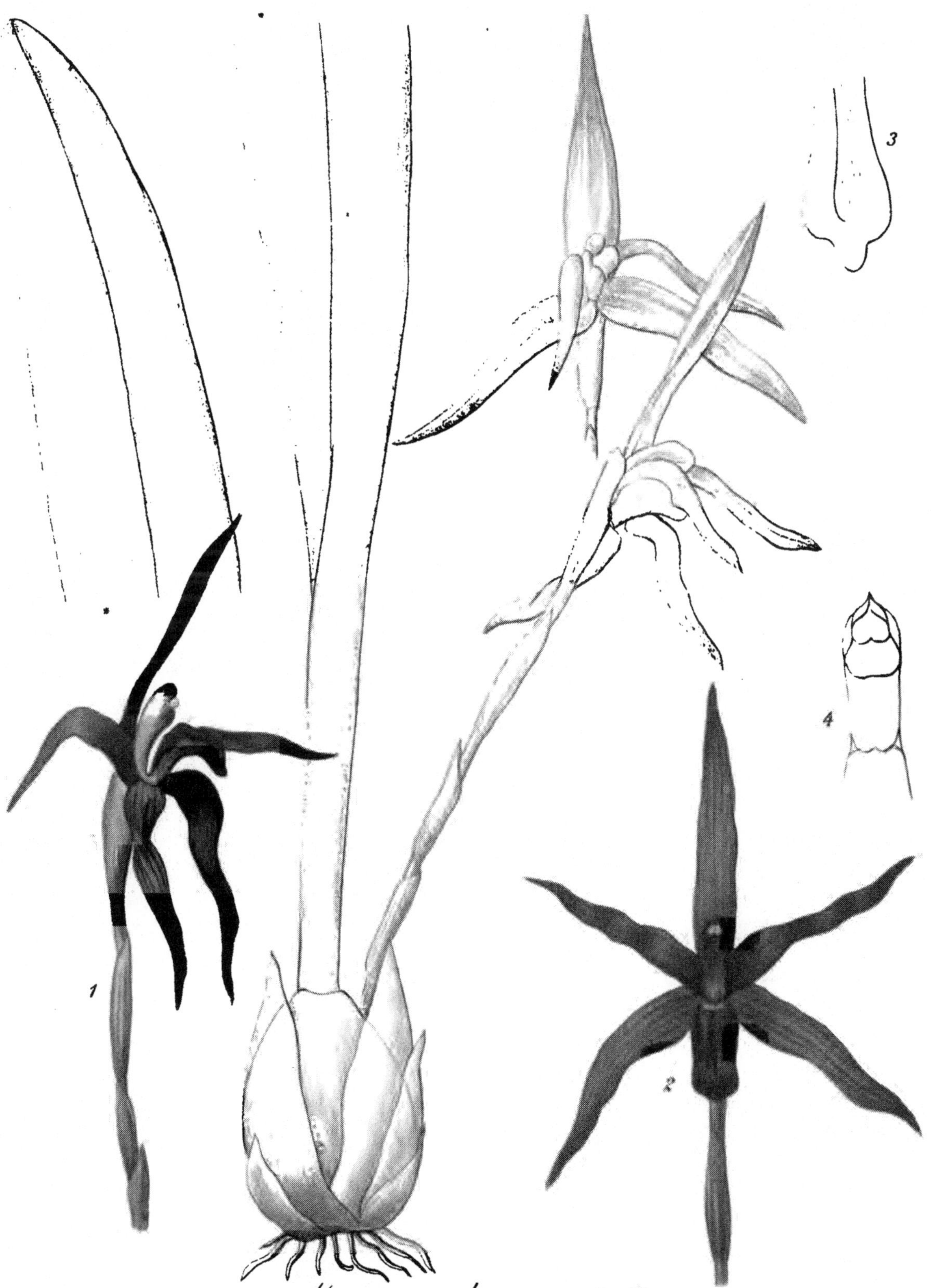

Maxillaria longipes Lindl.

del. Wendland u Kränzlin

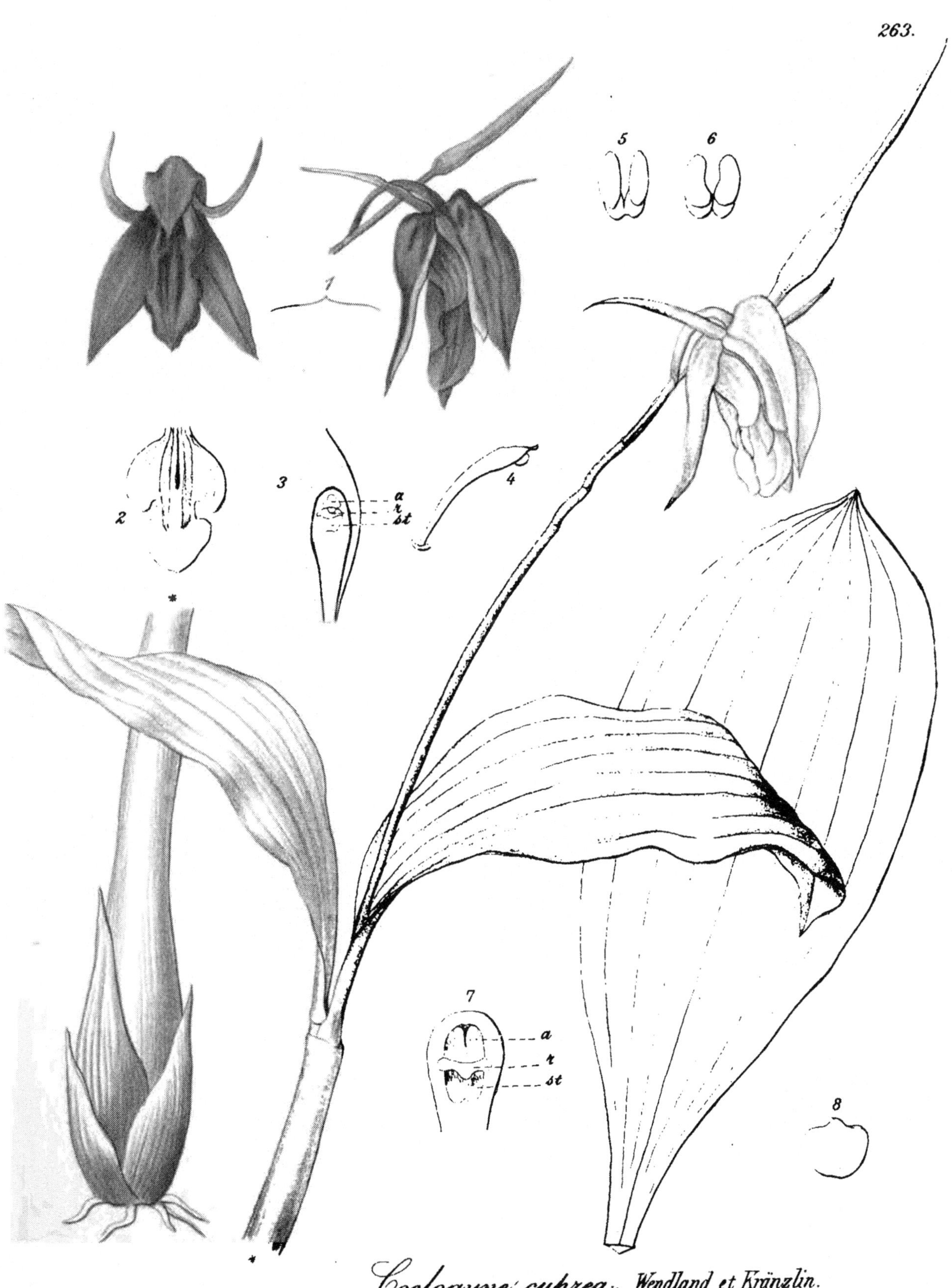

Coelogyne cuprea. Wendland et Kränzlin.

del. Wendland analys. Kränzlin

Spathoglottis Wrayi. Hook. fil.

Cypripedium Roebeleni. Rchb. f.

del. F. Weber

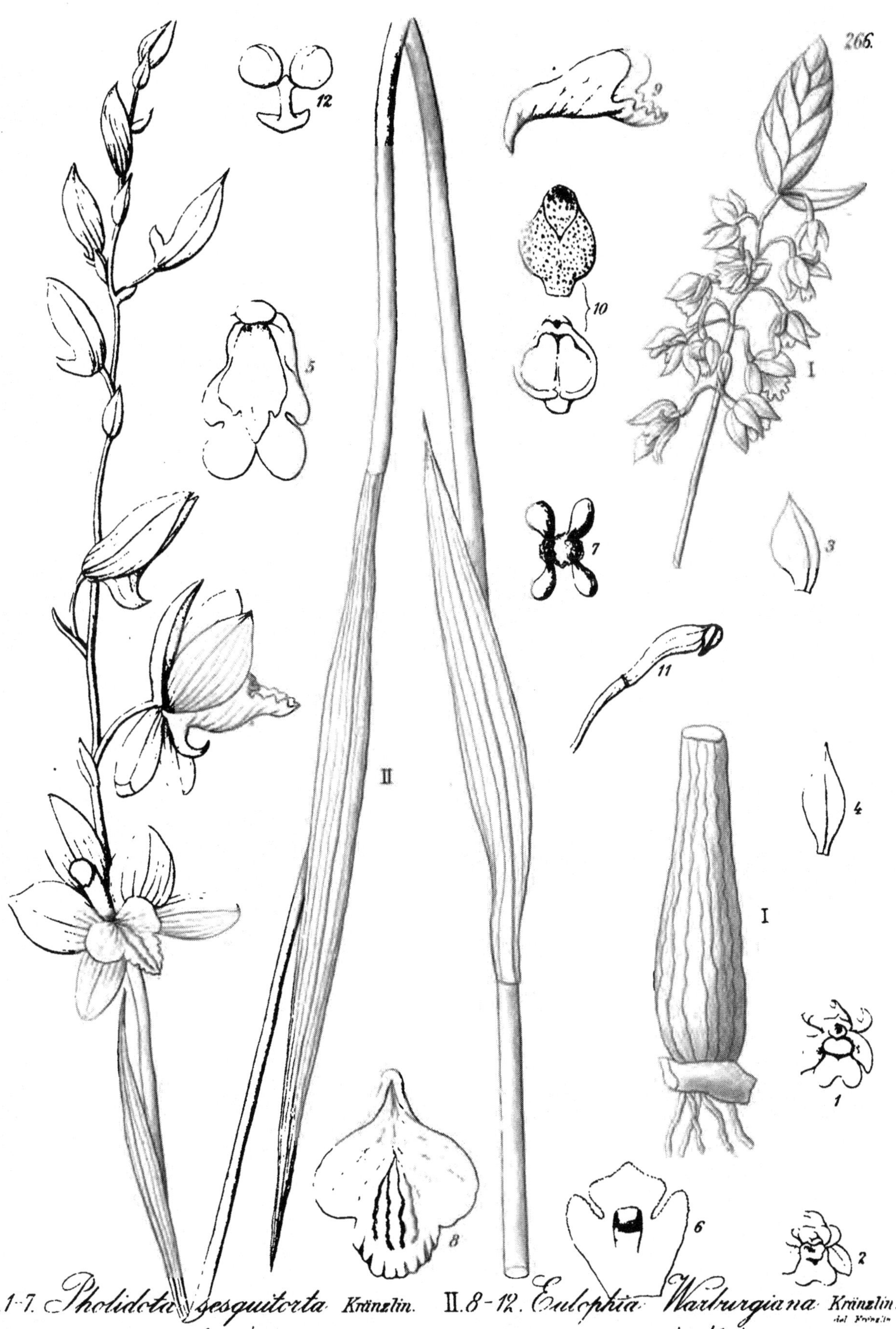

I. 1-7. *Pholidota sesquitorta* Kränzlin. II. 8-12. *Eulophia Warburgiana* Kränzlin.

del. Kränzlin

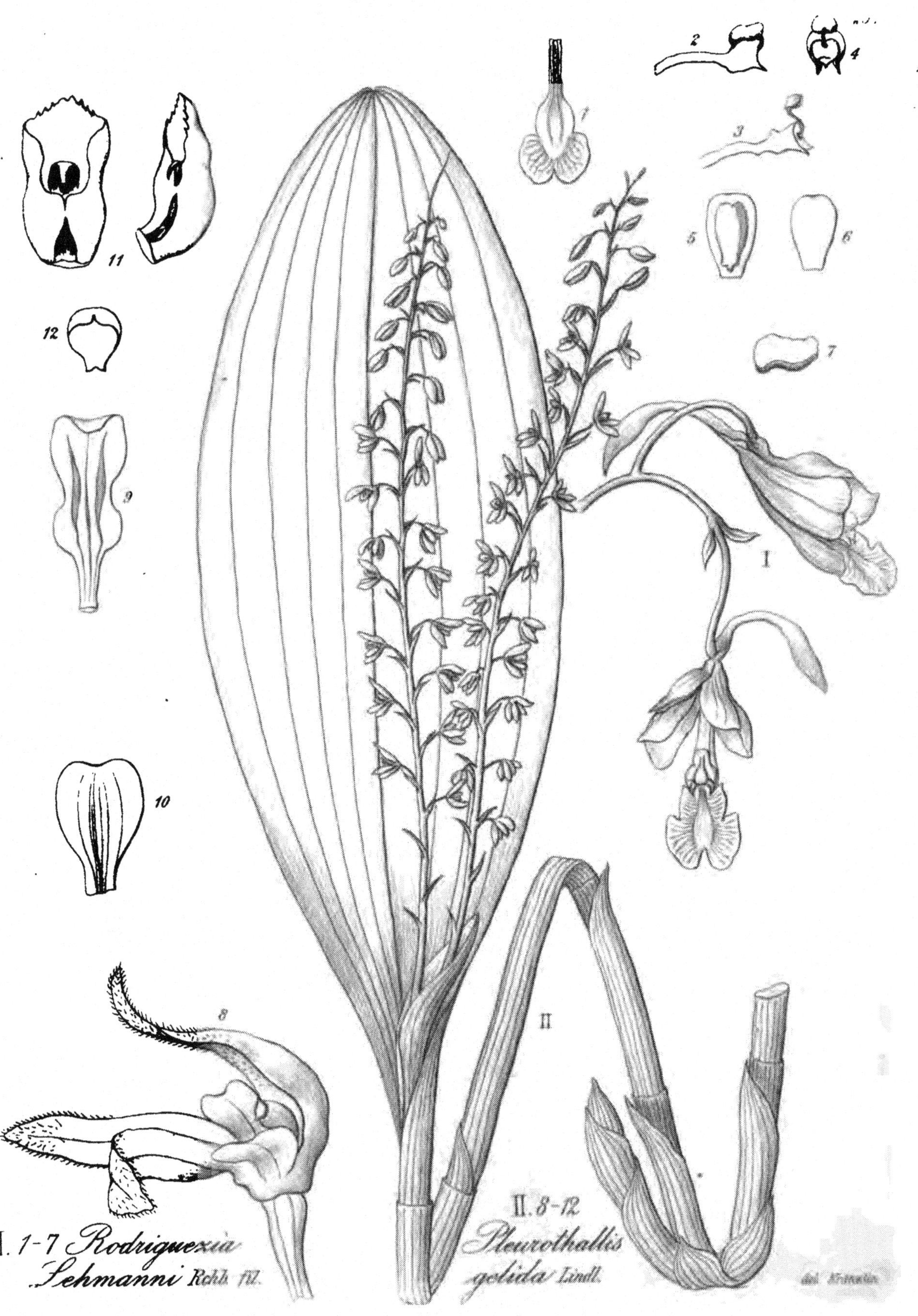
I
II
I. 1-7 Rodriguezia Lehmanni Rchb. fil.
II. 8-12 Pleurothallis gelida Lindl.

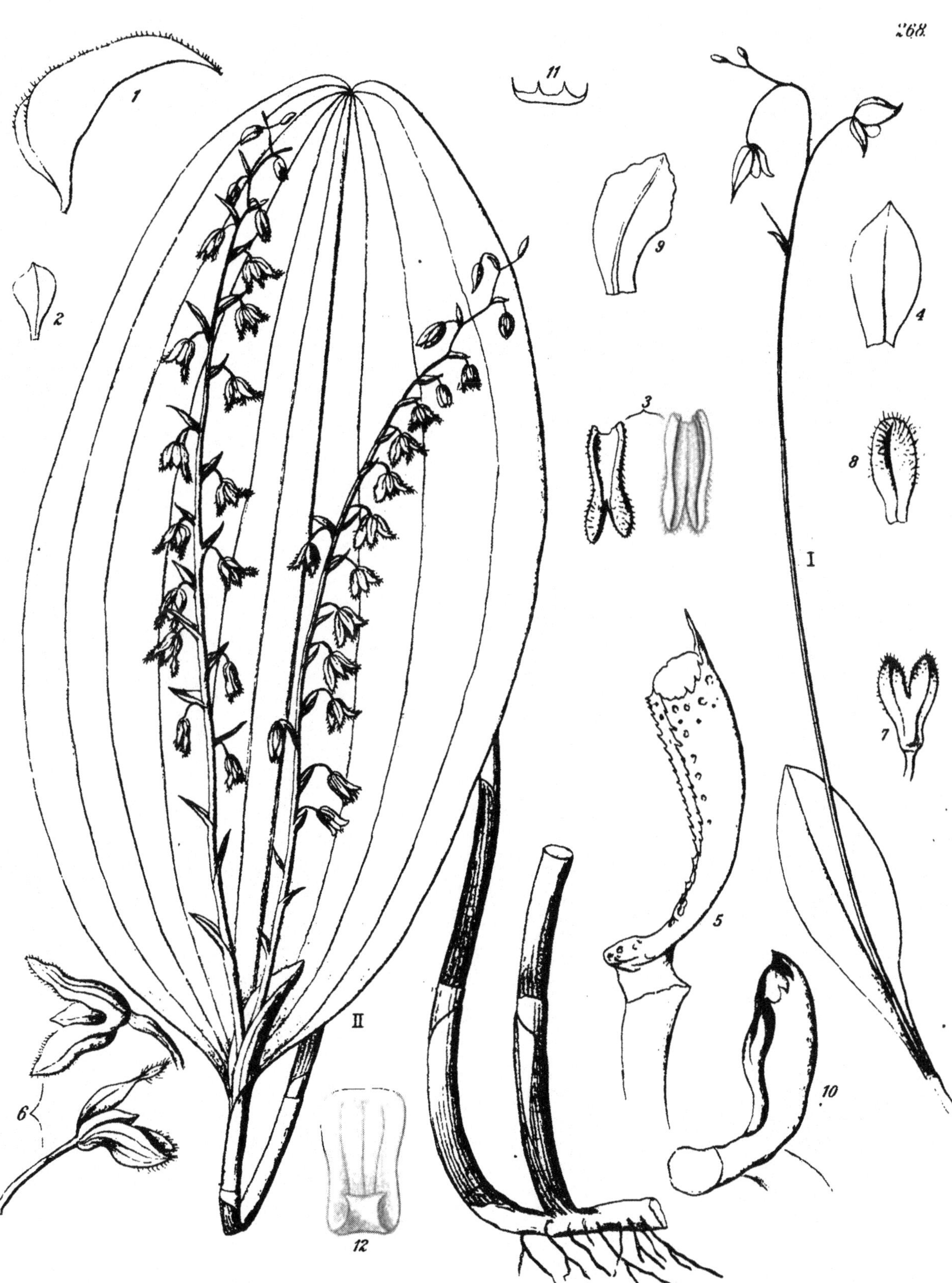

I. 1-5 *Pleurothallis Kefersteiniana* Rchb. fil. II. 6-12 *Pleurothallis polyliria* Rchb. fil.

I del. Wendland. II del. Kränzlin anal. Wendland.

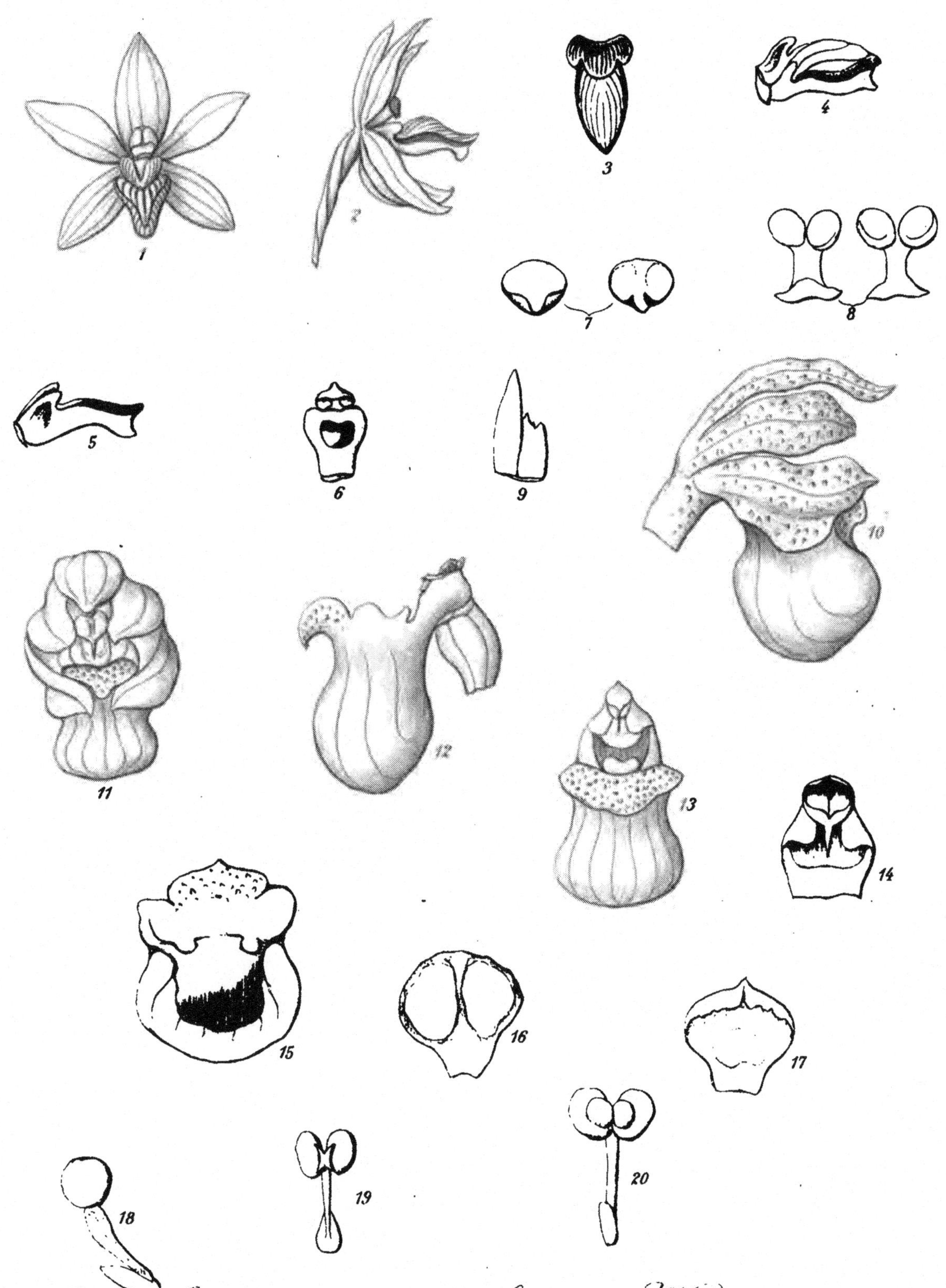

1-9. *Luisia Griffithii* Lindl. 10-20. *Saccolabium Wendlandorum* Rchb. fil.

del. Kränzlin

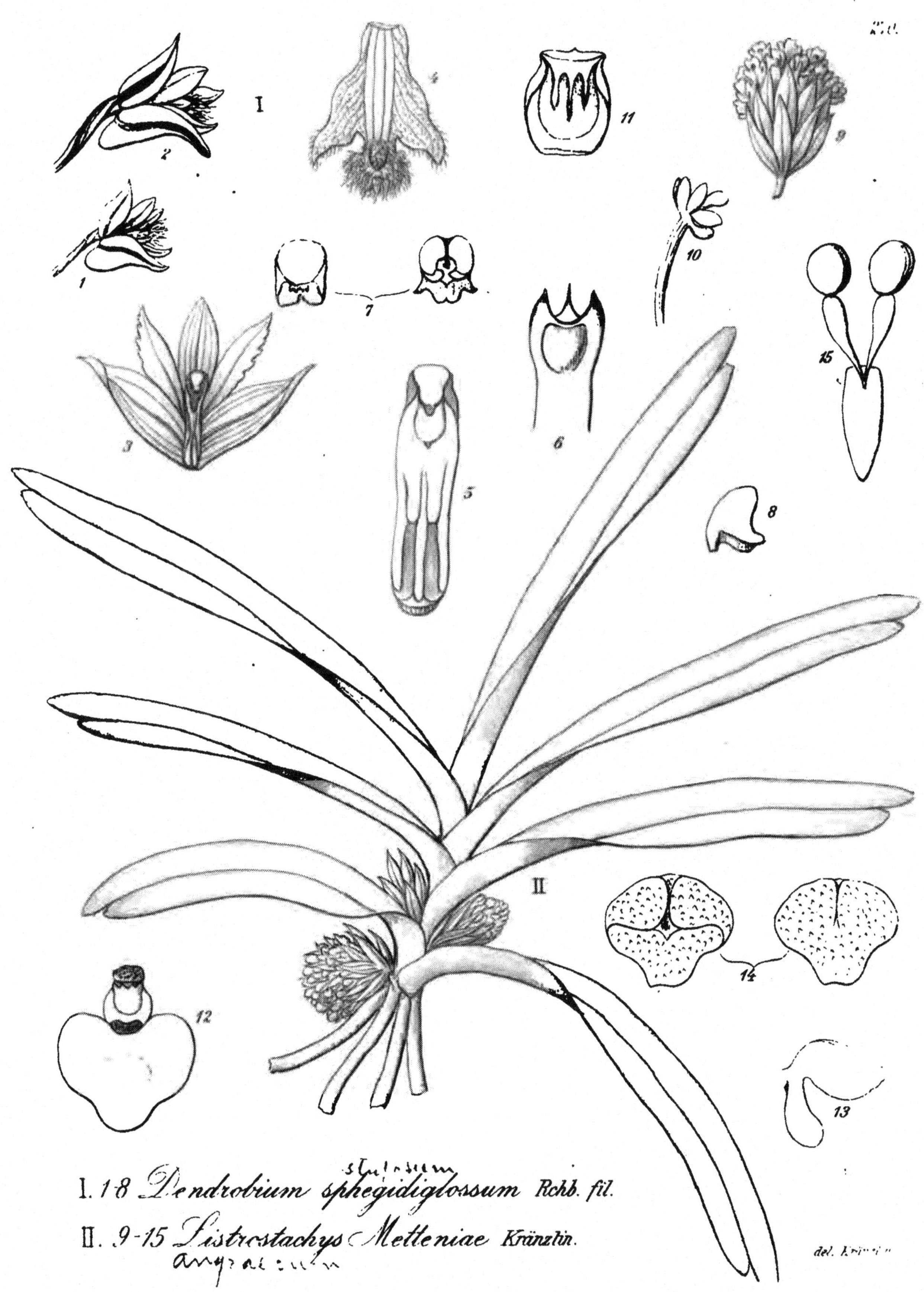

I. 1-8 *Dendrobium sphegidiglossum* Rchb. fil.

II. 9-15 *Listrostachys Metteniae* Kränzlin.

del. Kränzlin

Bolbophyllum mandibulare Rchb. fil.

del Kränzlin

Lissochilus Graefei Kränzlin.

del Kränzlin

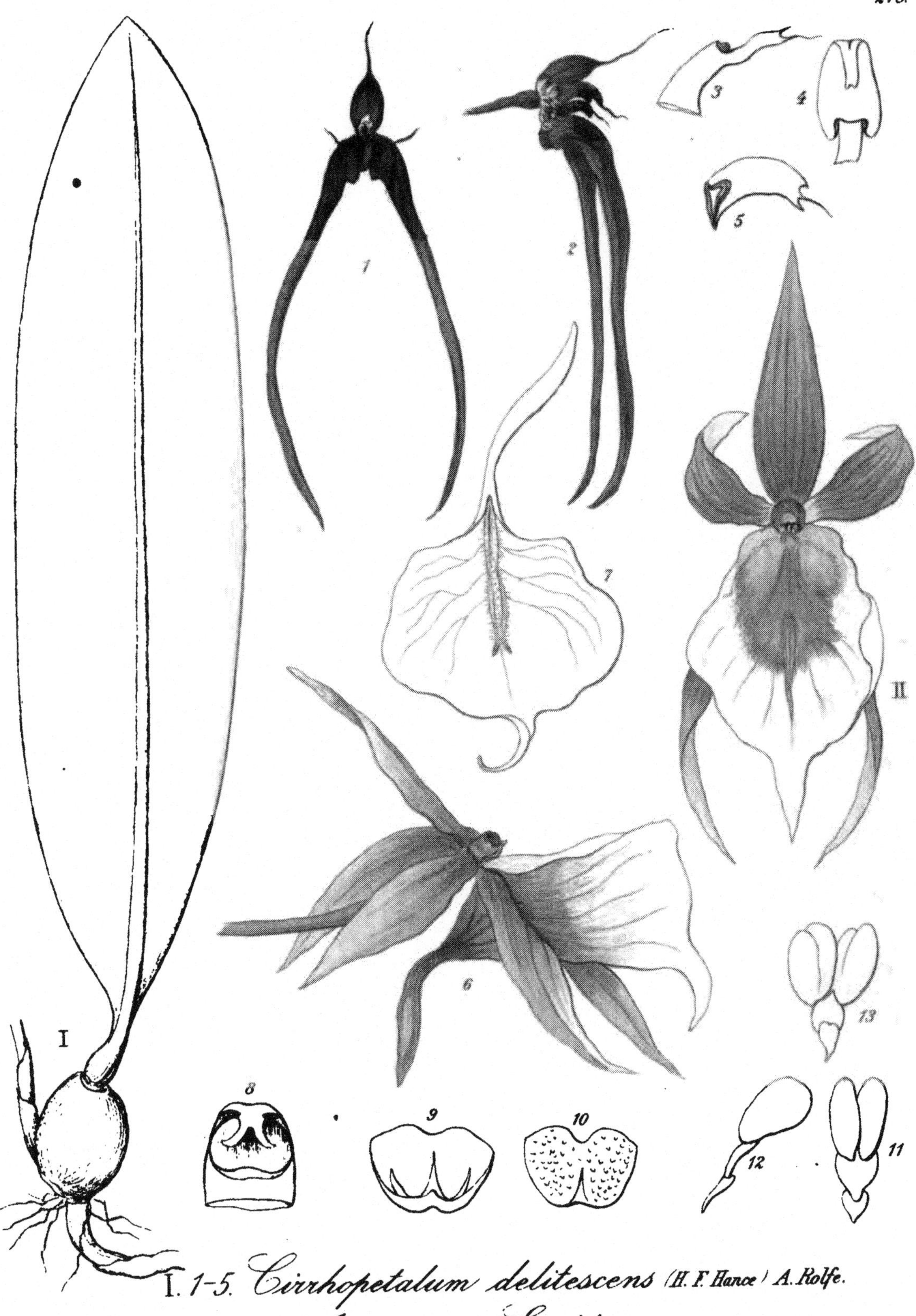

I. 1-5. *Cirrhopetalum delitescens* (H. F. Hance) A. Rolfe.

II. 6-13. *Angraecum Eichlerianum* Kränzlin.

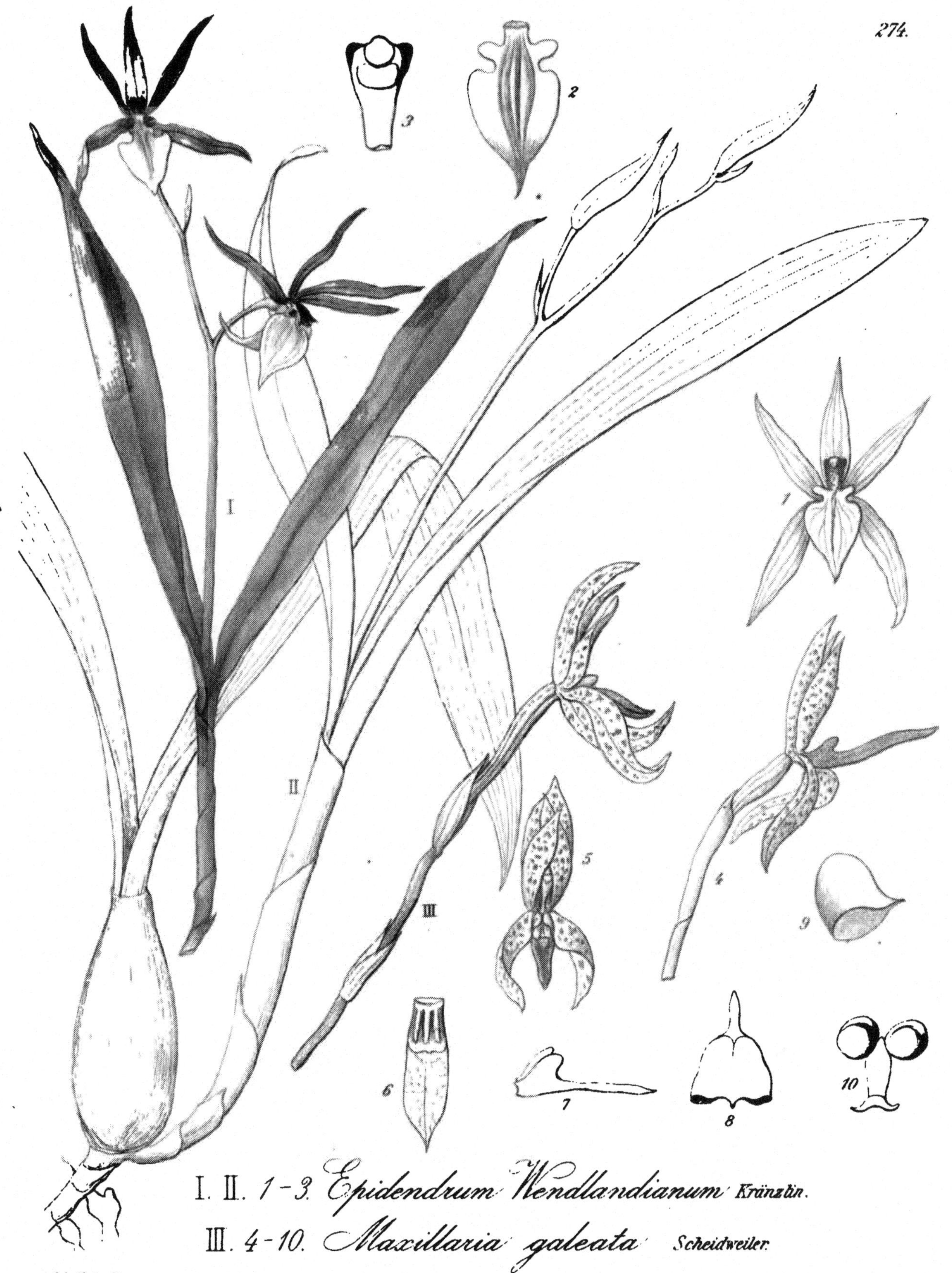

I. II. 1–3. *Epidendrum Wendlandianum* Kränzlin.
III. 4–10. *Maxillaria galeata* Scheidweiler.

del. Kränzlin.

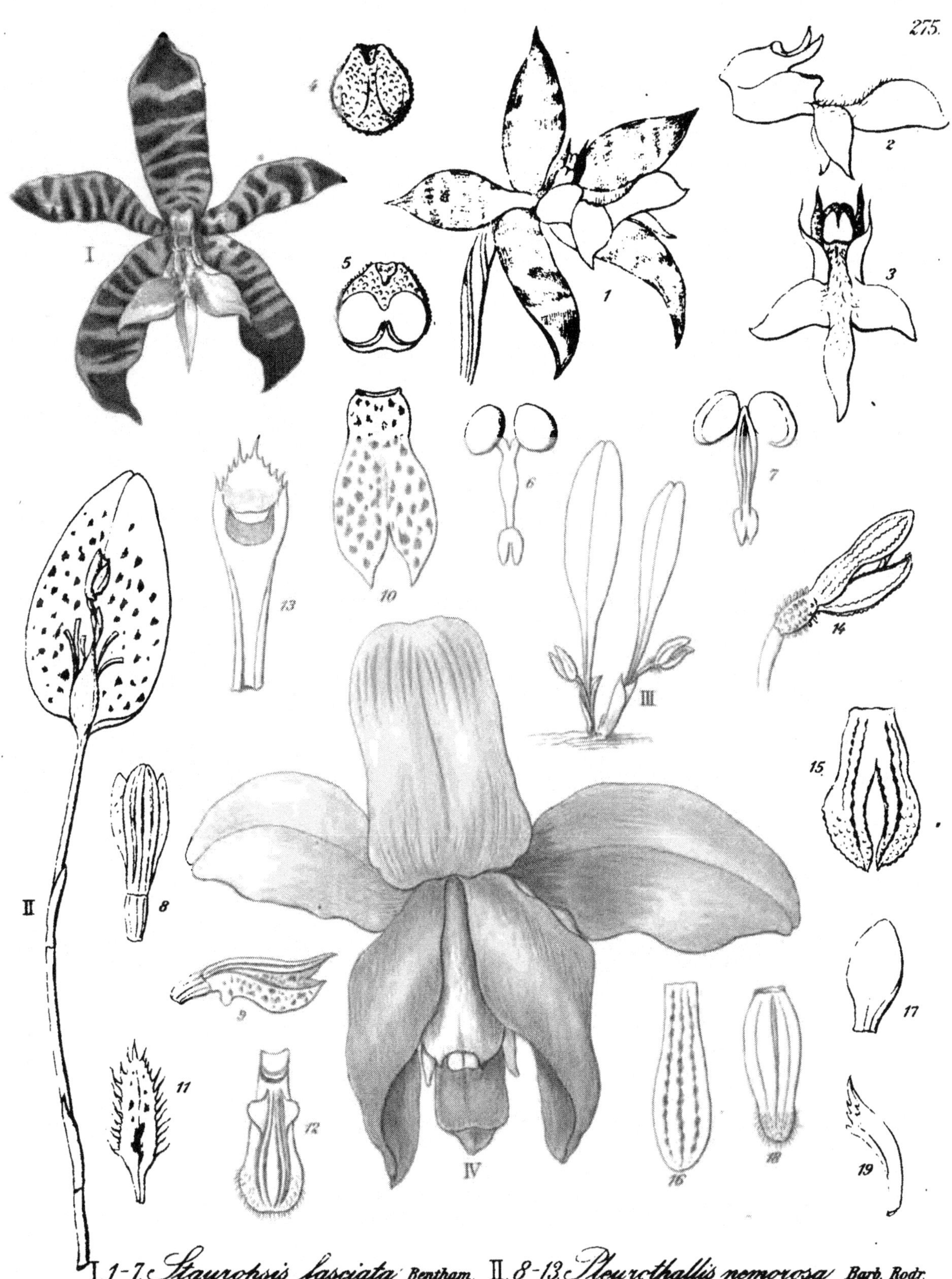

I. 1-7. *Stauropsis fasciata* Bentham. II. 8-13. *Pleurothallis nemorosa* Barb. Rodr.
III. 14-19. *Pleurothallis tribuloides* Lindl. IV. *Stanhopea tricornis* Lindl.

del. Kränzlin et Wendland

I. 1-6. *Pleurothallis leptotefolia* Barb. Rodr.

II. 7-14. *Saccolabium Sanderianum* Kränzlin.

I del. Wendland
II del. Kränzlin

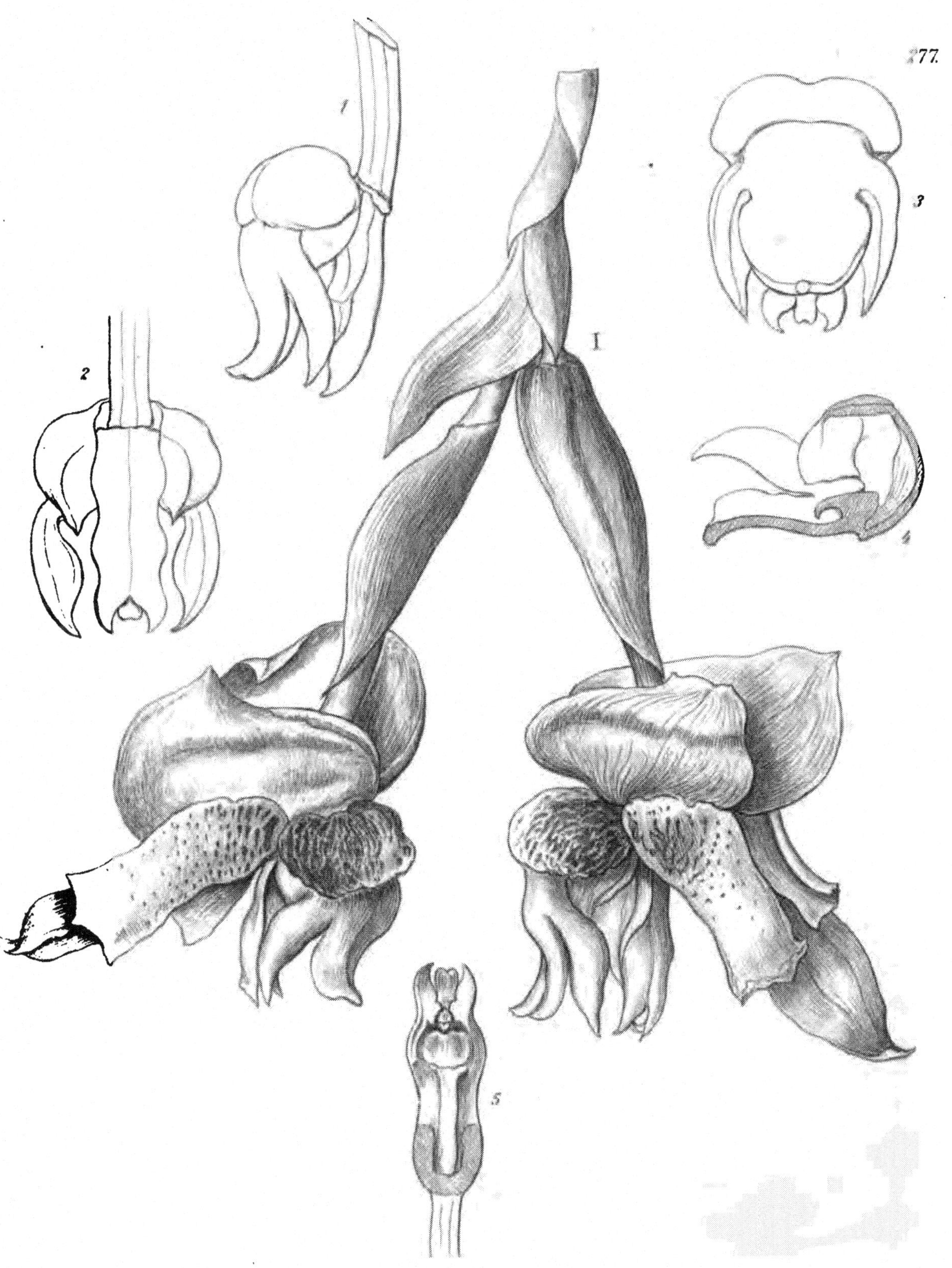

Stanhopea connata Klotzsch.

del. Wendland.

278.

Selenipedium Lindleyanum Rchb. fil.

del. Weber.
anal. Kränzlin

Luisia Amesiana ~~Rchb.~~ fil.

del. Wendland
anal. Kränzlin

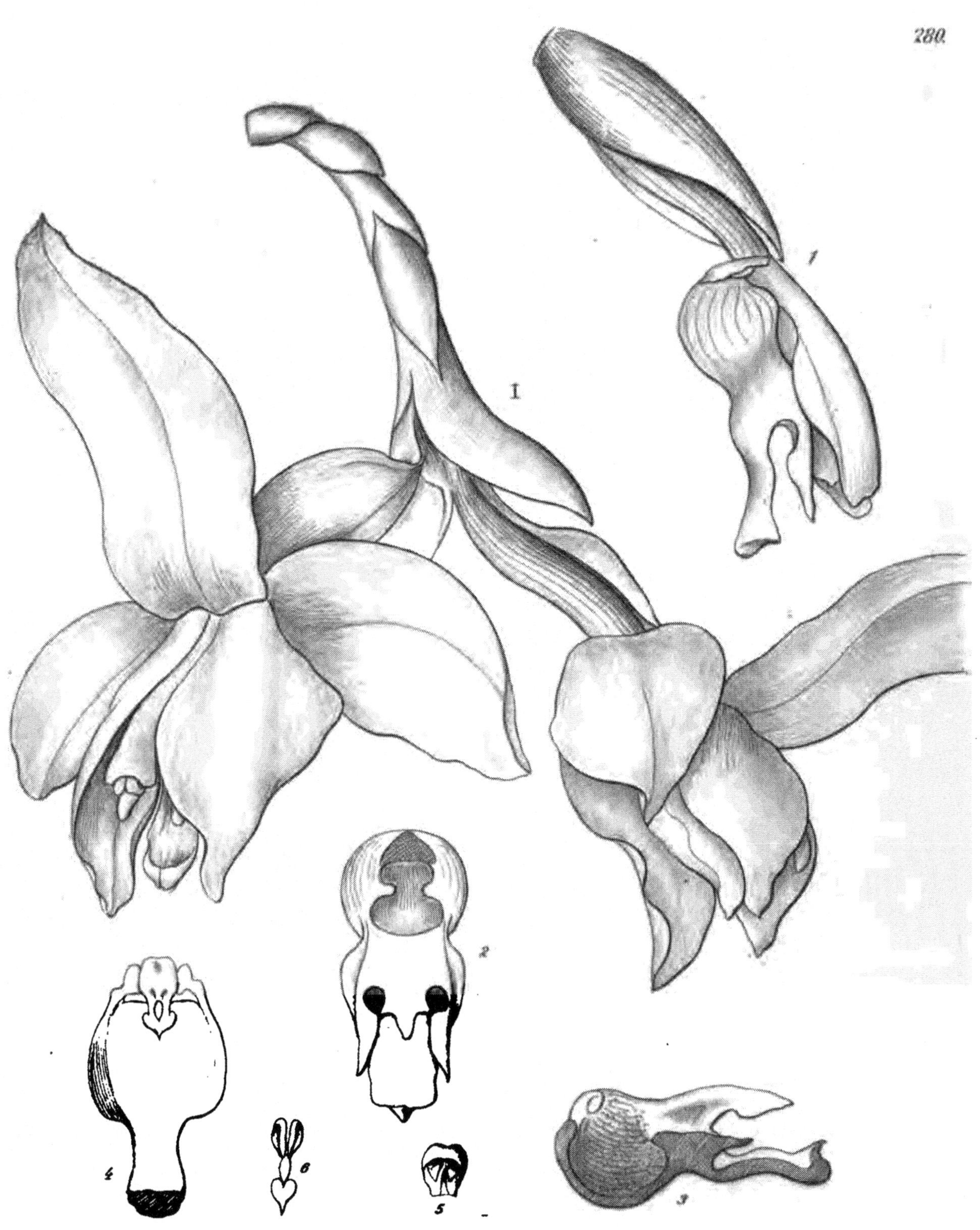

Stanhopea tricornis Lindl.

del Wendland

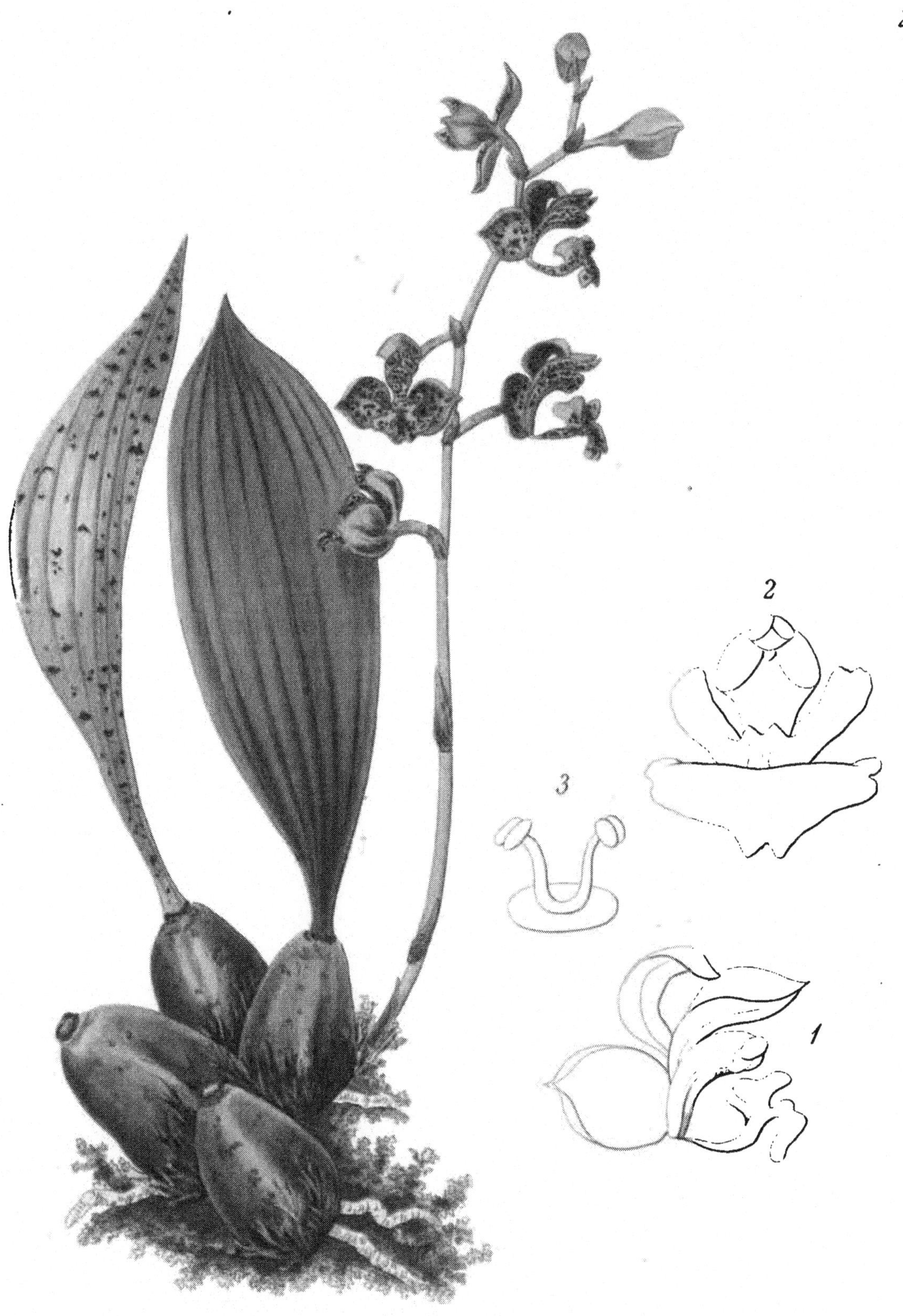

Bifrenaria aurantiaca Lindl.

del. Kränzl. lit.

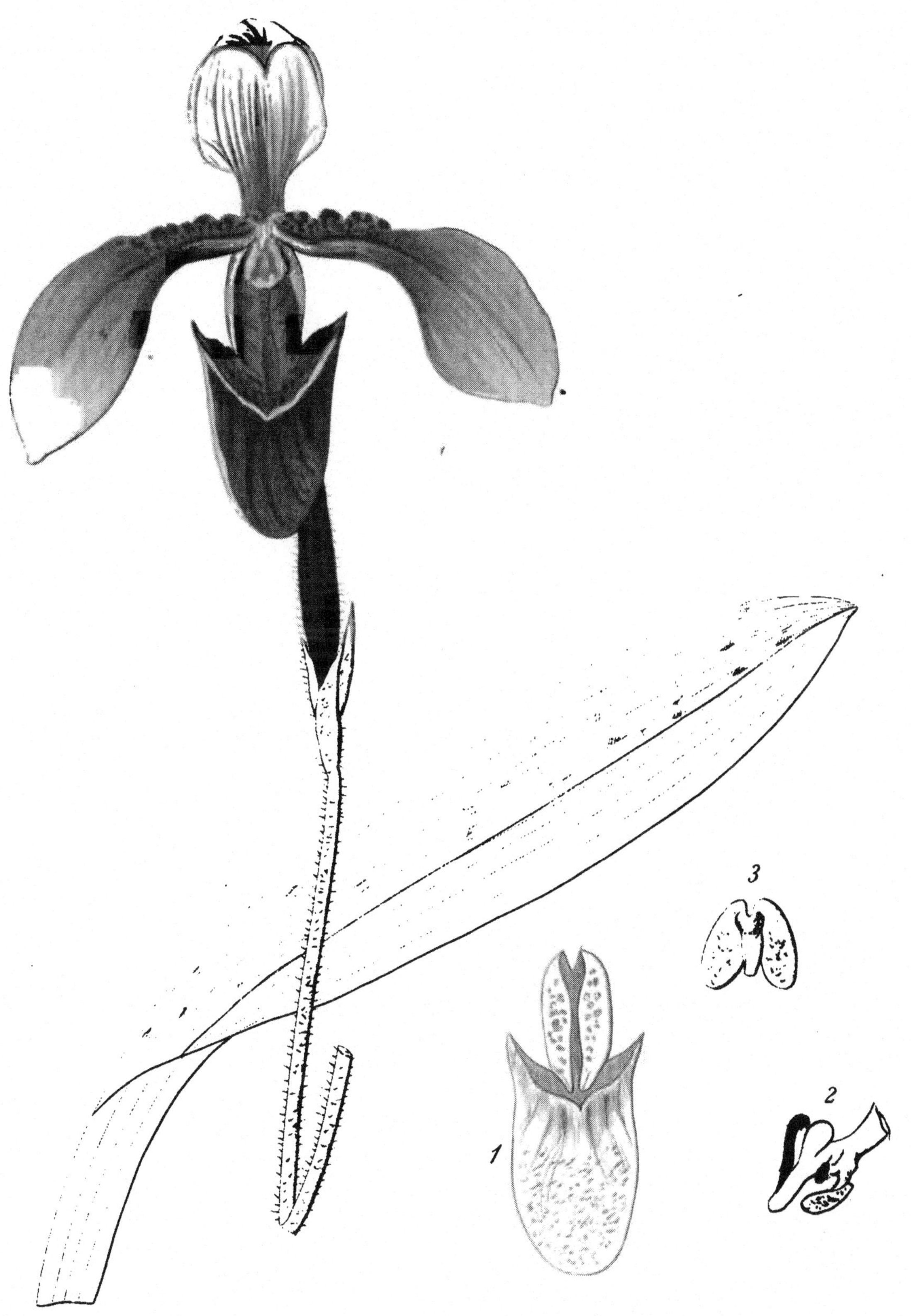

Cypripedium Wolterianum Krzl.

del. Kränzlin

Vanda vitellina Krzl.

del. Kränzlin.

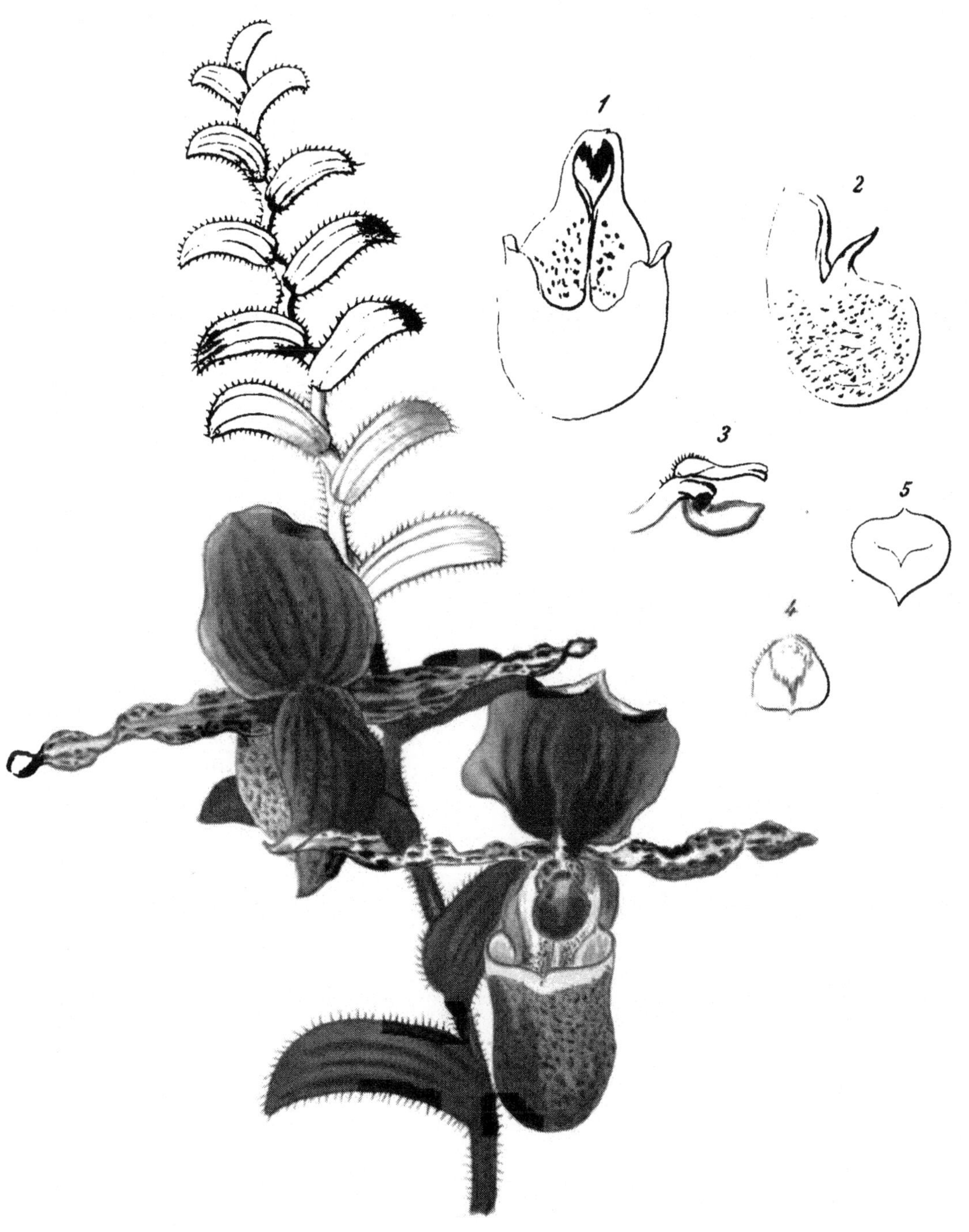

Cypripedium Chamberlainianum O. Brien.

del. Kränzlin.

Phalaenopsis antennifera Rchb. fil.

del. Kränzl.

I. 1–4. *Habenaria Medusa* Krzl.
5–9. *Hab. Schlechteri* Krzl. — 10. *Hab. occultans* Welw.

del. Kränzlin

I. 1–4. *Polystachya Holstii* Krzl. — II. 5–8. *Habenaria Soyauxii* Krzl.

del. Kränzlin

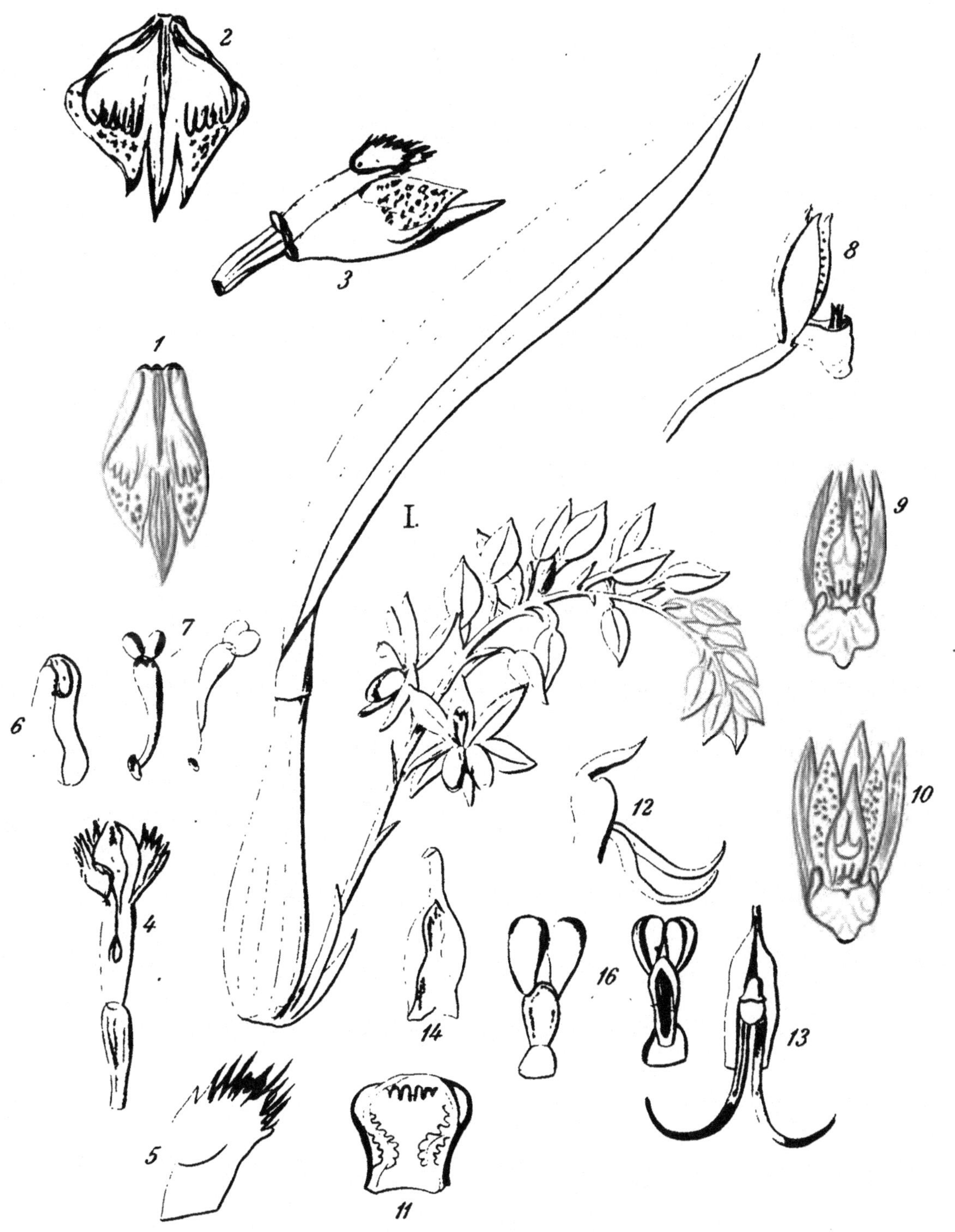

I. 1–7. *Trichopilia multiflora* Krzl. — 8–16. *Catasetum ferox* Krzl.

del. Kraenzlin

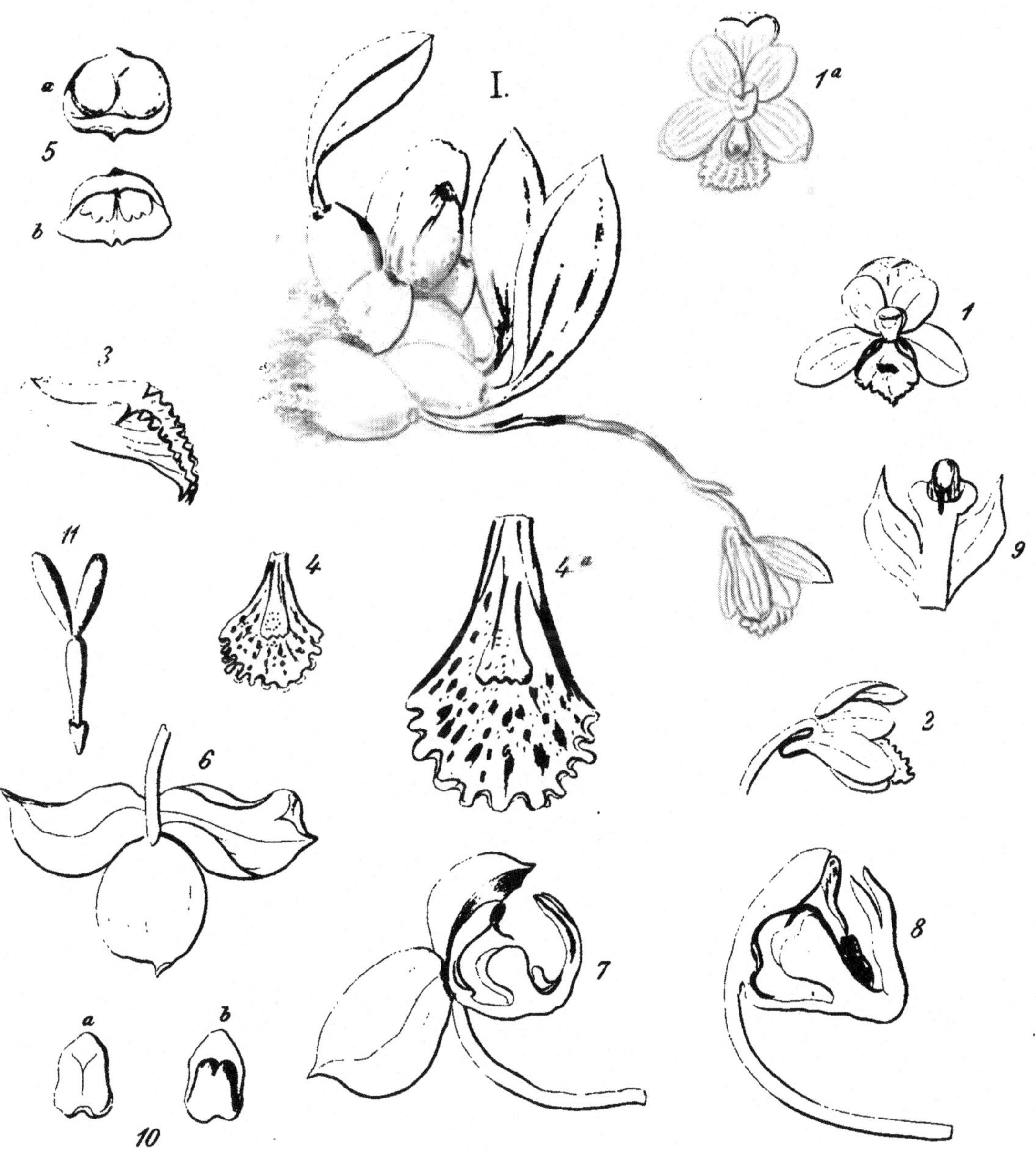

I. 1–5. *Stenocoryne Wendlandiana* Krzl.
6–11. *Gongora cassidea* Rchb. fil.

del. Kränzlin.

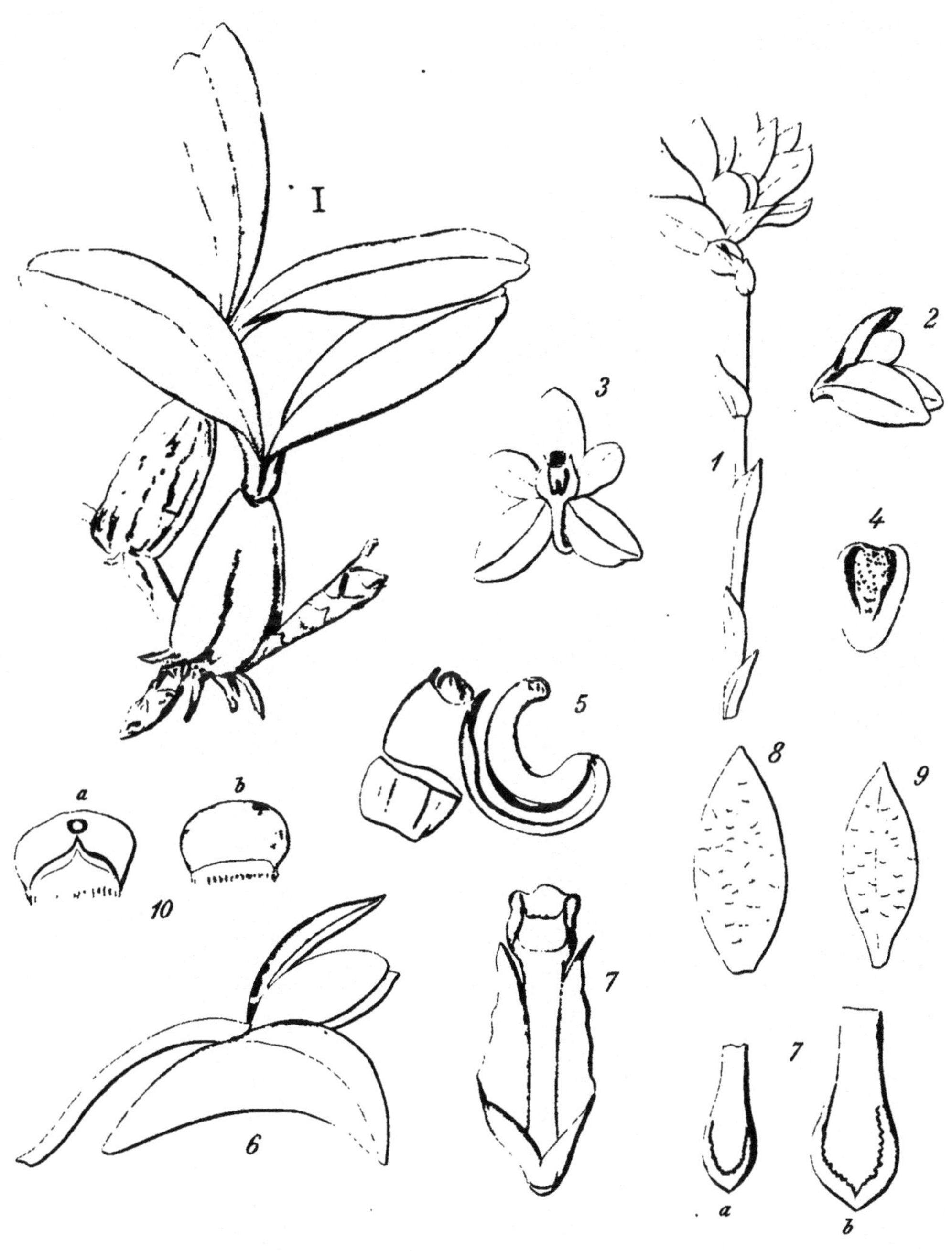

I. 1–5. *Bolbophyllum sessiliflorum* Wendl. u. Krzl.

6–11. *Dendrobium glomeratum* A. Rolfe. Kew Bull. 1844, non Veitch &..

del Kraenzlin

del. Kränzlin

Epistephium Regis Alberti Krzl.

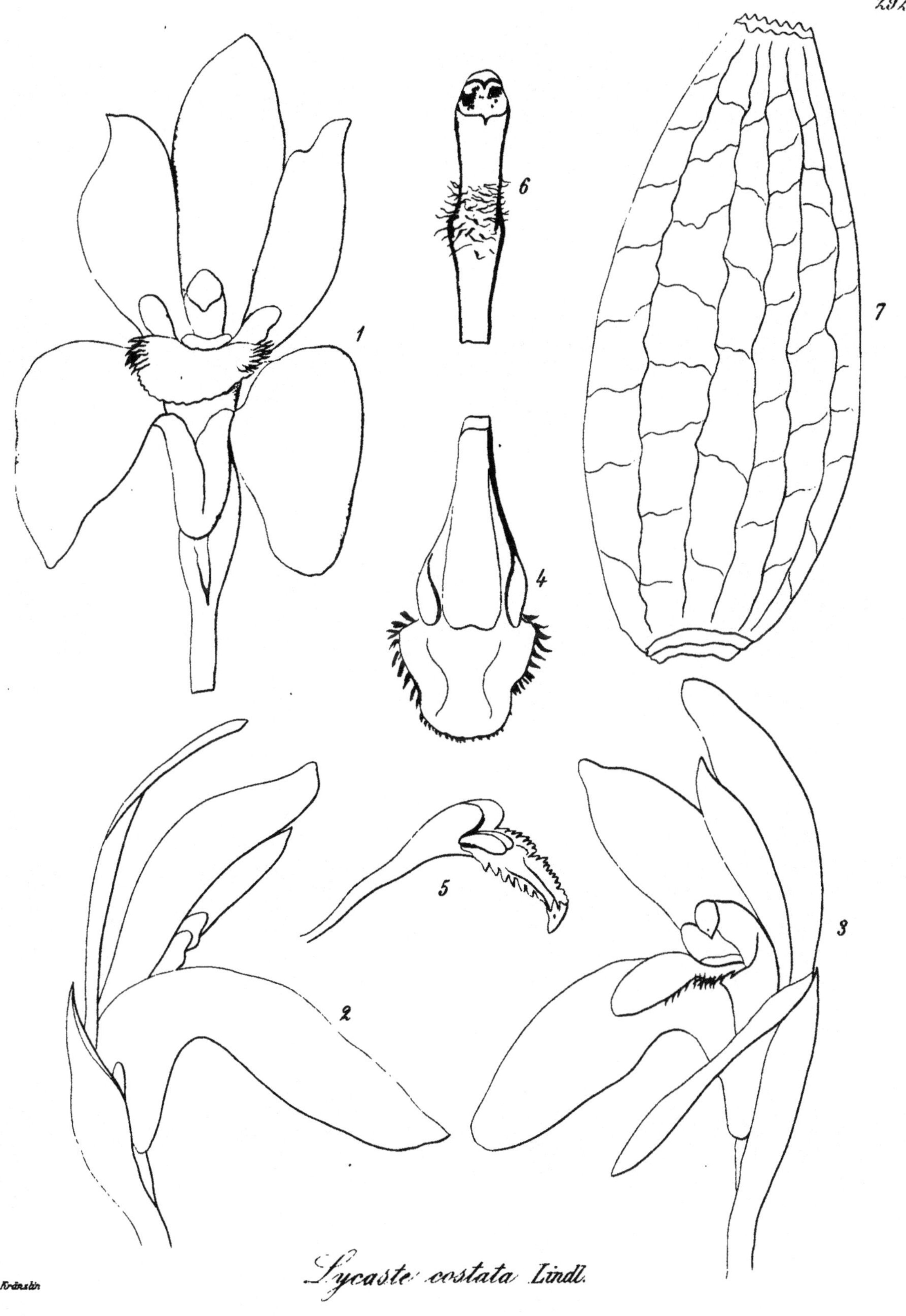

del. Kränzlin

Lycaste costata Lindl.

I. 1-4 *Sophronitis militaris* Rchb. fil. II. 5-9 *Pogonia macrantha* Barb. Rodr.

del. Kränzlin

I. 1-7 *Pleurothallis glanduligera* Lindl.

II. *Pl. immersa* Linden et Rchb. fil.
8-13 *Pl. lonchophylla* Cogn.

Dendrobium brachythecum F. v. Müll. et Krzl.

del. Kränzlin.

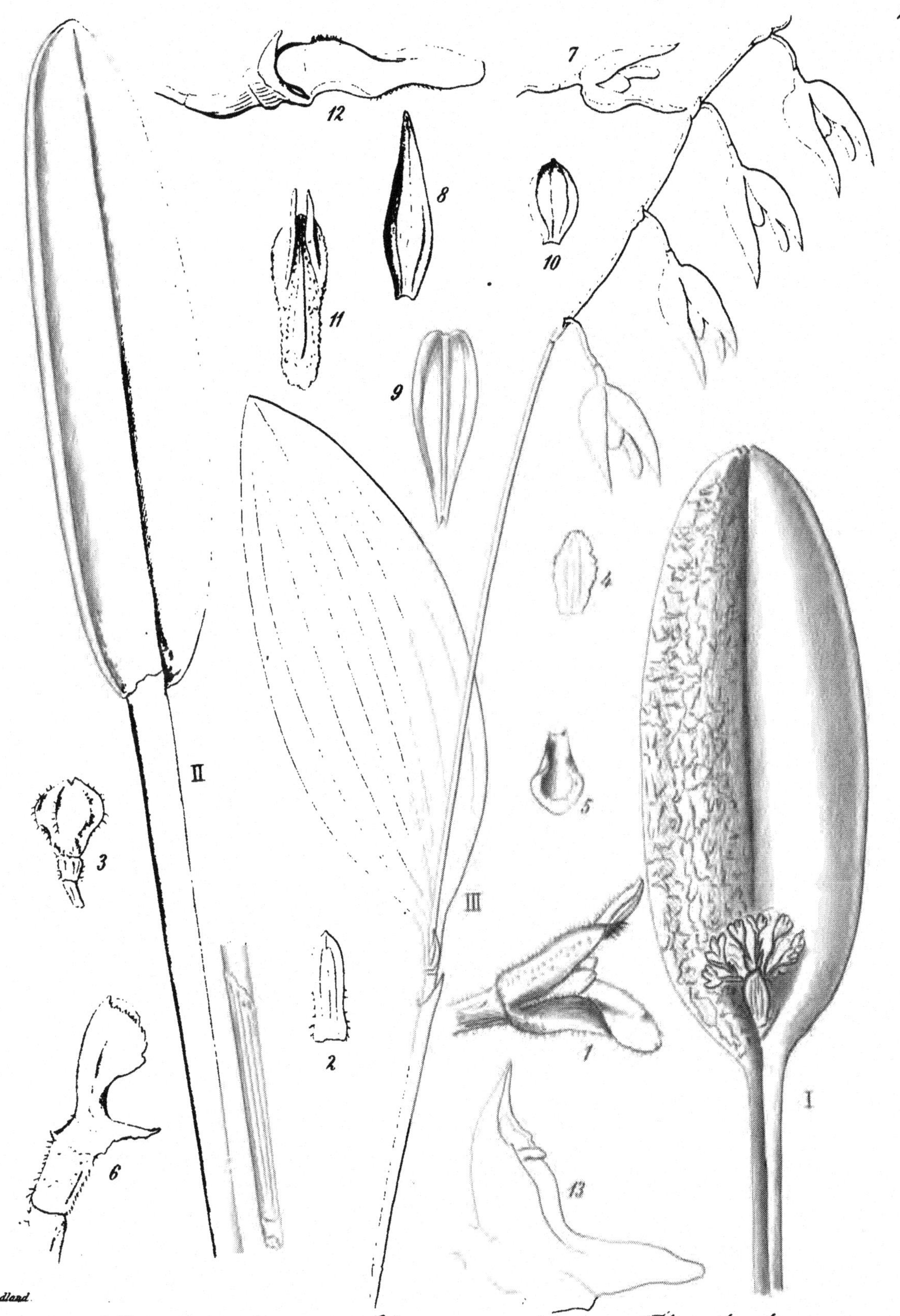

J. Wendland.

I.II. 1-6 Pleurothallis hartwegiaefolia Wendl. et Krzl. III. 7-13 Pl. pachyglossa Lindl.

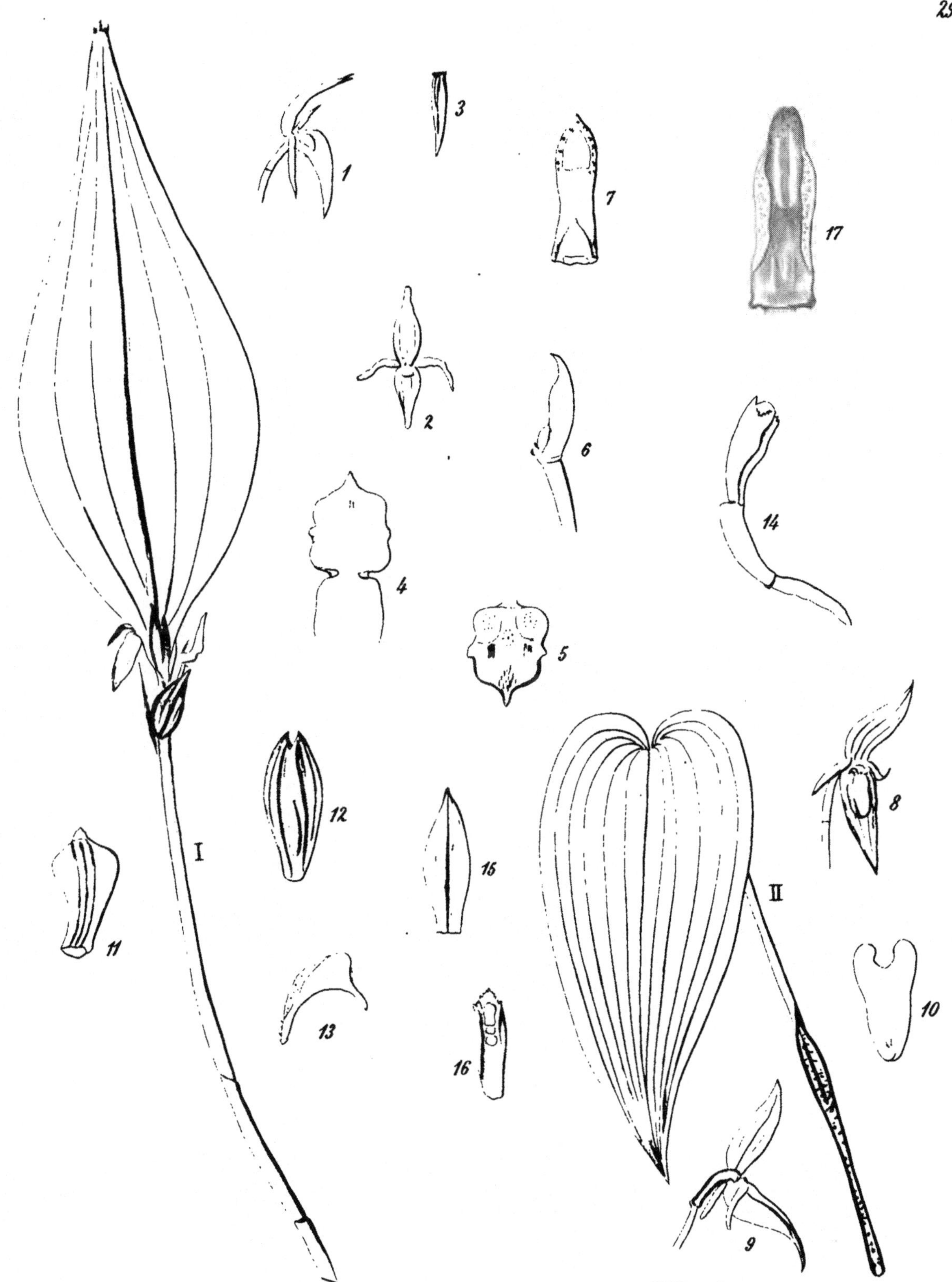

I. 1-7 Pleurothallis Wendlandiana Rchb. fil. II. 8-10 Pl. Cardium Rchb. fil.

III. 11-17 Pl. immersa Rchb. fil.

del. Kränzlin.

I. 1-7 *Pleurothallis Hoffmannseggiana* Rchb. fil. II. 8-12 *Pl. tridentata* Klotzsch.
III. 13-18 *Pl. acutangula* Wendl. et Krzl.

I. 1-5 *Platyclinis bistorta* Wendl. et Krzl. II. 6-8 *Pl. cardiocrepis* Rchb. fil.
III. 9-13 *Pl. Archidonae* Lindl.

Wendland

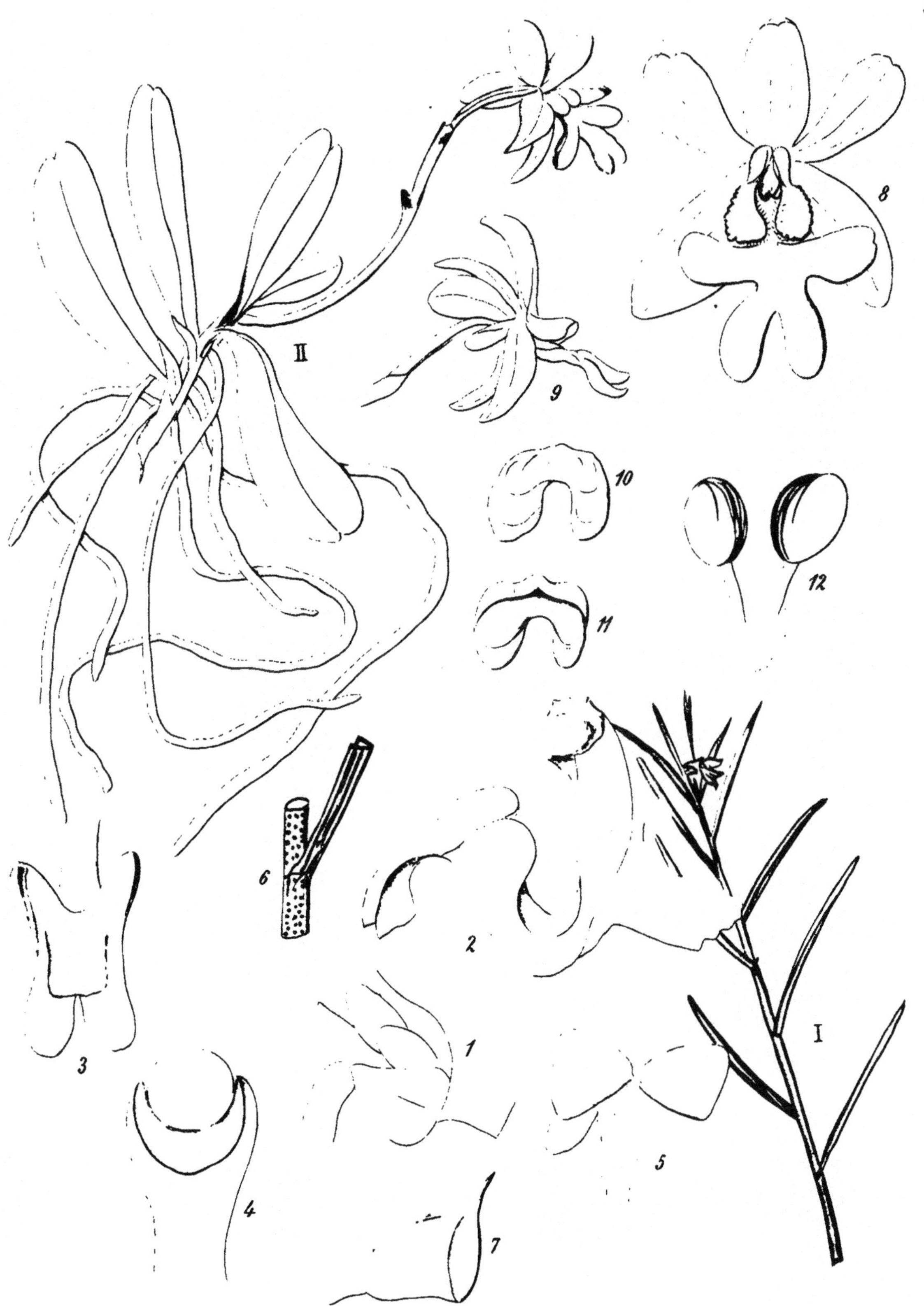

I. 1-7. *Hexisea tenuissima* Wendl. et Krzl. II. 8-12 *Oeonia Brauniana* Wendl. et Krzl.

del. Wendland.
del. Kränzlin.

CPSIA information can be obtained
at www.ICGtesting.com
Printed in the USA
BVOW07s1702041217
501932BV00003B/43/P

9 781167 658334